플레이 나이스 벗 윈

**PLAY NICE BUT WIN**

옮긴이 | 고영태

서울대 국사학과를 졸업하고 연세대 국제학대학원에서 정치학 석사학위를 받았다. 1994년 KBS에 입사해 정치, 경제, 국제, 디지털뉴스부 기자로 일했다. 경제부 팀장, 디지털뉴스부 팀장을 거쳐 방콕 특파원과 경인방송센터장을 지냈다. 현재는 KBS 공영미디어 연구소에서 디지털미디어 연구를 하고 있다. 《포브스 코리아》 온라인판 번역에도 참여했으며, 한국생산성본부와 IGM 세계경영연구원 등에 CEO 북클럽 강사로 출강했다. 『원칙』, 『10년 후 미래』, 『미래의 속도』, 『절대 가치』 등 20여 권의 역서가 있다.

플레이
나이스
벗 윈

마이클 델 지음 | 고영태 옮김

자퇴생 창업가에서 불패의 리더로, 마이클 델의 38년 비즈니스 혁신 로드맵

 page2

# 추천사

마이클은 대학교 기숙사에서 회사를 설립하고 역사상 최대 규모의 기술 기업 인수를 성공시키기까지 자신의 모든 인생 여정으로 독자들을 안내하고 있다. 기업의 시작에서 진화까지 실로 엄청난 교훈이 숨겨져 있다. 어떤 수준이든 비즈니스에 관심이 있는 사람은 누구나 이 책을 통해 얻는 통찰이 클 것이다.

빌 게이츠(Bill Gates)

마이클 델은 제국을 건설하고 변화시키는 현실 세계로 여러분을 안내한다. 독자들이 전체적인 이야기를 이해할 수 있도록 중요한 인물들과 나눈 대화와 기업을 인수하는 거래를 생생하게 묘사했다. 이 책은 마이클 델과 비슷한 여정에 있는, 기업을 건설하고 현실을 변화시키기를 꿈꾸는 모든 사람들에게 매우 훌륭한 선물이다.

레이 달리오(Ray Dalio)

브리지워터 어소시에이츠Bridgewater Associates 창업자, 『원칙』의 저자

이것은 마이클 델이 독자들에게 직접 전하는 이야기다. 자신의 상징적인 회사, 그리고 늘 발전하는 기술 산업 분야의 경쟁에서 살아남는 데 필요한 투지에 관한 이야기를 통찰력을 주는 솔직함과 유머를 곁들여 말해준다. 이 책은 기업가와 각계의 지도자, 그리고 성공을 꿈꾸는 사람들을 위한 필독서다.

사티아 나델라(Satya Nadella)

마이크로소프트Microsoft 최고경영자

정정당당하게 싸워 이기는 것은 옳은 일이다. 마이클 델과 같은 뛰어난 기업가들은 커다란 압박을 받았지만 위대한 성공을 통해 세계를 바꾸어놓았다. 경외심을 불러일으키는 이야기들 속에서 어떻게 하면 성공할 수 있고 자신의 가치에 진실할 수 있는지를 알려준다.

에릭 슈미트(Eric Schmidt)

슈미트 퓨처스Schmidt Futures의 공동 설립자, 전 구글Google 회장·최고경영자

마이클 델의 여정은 미국 기업의 역사에서 매우 중요한 기록이다. 지난 수십 년 동안 수많은 변화와 혁신을 이끌어낸 델의 이야기는 기업가부터 CEO에 이르기까지 모든 단계의 지도자들을 위한 통찰을 가득 담고 있다.

하워드 슐츠(Howard Schultz)

슐츠가족재단 공동 설립자, 전 스타벅스Starbucks 최고경영자

많은 사람들에게는 훌륭한 비즈니스 아이디어가 있고, 기업가들은 이를 꿰뚫어보는 힘을 가지고 있다. 바로 마이클 델의 이야기다. 이 책은 텍사스 대학의 기숙사 방에서 세계 최대 기술 기업의 이사회로 이어지는 흥미로운 여정으로 우리를 안내한다. 성공을 열망하는 모든 기업가들이 반드시 읽어야 할 비전과 인내에 대한 이야기다.

리처드 브랜슨(Richard Branson)

버진Virgin 그룹 창업자·회장

이 책은 디지털 시대의 위대한 회고록 목록에 올라야 한다. 현대적인 컴퓨터 기업을 창업한 기업가들 가운데 가장 말을 아꼈던 사람이 마침내 자신의 이야기를 하고 있다.

말콤 글래드웰(Malcolm Gladwell)

저널리스트, 전 세계 베스트셀러 『아웃라이어Outliers』 저자

이 책은 우리 시대의 위대한 창업자 가운데 한 사람이 어떻게 자신의 회사를 설립하고, 성장시키고, 비공개 기업으로 전환하고, 다시 상장시켰는지를 적은 무용담이다. 마이클 델의 기업가 정신은 전파력이 강하다. 그의 내밀한 이야기들은 리더십, 협력, 경쟁, 그리고 혁신에 대한 중요한 교훈들로 가득하다.

애덤 그랜트(Adam Grant)

뉴욕 타임스 베스트셀러 『싱크 어게인Think Again』 저자,

TED 팟캐스트 『워크라이프Worklife』 진행자

모든 것을 드러내는 놀라울 정도로 솔직한 이야기로 가득하다. 마이클 델은 한 사람의 인간으로서 성장하는 과정이 대학교 기숙사에서 회사를 창업하는 일과 얼마나 긴밀하게 연결돼 있는지를 보여준다. 기업을 상장시키고, 상장을 폐지했다가 다시금 기업을 공개하는 과정과 기업 사냥꾼 칼 아이칸Carl Icahn과 같은 흥미진진한 특성을 지닌 사람들과의 결투가 매우 빠르게 전개된다. 델은 비즈니스 분야에서 굉장히 풍부한 통찰력을 제시하지만, 그보다 더 중요한 감동을 우리에게 전하고 있다.

호기심과 훌륭한 가치들이 인생과 기업의 성공에 얼마나 중요한 것인지 이야기한다. 강인한 부모님으로부터 배우고, 아내와 함께 어린이들에게 더 좋은 기회를 주는 '마이클앤드수잔델재단MSDF, The Michael & Susan Dell Foundation'을 운영하는 과정에서 얻은 교훈을 나눈다. 흥미로우면서 통찰력으로 가득 찬 매우 가치 있는 책이다.

월터 아이작슨(Walter Isaacson)

베스트셀러 『코드 브레이커』의 저자

마이클 델의 이 책은 유년기, 장애물과 도전, 성공과 승리 등 자신의 인생의 강렬한 자화상을 보여준다. 훌륭한 리더, 그리고 더 나아가 훌륭한 사람이 되려면 무엇이 필요한지, 그 내면의 관점을 흥미로운 사실을 통해 친절하게 보여주고 있다.

제이미 다이먼(Jamie Dimon)

JP모건체이스 회장·최고경영자

마이클의 말처럼 인생은 주먹을 맞고, 넘어지고, 다시 일어나고, 다시 싸우는 것이다. 이 책은 기업에 관한 이야기이자 어려움을 딛고 재기하는 이야기다. 마이클은 자신의 인생에서 마주쳤던 도전과 좌절에 매우 솔직하다. 그가 인생 여정에서 배운 교훈은 지도자가 되기를 열망하는 모든 사람들에게 매우 귀중하다.

셰릴 샌드버그(Sheryl Sandberg)

페이스북 최고운영책임자, 『린 인Lean In』 『옵션 BOption B』의 저자

마이클 델은 혁신적인 전략과 일관성 있는 가치 사이에 균형을 유지함으로써 자신의 회사를 장기적으로 성공하는 방향으로 이끈 매우 보기 드문 지도자다. 이 책에서 그는 용기와 확신이 모든 조직에서 대대적인 변화를 이끌어내는 핵심이라는 사실을 상기한다.

인드라 누이(Indra Nooyi)
전 펩시코PepsiCo 회장·최고경영자, 『마이 라이프 인 풀My Life in Full』의 저자

마이클은 가장 상징적이고 존경받는 기술 기업의 창업자이자 최고경영자로서 놀라운 여정을 보기 드문 솔직함과 통찰력으로 이야기하고 있다. 이 책은 세계에서 가장 위대한 기업가이자 유례 없는 결단력과 연민과 진실을 통해 기업을 이끄는 일에 헌신한 선지자에 관한 꾸밈 없는 이야기다.

마크 베니오프(Marc Benioff)
세일즈포스Salesforce 이사회 의장·최고경영자

이 책은 마치 한 편의 자전적인 스릴러 소설 같다. 마이클 델은 결코 싸움을 바라지 않지만 일단 싸움을 시작하면 싸움을 즐기는 싸움꾼들의 우두머리가 된다. 마이클은 폭군, 기업 인수 그리고 막다른 상황과 마주하고 이를 극복하면서, 자신이 어렸을 때 어설프게 조립한 제품을 끊임없이 보호하고, 변형시키고, 확장해 오늘날의 다국적 기업인 델로 키웠다. 마이클은 약점이나 허점을 폭로하는 것이 아니라 언제나 규칙을 활용하는 방식으로 계속해서 싸움에서 승리하고 있다. 정정당당하게

싸워 승리하는 것은 놀라운 마법이자 망토를 두른 용사의 대단한 성공
이다.

매튜 맥커너히(Matthew McConaughey)

아카데미상 수상 배우, 『그린라이트 Greenlights』의 저자


이 책은 창업자의 입장, 그리고 기업을 성장시키는 어려운 일은 무엇인
지를 들여다보는 놀라운 창문이다. 마이클 델은 혁신가일 뿐만 아니라
지도자이며, 미래를 건설하기 위해 진짜 필요한 것은 무엇인지 이 책을
통해 알려준다.

마크 앤드리슨(Marc Andreessen)

넷스케이프 앤드 앤드리슨호로비츠Netscape and Andreessen Horowitz 공동창업자

나에게 끝없이 호기심을 가지라고 가르쳐주신 어머니,

창업자인 나를 만들어준 아버지,

언제나 그리고 영원히 사랑하는 아내 수잔에게

이 책을 바칩니다.

# 목차

━━━━━ Chapter 1 ━━━━━

# 중요한 건 '성장'이다
## 상장 기업에서 비공개 기업으로

기업은 살아 있는 유기체다. 그래서 계속해서 탈바꿈해야 한다.

방법도 변하고, 기업이 집중하는 비즈니스 분야도 변하고,

가치도 변해야 한다. 이런 변화를 모두 합친 것이 대전환이다.

—

앤디 그로브(Andy Grove)
헝가리 출신의 전설적 기업가, 인텔의 전 CEO

Chapter 1

# PLAY NICE

## 중요한 건 '성장'이다

상장 기업에서 비공개 기업으로

# BUT WIN

# 변화에 드리워진 먹구름

나는 칼 아이칸과 그의 부인과 함께 주방 식탁에 앉아 미트로프meat loaf(곱게 다진 고기, 양파 등을 함께 섞어 빵 모양으로 만든 뒤 오븐에 구운 요리_옮긴이)를 먹고 있었다. 그날은 2013년 5월 29일 수요일, 아름다운 봄날의 저녁이었다. 칼 아이칸은 내 회사를 빼앗으려 하고 있었다. 여러모로 정말 이상한 시간이었다.

5월의 그날 저녁은 1984년에 텍사스 주립대학교의 1학년 기숙사에서 창업한 개인용 컴퓨터personal computer, PC 회사, 델Dell의 9달 동안 펼쳐진 극적인 사건에서 정확하게 중간 시점이었다. 내 이름을 건 회사가 비스듬한 E처럼 기울어져(델의 로고에서 E자는 기울어져 있다) 거의 남에게 넘어갈 뻔했던 '이 사건'이 벌어진 후에 회사는 영원히 변했고 나도 회사와 함께 변했다. 바로 이런 변화를 이야기하고 싶다. 그리고 다른 두어 가지 이야기도 하려고 한다.

2005년은 델 컴퓨터에 대한 밝은 전망과 함께 시작됐다. 5년 전 닷컴버블의 붕괴와는 별개로(닷컴버블은 델뿐만 아니라 기술 기업 전반에 영향을 미쳤던 조정이었다) 델은 지난 20년 동안 매출, 이익, 그리고 현금 흐름에서 지속적인 성장을 이룩했다. 2005년 1월 델의 PC 시장 점유율은 18.2퍼센트에 달했다. 2005년 2월에《포춘Fortune》은 델을 미국에서 가장 존경받는 1위 기업으로 선정했다. 포춘은 "델은 미국에서 기술적으로 가장 실적이 부진한 PC 산업 분야에서 번영하고 있다. 이윤이 매우 적은 사업 분야에서 델의 이익은 2004년에 15퍼센트나 급증했다. 델은 이런 성과를 일상적인 것처럼 보이도록 만든다. 이제 델은 최초의 PC 제조사인 IBM이 1986년에 1위 자리에서 미끄러진 이후 미국에서 가장 존경받는 기업의 지위를 차지한 첫 번째 PC 제조사다"라고 보도했다.

하지만 9월에 상황이 변하기 시작했다. 그것도 아주 크게 바뀌었다. 델의 이익이 2분기에 28퍼센트 증가했지만 전체 매출은 예상 수치에서 수억 달러가 모자랐다.《뉴욕타임스New York Times》는 "델이 1990년대 최고의 기업에 이름을 올렸던 성숙한 기술 기업들이 직면하고 있는 것과 동일한 문제, 즉 이미 거대해진 매출을 어떻게 증가시킬 것인가?"라는 문제와 씨름하고 있다고 보도했다. 매출의 60퍼센트를 차지하는 PC와 노트북이 더 이상 과거처럼 풍부한 수익을 안겨주지 못하고 있다는 사실이 문제를 더욱 복잡하게 만들고 있었다. 지난 1년 동안 가격이 하락하면서 단지 전년도의 매출을 따라잡기 위해 더 많은 PC를 팔아야만 했다.

《타임스Times》와 인터뷰에서 우리의 최고경영자Chief Executive Officer, CEO인 케빈 롤린스Kevin Rollins는 부족한 성과는 자신의 탓이라고 말했다. 그는 "솔직히 말하면 우리는 전반적인 판매 가격을(특히 소비자들에게 팔리는 단말기 가격) 제대로 관리하지 못했다"라고 했다. 케빈 롤린스가 CEO라는 타임스의 기사는 잘못된 것이 아니다. 그해 가을에는 내가 아니라 케빈 롤린스가 델의 CEO였다. 나는 2004년에 7월에 CEO에서 물러났고 케빈 롤린스가 내 자리를 물려받았다. 물려받았다는 표현이 정확하지 않을 수도 있지만 어쨌든 케빈이 CEO였다. 나는 회장으로 남았고 우리 둘은 지난 10년 동안 해왔던 것처럼 함께 회사를 경영했다. 직책을 제외하면 실제로 크게 바뀐 것은 없었다.

매출 감소에 대한 책임이 있다면 나에게도 공동 책임이 있었다. 하지만 2005년 말에 델의 저조한 실적은 이례적인 것이 아니라는 사실이 명확하게 드러났다. 델은 심각한 어려움에 직면하기 시작했다. 우선 경쟁 기업들이 점점 더 영리해지고 있었다. 휴렛팩커드Hewlett-Packard, HP, 에이서Acer, 그리고 레노버Lenovo 같은 기업들, 다시 말해 주문제작방식을 통해 우리가 지금까지 늘 이겨왔던 경쟁 기업들이 우리가 만든 공급망 혁신의 많은 부분을 그대로 따라 하는 방법을 알아낸 것이다. 그동안 주문제작방식은 데스크톱 컴퓨터의 다양한 조합과 사양을 변경하는 데 매우 효과적이었다. 하지만 컴퓨터 산업이 데스크톱에서 주문제작이 더 어려운 노트북 시장으로 이동하면서 주문제작방식은 경쟁 우위를 잃어버렸다. 기본 클라이언트 제품인 PC 및 주변기기에서 소프트웨어, 서버, 그리고 데이터센터로 가치가 전환됨에 따라 고객들은 서비스와 솔루션에 더 많은 관심을 갖기 시작했다. 우리가 이 모든 것을 알아내기까지는 예상보다 조금 더 오랜 시간이 걸렸다.

그리고 델의 장점들이 미묘하게 약점으로 변하고 있었다. 지난 몇 년 동안 우리는 '성장'과 '시장점유율'보다 '이익'을 더 중요하게 생각했다. 기업의 성공은 언제나 이 세 가지 사이의 균형이었다. 2000년대에 델의 이익은 매우 견고했지만 시장점유율이 잠식당하고 있었다. 이것은 파국에 도달할 수 있는 위기가 될 수도 있었다. 우리는 새로운 역량을 길러야 했고, 새로운 분야에 투자해야만 했고, 경쟁 기업보다 빠르게 움직여야 했다.

2007년에 나는 CEO로 복귀했다. 상징적인 조치인 동시에 매우 실질적인 대책이었다. 우리는 중요한 인수합병 계획에 착수했고 14억 달러짜리 데이터스토리지 기업인 이퀄로직EqualLogic 인수를 시작으로 중요한 인수합병 계획에 첫발을 내디뎠다. 2008년의 금융위기는 일시적으로 우리 계획에 악재로 작용했지만, 다음해 페로시스템즈Perot Systems를 39억 달러에 인수하는 것으로 인수합병을 다시 시작했다. 그리고 계속해서 2010년에 컴펠런트Compellent, 부미Boomi, 엑사넷Exanet, 인사이트원InSite One, KACE, 오카리나네트웍스Ocarina

Networks, 스캘런트Scalent 같은 스토리지, 시스템 관리, 클라우드, 그리고 소프트웨어 기업들을 순조롭게 인수했다.

2011년에는 델의 기업 역량을 강화하기 위해 시큐어웍스Secure Works, RNA네트웍스RNA Networks, 그리고 포스10네트웍스Force10 Networks를 사들였다. 2012년에는 퀘스트소프트웨어Quest Software, 소닉월 SonicWALL 그리고 크리덴트테크놀로지스Credant Technologies를 포함해 소프트웨어와 보안 분야에서 중요한 인수합병을 추진했다. 2012년 회계 연도에 델은 사상 최고의 매출, 이익, 영업이익, 현금흐름, 그리고 주당순이익earning per share, EPS을 실현했다. 그러나 이런 좋은 실적은 폭풍 전야의 고요함이었을지도 모른다.

이렇게 승승장구하는 동안에도 모든 것이 좋지는 않았다. 스마트폰과 태블릿 시장에 진출하려고 했지만 성공하지 못했다. 당시 패블릿phablet이라고 불리는 5인치 화면의 안드로이드 기기, 스트릭 Streak을 출시하기도 했다. 이름처럼 '하늘을 가로지르는 번개'가 되길 바랐으나 큰 반향을 불러일으키지 못했다(한 가지 중요한 이유는 수익의 대부분을 구글이 가져갔기 때문이다).

2012년에 PC 판매는 두 자릿수나 감소했고 시장점유율도 계속 잠식당했다. 2012년 말에 윈도우 8Window 8의 실패와 함께 점유율은 10.5%로 하락했다. 그리고 수익도 감소하고 있었다. 델의 시가총액은 200억 달러 아래로 떨어졌고, 2012년 말에는 저가 주식 수준으로 떨어졌다. 2009년에서 2011년까지 15~17달러였던 주가는 9달러 이하로 하락했다. 인터넷뿐만 아니라 CNBC와 다른 미디어에서도 큰소리로 떠들어댔다. PC의 시대는 끝났고, 따라서 델의 운명도 다했다는 것이다.

나를 포함해 우리 주주들은 기분이 좋지 않았다. 지난 세월 동안의 엄청난 성공에도 불구하고 주주들은 회사의 미래를 걱정하고 있었다(처음 우리 주식을 사서 계속 들고 있었던 사람들은 약 3500퍼센트의 투자 수익을 거뒀다. 같은 기간 S&P500이 얻은 500퍼센트의 수익률보다 27배 높다). 주주들은 2012년 7월에 96퍼센트 이상이 찬성해 나를 CEO이자 이사회 의장으로 다시 선출했고, 나는 아직도 주주들의 전적인 지지를 받고 있다.

나는 주주들을 다시 한번 안심시키려고 노력했다. 2012년 7월 콜로라도주 애스펀Aspen에서 열린 포춘 브레인스톰 테크컨퍼런스 Fortune's Brainstorm Tech Conference에서 포춘 편집장 앤디 서워Andy Serwer에게 "우리는 더 이상 PC 회사가 아닙니다"라고 말했다. 하지만 앤디는 설득하기 힘든 인물이었다. 그는 "델은 현재 PC 회사가 아니고, 미래에도 PC 회사가 되고 싶지 않다는 것이 정말 사실인가요?"라고 물었다. 나는 그에게 델이 모든 분야를 아우르는 IT 솔루션 기업이 되기 위해 지난 5년 동안 사업 구조를 조화롭게 변화시켰다는 사실을 상기했다. 클라이언트 시스템에 대한 데이터센터부터 보안, 소프트웨어 시스템 관리, 스토리지, 서버, 그리고 네트워킹에 이르기까지 고객을 위한 모든 역량을 갖추고 있었다.

나는 앤디에게 델은 현재 4개의 사업 분야를 운영하고 있다고 말했다. 첫 번째는 클라이언트 사업이다. 클라이언트 사업은 모빌리티와 클라이언트 가상화에서 진행되는 모든 일을 통해 그 자체로 혁신을 이루고 있었다. 이런 변화는 보안이라는 측면에서 새로운 수요를 불러일으켰다.

그다음은 기업의 데이터센터다. 나는 앤디에게 최근 3, 4년 동안 약 25건의 기업 인수를 통해 스토리지와 네트워킹 분야에서 거대한 사업을 구축했다는 사실을 상기했다. 혹시 사람들이 이런 사실을 잊어버리고 있을까 봐 북미 지역의 서버들 가운데 약 1/3은 델 제품이라고 덧붙였다. 클라우드와 가상 기반 시설은 이미 우리에게 매우 중요한 사업이 되었다.

시스템 관리와 IT 보안을 중심으로 한 소프트웨어 사업도 있었다. 보안 취약점에 노출될 수 있는 사고나 사건이 하루에 290억 건씩 쏟아지고 있으며, 전 세계의 큰 은행과 금융서비스 회사를 위해 수십 조 달러에 달하는 자산을 보호하고 있다고 말했다.

그리고 네 번째 사업인 서비스 분야에서 일하는 직원이 4만 5000명으로 전체 직원 11만 명의 거의 절반에 달한다는 사실을 알려주었고, 이것이 IT 수요에서 가치를 찾아내는 일이라고 말하며 앤디의 관심을 돌렸다. "지금 우리는 가장 힘든 몇 가지 도전의 한가운데에 있습니다. 어떻게 해야 오래된 애플리케이션을 클라우드 애플리케이션에 연결시킬 수 있을까요? IT 환경을 현대화하고 보안을 강화하고, 그것을 메인프레임mainframe(다양한 데이터 처리용 대형 컴퓨터, 중앙처리장치_옮긴이)에서 분리해 X86 플랫폼에 연계시키는 방법은요? 델 클라우드Dell Cloud에 올려놓으면 더 효율적으로 할 수 있죠."

나는 4~5년 전과 비교하면 델은 완전히 다른 기업이 되었다고 자랑스럽게 말했지만, 앤디는 어리둥절한 표정이었다. "내가 잘못 알고 있는 건가요? 아니면 당신이 잠깐 말하는 동안 내가 PC 이야기를 듣지 못한 건가요?"라고 물었다. 똑똑한 사람들조차 PC라는 하나의 주제를 고집하는 것처럼 보였다. 앤디는 뒤에 있는 화면에 여론조사 질문을 띄웠다.

Q. 지난해 데스크톱과 노트북은 델의 전체 매출의 54퍼센트를 차지했고, 2008년의 61퍼센트보다 줄어들었습니다. 앞으로 5년 후에 델의 PC 사업이 얼마나 될까요?

(A) 50~54퍼센트(현재와 거의 동일)

(B) 40~50퍼센트

(C) 39퍼센트 미만

여론조사에서는 (C)가 가장 많은 선택을 받았으나 정답은 (A)였다.

나는 앤디에게 그의 여론조사를 존중하지만 델의 다른 사업과 PC 사업은 매출과 이익이라는 관점에서 비교해 생각하는 것이 더 좋은 방법이라고 말했다. 예를 들어 10억 달러의 가치가 있는 PC와 10억 달러의 가치가 있는 소프트웨어를 판매한다고 가정해 보자.

두 거래는 잉여현금흐름과 이익 측면에서 매우 다른 특성을 갖는다. 오로지 매출이라는 관점에서만 델을 바라볼 경우 바로 이 부분에 어려움이 있다. 나는 델의 사업 포트폴리오가 완전히 변하고 있다고 재차 강조했다. 메시지가 충분히 전달되기를 바랐고, 애스펀에서 앤디에게 말한 모든 것을 열정적으로 믿고 있었다. 하지만 몇 일, 몇 주, 몇 달 뒤에도 경제 매체들은 델이 PC를 만드는 기업이고 PC는 죽어가고 있다는 보도를 계속했다. 주식은 계속 하락했다. 주가가 그렇게 낮게 떨어지는 것을 보고 솔직히 말해 마음 한구석이 쓰라렸다. 델은 내 이름을 건 회사이기 때문에 가족 다음으로 중요한 존재였다. 마음이 아프기는 했지만 회사를 위해 보다 현명한 방법으로 기회를 찾았다.

2010년에 주가가 오를 것이라고 확신하면서 주식 시장에서 델의 주식을 대규모로 공개 매입했었다(나 같은 내부 관계자가 언제 어떻게 주식을 사는가에 관해서는 매우 엄격한 규정이 있다. 분기 수익이 발표된 지 얼마 지나지 않았던 시점이었다. 내가 그 규정을 준수했다는 것은 두말할 필요도 없다). 동시에 내가 다른 사람들의 도움을 받아서 회사의 모든 주식을 사들일 수 있다면 분기별 실적 보고라는 횡포에 얽매이지 않고 회사의 혁신을 이끌 수 있을 것이라는 생각도 들었다. 이미 상장된 공개 기업을 비공개 기업으로 전환하는 것은 성장을 극적으로 가속화할 가능성을 열어주고, 델이 세계에 훨씬 더 큰 영향을 미칠 수 있도록 만들어줄 것이다.

다른 사람들도 똑같은 생각을 하고 있었다. 2010년에 샌포드 번

스타인Sanford Bernstein 컨퍼런스에서 만난 토니 사코나기Toni Sacconaghi라는 애널리스트는 나에게 회사를 비공개 기업으로 바꾸는 것을 생각해 본 적이 있느냐고 물었다. "네"라는 짧은 한마디의 답변이 허공에 감돌았고 약간의 웃음이 흘러나왔다. 토니 사코나기는 미소를 지으면서 말했다.

"생각했던 것보다 훨씬 더 간결한 답변이네요. 당신이 델을 개인 기업으로 전환하는 것을 훨씬 더 진지하게 생각하게 만드는 결정적인 사건은 어떤 것일까요?"

나는 이미 너무 많은 것을 이야기했다는 느낌을 받았다. "더 이상 드릴 말씀이 없다"고 말한 뒤, 미소로 답변을 대신했다.

그로부터 2년이 흘렀다. 애스펀 컨퍼런스가 열리기 한 달 반 전인 2012년 5월 하순에 텍사스의 라운드 록Round Rock 본사에서 사우스이스턴애셋매니지먼트Southeastern Asset Management의 몇몇 사람들과 회의를 했다. 테네시주 멤피스Memphis에 있는 회사인 사우스이스턴애셋매니지먼트는 나와 내 아내 수잔에 이어 약 130만 주를 가지고 있는 델의 2대 주주였다. 이런 회의는 분기별 수익을 발표한 직후에 정기적으로 열렸다. 하지만 이번 회의는 달랐다. 분기별 수치와 예상 숫자들에 관한 무미건조한 일상적 이야기를 하는 도중에 사우스이스턴의 최고투자책임자chief investment officer, CIO인 스탤리 케이츠Staley Cates가 델을 비공개 기업으로 전환해야 한다고 말했기 때문이다.

내가 조금 더 자세하게 말해달라고 하자 스탤리는 나중에 다시 연락하겠다고 했다. 솔직히 스탤리의 발언은 나를 불안하게 만들었다. 내가 우려했던 것은 기업을 비공개 기업으로 전환하겠다는 아이디어가 아니었다. 우리의 2대 주주가 그 이야기를 꺼냈다는 사실 때문이었다. 스텔리의 의도를 알 수 없었다. 그는 분명히 자신이 가지고 있는 주식의 가치를 높이고 싶어 했다. 내가 그의 지분을 인수하기를 원하는 것일까? 아니면 내가 회사를 비공개로 전환하는 것을 도와주고 싶다고 말하는 것이었을까? 그는 어떤 이야기를 하는 것일까?

나는 건물 반대편에 있는 법무 자문위원인 래리 투Larry Tu의 사무실로 가서 최고재무책임자chief financial officer, CFO인 브라이언 글래든Brian Gladden과 이 문제에 관해 상의했다. 이제 우리는 무엇을 해야 하는지를 그들에게 물었다.

브라이언은 "스텔리에게 어떻게 진행할 것인지 물어보시죠. 그가 생각하고 있는 재무적인 계획이 있는지 물어보세요"라고 말했다. 내가 물어보자 스텔리는 자신의 생각을 간략하게 설명한 스프레드시트 문서를 보냈다. 이 문서를 브라이언에게 전달했고, 브라이언은 투자 은행가에게 문서 검토를 의뢰했다. 은행가는 문서를 분석한 결과, 타당성이 없다고 답변했다. "성공하기엔 너무 복잡하고 부채도 너무 많아요. 없던 일로 하세요." 그래서 우리는 모든 것을 잊고 지냈다. 그런데 아주 흥미로운 일이 일어났다.

내가 애스펀 컨퍼런스의 Q&A 세션을 끝내고 무대 뒤에서 마이크를 떼고 있을 때 나보다 몇 살 어려 보이는 건장한 모습의 한 남성이 다가왔다. 자신은 에곤 더반Egon Durban이고 실버레이크파트너스

Silver Lake Partners에서 일한다고 소개하고는 "제 아이디어에 관해 당신과 따로 만나 이야기하고 싶습니다. 저희 집도 하와이의 당신 집 근처에 있는데 언제 한번 만날 수 있을까요?"라고 말했다. 만약 에곤 더반이 내가 들어보지 못한 회사에서 일하는 사람이었다면 사무실로 전화하라고 해놓고는 다시 만나지 않았을 것이다. 하지만 실버레이크는 좋은 평판과 기술 분야에 깊은 전문성을 가지고 있는 커다란 사모펀드였다(1999년에 실버레이크가 막 시작했을 때 첫 번째 펀드에 투자한 적이 있었다). 나는 에곤에게 내 이메일 주소를 줬다. 알아보니 에곤은 실버레이크의 4명의 경영 파트너 가운데 한 사람이었다.

이때가 2012년 7월 16일이었다. 그날 오후에 에곤은 이메일을 보내 하와이에서 만나고 싶다고 했다. 그의 이메일을 나의 오랜 비서인 스테파니 듀란트Stephanie Durante에게 전달하고, 8월 10일에 하와이 빅 아일랜드 집 근처에 있는 해변 식당에서 만날 수 있도록 약속을 잡아달라고 부탁했다. 나는 에곤이 나를 만나고 싶어 하는 이유를 전혀 알지 못했다. 혹시 실버레이크가 우리 사업 하나를 인수하고 싶은 것일까? 아니면 그들의 사업을 우리에게 팔고 싶은 것일까? 아니면 내가 새로운 펀드에 투자하기를 바라는 것일까?

8월 10일 금요일은 날씨가 좋았다. 하와이는 날씨가 언제나 화창하다. 나는 그때 그곳에 있는 것이 좋았다. 내가 거주하는 텍사스 주 오스틴Austin의 8월 온도가 라디오의 FM 주파수와 같다고 농담하는 것을 좋아한다. 낮 기온이 화씨 88도에서 108도까지 올라가기 때문이다. 빅 아일랜드의 그날 아침은 바다에서 서늘한 바람이 불어오고 있었다. 기온은 화씨 79도로 완벽에 가까웠다. 이렇게 좋은 날에 군이 식당에서 이야기해야 할 이유가 있을까 하는 생각에 같이 산책을 가자고 했다. 나는 산책할 때 가장 좋은 아이디어들이 생각난다. 해변을 따라 걷는 산책로가 있었는데 주변 환경이 전혀 방해되지 않았다. 밀려오는 파도가 부서졌고 바다는 유리처럼 맑고 푸른 청록색이었다. 나는 산책을 하면서 물었다.

"어떤 일로 나를 만나자고 한 건가요?"

"당신의 회사를 살펴봤는데 우리는 델이 상장폐지하고 비공개 기업으로 전환해야 한다고 생각했습니다."

나는 마치 그런 생각을 처음 해본 것처럼 "아!"라고 말했다. 사실 나는 과거에도 비공개 기업으로 전환하는 것을 여러 번 생각했었다. 특히 2000년 닷컴버블 붕괴 이후 금리가 하락했을 때 그랬다. 인수에 필요한 자금을 빌릴 때 낮은 금리가 도움이 되기 때문이다.

"우리 회사가 당신을 도울 수 있을 것 같습니다."

나는 에곤에게 더 자세하게 이야기해달라고 했다. 그에게 계획이 있다면 설명을 해줄 것이기 때문에 아무것도 모르는 순진한 사람처럼 행동했다.

"우리를 도울 수 있다고요? 정말요?"

"네. 진짜로요."

"좋습니다. 비공개 기업으로 전환하는 것이 왜 좋은 아이디어인지 설명해 주세요."

우리는 한 시간 동안 걸으면서 이야기했다. 일종의 소크라테스식 문답이었다. 나는 비공개 기업으로 전환하는 아이디어를 어떻게 실행하고 무엇이 잘못될 수 있는지, 많은 것을 물어봤다. 에곤은 간단명료하게 답하면서 모든 가능성을 철저하게 검토하고 있었다. 나는 그가 금방 좋아졌다. 에곤은 매우 똑똑하고 적극적이며 대담한 사람처럼 보였다. 그는 나에게 이야기하고 싶은 이유를 분명하게 알고 있었다. 비공개 기업으로 전환하는 생각에 강한 믿음을 가지고 있었지만 나에게 어떤 것도 설득시키려고 하지 않았다. 그는 "실버레이크는 델이 비공개 기업으로 전환하는 것에 전력을 기울일 준비가 되어 있습니다"라고 말하지 않았다. 그들은 하나의 가설을 가지고 있었다. 에곤과 나는 하와이에서 그런 아이디어를 세밀하게 검토했다.

그가 말한 첫 번째 아이디어는 내가 포춘 브레인스톰 컨퍼런스에서 이야기한 것처럼 공개된 정보를 분석한 연구에 기초한 것이었지만, 델의 혁신 전략을 정확하게 파악하고 있었다. 그들은 우리가 왜 모든 기업들을 인수하고 있었는지를 이해하고 있었다. 에곤은 자신과 자신의 파트너들은 PC 산업이 끝났다는 생각을 한 번도 해본 적이 없다고 말했다. 그들은 델이 사업을 새로운 방향으로 확장할 때에도 PC와 주변기기들이 계속해서 회사 매출의 중요한 일부가 될 수 있다고 생각했다. 그리고 그런 새로운 방향에 대한 믿음을 가지고 있었다. 에곤이 말했다.

"이런 이유로 델이 상당히 저평가 되어 있다고 생각합니다."

"저도 같은 생각입니다."

나는 더 많은 것을 이야기할 수도 있었다. 지난 5년 동안 회사를 개혁하기 위해 해왔던 모든 일과 우리가 이야기했던 모든 것을 생각해 보면 주주들에게 버림받은 느낌이 들었던 것도 사실이다. 하지만 이것은 나의 감정적인 반응이었기 때문에 아무에게도 말하지 않았다.

에곤은 델이 대차대조표에 많은 현금을 가지고 있다는 사실도 이야기했다. 물론 나도 그런 사실을 잘 알고 있었고 그것이 갖는 문제점들도 알고 있었다. 일단 긍정적인 측면에서 보자면 기술 기업이 너무 많은 채무를 가지고 있는 것은 좋지 않다. 현금을 많이 보유하고, 자산이 부채보다 많은 것이 올바른 상태이며 바로 우리가 그랬다.

하지만 자본 구조라는 금융적 관점에서 볼 때는 다르다. 당신의 회사가 많은 현금을 가지고 있어도 회사의 주가나 자산 가치는 그만큼 상승하지 않는다. 현금의 가치가 오르지 않기 때문이다. 반대로 당신이 현금을 이용해 자사주를 매입한다면 그 주식의 가치는 훨씬 더 상승할 수 있다. 물론 주식 가격은 우리가 예상하지 못한 다양한 이유로 언제나 하락할 수 있다는 위험이 있다. 하지만 당신이 지속적으로 많은 현금흐름을 만들어내는 사업을 운영하고 있다면 자사주 매입은 매우 좋은 결과를 가져올 수 있다.

에곤은 델의 주가가 역사적인 저점이었을 때 기업을 인수하는 것이 훨씬 더 좋은 결과를 가져올 수 있다고 말했다. 당시엔 낮은 주가는 물론, 금리도 매우 낮았다. 델은 은행들이 돈을 빌려주고 싶을 정도로 많은 수익을 내고 있었고 낮은 금리는 대출 부담을 덜어줄 것이었다.

하지만 우리가 델의 모든 주식을 사들일 생각이라면 대략 250억 달러 규모의 엄청난 자금이 필요했다. 에곤은 실버레이크와 나, 그리고 관심이 있을지도 모르는 몇몇 다른 사람들로부터 필요한 자금을 쉽게 모을 수 있을 것이라고 확신했다. 그리고 나머지 돈도 쉽게 빌릴 수 있다고 했다. 차입 인수leveraged buyout가 추천할 만한 방법이라고 말했다. 모든 당사자들이 훨씬 더 적은 현금을 동원할 수 있기 때문이다. 델의 검증된 수익성을 고려하면 채무도 빠르게 갚을 수 있을 것이다. 에곤에게 부채와 자본을 분리해 조달하는 방법을 물었고, 그는 대략적인 생각을 알려주었다. 갑자기 뭔가가 머릿속에 떠올라서 물었다.

"엄청난 규모의 거래군요. 실버레이크가 이렇게 큰 거래를 해본 적이 있나요?"

에곤은 이 정도 규모의 거래를 해본 적은 없지만 성사시킬 자신이 있다고 했다. 나는 유명한 사모펀드 회사가 제안한 접근 방식에 관심이 생겼다. 그리고 회사를 비공개 기업으로 전환시킨다면 투자 은행이 주도하는 방식은 안 된다는 사실을 알게 됐다. 실버레이크 같은 회사나 에곤과 같은 누군가가 주도권을 잡고 시작해야 할 것이다. 투자 은행들은 기본적으로 자금을 중계해 주는 기관에 불과했다. 블랙스톤Blackstone, 아폴로Apollo, TPGTexas-Pacific Group, KKRKohlberg

Kravis Roberts, 그리고 실버레이크 같은 사모펀드 회사는 자신들의 자본을 투자한다. 에곤은 실버레이크가 가지고 있는 자본을 투자하는 것을 이야기하고 있었다. 그것도 상당한 큰 금액을 말이다. 그는 실버레이크가 상당한 수익을 거둘 수 있을 것으로 생각했기 때문에 그 일을 하고 싶어 했다. 가장 순수한 자본주의다.

에곤이 말하는 모든 것에 타당성이 있었다. 에곤과 실버레이크가 맘에 들었다. 직감적으로 내가 큰 모험을 할 때가 됐다는 것을 알았다. 하지만 갑작스럽게 어떤 것을 하는 데 엄청난 규모의 자금이 걸려 있었다. 너무 많은 것이 걸려 있어서 가능한 모든 방안들을 검토하지 않을 수 없었다. 최종적으로 고려하는 결정 사항은 비공개 기업으로의 전환, 즉 상장폐지였다. 에곤이 나의 즉각적인 반응을 기대했다고는 생각하지 않았다. 그래서 에곤의 제안을 생각해 보고 다시 연락하겠다고 말했을 때 그는 이해한다고 말했다. 우리는 악수를 하고 각자 아름다운 하루를 즐기기 위해 헤어졌다.

하와이 집 건너편에는 또 다른 이웃, 조지 로버츠 George Roberts가 살고 있었다. 세계적인 투자 회사인 KKR의 이름 가운데 R은 그의 이름 '로버츠'에서 가져온 것이다. 조지와 공동 CEO인 헨리 크라비스 Henry Kravis는 함께 자란 사촌이다. 그들은 사모펀드 사업 분야에서 일종의 원로 같은 사람들이었다. 두 사람은 현대적 형태의 사모펀드 회사를 만들었고 차입 인수 기법을 개척했다. 그들은 『월스트리트 전쟁 Barbarians at the Gate』라는 책(그리고 영화)으로 출판된 RJR-나비스코<sup>Nabisco</sup>의 인수 이야기에서 중심적인 역할을 한 인물이기도 했다.

나는 노트북을 들고 조지를 만나러 갔다. 컴퓨터를 열고 그에게 델에 관한 몇 가지 사실과 경영에 관련된 숫자들을 보여주었다. 모두 공개적으로 구할 수 있는 정보였고 추정이나 사적인 정보는 없었다. 그리고 여기 있는 정보를 근거로 할 때 델이 비공개 기업으로 전환하는 것이 가능하다고 생각하는지 물었다. 조지는 자료를 검토해 본 후에 몇 가지 질문을 하고는 "가능하다고 생각합니다. 사실 우리는 당신이 회사를 비공개 기업으로 전환하는 것을 도와주고 싶습니다"라고 말했다.

상황이 매우 흥미로웠다. 이제 나는 비공개 기업으로 전환하는 것이 매우 가능성 높은 일이라고 말하는 두 명의 유명한 사모펀드 관계자를 확보하게 되었다. 이들은 하와이에 있는 이웃들로, 나는 다른 어떤 누구에게도 이야기를 꺼낸 적이 없었다. 블랙스톤의 스티븐 슈워츠먼<sup>Stephen Schwarzman</sup>이나 칼라일<sup>Carlyle</sup>의 데이비드 루빈스타인<sup>David Rubinstein</sup> 또는 TPG의 데이비드 본더만<sup>David Bonderman</sup>에게도 이야기하지 않았다. 처음으로 이야기해야 하는 사람이 법무 자문위원, 래리 투라는 사실을 즉각적으로 깨달았다.

8월 14일에 비행기를 타고 오스틴으로 돌아와 래리를 만났다. 그는 매우 심각한 표정으로 회사를 비공개 기업으로 전환하는 과정을 시작하려면 몇 가지 일을 해야 한다고 말했다. 첫째, 내가 자체적으로 자문단을 구성해야 했다. 기본적 원칙으로 델은 회사의 본질을 바꿀 수 있는 시도에서 나를 대신할 수가 없었다. 델의 이사회나 주주 또는 양쪽 모두가 이런 시도를 승인하지 않을 수도 있고 승인할 수도 있었다.

둘째, 이사회에 내가 계획하는 것을 즉각적으로 보고해야 했다. 가장 먼저 와텔 · 립튼 · 로젠앤드카츠Wachtell, Lipton, Rosen&Katz 법률 회사의 창업 파트너이자 복잡한 기업 거래의 세계적인 전문가들 가운데 한 사람인 마틴 립튼Martin Lipton에게 전화를 걸어서 내가 무엇을 해야 하냐고 물었다. 마티가 말했다.

"가장 먼저 해야 하는 일은 이사회에 보고하는 것입니다."

"네, 알겠어요."

"그 후에는 모든 것을 규정에 따라 정확하게 실행해야 합니다. 우리 회사의 스티브 로젠블룸Steve Rosenblum과 연결해 줄게요. 이 과정에 대한 모든 것을 자세히 알고 있거든요."

다음으로 나는 네덜란드의 디지털 보안 대기업인 젬알토Gemalto의 회장이자 델 이사회의 사외이사인 알렉스 만들Alex Mandle에게 전화를 걸어 내 생각을 이야기했다. 스탠리 케이츠가 건넸던 6월의 제안을 설명했고, 에곤과 조지의 만남도 이야기했다. 그리고 아직 이것저것을 알아보는 검토 단계에 있다고 말했다. 일을 진행하고 싶은지 아닌지도 결정하지 못했지만, 비공개 기업으로 전환하려고 한다면 주주들에게 가능한 최상의 거래를 제안하는 사람들과 협력하게 될 것이라고 말했다. 또 델을 비공개 회사로 전환하기 위한 가능성을 살펴보기 위해 회사의 비공개 정보에 대한 접근권이 필요하다고 이야기했다. 알렉스는 이 모든 것은 이사회에 물어봐야 한다고 답했다.

상황이 긴박하게 움직이기 시작했다. 짧은 기간에 나를 포함해 12명의 이사가 모두 직접 참여해야 하는 회의를 개최하는 것은 비현실적이었다. 이들은 전 세계에 걸쳐 대기업을 경영하는 사람들이었다. 그래서 8월 17일에 전화로 이사회를 개최했다. 스티브 로젠블룸의 도움을 받아 모든 것을 철저하게 준비했고, 이사들에게 알렉스에게 이야기했던 내용과 그 외에 더 많은 것들을 자세하게 설명했다.

- 델의 인수 제안을 검토하는 근본적인 이유는 상장 기업에 가해지는 압박(단기 성과, 그리고 상장 기업이 지닌 다른 단점들)을 받지 않는 비공개 기업으로서 델을 더 잘 운영할 수 있다고 믿기 때문이다.
  기업을 변화, 발전, 혁신시키는 것은 재정적인 변동성이 포함되는 불확실한 과정이다. 그리고 일반 투자자들은 불확실성이나 변동성을 좋아하지 않는다.
- 나는 사전에 KKR의 조지 로버츠, 실버레이크의 에곤 더반에게 자문을 받았다. 오로지 공개된 정보를 근거로 했으며 두 사람 모두 델과 주주들에게 매력적인 제안을 하는 것이 가능하다고 믿고 있다.

- 몇 주 전에 스탠리 케이츠는 사우스이스턴에셋매니지먼트가 나와 공동으로 델의 인수를 제안하는 일에 관심이 있다고 말했다.
- KKR, 실버레이크, 사우스이스턴과 어떤 계약이나 약속도 하지 않았다. 모두 개별적으로 이야기했고 어떠한 비공개 정보도 제공하지 않았다.
- 나는 투자 은행을 고용하지 않았고 그렇게 하기 전에 이사회에 자문을 받을 것이다.
- 왁텔·립튼·로젠앤드카츠에 나의 개인적인 자문으로 활동해달라고 요청했다.
- 제안 가능성을 검토하기 위한 회사 정보 활용과 추가적 논의에 대해 이사회의 완전한 이해와 승인을 받지 못하면 인수와 관련된 일을 진행하지 않을 것이다.
- 어떤 거래도 주주들을 위해 합리적 수준에서 가능한 가장 높은 가격과 공정한 가격에 진행되어야 한다는 사실을 알고 있다. 인수 가격은 최종적으로 시장의 확인을 받게 될 것이라는 사실도 안다.
- 모든 제안이 사외이사들이나 사외이사들의 특별위원회에 검토를 받고 승인의 대상이 될 것이라는 사실을 잘 알고 있다. 모든 과정이 사외이사들이나 특별위원회에 의해 결정될 것이

고, 이들이 독립적인 법률 자문위원회와 독립적인 은행을 고용할 것이라는 것도 알고 있다.
- 이사회의 승인을 받은 후, 다음 단계에서 내가 할 일은 이사회에 제출할 제안서를 만들기 위해 자문위원들, 그리고 잠재적 파트너들과 협력하는 것이다.
- 래리 투는 비밀 유지, 거래, 그리고 다른 법률적 문제에 대해 이사회에 조언할 것이다.


나는 사외이사들이 허락하지 않으면 어떤 외부인과도 더 이상의 논의를 하지 않을 것이라고 말했다. 알렉스는 이사회가 이 모든 문제를 논의해야 하며, 내가 참석하지 않은 상태에서 할 것이라고 말했다. 그렇게 전화 회의를 마쳤다.

알렉스는 회의가 끝난 후에 나에게 전화를 걸어 이사회가 상장폐지로 갈 가능성(또는 델을 어려움에서 건져낼 수 있는 전략적 대안)을 검토할 준비가 됐다고 말했다. 이사회는 이 목적을 위해 비공개 기업으로 전환하는 제안을 논의하는 것을 승인했다. 에곤 더반과 조지 로버츠에게 개별적으로 전화를 걸어 결과를 전했다. 두 사람 모두 내가 다른 사람과 이야기했다는 사실은 전혀 알지 못했다.

스탠리 케이츠에게는 전화하지 않았다. 기업의 투자자들과 소유주가 할 수 있는 것과 할 수 없는 것에는 매우 구체적인 규칙들이 있다. 어떤 회사의 지분을 많이 가진 주주가 혼자 방에서 "우리가 이 회사를 비공개 기업으로 전환할지도 몰라"라고 말하면 그냥 혼잣말을 한 것이다. 하지만 델의 최대 주주인 나와 두 번째 주주인 사우스이스턴에셋매니지먼트가 만나서 이 문제를 이야기하면 증권거래위원회에 신고해야 하는 집단을 구성하는 것으로 보일 수도 있다. 증권거래위원회에 신고하는 사항은 공개 정보이며 잠재적 거래에 대한 뉴스는 공적 영역이 될 것이다. 그리고 일반적으로 모든 절차에 대한 서명이 끝나고 공식으로 발표되기 전에 이 일들이 대중에게 알려진다면 실제로 거래가 성사될 확률이 훨씬 더 적어진다.

실버레이크나 KKR 중 어느 회사도 (사모펀드 회사로서) 공개 기업인 델의 주식을 가지고 있지 않았다. 나와 법률팀인 왁텔·립튼은 비공개 기업으로 전환하는 거래에 서명하고 공식발표를 할 시점에 도달하면 사우스이스턴과 접촉해 그들이 여전히 관심이 있는지를 알아보자는 데 합의했다.

8월 20일에 이사회는 또 한 번 전화 회의를 개최했는데 나는 참여하지 않았다. 알렉스의 권고에 따라서 델의 비공개 기업 전환 가능성을 검토하기 위한 특별위원회가 만들어졌다. 특별위원회는 알렉스와 다른 세 명의 사외이사로 구성되었다. 젠팩트Genpact의 이사인 로라 코니글리아로Laura Conigliaro, 마라톤오일Marathon Oil의 CFO 재닛 클라크Janet Clark, 그리고 레이건 행정부 시절의 백악관 비서실장인 켄 두버스타인Ken Duberstein이 나머지 위원이었다.

델이 증권거래위원회에 제출할 위임장에 따르면 이사회는 특별위원회에 다음과 같은 완전하고 독점적인 권한을 위임했다. 1) 마이클 델을 포함해 델의 인수에 대한 모든 제안을 검토하고 다른 당사자들이 제시하는 다른 모든 제안들을 검토하는 권한, 2) 특별위원회를 위한 법률적, 재무적 자문을 할 독립적인 자문단을 고용하는 권한, 3) 제안된 모든 거래에 관해 이사회에 권고할 수 있는 권한, 4) 회사가 활용할 수 있는 가능성이 있는 다른 모든 전략적 대안을 검토하고 평가하는 권한. 특별위원회는 이에 따라 알렉스 만들을 의장으로 임명했다.

다음 날인 8월 21일에 2013년 2분기 실적이 발표됐다(델의 회계연도는 1월 마지막 날에 끝나기 때문에 2013년의 수치는 대부분이 2012년 실적이다). 실적과 관련된 수치는 좋지 않았다. 델의 2분기 매출은 145억 달러로 7월의 추정치보다 약 3억 달러, 그리고 6월 초의 추정치보다 약 8억 달러 감소했다. 우리는 이에 따라 2013년도 주당순이익 추정치를 2.13달러에서 1.70달러로 낮추었다. 불확실한 경제 환경, 다른 기업과의 경쟁 구도, 그리고 최종소비자컴퓨팅end-user computing, EUC(데스크톱, 노트북, 디스플레이, 그리고 주변기기와 같은 최종 소비자 제품 사업_옮긴이) 사업의 수요 감소로 추정치를 하향 조정한 것이다. 이 글을 읽는 독자 여러분은 주가가 어떻게 반응했는지 충분히 예측할 수 있을 것이다(보고서가 공개된 다음 날 사우스이스턴에셋매니지먼트와 분기별 정례 회의를 했지만 흥미롭게도 스탠리 케이츠는 델의 비공개 기업 전환 문제에 대해 아무런 말도 하지 않았다. 나는 한동안 그 이유가 궁금했다).

　이러는 와중에 이사회와 특별위원회는 여러 차례에 걸쳐 비공개 회의를 열기 시작했다. 비공개는 두 가지 의미를 담고 있었다. 하나는 델의 주주들을 포함한 대중이 이사회가 무엇을 하는지 모르게 하는 것이고, 두 번째는 나를 제외시키는 것이다. 창업자이자 CEO인 나도 회의에 참여하지 못했다. 이사회 회의실 문에 '마이클 출입 금지'라는 표지를 붙여놓았을지도 모른다. 이런 회의들이 열리고 있다는 사실을 알고 있었지만 언제 열리고 무엇을 논의하는지는 몰랐다. 어떤 일이 벌어지고 있고, 왜 모든 것들이 그렇게 오랜 시간이 걸리는지 궁금해했을 뿐이다. 두 개의 사모펀드 회사가 나와 거래를 하고 싶어 조바심을 내고 있다. 그리고 나는 다른 회사들도 마찬가지일 것이라고 확신했다. 비공개 기업으로의 전환이 얼마나 더 복잡해질 수 있을까?

# 02

# 다양한 경험, 다양한 자극

처음에는 상황이 조금 더 단순했다. 돌이켜 생각해 보면 그렇게 단순해 보이는 것일지도 모른다. 사실 1983년 가을에 갓 태어난 나의 컴퓨터 회사는 시작하기도 전에 거의 끝장날 뻔했었다. 오스틴 텍사스 대학교 1학년 기숙사 2713호, 내 방에서 말이다(더 정확하게 말하면 하얏트 리젠시 오스틴Hyatt Regency Austin호텔 방에서). 하지만 나는 의욕만 너무 앞서고 있었다.

우선 나의 성장 배경을 간략하게 이야기해 보겠다. 나는 휴스턴에서 태어나고 자라 텍사스 사람으로서 자부심이 강하다. 14살까지 우리 가족(어머니, 아버지, 스티븐과 아담, 그리고 나를 포함한 삼 형제)은 메이어랜드Meyerland의 그레이프 스트리트 5619번지에 있는 단층집에서 살았다. 그레이프 스트리트는 휴스턴 남서부에 위치한 유대인들이 많이 거주하는 지역이다. 부모님은 어느 정도 돈을 벌자 1979년에 메모리얼Memorial 이라는 불리는 조금 더 부자 동네로 이사를 했다.

어머니 로렌Lorraine 과 아버지 알렉스Alex 는 야심이 많은 사람들이 었다. 아버지는 텍사스에서 가장 큰 도시인 휴스턴이 다양성이 있고 외지인들에게 친절할 뿐만 아니라 기회가 풍부하다는 이야기를 듣고는 1960년대에 뉴욕에서 휴스턴으로 이주했다. 들었던 것처럼 휴스턴은 당시 크게 번창하는 도시였다. 60년대에는 직업이 의사인 어떤 사람이 휴스턴으로 오면 기본적으로 환영받았다. "우리가 돈을 좀 빌려드리죠. 여기가 당신 집입니다. 이제 가셔도 됩니다" 하면서 말이다. 아버지는 병원을 개업하기 위해 정말로 열심히, 그리고 현명하게 일하셨다. 아버지는 컨그리게이션 베스 예슈룬 Congregation Beth Yeshurun 이라는 유대교 교회 바로 옆에 있는 건물의 사무실을 선택했다.

아버지 외에도 많은 전문직 종사자들이 유대교 교회 옆에 있는 건물에 사무실을 두고 있었다. 치과 의사, 안과 의사, 보험사 직원이 있었고 이들 가운데 상당수가 유대인이었다. 얼마 지나지 않아 부모님은 건물의 상당 부분을 매수하는 방법을 알아냈고, 이런 전문직 종사자들에게 사무실을 임대하게 되었다. 그 후 아버지는 휴스턴 근방에 다른 여러 개의 사무실을 운영해 가장 성공한 치과 교정 의사가 되었다. 아버지는 다른 사람들보다 더 열심히 일했다. 언제나 무엇인가를 연구하고 있었다. 자신의 사무실을 어디에 개설할 것인지, 언제 어떤 위치가 좋은지, 그리고 일을 어떻게 더 효율적으로 할 것인지 생각하고 있었다. 이 사무실에 또 다른 의자를 놓을 수 있을까? 사무실에 또 다른 업무 보조원이 필요한가? 젊은 의사를 고용해 일을 시키는 것은 타당성이 있을까?

그러는 동안 어머니는 하루 종일 삼 형제를 돌봤고 틈틈이 부동산 중개인으로 일했다. 부모님은 정말로 의욕이 넘치는 사람들이었다. 아버지와 어머니는 우리 형제들이 다른 친구들과 농구를 하려고 밖으로 나갈 때마다 항상 "친구들과 사이좋게 잘 놀아라. 하지만 이겨야 해"라고 말했다. 어머니는 수학과 금융에 특출한 재능을 지닌 똑똑한 여성이었다. 나는 어머니의 재능과 호기심 가운데 일부를 물려받았다고 생각한다. 어머니는 우리 가족의 금전적인 문제를 정말로 잘 관리했는데, 휴스턴으로 이사 온 지 얼마 지나지 않아 주식과 부동산에 투자하기 시작했다. 투자 결과도 상당히 좋았다. 내가 중학생이었을 때 어머니는 증권 거래 자격증을 땄고 처음에는 E.F. 허튼Hutton에서, 그다음에는 페인웨버Paine Webber에서 주식 중개인으로 일했다.

나는 삼 형제 중 둘째였다. 나보다 2살 많은 스티븐은 가장 똑똑하고 학구적이며 진지했고, 오스틴에서 크게 성공한 안과 의사가 되었다. 나보다 5살 적은 아담은 나와 형이 집을 떠난 뒤 유일하게 남은 아들이었다. 아담은 우리 가족의 협상가였는데, 매우 똑똑했고 지금은 매우 성공한 사람이 되었다. 법대에 진학한 후에 벤처캐피털 회사에 취업했고 한두 개의 회사를 설립했다. 그리고 2년 전에 골드만삭스<sup>Goldman Sachs</sup>가 인수한 개인 금융 애플리케이션을 개발하면서 골드만삭스의 파트너가 되었다.

델 집안의 삼 형제에 대해 조금만 더 이야기해 보자. 휴스턴에는 입학하기가 매우 어려운 세인트 존스<sup>St. John's</sup>라는 훌륭한 사립학교가 있다. 스티븐은 세인트 존스의 7학년으로 입학 허가를 받았고, 아담은 세인트 존스 유치원을 다녔다. 나는 4학년에 지원 신청서를 냈지만 입학 허가를 받지 못했다. 이 일로 한동안 창피해했던 기억이 있다. 내가 부족한 게 많은 것 같다는 생각을 하긴 했지만 실제로는 크게 괴롭지 않았다. 단지 내 문제를 투덜거렸을 뿐이다.

나는 아주 부산한 아이였다. 내 결혼식 전날 가족 만찬에서 어머니는 "마이클의 엄마로 사는 것은 결코 쉬운 일이 아니었어요"라는 말로 축사를 시작했다. 미소를 지으면서 말했지만 다른 모든 사람들은 크게 웃었다. 사실 어머니가 하신 말씀은 농담이 아니었다. 어머니는 내가 3살 때 아버지 지갑을 훔쳐 동네 슈퍼에서 사탕을 사먹었던 이야기를 하는 것을 좋아했다. 나는 전혀 기억이 없지만 어머니는 맹세코 사실이라고 말했다. 어머니 친구분이 내가 사탕을 먹고 있는 것을 보고 "엄마는 어디 계시니?" 하고 물어보자 내가 "몰라요"라고 답했다고 한다. 친구분은 나를 집으로 데리고 왔고, 나는 무언가 잘못됐다는 것을 느껴 정원에 아버지 지갑을 묻었다. 일주일 후에 정원사가 그 지갑을 발견했다.

여섯 살이었던 어느 날에는 무엇인가에 매우 흥분해서 온 집안을 돌아다니다 통유리로 만들어진 창문으로 돌진해 다리를 크게 다쳤다. 온 집안이 피투성이가 됐다. 어머니에게 내가 큰 사고를 저질 렀는지 물어봤던 기억이 있다. 아버지는 집에 없었고 이웃에 사는 의사 선생님이 나를 차에 태우고 병원으로 달렸다. 엄마는 자동차 뒷좌석에 함께 앉아 내 다리를 꽉 누르면서 정신을 잃지 말라고 이 야기했다. 그 일로 한 달 동안 휠체어를 타고 학교를 다녔다.

또 다른 이야기도 있다. 20년 전 어느 날 사무실에서 일하고 있 을 때 비서가 들어오더니 초등학교 1학년 때 내 담임선생님이었다 는 사람이 나를 만나고 싶어 한다고 이야기했다. 불행히도 당시에 는 나를 만나기 위해 어떤 말이든 하는, 질이 좋지 않은 사람들과 사기꾼들이 많았다. 내가 있지도 않았던 곳에서 어세 나와 이야기 했다고 말하는 사람들 대부분이 사기꾼이었다(하지만 이런 수법은 나에 게 절대로 통하지 않는다).

어쨌든 비서에게 이름이 무엇인지 물어보라고 했다. 다시 돌아 온 비서는 그녀가 왓슨Watson 부인이라고 했다. 왓슨은 실제로 초등 학교 1학년 때 나를 가르쳤던 선생님이었다. 그래서 약속을 잡았다. 왓슨 선생님은 친구들과 함께 방문해도 괜찮은지 물었고 나는 상관 없다고 답했다. 지금은 오스틴의 양로원에서 살고 있는 왓슨 선생 님이 친구 한 분과 사무실로 찾아왔다. 두 분 모두 80대로 보였다. 우리는 우드랜드 홀 스쿨Woodland Hall School에서 벌어진 옛날이야기를 나눴다. 30년이 지나서 선생님의 목소리를 다시 들었을 때 내가 기 억할 수 있는 것은 "마이클, 자리에 앉아! 마이클, 앉아!" 하는 말뿐 이었다. 하지만 선생님에게 그런 말을 할 용기가 없었다.

에너지가 넘치는 나는 사방팔방으로 돌아다녔다. 초등학교 2학년인가 3학년 때 부모님은 나를 페시코프$^{Pesikoff}$라는 소아정신과 의사에게 데리고 갔다. 의사 선생님과 함께 테이블 하키와 퍼즐 맞추기를 한 기억이 있다. 나중에 아버지와 어머니에게 왜 소아정신과에 데리고 갔냐고 묻자 나를 이해할 수가 없어 그랬다고 말씀하셨다(나는 말도 더듬었다. 그때는 나를 웅변 선생님에게 데리고 갔다). 페시코프 선생님의 보고서에 따르면 나는 아무런 이상이 없었다. 오히려 부모님이 나의 엄청난 호기심에 대처할 수 있는지를 더 걱정했다.

나는 호기심이 무척 많았다. 우리 가족 중 가장 많았을 것이다. 호기심은 부모님이 우리 형제 모두에게 북돋아준 특성이었다. 부모님은 다른 아이들이 벌을 받았을지도 모르는 많은 일들을 그냥 웃고 지나쳤다. 우리 형제들은 집 주변에 있는 많은 물건들이 어떻게 작동하는지 알아보려고 항상 무엇인가를 뜯어보았다. 내 전공 분야는 전화기, 텔레비전, 라디오 같은 전자 제품이었다. 대부분 분해한 다음 원래 상태로 다시 조립해 놓았다.

부모님은 스포츠를 좋아하지 않았다. 그래서 주말에 집에 앉아서 스포츠 경기를 시청하지 않았다. 소문이나 잡담을 나누는 게 아니라 경제 이야기를 했다. 연방준비제도$^{Federal\ Reserve\ System,\ FED}$는 무슨 일을 하고 있는 것일까? 유가, 금리, 화폐, 그리고 주식 시장은 어떻게 되는 것일까? 《포브스$^{Forbes}$》와 《배런스$^{Barron's}$》를 구독했고 루이스 루카이저$^{Louis\ Rukeyser}$의 《월스트리트위크$^{Wall\ Street\ Week}$》라는 TV 프로그램을 시청했다. 어머니는 주식중개인으로 일하기 훨씬 이전부터 기업들의 정보를 담고 있는《밸류라인<sup>Value Line</sup>》의 수많은 투자 서적들을 읽기 시작했다. 나도 그 책을 탐독했다.

1970년대 휴스턴은 신흥 도시였고 도시 전체 곳곳에 새로운 건물들이 들어서고 있었다. 가끔씩 가족과 함께 610번 고속도로를 따라 차를 타고 가면서 창문 밖으로 정면에 깃대가 세워진 반짝이는 새로운 건물들을 쳐다보았다. 그리고 마음속으로 언젠가 회사를 세우고 책임자가 되면 건물 정면에 로고가 새겨진 깃발을 걸 것이라고 생각했다. 어떤 종류의 회사가 될 것인지는 생각하지 않았지만 그런 꿈을 꾸고 있었다.

독자들이 상상하는 것처럼 나는 운동을 잘하는 아이는 아니었다. 나는 우표와 야구 카드를 수집했다. 처음에는 행크 에런<sup>Hank Aaron</sup>이 나의 영웅이었지만 머지않아 기업인들로 바뀌었다. 찰스 슈와브<sup>Charles Schwab</sup>, 페덱스<sup>FedEx</sup>의 프레드 스미스<sup>Fred Smith</sup>, 테드 터너<sup>Ted Turner</sup>, 그리고 MCI의 창업자인 윌리엄 맥고완<sup>William McGowan</sup>처럼 도전을 통해 아무것도 없던 것에서 기업을 일궈낸 사람들을 특히 존경했다. 경제 잡지를 읽으면서 알게 된 사람들이었고 회사의 주가가 급격하게 오르면서 관심을 갖게 된 기업인들이었다.

내가 정말로 좋아하는 것은 비즈니스, 과학, 그리고 수학이었다. 어렸을 때 아버지가 가지고 있던, 손잡이가 달린 구식의 빅터계산기에 마음을 빼앗겼다. 손잡이를 돌릴 때 들리는 금속성의 철커덩 소리와 작은 종이에 인쇄되는 일련의 숫자들이 너무 좋았다. 초등학교 3학년이었을 때 일본의 내셔널반도체가 만든 전자계산기를 갖게 되었다. 빅터 계산기보다 크게 발전한 모델이었다. 그 작은 기계가 복잡한 문제를 계산하는 것을 보고 완전히 매료됐다. 중학교 1학년 때 고급 수학을 들었고 성적도 좋았다. 그래서 수학을 담당하는 다비 Darby 선생님이 회원제로 운영하는 '넘버 센스'라는 동아리에 나를 가입시켜 주었다. 어느 날 동아리 수업을 하는 교실에 컴퓨터 단말기와 비슷한 모습의 새로운 종류의 계산기가 등장했다. 진짜 컴퓨터는 아니었다. 내부에 CPU가 탑재되지 않았고 화면도 없었고 단지 키보드만 있었다. 하지만 동아리 아이들과 나는 그 단말기에 수학 방정식이나 아주 기초적인 프로그램을 입력하고 메인프레임의 어딘가로 보내면 딸깍거리는 소리를 내면서 계산 결과가 나온다는 사실을 발견했다. 내가 본 것 가운데 가장 멋진 기계였다.

나는 보통 자전거를 타고 학교에 다녔다. 학교와 집 중간쯤에 라디오 섹Radio Shack 점포가 있었다. 지금은 사라진 전국 체인점인 라디오 섹은 짧은 기간이었지만 경찰용 무전기, 원격으로 조종하는 모형 비행기, 그리고 경광등이 달린 안전모를 팔았을 뿐만 아니라 세계의 다른 어떤 회사보다 더 많은 PC를 제조하고 판매했다. TRS-80은 라디오 섹이 판매한 최초의 가정용 컴퓨터 모델이었다. 학교에서 집으로 돌아오는 길에 라디오 섹에 들러 전시 상품을 둘러보면서 시간을 보내곤 했다. 직원들이 쫓아낼 때까지 그곳에서 빈둥거렸다.

그때가 마이크로프로세서 시대의 초창기였고 당연히 나는 나만의 컴퓨터를 갖고 싶었다. 다비 선생님 수업에서 《바이트BYTE》라는 잡지를 알게 됐는데 이 잡지는 마이크로컴퓨터와 마이크로프로세서 이야기뿐이었다. 나는 잡지를 정기구독했고 처음부터 끝까지 모든 내용을 반복해서 읽었다. 어느 달인가에 애플의 공동 창업자인 스티브 워즈니악Steve Wozniak의 기사가 실렸다. 애플이 '애플Ⅱ'라는 두 번째 컴퓨터 모델을 PC 시장에 출시한다는 내용이었다. 스티브 워즈니악는 "PC는 작고, 신뢰할 수 있고, 사용하기 편리하면서 비싸지 않아야 합니다"라고 말했다. 나의 관심을 완전히 사로잡았다.

그다음 기사에는 애플Ⅱ의 세부적인 기술적 사양이 자세하게 설명돼 있었다. TRS-80(그리고 새로운 PC 시장의 세 번째 주요 모델이었던 코모도르 PET2001)과 달리 애플의 새로운 컴퓨터는 컬러 모니터를 지원했다. 스티브 워즈니악은 계속해서 애플Ⅱ는 애플Ⅰ과 다르게 더 많은 메모리를 갖추고 BASIC 언어로 프로그래밍이 가능하며 문자 그래픽과 컬러 비디오 그래픽, 그리고 확장 시스템 소프트웨어를 지원한다고 말했다. 옵션으로 게임 콘트롤러도 지원하는 것은 두말할 필요도 없이 멋졌다.

나는 애플Ⅱ를 사야만 했다. 부모님에게 컴퓨터를 사겠다고 졸랐다. 소비자 가격은 1298달러였는데(지금 가치로 약 5000달러) 내가 저축한 돈으로 지불할 수 있다고 설득했다. 도대체 13살짜리 어린 아이가 어떻게 그렇게 많은 돈을 가지고 있었을까?

기업가 정신은 우리 집안의 내력이었다. 나는 일찍부터 내가 돈 버는 일을 좋아한다는 것을 알았다. 돈 버는 일이 재미있었다. 그래서 어렸을 때부터 일했다. 여름 방학 동안 캠프 활동을 하지 않는 시간에 나는 아버지의 사무실에서 일을 했다. 매일 병원 사무실에 나가 각종 의료 도구들을 소독했고 환자들을 위한 사무실 업무를 도왔다. 아버지와 함께 일하는 것을 좋아했고 아버지가 얼마나 많은 환자들을 치료하는지 지켜봤다. 어떤 일들은 매우 어려워 보였다. 아버지가 하는 일은 매우 정교했다. 어떤 때는 훌륭한 과학자 같았다. 정밀하게 측정하고 계획을 세우고 모든 환자들이 최선을 결과를 얻을 수 있도록 분명하게 확인했다.

10살~11살에 위스콘신의 캠프 라마에 참가했을 때 도서관이 《월스트리트저널Wall Street Journal》을 구독하는 것을 알게 됐다. 도서관에서 어슬렁거리면서 내가 투자한 주식 가격뿐만 아니라 금과 은, 그리고 통화의 가격을 확인하기 위해 신문을 샅샅이 훑어보았다. 거짓말이 아니다.

12살에는 포시즌즈라는(호텔 체인과는 관련이 없다) 동네 중국 식당에서 아르바이트를 했다. 처음에는 접시 닦는 일을 했고 그다음에는 손님들에게 물 따르는 일을 하게 됐다. 내 생각에 꽤 일을 잘했던 것 같았다. 나는 부지배인으로 승진했고 그럴듯한 옷을 입고 사람들에게 자리를 안내하는 일을 담당했다. 얼마나 많은 돈을 받았는지는 기억이 나지 않지만 아마도 한 시간에 1달러나 2달러 정도를 받았던 것 같다. 당시에는 상당히 많이 받는 것처럼 보였다.

놀랍게도 근처에 있는 멕시코 식당인 로스 티오스가 나를 스카우트했다. 로스 티오스의 누군가가 어느 날 저녁에 포시즌즈에서 식사를 하다 내가 일을 잘하는 부지배인이라는 사실을 알게 됐던 것이 아닐까 생각했다. 그들은 더 많은 시급을 제안했고 나는 멕시코 식당으로 자리를 옮겼다. 로스 티오스에서 일하고 있던 어느 날, 이민단속국 직원들이 단속을 나왔다. 함께 일하던 모든 동료들이 순식간에 뒷문으로 모두 사라졌다. 남은 사람은 나 혼자였다. 단속국 직원들이 들어왔고 나는 평소처럼 말했다.

"안녕하세요? 자리로 안내해드릴까요?"

"아니요. 우리는 여기서 일하는 종업원들을 만나러 왔어요."

그들은 매우 심각한 표정이었다.

"그렇군요. 현재는 제가 여기에서 일하는 유일한 직원입니다."

이렇게 말하자 그들이 나를 노려봤다.

"정말로요? 여기서 일하는 사람이 당신 한 명뿐이라고요?"

그들 가운데 한 명이 식당의 뒤쪽을 살펴봤지만 아무도 없었다.

"네, 저뿐입니다. 어떤 것으로 주문하시겠어요?"

다시 말하지만 나는 그때 12살 어린아이였다. 내 옷에는 식당에서 나는 매콤한 냄새가 묻어 있곤 했다. 가끔씩 어머니는 집으로 들어가기 전에 현관에서 외투를 벗기고 냄새를 털어냈다.

금화와 보석을 파는 가게에서도 일했다. 사람들이 팔려고 가지고 오는 금화 동전의 거래 가격을 협상하는 일이었다. 가게 주인은 거래를 성공시킬 때마다 수수료를 주었다. 나는 단순히 우표만 수집한 것이 아니라 종종 우표 경매에 참여해서 우표를 판매했는데, 나중에 경매 담당자가 수익의 일부를 가져간다는 사실을 알게 되었다. 그래서 중개인을 없애는 방법을 생각해 냈다. 먼저 몇몇 친구들에게 나한테 우표를 맡기라고 이야기했다. 그리고 독수리 타법으로 타자기를 두드려 나와 친구들의 우표 목록을 만들었다. 그런 다음에 우표 전문 미디어 《린스스탬프뉴스Linn's Stamp News》에 '델 우표Dell's Stamps'라고 광고를 냈고 이것을 보고 문의한 모든 사람들에게 카탈로그 복사본을 우편으로 보내주었다. 많은 우표를 팔았고 돈도 상당히 벌었다.

그래서 돈이 조금 있었다. 부모님이 항복할 때까지 조르고 매달리고 설득했다. 14살이 되는 생일에 나는 마침내 힘들게 번 1300달러를 은행 통장에서 꺼내 애플Ⅱ 컴퓨터를 샀고, 애플Ⅱ가 도착하기를 기다리는 즐거움으로 들떠 있었다. 며칠이 몇 주처럼 길게 느껴졌다. 그러던 어느 날 우체국에서 컴퓨터가 도착했다는 전화를 받았다. 하지만 어떤 이유에서인지 내 컴퓨터는 지역 물품 창고에 보관돼 있었다. 배달이 조금 더 길어질 것 같았지만 아무도 시간이 얼마나 더 걸릴 것인지 알려주지 않았다. 더 이상 참을 수가 없어서 아버지한테 물품 보관 창고로 나를 데려다 달라고 말해 컴퓨터를 직접 찾아왔다. 자동차가 현관 앞 도로에 들어서기가 무섭게 차에서 뛰어내렸다. 귀중한 화물을 내려서 내 방으로 옮겼고 아름다운 컴퓨터를 상자에서 꺼냈다. 새 컴퓨터에서 나는 냄새까지 좋았다. 곧바로 컴퓨터를 분해했다. 어떻게 작동하는지 알아보고 싶었다.

부모님은 질색하면서 크게 화를 내셨다. 하지만 분해를 하지 않고 어떻게 작동 원리를 이해할 수 있다는 말인가? (나는 그렇게 생각했지만 부모님께 말하지는 않았다.) 조립돼 있을 때나 분해돼 있을 때나 애플은 정말 훌륭하고 아름다운 제품이었다. 애플Ⅱ의 가장 좋은 점

가운데 하나는 바로 오픈 아키텍처open architecture로 만들어졌다는 것이다. 모든 회로에 각각의 전자 칩이 달려 있어 전기 회로들을 수정할 수 있었다. 또 다른 모든 기기들과 컴퓨터 내부를 통제하는 마더보드(컴퓨터 주요 구성 부품을 넣는 주 회로 기판_옮긴이)의 BIOS Basic Input/Output System 프로그램을 다시 짜거나 업그레이드할 수 있었다. 내 컴퓨터를 프로그램할 수 있다니! 정말로 놀라운 일이었다.

이것 말고도 놀라운 것은 훨씬 더 많았다. 컴퓨서브CompuServe, 프로디지Prodigy 또는 AOL 같은 인터넷 서비스가 나오기 이전에는 헤이즈Hayes 모뎀을 이용하는 CBBSComputerized Bulletin Board System(우리나라의 경우 과거 데이콤이 제공하던 '천리안'과 같은 전화 접속을 사용한 PC 통신 서비스를 말함_옮긴이)라는 것이 있었다. CBBS는 전화를 걸어 전 세계 사람들과 통신할 수 있고 학습이나 교류, 게임에 이용됐다. 나는 호기심이 생겨 모뎀을 사서 내 게시판을 만들었다.

전화선을 사용하는 컴퓨터 모뎀을 이용했기 때문에 어머니나 아버지가 전화를 사용하면 접속할 수가 없었다. 그래서 사우스웨스턴벨Southwestern Bell에 전화를 걸어 우리 집에 또 다른 전화선을 설치해달라고 요청하는 게 좋겠다고 생각했다. 다행스럽게도 부모님은 화를 내는 대신 놀랍다는 반응을 보이셨다.

내가 컴퓨터를 잘한다는 소문이 퍼졌고, 나는 곧 동네 친구들에게 애플II를 최대로 활용할 수 있는 방법을 가르치기 시작했다. 상당히 돈이 되는 부업이었다. 휴스턴 지역 애플 사용자 모임HAAUG에도 가입했다. 한 달에 한두 번, 수백 명의 컴퓨터 전문가들이 지역

도서관에 모여 컴퓨터 업그레이드, 부품 거래 등 각종 이야기를 나눴다. 이런 친구들과 어울리면서 애플Ⅱ를 나에게 맞게 수정하는 방법에 관한 모든 정보를 얻었다. HAAUG는 도트 매트릭스 프린터를 이용해 인쇄한 뉴스레터를 매달 보내줬다. 뉴스레터에는 다음과 같은 중요한 정보들이 담겨 있었다.

> 애플Ⅱ에 맞는 가장 저렴한 (그래서 놀랍게도 잘 알려지지 않은) 액세서리 중 하나는 '프로그래머스 에이드 #1'이다. 이것은 2킬로바이트 롬 칩인데 애플의 DO 소켓에 장착된다. 프로그래머스 에이드 #1에는 BASIC 사용자들이 자주 필요로 하지만 늘 쉽게 접근할 수 없는 표준 프로그램들이 포함돼 있다.

나는 이 모임에 완전히 빠져들었다. 단체 모임에서 20대 또는 30대로 보이는 한 컴퓨터 엔지니어를 만났는데 그는 정말로 똑똑했다. 이 사람과 친하게 지내면서 내가 무엇을 배울 수 있는지 알아봐야겠다고 생각했고, 우리는 정말로 멋진 것을 함께 만들었다.

당시 개발자들은 애플Ⅱ 컴퓨터에 사용할 소프트웨어를 만들고 있었다. 문제는 개발자들이 소프트웨어를 만들어 팔면 모든 사람들이 복제해서 정작 개발자들은 돈을 한 푼도 벌 수 없다는 점이었다. 두 장의 플로피 디스크만 있으면 손쉽게 복제할 수 있었다. 소프트웨어가 들어 있는 플로피 디스크를 삽입하고 그다음에 빈 디스크를 넣은 후에 'copy'라는 명령어를 입력하면 복제가 끝난다. 교육에 종사하는 사람들이 불법 복제를 가장 많이 했다. 교육하는 사람은 돈을 내고 소프트웨어를 구매할 필요가 없다고 그들은 생각했다.

엔지니어 친구와 나는 복제를 방지하는 방법을 개발했다. 모든 플로피 디스크에는 35개의 트랙이 존재한다. 우리는 소프트웨어를 프로그래밍하는 방식을 찾아냈고, 트랙들 사이에 있는 하프 트랙에 어떤 데이터를 만들었다. 복제 프로그램을 가동할 경우 트랙에 있는 데이터는 복제되지만 하프 트랙은 복제가 되지 않는다. 결과적으로 모든 데이터가 복제되지 않는 것이다. 우리는 이 프로그램을 교육용 소프트웨어를 개발하는 여러 기업들에 판매했다. 한동안 이 작은 사업을 하면서 함께 잘 지냈다.

이후 스티브 잡스Steve Jobs가 애플 사용자 동호회에서 연설을 하러 휴스턴으로 온다는 소식을 들었다. 그때가 1980년 봄이었다. 잡스는 컴퓨터 분야의 개척자가 아니라 기업가로서 나를 사로잡았다. 경제 잡지에서 그의 기사를 읽었고 프레드 스미스, 찰스 슈와브, 테드 터너, 그리고 윌리엄 맥고완만큼 존경심을 갖게 되었다. 이런 기업가들처럼 잡스도 아이디어 하나로 작게 시작했지만 그 아이디어를 실현하기 위한 강한 집념이 있었으며, 미국의 기업 환경을 변화시키는 일에서 성공하고 있었다. 잡스는 겨우 25살이었고 그가 스티브 워즈니악과 함께 창업한 회사는 1980년에 본격적으로 사업을 확장할 준비가 되어 있는 것처럼 보였다. 애플 I 과 애플 II 의 차이처럼, 보다 획기적으로 발전된 애플Ⅲ의 출시와 상장을 앞두고 있었다.

실제로 만나본 잡스는 기사에 소개됐던 것보다 훨씬 더 매력적인 사람이었다. 그가 강의실로 들어올 때 마치 홍해가 갈라지는 것 같았다. 그는 PC(스티브 잡스 자신이 개발한 PC)가 어떻게 세상을 바꾸어 놓을 것인지에 관해 열정적으로 말했는데 원대한 비유를 사용해 이렇게 설명했다.

"이제 승객용 열차 한 대에 들어가는 투자금으로 폭스바겐 승용차 1000대를 구매하는 것이 가능합니다. 차이점은 폭스바겐을 산 사람들은 어디로든, 언제든, 어떻게든, 함께 가고 싶은 사람과 갈 수 있는 자유가 있다는 것입니다."

그는 사람들이 PC를 통해 상상할 수 없었던 일을 할 수 있는 능력을 가지게 될 것이라고 말하고 있었다. 15살이었던 나는 충격을 받았다. 5년 후에 잡스와 내가 동료가 될 뿐만 아니라 친구가 될 수 있을 것이라고는 상상도 할 수 없었다.

우리 가족은 내가 고등학교 1학년이 될 때 그레이프 스트리트에서 메모리얼에 있는 더 좋은 집으로 이사했다. 알다시피 더 좋은 학군이 있는 지역에는 정말로 좋은 학교가 있다. 메모리얼 고등학교는 실망스럽지 않았다. 학교에는 컴퓨터 실습실이 있었는데 당시에 이런 시설을 갖춘 학교는 매우 드물었다. 나는 당연히 컴퓨터 수업을 들었다. 담당 선생님은 헤인즈Haynes였다. 헤인즈 선생님은 프로그래밍을 가르쳤다. 나는 이미 프로그래밍에 어느 정도 기초 지식이 있었다. 10대 소년이었을 때는 지식을 자랑하는 것을 부끄러워하지 않았다. 사실 약간은 잘난 체하는 소년이었다.

어느 날 헤인즈 선생님이 약간 흥분된 목소리로 BASIC 언어를 사용해 사인파sine wave를 만드는 프로그램을 만들 것인데 선생님이 프로그래밍하는 것을 보고 배우라고 말했다. 나는 이미 기계어로 프로그램을 짜는 방법을 알고 있어 새로운 것이 아니었다. 기계어는 마이크로프로세서에 직접 말하는 것과 유사해서 과정이 상당히 복잡하다. 그 쉽지 않은 과정을 끝마쳤다는 것이 내심 자랑스러웠다(이제 나는 더 이상 기계어로 프로그램을 짤 수 없다).

헤인즈 선생님이 학생들에게 어떻게 할 것인지 설명을 하자마자 나는 거리낌 없이 사인파를 만드는 데 BASIC 프로그램 언어보다 더 좋은 방법이 있다고 의견을 말했다. 나는 기계어로 프로그램을 만들 수 있고 그것이 훨씬 더 빠르다고 설명했다. 선생님은 나를 기분 나쁘다는 듯 째려보며 말했다.

"좋아. 그렇다면 네가 기계어로 프로그램을 짜고 나는 BASIC으로 프로그램을 만들자. 그리고 다음 주 화요일에 다시 만나서 누구 프로그램이 더 빠른지 결과를 볼 거야."

우리는 그다음 주 화요일에 다시 만났다. 선생님은 자신의 프로그램을 돌렸다. 띠-띠-띠. 띠-띠-띠. 띠-띠-띠. 띠-띠-띠. 사인파가 발생했다. 그러고 나서 내 프로그램을 돌렸다. 드르르륵. 소리가 난 다음 사인파가 만들어졌다. 그날 이후 헤인즈 선생님은 나를 미워했다. 미안한 일이지만 나는 개의치 않았다.

1981년 8월 12일에 IBM이 PC 5150를 출시했다. 베이지색과 회색의 평평한 네모 상자 같은 본체 위에 같은 색깔의 커다란 모니터를 얹어놓은 제품이었다. 5150의 무게는 12킬로그램 정도였고 2만 9000개의 트랜지스터가 집적된 4.77MHz의 인텔 8088 CPU가 내장돼 있었다. 16킬로바이트의 램RAM을 탑재하고 데이터를 저장하는 공간은 없었다. 아무것도 없는 기본 모델이 1565달러(현재 가치로 3900달러)였다. 64킬로바이트의 램과 5.25인치 플로피 디스크가 탑재된 표준 모델을 선택하면 가격은 2880달러(현재 가치로 7150달러)로 급등했다. 사용 가능한 소프트웨어로 비지칼크VisiCalc의 스프레드시트, 워드프로세서 프로그램인 이지라이터 1.0, 그리고 워싱턴주의 레드몬드Redmond에 있는 마이크로소프트Microsoft라는 당시엔 허접한 작은 회사가 개발한 첫 게임인 어드벤처가 포함돼 있었다. 당시 마이크로소프트는 설립한 지 6년밖에 안 된 신생 회사였다.

애플Ⅲ는 많은 게임을 지원했지만 5150은 애플보다 강력할 뿐만 아니라 더 진지한 업무에 어울렸다. IBM의 PC 시장 진출은 대단히 중요한 사건이었다. 수년 동안 빅 블루Big Blue(IBM의 별칭_옮긴이)는 기술 분야에서 다른 기업이 따라올 수 없는 정도의 지배력을 가지고 있었다. 1980년대 IBM은 미국에서 가장 성공적이고 가장 가치 있는 기업이었다. 그리고 5150의 소프트웨어는 특별히 업무용 사용자들을 위해 만들어졌으며, 업무용으로 컴퓨터를 사용할 사람들은 상당히 많았다. 《와이어드Wired》 잡지는 빅 블루의 PC 시장 진출이 "사실상 경쟁 상대를 완전히 없애버렸고 한동안 그 분야를 독점할 것이다"라고 보도했다. IBM은 컴퓨터랜드Computer Land, 시어스Sears, 로벅Roebuck을 통해 5150을 판매했다. IBM은 4개월 만에 6만 5000대의 컴퓨터를 팔았고 크리스마스까지 10만 건의 주문을 받았다. 스티브 잡스에게 미안한 일이지만 1981년 8월 12일에 나도 IBM 컴퓨터를 한 대 샀다.

그리고 곧바로 IBM 컴퓨터의 예찬론자가 되었다. 사무용 기계로서 PC가 미래의 대세가 될 것이라고 믿었다. 5150 컴퓨터 본체를 분해해 보자마자 몇 가지 놀라운 점들을 발견했다. 우선 애플Ⅱ와 마찬가지로 5150의 아키텍처도 개방형 시스템이었다. 말 그대로 모든 칩들이 어떤 일을 하고 있는지 한눈에 이해할 수 있었다.

IBM PC를 분해했을 때 발견한 또 다른 점은 내부에 IBM에서 만든 부품이 하나도 없다는 사실이었다. 모든 부품은 다른 기업이 제조했다. CPU는 인텔 제품이었고, 다른 모든 칩들에 제조사의 이름이 적혀 있었다. 라디오섁이나 다른 가게에서 필요한 동일한 칩들을 살 수도 있었다. 그리고 PC의 운영체제인 MS-DOS도 IBM이 개발한 것이 아니라 작은 회사인 마이크로소프트가 만들었다. 다른 제조사들이 만드는 이런 이상한 시스템에는 한 가지 예외도 있었다. IBM 컴퓨터의 입력과 출력 시스템을 담당하는 BIOS였다.

나는 이런 방식의 외주 생산이 이상하다고 생각했다. IBM은 소비자 시장과 교육 시장으로 침투하는 애플을 걱정한 나머지 편리하게 구입할 수 있는 부품으로 PC를 빠르게 만들었다는 사실이 나중에야 밝혀졌다. 그래서 어떻게 운영체제를 개발하는지 알고 있었지만 직접 개발하지 않았고, 마이크로소프트의 DOS와 인텔의 8088 프로세서를 채택했다. 미국이라는 체제처럼, 거대하고 강력한 기업인 IBM은 '컴퓨터'라는 단어와 완전히 같은 의미였기 때문에 어느 누구도 감히 그들에게 도전하지 않을 것이라고 생각했다.

메모리얼 고등학교 1학년에서 2학년으로 올라가는 여름 방학에 정말 많은 일들이 있었다. 단지 PC 때문만은 아니다. 나는 우선 운전면허를 땄다. 전에는 우표 가게 등 아르바이트를 하러 가거나 애플 사용자 모임에 참여하기 위해 자전거를 타고 휴스턴 지역을 돌아다니곤 했었다. 때때로 휴스턴의 반대편으로 가기 위해 30~50킬로미터를 자전거를 타고 다녔다. 하지만 너무 피곤했고 가끔 비도 왔다. 운전면허는 활동 영역을 크게 넓혀주었다. 면허 덕분에 이제 정말로 여러 곳을 갈 수 있게 됐다. 아버지는 내가 밝은 푸른색의 커다란 1975년형 올즈모빌 커틀라스Oldsmobile Cutlass 가족용 왜건wagon을 운전하는 것을 허락해 주셨다. 아버지는 "어떤 것과 부딪치더라도 너는 무사할 거야. 이 차는 거의 탱크 같거든"이라고 말했다.

운전은 내가 돈을 벌 기회도 많이 만들어주었다. 그해 여름 방학에 나는 새로운 일자리를 찾았다. 수백 명의 다른 10대 친구들과 함께 모르는 사람들에게 무작위로 전화를 걸어《휴스턴포스트Huston Post》신문의 구독자를 모집하는 아르바이트를 했다. 천부적으로 야심이 많은 나는 가능한 많은 신문을 팔고 싶었다. 그래서 세 가지

현상에 주목했다.

첫째는 당신이 신문을 판매하고자 하는 사람과 비슷한 억양으로 말하면, 당신에게 신문을 구독할 확률이 높다는 점이다. 나는 예비 구독자들에게 심한 텍사스 억양으로 이야기하면서 대화를 이어나갔다. 결과는 상당히 좋았다. 두 번째는 새로운 지역으로 이사한 사람들이 신문을 구독할 확률이 높다는 것, 마지막 세 번째는 결혼할 사람들이 구독자가 될 확률이 높다는 것이다. 새로 정착해서 성인으로서의 생활을 시작하는 것에 대한 즐거움 때문일지도 모른다.

이에 따라 첫 번째로 할 일이 생각났다. 텍사스에서는 결혼 증명서를 받고 싶으면 지역 법원에 가서 신청하고 증명서를 받을 주소를 알려줘야 한다. 나는 정보자유법에 따라 텍사스 주민으로서 텍사스 모든 지역의 법원에 가서 "지난 1년 동안 신청한 모든 결혼 증명서를 열람하고 싶습니다"라고 말하면 된다는 사실을 알아냈다. 처음으로 열람을 신청한 곳은 휴스턴의 도심에 있는 해리스 카운티 법원이었다. 맞은 편에 있던 담당자가 나를 보더니 "맙소사. 너 정말로 그걸 다 보려고 하니?"라고 말했던 기억이 생생하다. 그는 약한 시간 동안 자리를 비웠다가 커다란 책들을 들고 나타났다.

대박이라고 생각했다. 운에 맡기고 무작위로 구독 전화를 거는 방법에서 벗어나 신문을 구독할 확률이 훨씬 더 높은 사람들, 그러니까 금광을 발견한 것이다. 처음에는 법원에 앉아서 모든 사람의 이름과 주소를 적었다. 그러다가 IBM 컴퓨터보다 가볍고 믿을 수 있는 애플Ⅱ를 가지고 와서 전기를 연결한 다음에 모든 정보를 거기다 기록했다. 이어서 휴스턴 주위에 16개의 카운티가 있다는 사실이 생각났다. 16개 카운티에는 모두 법원이 있고 모든 법원에는 결혼 증명서 신청 기록이 있었다. 16배를 벌 수 있는 횡재였다. 나에게는 자동차와 컴퓨터, 그리고 친구들도 있었다. 고등학교 친구들을 고용해 모든 법원에 찾아가 정보를 수집하도록 했다(몇몇 친구들은 정보를 기록하기 위해 애플Ⅱ 컴퓨터를 가지고 갔고 가끔 내 컴퓨터를 빌려 가기도 했다). 모든 정보를 수집한 다음에는 목록에 있는 모든 신혼부부들에게 신문 구독 서비스를 제안하는 대규모 광고 우편물을 보냈다.

당시 휴스턴에는 건설 호황 덕분에 매우 커다란 아파트와 콘도미니엄 단지가 들어서고 있었다. 나는 이런 단지들을 찾아가 말했다. "저는 휴스턴포스트에서 나왔는데요, 아주 좋은 조건을 가지고 왔습니다. 모든 입주민들께 2주 무료 구독 서비스를 드리겠습니다. 이 서류만 작성하시면 됩니다." 나는 젊은 부부들과 새로 이사 오는 입주민들을 상대로 그해 여름에 1만 8000달러를 벌었다.

또 다른 이야기도 있다. 메모리얼 고등학교 1학년 시절에 정부와 경제라는 수업을 들었다. 교과 담당은 밀러Miller 선생님이었다. 헤인즈 선생님처럼 그녀도 나를 미워했다. 유감스럽게도 충분히 그럴 만한 빌미를 제공했다. 수업 시간 첫날부터 나는 늘 같은 행동을 했다. 교실에 들어오면 뒤편에 자리를 잡고 컴퓨터 잡지를 읽는 것이다. 잘난 체하려고 그렇게 한 것은 아니었다. 단지 수업이 재미없었기 때문이었다. 밀러 선생님은 경제와 정부에 관한 기초 지식을 가르쳤는데 나는 이미 거의 모든 것을 알고 있었다. 하지만 밀러 선생님은 그런 사실을 몰랐다. 그녀는 내가 땡땡이를 친다고 생각해 화를 냈다. 그리고 아버지에게 전화를 걸었다.

"아버님, 아드님이 수업 시간에 집중하지 않습니다. 아이한테 빈둥거리지 말고 집중하라고 전해주시겠어요?"

"시험을 친 적이 있나요?"

"아직 시험을 보지는 않았습니다."

"그러시면 시험을 본 다음에 우리 아들이 잘하지 못하면 그때 전화를 다시 주시죠."

선생님은 나에게 시험 문제를 내줬고 나는 점수를 잘 받았다. 하지만 시험을 잘 봤다고 선생님이 나를 좋아하지는 않았다. 오히려 더 큰 일이 다가오고 있었다.

2달 뒤에 밀러 선생님은 학급 학생들에게 1981년도 연방 소득신고서를 제출하라는 과제를 내주었다. 나는 마감 날에 나의 소득신고서를 제출했다. 다음 수업 시간에 밀러 선생님이 과제에 점수를 매겨 돌려주셨다. 그리고 교실 뒤편에 앉아 《바이트》와 《PC매거진PC Magazine》을 읽고 있는 나에게 다가와 멈춰 섰다. 그리고 나의 소득신고서를 들고 능글맞게 웃었다.

"마이클이 소득세를 신고하면서 크게 실수한 것 같네."

갑자기 모든 학생들의 관심이 집중됐다. 선생님은 소득신고서를 살펴보면서 말했다.

"마이클, 신고서에는 네가 지난해 1만 8000달러를 벌었다고 돼 있어. 세상에! 이게 사실이면 네가 선생님이 1981년에 벌어들인 소득보다 더 많이 벌었다는 거야!"

교실이 쥐죽은 듯 조용해졌다.

"음, 그게 진짜 제 소득신고서예요."

헤인즈 선생님보다 나를 더 미워하는 사람이 있다면 그것은 바로 밀러 선생님, 그분일 것이다.

나는 IBM 컴퓨터를 열어보고 내부를 살펴본 순간, 컴퓨터의 성능을 높일 방법이 없을까 생각했다.《바이트》와《PC매거진》을 꾸준히 읽은 덕분에 수많은 아이디어를 가지고 있었다. 정말로 최대의 성능을 끌어내고 싶었다. 내장 모뎀은 신제품이었지만, 모뎀을 설치해야만 했다. 그리고 PC에 하드 드라이브가 설치되어 있지 않았다. 그래서 하드 드라이브를 설치하고 추가로 메모리도 충분하게 설치했다.

새로 가입한 IBM 사용자 모임에서는 훨씬 더 많은 아이디어를 얻었다. 애플 사용자 모임은 기술적이고 훌륭했지만 예술적 반항아 기질이라는 깃발 아래 있었다. 즉 위저드$^{Wizards}$나 워록$^{Warlocks}$ 같은 아케이드 게임과 판타지 게임이 토론의 상당 부분을 차지했다. IBM 모임은 완전히 달랐다. 그 회원들은 기술자, 과학자, 그리고 사업가들이었고 어떻게 하면 IBM 컴퓨터를 업무적으로 활용할 수 있는지가 이야기 주제였다. 나는 PC가 매우 강력한 업무 도구라는 사실에 매료됐다. 아주 최근까지 사람들은 어떤 것들을 알아내기 위해 연필, 계산기, 계산용 자를 사용했다. 그러다가 갑자기 워드프로세서와 스프레드시트가 등장했다. 개인이 엄청난 양의 데이터를 정말로 빠른 시간 안에 계산할 수 있게 되었다. 이제 데이터 처리는 데이터 담당 부서만의 업무가 아니었다.

새로운 컴퓨터 친구도 만났다. 그의 이름은 존 하트<sup>John Hart</sup>였고 셸오일<sup>Shell Oil</sup>의 IT 부서에서 기술자로 일하고 있었다. 40대로 보였고 아는 것이 엄청나게 많은 매우 친절한 사람이었다. 나는 사무실로 찾아가거나 그의 집에 놀러 갔다. 우리는 오로지 컴퓨터에 대해서만 이야기했다. 어떻게 PC를 더 강력하게 만들 수 있을까? 이 프로그램이나 저 프로그램을 어떻게 업무에 활용할 수 있을까? 우리가 보고 생각하는 모든 것이 새롭고 재미있었다. 컴퓨터 분야는 한계가 없는 것처럼 보였다. 나는 17살이었고 무한함을 만끽하기에는 인생에서 가장 좋은 시기였다.

그리고 기적 같은 일이 일어났다. 1982년 6월에 중요한 연례행사인 내셔널컴퓨터컨퍼런스<sup>National Computer Conference</sup>가 휴스턴에서 열렸다. 행사 광고는 5월부터 신문에 실리기 시작했다.

> **"최신 제품과 서비스가 여러분에게 쏟아집니다!"**
> - 전문성 강화
> - 80개의 테크니컬 세션
> - 3200개 부스에서 650개 이상의 기업 참여

나한테는 이보다 더 즐거운 일이 없었다. 4일에 걸쳐 열리는 컨퍼런스는 아스트로돔Astrodome에 인접한 아스트로홀Astrohall(과거의 휴스턴 축산업 전시회 건물)과 아스트로아레나Astroarena 두 곳에서 열렸다. 솔직히 두 시설 모두 낡은 곳이어서 에어컨 냉방은 단지 말뿐이었다. 행사가 열리는 휴스턴의 6월은 무더웠고 수천 명의 참가자들은 무리 지어 몰려다니면서 구슬땀을 흘렸지만 나에게는 마치 디즈니랜드 같았다. 모든 부스에서 주변기기, 단말기, 시스템, 소프트웨어 등 정말로 훌륭한 제품들을 모두 구경했다. 새로운 지평이 열리는 것 같았다. 특히 재미있었던 것은 저렴한 가격의 10메가바이트 용량의 슈가르트 ST412 하드디스크 드라이브였다. 5.25인치 플로피 디스크와 비슷한 그기의 ST412 하드디스크 드라이브는 내 PC의 5.25인치 플로피 디스크 슬롯에 그대로 장착할 수 있었다. 지금은 10메가바이트가 터무니없이 작은 것처럼 들리지만 당시에는 엄청난 용량이었다. 나는 이 하드디스크 드라이브를 구매했다.

PC 성능을 업그레이드하고 나자 재미있는 일들이 벌어졌다. 컴퓨터를 가르치고 있던 아이들 중 한 학생의 아버지가 변호사였는데 내 컴퓨터에 대한 소문을 듣고 자신의 컴퓨터도 똑같이 만들어줄 수 있는지 물었다. 그는 컴퓨터에 하드디스크 드라이브를 달고 메모리를 확장하는 것이 사무실의 업무 속도를 엄청나게 빠르게 해줄 것이라고 했다. PC 성능을 높여주자 그는 결과에 매우 만족했다. 부품 비용을 부담하는 것은 물론 두둑한 수고비를 챙겨주었다. 컴퓨터를 손보는 데 들어간 시간이 단지 45분이라는 점을 감안하면 이것은 비용 대비 효율이 매우 높은 일이었다. 그는 컴퓨터의 성능에 매우 만족해 다른 변호사 두 명과 자신이 알고 있는 의사들을 소개시켜 주었고 나는 일거리가 더 많아졌다. 그리고 더욱 재미있는 일이 벌어졌다.

한 의사 선생님이 전화를 걸어 나에게 업그레이드를 맡길 IBM 컴퓨터를 사려고 하는데 어떤 모델을 사야 하는지 물었다. 나는 힘들게 그럴 필요가 없다고 말했다. 내가 컴퓨터를 구매하고 그에게 필요한 모든 것들을 장착해서 약간의 수수료를 붙여 판매하면 되는 것이었다. 그도 좋다고 했다. 나는 새로운 PC를 구매하고 《바이트》 잡지 뒷면에 소개된 부품들 가운데 필요한 것을 주문해 장착한 다음, 마이클 델이 특별하게 조립한 PC를 그 의사에게 배달했다. 그는 매우 만족했고 나도 마찬가지였다. 이런 일들이 계속해서 반복됐고 갑자기 나는 사업을 하게 되었다.


나는 올즈모빌 자동차를 운전하는 것에 싫증을 느꼈다. 그래서 고등학교 3학년 때 부모님과 함께 휴스턴에 있는 BMW 자동차 대리점을 찾아가 흰색 BMW 320i 최신 모델을 샀다. BMW는 청소년들이 갖고 싶어 하는 꿈의 자동차였다. 자동차 대금을 지불하려고 할 때 영업 사원은 돈 많은 부모가 버릇없는 아들의 응석을 받아주는 것이라고 생각하는 듯 우리 부모님을 쳐다봤다. 내가 1만 5000 달러가 넘는 금액의 수표와 현금 다발을 꺼내자 그 영업 사원은 깜짝 놀란 표정을 지었다. 사실 나는 만일을 대비해 부모님을 모시고

간 것이었다. 17살짜리 학생이 그렇게 많은 돈을 가지고 가면 믿지 않을 수도 있다고 생각했기 때문이다. 나는 신문 구독 아르바이트와 새로운 주문제작 컴퓨터 사업 덕분에 BMW를 갖게 되었다.

BMW를 살 때 어머니와 아버지를 모시고 간 것이 조금 이상한 일이었을까? 나는 그렇지 않다고 느꼈다. 나는 부모님과 매우 친밀하게 지냈다. 17살 남학생이라면 그런 종류의 친밀감에 따라오는 복잡한 감정을 알고 있을 것이다. 나는 부모님을 엄청 사랑했다. 하지만 조심스럽게 말하면 부모님은 내 인생에 관여하고 있었다. 스티븐 형은 대학생이어서 집을 떠나 있었다. 당시 12살이었던 막내 아담은 말을 듣지 않았다. 그래서 내가 부모님의 관심 대상이 되었다. 나는 고등학교 1학년 때 반항하기 시작했다. 컴퓨터 사용자 동호회와 친구들, 그리고 다양한 아르바이트 때문에 온갖 일을 하고 있었는데 부모님은 항상 내가 무엇을 하는지, 누구와 함께 일하는지, 그리고 어디에 가는지 꼬치꼬치 캐물었다. 어디로 가느냐고 물어보면 "여기저기 여러 곳에 가요" 하며 상투적으로 대답했다. 사실은 내가 부모님을 사랑하는 만큼, 그리고 집에서 사는 것이 안락한 만큼, 빨리 집에서 나와 독립하고 싶었다.

그러다 지원한 유일한 대학인 오스틴의 텍사스 주립대학교에서 합격 통지서를 받았다. 사실 내 인생의 상당 부분은 이미 정해져 있었다. 바로 대학에 가서 의대 준비 과목을 듣고 의사가 되는 것이다. 내가 병원 간판을 달고 우리 어머니와 아버지가 "마이클이 내과(또는 어떤 과든)를 개업했어요"라고 말할 수 있으면 뭐든 상관없었다. 나는 자동으로 조정되는 프로그램처럼 의대에 갈 예정이었다. 이러는 와중에 컴퓨터에 열정적인 관심을 갖게 되었다는 사실을 부모님께 말할 수 없었다. 부모님이 생각하는 진로와 너무 달랐기 때문이다.

1983년 5월에는 메모리얼 고등학교를 졸업할 예정이었다. 하지만 그해 3월, 나는 내 돈으로 아파트를 임대하기 위해 오스틴으로 차를 몰고 나갔다. 오스틴은 구명보트인 동시에 집에서 240킬로미터 떨어진 자유의 휴식처였다. 내 BMW의 뒷좌석에는 성능을 업그레이드한 IBM 컴퓨터 3대가 실려 있었고 트렁크에도 2대의 컴퓨터가 더 들어 있었다.

03

# 논란의 아이디어,
# 상장폐지

CEO는 매우 중요한 직책처럼 보인다. 설립자 겸 CEO는 훨씬 더 중요한 것 같다. 그렇지 않은가?

그렇게 볼 수도 있다.

실제로 상장 기업의 CEO는 주주와 이사들을 위해 일하고 있다. 심지어 창업자 겸 CEO도 마찬가지다. 이사회는 주주들에 대한 의무가 있고 CEO는 이사회에 보고를 한다. 이사회는 CEO의 급여를 결정하고 활동을 감시하며, CEO를 해고할 권한을 가지고 있다.

CEO가 주주들과 의견 충돌을 일으켜 이사회에 의해 해임당하는 사례들은 매우 흔하다. 중요한 거물급 창업자들도 해임을 당하기도 한다. 먼 곳에서 사례를 찾을 필요도 없다. 1985년에 애플의 이사회가 창업자인 스티브 잡스를 쫓아낸 것이 대표적이다.

나는 델을 비공개 기업으로 전환하는 과정에서 어떤 착각도 하지 않았다. 나는 불사신도 아니었고, 막강한 권한을 가지고 있다고 생각하지 않았다. 단 한 순간도 내가 독자적으로 운영하거나 면책권을 가지고 있다고 생각하지 않았다. 이사회의 질문에 모든 것을 답하고 설명했다. 비공개 기업으로 전환하겠다는 나의 노력이 대중들에게 공개되면 주주들도 간섭할 것이기 때문이다.

이사회는 내가 사모펀드 회사들과 논의를 시작하는 것을 허락했다. 나는 또 어떤 은행들이 이 거래에 자금을 지원할 수 있는지를 알아봐야 했다. 그리고 가능한 보안을 유지하면서 빠르게 진행시켜야 했다. 일반적으로 중요한 거래가 공식적으로 발표되기 전에 공개되면 (그리고 그것이 매우 중요한 거래라면) 실제로 거래가 성사될 가능성은 훨씬 희박해진다.

중요한 거래에 대한 정보가 유출되면 갑자기 이야기들이 떠돌아다닌다. 정확할 수도 있지만 그렇지 않을 수도 있는데, 이와 관련해 CEO가 할 수 있는 일은 거의 없다. 대부분 "할 이야기가 없습니다"라고 말해야 한다. 소문과 관련된 설명을 할 수 없는 것이다. 아직 거래가 성사되지 않았고 성공 여부를 알 수 없기 때문에 이야기하는 모든 것이 오해를 받거나 거래 가능성을 위험에 빠트릴 확률이 높다. 반면 공식적으로 발표를 한다면 투자자, 팀원, 고객 등과 광범위한 의사소통을 하게 된다. 거래에 대해 설명할 수 있고 거래에 영향을 받는 모든 사람들에게 (이것은 정말로 많은 사람들, 즉 주주를 의미한

다) 이번 거래로 그들의 이익이 더 커질 것이라고 확신시킬 수 있다. 앞으로 벌어질 일에 대해 모든 사람들을 안심시킬 수 있다.

정보가 유출되면 이런 일 가운데 어떤 것도 할 수 없다. 유출된 정보는 팀원들 사이에 걱정과 혼란을 만들고 직원들의 사기를 떨어트리는 등 문제를 불러일으킨다. 자신의 자리가 어떻게 될 것인가를 걱정하는 사람들을 잃게 될 위험도 있다. 그리고 우리 회사에 두려움, 불확실성, 그리고 의심을 조장하는 경쟁 기업에게 고객들을 빼앗길 위험도 있다.

공개 기업을 비공개 기업으로 전환하는 것은 기본적으로 회사를 매물로 내놓는 것과 같다. 나는 하나 또는 그 이상의 사모펀드와 함께 델을 인수하고 싶었다. 주주들에게 가장 높은 가격을 제시하는 사모펀드 회사는 어디든 좋았다. 하지만 회사를 매물로 내놓는 과정에서 누군가가 내 회사를 가로챌 가능성도 배제할 수 없었다.

델이 내 회사라는 표현은 모순적이다. 델은 상장된 공개 기업이기 때문에 실제로 내 회사라고 말할 수는 없었다. 나는 상장 주식의 16%만 소유하고 있었다. 하지만 나는 델을 창업했기에 내 회사라는 생각을 하지 않을 수 없었다. 여러분들은 내가 회사에 특별한 소속감을 느꼈다고 말할지도 모르겠다.

2012년 9월 13일에 특별위원회는 CFO 브라이언 글래든이 이야기하는 델 경영진의 미래 실적 추정치를 듣기 위해 전화 회의를 열었다. 특별위원회가 법률자문으로 위촉한 데비보이스앤드플림턴

Debevoise&Plimpton의 대표들도 회의에 참석했다. 하지만 나는 참여하지 않았다.

브라이언은 (증권거래위원회의 위임장에서 자세하게 언급한 것처럼) 2013년 회계연도의 최신 전망치를 제시했다. 이것은 이미 7월에 우리가 주목했던 어려운 소비자 환경과 실망스러운 수치를 반영한 것이었다. 하지만 그는 이런 어려운 현실을 반영하기 위해 필요한 수정치를 제외하면 2016년까지 회사에 대한 경영진의 전망은 변하지 않았다고 이야기했다.

특별위원회의 생각은 경영진과 달랐다. 위원회는 델의 미래 재무 성과에 대한 조금 더 좋지 않은 추정을 반영해 계획을 수정해 줄 것을 브라이언에게 요청했다. 그들은 또 잠재적인 회사 인수자들이 가치 평가 분석을 실행하기에 충분한 정보를 제공하기 위해 2018년 회계연도까지 전망치를 확대해 달라고 요구했다.

나중에 위임장에 쓰여 있던 것처럼 특별위원회는 경영진의 전망에 대한 논의를 하기 위해 브라이언과 나를 제외한 임원 회의를 주최했다.

"특별위원회는 회사의 미래 실적과 관련한 불확실성과 이전 분기의 추정치를 충족시키는 과정에서 경영진이 경험한 어려움을 감안할 때 잠재적인 전략적 대안들을 계속해서 검토하기로 결정했다. 전략적 대안에는 경영진의 장기 계획을 실행하면서 상장 기업으로 남는 방안, 계획 변경 가능성, 그리고 경영진의 변화가 포함돼 있었다."

쉽게 설명하면 모든 가능성을 열어 놓은 것이다. 상장 기업의 지위를 그대로 유지하는 것과 나를 다른 사람으로 교체할 가능성도 포함돼 있었다.

이것은 전쟁이 아니었다. 기업의 지배 구조가 원래의 기능을 하는 방식으로 작동하는 것이었다. 나는 항상 이사회와 개방적이고 투명한 관계를 유지했다. 모든 이사들을 존경했고 그들도 나를 똑같이 생각했을 것이라고 확신한다. 나는 결코 정보나 접근 권한을 지키는 문지기가 되고 싶지 않았다. 그래서 늘 이사들은 회사에서 자신들이 이야기하고 싶은 누구와도 언제든지, 어떤 것에 대해서도 이야기할 수 있고 이야기해야 한다고 말했다. 하지만 이사회가 궁극적으로 충성을 하는 대상은 내가 아니라 회사와 주주들이었다. 새로운 특별위원회도 마찬가지였다. 특별위원회의 기본적인 임무는 내가 회사를 비공개 기업으로 전환하는 과정에서 발생 가능한 모든 문제들을 세밀하게 감시하는 것이었다. 그들은 확고한 목적의식을 가지고 임무를 수행했다.

그래서 회의들이 꼬리에 꼬리를 물고 이어졌다. 내가 참석한 회의도 있었고, 참석하지 않은 회의도 많았다. 앞으로 열릴 회의를 위한 회의도 있었다. 어떤 회의는 순전히 절차적이었고 어떤 회의는 실질적으로 의미 있는 것이었다. 여름이 가을로 바뀌자 시간이 왜 그렇게 오래 걸리는지 궁금해졌다. 특별위원회가 정말로 비공개 기업으로 전환해서는 안 된다고 생각한다면 '안 된다'고 이야기할 수는 없는 것일까? 그렇다면 지금까지 우리가 하던 일로 돌아가 사업을 계속할 수도 있다. 하지만 특별위원회는 자신들의 명예 때문에 지나칠 정도로 철저했다.

전화 회의가 열린 지 며칠 후, 상하이에서 이사회를 열었다. 우리는 종종 중요한 해외 지사에서 이사회를 개최하곤 했다. 중국은 확실히 회사에 중요한 시장이었다(지금도 그렇다). 델 제품을 판매하는 1만 2000개의 제휴 점포에 우리의 이름을 빌려주는 것을 포함해 상당히 큰 규모의 사업을 운영하고 있었다(기울어진 E가 들어간 델 로고는 영어를 사용하지 않는 국가에서도 쉽게 눈에 띄었다).

나는 도착하자마자 알렉스에게 잠깐 이야기할 수 있느냐고 물었다. 우리는 전자 감시 체계가 꽤나 걱정되어서 (중국에 있었기 때문에) 대화를 하는 동안 호텔 주변을 산책하기로 했다. 길어진 절차에 대해 실망감을 표현하는 것이 조심스러웠지만 당시에 그런 감정을 완전히 숨길 수 없었다. 그래서 가능한 한 공손하게 본질적인 문제를 물었다.

"우리가 비공개 기업으로 전환할 수 있는지 아닌지를 확인하는 데 얼마나 시간이 걸릴 것 같아요?"

알렉스는 유럽식 매너를 갖추고 자신이 태어난 오스트리아 억양으로 이야기하는 강인한 인물이었고, 그 자신도 기업인이었다. 그는 젬알토를 운영하기 전에 AT&T에서 CFO와 최고운영책임자chief operating officer, COO로 일했다. 이사회의 사외이사 대표이자 특별위원회의 의장으로서 자신의 의무를 잘 알고 있었다.

"마이클, 우리는 이 과정의 결과가 무엇이든 주주들의 이익을 확실히 지키기 위해 가능한 모든 조치들을 취하려 합니다."

알렉스는 필요한 만큼 많은 시간이 걸릴 것이라고 이야기하고 있었다. 나는 그를 성가시게 괴롭히면서도 정중함을 잃지 않았다. 알렉스도 나의 질문을 예의 있게 피했다. 우리 두 사람 모두 신사답게 행동했다. 주변을 산책하고 다시 호텔로 돌아왔지만 처음보다 더 알아낸 것은 없었다.

특별위원회가 임명한 전문가들은 나도 모르는 사이에 델의 경영 상태에 대해 매우 비관적인 평가를 내놨다. 9월에 열린 중요한 회의에서 (나는 초대받지 못했다) 특별위원회가 임명한 금융 자문사인 JP모건J.P. Morgan은 차입 매수 시장이 활발하다고 해도 델의 매수에 관심이 있는 사람이 있을지 의문이라고 말했다. 엄청난 규모의 시가총액, 점점 더 악화되고 있는 PC 시장에서의 위험, 최근의 실적 악화, 그리고 지난 2년 동안 인수에 관심을 보인 제3자가 없었다는 점에서 회의적이라고 말했다.

잇따른 회의에서 전문가들은 특별위원회에 지난 수십 년 동안 델의 기본 상품이자 효자 상품인 PC 사업의 전망에 관한 암울한 현실을 전달했다. PC 사업은 끝났거나, 죽어가고 있거나, 아니면 기껏해야 현상을 유지하고 있다고 했다. 산업 분석가들은 JP모건이 10월 초에 특별위원회에 보고했던 것처럼 PC 시장은 태블릿과 스마트폰 사용 증가에 따른 자기잠식효과 때문에 더 이상 성장하지 않을 것으로 예측했다.

자기잠식효과라니!

누군가가 나와 같은 생각을 했다면 우리는 실제로 더 이상 PC 사업을 하는 것이 아니라 종합적인 IT 솔루션, 소프트웨어, 서비스 기업으로 전환하고 있다고 주장해야 할 것이다. 그렇지만 특별위원회가 고용한 전문가들은 새로운 사업의 성장에 필요한 자금을 투입하는 데 있어서 쇠퇴하는 PC 사업에 의존하는 것은 심각한 위험이 있다고 낮고 진지한 목소리로 이야기했다. 전문가들의 이야기를 들어보면, 우리는 쉽게 말해 거의 망해가는 회사였다.

하지만 나는 우리가 엉망진창이라고 생각하지 않았다. 2010년에 처음으로 비공개 기업으로의 전환을 생각했던 가장 큰 이유와 내가 지금 이 일에 전념하는 이유는 세상과 주식 시장이 약점이라고 생각한 곳에서 기회를 찾았기 때문이다. 전문가들은 비관적 측면을 봤지만 나는 흥미진진한 가능성을 보았다. 나는 사물을 다른 관점으로 보면 (반대의 관점에서) 종종 기회가 찾아온다는 것을 알고 있었다. 산업을 예측하는 사람들을 포함해 모든 사람들이 "PC는 앞으로도 좋을 것 같아"라고 말하고 있었다면 내가 비공개 기업으로의 전환을 추진하는 것은 상상도 할 수 없었을 것이다.

사람들의 말처럼 2012년 하반기 PC 판매는 좋지 않았다. 마이크로소프트가 새로운 운영체제인 윈도우8을 도입할 계획이고, 사람들이 윈도우8이 좋은지 알아보기 위해 기다리는 점도 일부 있기 때문에 PC 판매가 좋지 않았다고 생각했다. 새로운 버전이 나오기 전에는 종종 수요가 늘지 않았다. 하지만 나는 매우 낙관적이었다.

스마트폰과 태블릿은 당시에 가장 전망 좋은 상품이었다(그리고 윈도우8의 사용자 인터페이스는 마이크로소프트의 자체적인 태블릿 '서피스Surface' 등 다른 태블릿과 잘 호환되도록 만들어졌다). 하지만 나는 이런 기기들이 PC를 대체할 것으로 보이지 않았다. 스마트폰과 태블릿은 PC에 추가되는 기기라고 생각했다. 개인 기기를 사무실에 가져올지도 모르는 일이지만, 비즈니스 시장에서 기본적인 생산성 도구로서 PC의 가치는 견고하다고 생각했다. 나는 고객들이 스마트폰으로는 정보를 읽고, PC로 일할 것이라고 믿었다(태블릿은 스마트폰보다 조금 덜 사용할 것이다).

한동안 PC 판매가 줄었지만 이런 추세가 오래 가지 않을 것이고, 고객들이 낡은 PC의 교체를 한동안 미루겠지만 영원히 연기하지는 않을 것이라고 여겼다. 또 우리가 한 번 더 PC 교체 주기를 주도할 정도로 매력적인 새로운 제품을 만들 수 있다고 믿었다(한 가지 더 말하자면, 나는 우리가 제품에 장착하는 모든 소재를 재활용하는 방법을 지속적으로 개발할 것임을 알고 있었다. 자원 순환에 관한 규정이 만들어지기 전부터 이미 재활용을 해왔기 때문이다. 생산하는 모든 제품에 대해 제품을 분해하고 모든 부품들을 재사용하는 방법을 고민한다).

제프 클라크Jeff Clarke도 같은 생각이었다. 회사의 부회장인 제프는 공동 창업자에 가까웠다. 그는 내가 회사를 설립한 지 3년 후인 1987년에 엔지니어로 델에 합류했다. 당시 직원은 150명에 불과했고(돈 버는 것이 목적인 사람들과 괴짜들의 집단이었다) 그는 자신의 기술적 능력을 인정받아 부회장까지 승진했다. 컴퓨터의 세부 사양, 속도, 그리고 실행 능력에 초점을 맞춰 여러 세대의 데스크톱 컴퓨터 설계를 주도함으로써 똑똑한 기술자로서 두각을 나타냈다. 그에게는 처음부터 거의 완벽하거나 정말로 결점이 없는 마더보드를 설계하는 불가사의한 능력이 있었다. 전술적 탁월함이라는 또 다른 능력도 겸비하고 있었다.

언뜻 보기에 제프는 산 안토니오에서 온 공군 집안 출신의 투박하고 거침없이 말하는 시골 청년처럼 보였다. 하지만 이것은 단지 첫인상일 뿐이었다. 실제로 그는 어떤 누구보다 우리 사업을 잘 알고 있었다. 또 매우 고지식한 사람이었다. 단지 상사가 듣고 싶어 하는 말을 하는 사람이 아니었다. 성공한 모든 사람이 직면하는 가장 큰 두려움 가운데 하나는 좋은 소식의 거품에 갇혀 살면서 듣고 싶은 이야기만 듣는 것이다. 제프 클라크는 그렇게 하면 안 된다는 것을 보여주는 사람들 가운데 하나였고 지금도 마찬가지다.

회사를 비공개 기업으로 전환하는 문제에 대한 내 의견을 이야기했을 때 제프는 매우 큰 관심을 보였다. 제프도 나처럼 이기는 것을 좋아한다. 멋지게 경쟁해서 이기는 것 말이다. 우리 둘 다 비공개 기업으로의 전환이 회사를 자유롭게 만드는 방법이라고 생각했다. 회사의 기업가 정신에 활기를 불어넣고, 보다 적극적으로 시장점유율을 확대하고, 연구개발에 대한 투자와 영업 역량을 강화할 수 있기 때문이다. 그가 물었다.

"비공개 기업으로 전환한다는 것이 PC 사업 분야에서 다시 경쟁력을 찾을 수 있도록 당신이 나에게 자유를 준다는 의미인가요?"

"물론이죠."

그는 크리스마스 아침에 선물을 받은 소년처럼 미소를 지었다. PC는 제프가 기술적으로 정말 좋아하는 자신의 전문 분야였다. 그는 PC를 지금까지 발명된 기기 가운데 가장 범용성이 높고 업무 생산성을 높여주는 기기라고 생각했다(나도 마찬가지였다). 상품과 영업 부문의 수장으로서 제프는 분기별 재무보고서의 압박을 회사의 어느 누구보다 강하게 느꼈다. 그는 비공개 기업으로의 전환이 델의 경쟁 태도를 어쩌다 공세를 취하는 것에서 늘 공격적인 자세로 변화시킬 것이라는 사실을 직감적으로 알고 있었다.

비공개 기업으로 회사를 경영하는 것은 우리에게 PC와 서버의 가격을 보다 공격적으로 결정하는 재량권을 줄 것이다. 하지만 고객과 관계를 구축하지 못한다면 단지 가격을 내리는 것만으로는 도움이 되지 않을 것이다. 비공개 기업으로의 전환은 더 많은 영업 사원을 채용하고, 기존의 고객과 모든 신규 고객들에게 더 많은 제품을 판매하기 위해 유통 업체들과 관계를 더욱 확대할 수 있는 자유를 가져다줄 것이다.

또 연구 개발 투자를 늘리도록 해줄 것이다. 이를 통해 우리는 혁신을 추구하고 새로운 상품, 서비스, 그리고 솔루션을 만들어낼 것이다. 그러나 매주 시간이 갈수록 비공개 기업으로의 전환은 점점 더 어려운 도전처럼 보였다.

당시는 내 삶 그 자체로도 중요한 시기였다. 4명의 자녀들이 성장하고 있었고 우리 부부는 아이들 모두를 자랑스럽게 생각했다. 그해 가을에 큰 딸인 키라<sup>Kira</sup>는 바사르 대학의 2학년 과정을 시작했고 국제학을 중심으로 몇 가지 언어를 배우고 있었다. 둘째 딸 알렉사<sup>Alexa</sup>는 컬럼비아 대학 학부의 비학위 특별 학생 프로그램에서 열심히 공부하고 있었다. 오스틴에서 우리와 함께 살고 있는 이란성 쌍둥이인 줄리엣<sup>Juliette</sup>과 재커리<sup>Zachary</sup>는 고등학교 2학년이었다. 줄리엣은 4살 때부터 아라비아산 말을 타고 승마 경기에 출전했고 전국 대회에서 여러 차례 우승했다. 이어 아메리칸 새들브레드 종의 말을 타기 시작했고 첫 번째 세계 대회 출전을 준비하는 중이었다. 재커리는 이미 고등학교 시절에 성공적인 여름 캠프를 시작함으로써 비즈니스에 대한 수완을 보여주었고 다음 사업을 위한 아이디어를 연구하고 있었다.

우리 부모님 세대의 삶은 상당히 어려웠다. 내가 회사를 시작한 1984년에 늘 활동적이었던 어머니가 만성적인 피로를 느끼기 시작했다. 그녀는 의사를 찾아갔고 비호지킨 림프종<sup>non-Hodgkin's lymphoma</sup>이라는 진단을 받았다. 오랜 시간에 걸쳐 다양한 치료를 받은 후에 조금 좋아지셨다. 우리 모두는 기뻤고 감사했다.

하지만 2009년에 병이 재발했을 때는 상태가 좋지 않았다. 어머니의 건강 상태는 꾸준히 악화됐고 2012년 가을에 목숨을 건 투병 생활에 들어갔다. 수잔과 나는 2주마다 휴스턴을 방문해 어머니, 아버지, 그리고 아이들과 함께 좋은 인상을 남기려고 노력했고 최대한 즐겁게 행동했다. 하지만 휴스턴을 떠날 때마다 세상이 무너지

는 것 같았다. 나는 가능한 한 희망을 가지려 노력했고 상반된 감정
을 잘 통제했다.

어떤 사람들은 동시에 여러 가지 업무를 하는 능력을 자랑한다.
내가 여러 가지를 동시에 잘하는지 알 수 없지만 상충되는 생각이
나 감정을 잘 통제한다는 것을 알고 있다. 11만 명의 직원들이 있는
회사를 이끌 때 한 번에 한 가지 일에 집중하는 것은 진정한 생존
기술이다. 당시는 매우 큰 이해관계가 걸려 있는 중요한 시기였다.
나는 회사를 이끌고, 직원들을 안심시키고, 계속 늘어나는 인수 대
상 기업들의 목록을 살펴보고, 전 세계의 지사들을 방문하면서 아
버지, 남편, 아들, 그리고 형제의 역할을 해야만 했다. 나는 델을 비
공개 기업으로 전환하려는 계획을 비밀로 하면서 이 모든 일을 진
행했다.

사실대로 말하면 힘들고 불편한 상황이었다. 인수 문제를 아버
지나 어머니에게 이야기할 수 없었다. 아이들에게도, 그리고 형제들
에게도 이야기할 수 없었다. 델에서 믿을 수 있는 사람들은 소수에
불과했고 아내는 내가 모든 것을 이야기할 수 있는 유일한 사람이
었다. 그녀가 내 아내라는 사실에 대해 하나님께 감사했고, 특히 모
든 것을 상의할 수 있는 것에 대해 고맙게 생각했다.

우리는 오랫동안 산책을 하거나 자전거를 타면서 이야기했다.
처음에 수잔은 왜 내가 그 일을 하는지 모르고 '왜 성공을 망치려
하는 것일까?'라고 생각했다. 단지 인생의 동반자로서만 그렇게 생
각했던 것은 아니었다. 그녀는 비즈니스를 잘 알고 있다. 1988년에

우리가 만났을 때 그녀는 트라멜크로우Trammell Crow에서 일하고 있었다. 당시 트라멜크로우는 북미에서 가장 성공한 상업 부동산 회사였다. 수잔은 산업용 부동산 임대 담당자였고 실적도 좋았다. 그녀는 부동산 업무에 소질이 있었다.

그래서 비공개 기업으로의 전환이 비용은 많이 들어가지만 훨씬 더 많은 이득을 낼 수 있다는 것에 대해 설명했을 때, 그리고 PC의 미래에 대한 낙관론을 펼쳤을 때 그녀는 내가 이야기하는 것을 단번에 알아차렸다. 그리고 반대하는 사람이 얼마나 잘못 생각하고 있는지를 이해했다. 아주 많은 사람들이 반대했는데 그들은 매우 권위적이었고 자신들의 의견을 고집했다. 그들이 얼마나 영향력 있는지 알고 싶다면 단지 우리의 회사의 주가를 보면 된다. 수잔은 그 사람들이 권위적이고 독선적이며 영향력이 있지만 그들이 틀렸다는 사실을 이해했다.

데이터 룸data room이란 단어는 첩보 영화에 등장하는 신기한 어떤 것처럼 들린다. 하지만 실제로는 더 기이하다. 드롭박스Drop Box나 구글 드라이브Google Drive처럼 일종의 안전한 온라인 공유 저장 공간이다. 여기에 문서들이 보관돼 있고 다양한 관계자들이 접속해 문서들을 읽어볼 수 있다. 그해 가을에 우리는 모든 종류의 금융 정보와 상품, 고객, 영업, 공급망 등을 포함해 델의 모든 분야에 관한 엄청난 정보를 포함하고 있는 데이터 룸을 만들었다. KKR과 실버레이크파트너스 모두에게(각각의 회사는 여전히 상대방의 관심 사항을 모르고 있었

다) 데이터 룸의 접근 권한을 부여했다. 두 회사는 델을 조사했고 10월 초에 기업 실사를 위한 회의를 했다. 우리는 KKR을 먼저 만났고, 일주일 후에 실버레이크파트너스를 만났다.

회의를 비공개로 유지하기 위해 오스틴의 우리 집 1층에 있는 회의실에서 만났다. 회의실에는 긴 책상이 있고 넓은 창문을 통해 멀리 떨어진 시내의 전경을 볼 수 있었다. 텍사스 대학의 본관과 1학년 때 거주했던 J. 프랭크 도비 기숙사도 보인다. 내가 머물렀던 도비 기숙사의 2713호실의 창문을 통해 수마일 떨어진 우리 집 방향의 풍경이 정면으로 보인다는 사실도 흥미로웠다. 나는 그 작은 기숙사 창문을 통해 밖을 내다보면서 나도 언젠가 상당히 멋져 보이는 저 언덕에서 살고 싶다고 생각했었다.

두 회의는 비슷하면서도 상당히 달랐다. 두 차례의 회의 모두 편안한 복장 차림으로 진행됐고 분위기도 우호적이고 협력적이었다. 각 회사의 제안이 훌륭하다면 우리는 동반자로서 함께 일할 것이었다. KKR과 실버레이크는 자신들이 논의하고 싶은 주제와 문제들이 적힌 목록을 가지고 왔다. 경영진으로서 우리는 각 회사의 질문에 답하고 그들이 완벽하게 제안서를 만들 수 있을 정도로 회사를 충분히 이해할 수 있도록 도와주기 위해 회의에 참석했다.

각각의 회의에는 10여 명의 사람들이 참석했다. 델에서는 나를 포함해 CFO 브라이언 글래든, 법무자문인 래리 투, 컨트롤러 톰 스위트Tom Sweet, 제프 클라크, 그리고 운영자금 담당 부사장 제프 리코사르Jeff Likosar가 참여했다. 특별위원회는 법률과 금융 문제들을 검토하기 위해 데비보이스앤드플림턴의 변호사와 JP모건의 임원을 보냈다. 각각의 인수 희망 회사들은 5명의 인원을 파견했다.

첫 번째 회의에서 조지 로버츠가 KKR의 질의 과정을 개시했다. 그 당시에 조지와 나는 이미 여러 차례 이야기를 했기 때문에 우리는 곧바로 본론으로 들어갔다. KKR은 주로 우리의 재무 상태가 앞으로 어떻게 될 것인지를 알고 싶어 했다. 잠식당한 시장점유율을 다시 회복할 수 있을 것인가? PC의 미래에 대한 전망은 어떠한가? 미래의 현금흐름 관점에서 우리는 무엇을 기대할 수 있는가? 그리고 회사를 변화시키기 위해 어떻게 일하고 있는가?

일주일 후에 실버레이크가 왔을 때도 마찬가지였다. 그들도 우리의 재무 상태에 관심이 많았다. 하지만 그들은 이야기하고 싶은 것들이 훨씬 더 많았다. KKR과 달리 실버레이크파트너스는 기술 분야에 특화된 사모펀드 회사였다. 그리고 에곤 더반을 포함해 회의에 참석한 모든 사람들은 실버레이크의 실리콘밸리 사무실에서 왔다. 이들은 모두 기술을 너무 잘 알고 있었고 우리와 말이 통했다.

실버레이크 팀은 처음부터 인수의 중요성, 지적재산권의 가치, 운영체제 교체 주기의 본질 등 KKR이 거의 물어보지 않았던 우리 사업의 다양한 측면들을 이해하고 있는 것이 분명했다. 우리가 가상화virtualization(단일 컴퓨터의 하드웨어 요소를 '가상 머신'이라는 다수의 가상 컴퓨터로 분할하는 기술_옮긴이)나 마이크로프로세서, 낸드 플래시NAND flash(데이터를 저장하는 데 전기가 필요하지 않은 비휘발성 저장 메모리) 또는 기술 산업의 복잡한 문제들을 설명할 때 우리가 이야기하는 것을 정확하게 이해했다.

그리고 실버레이크는 윈도우8이 예상한 것만큼 좋지 않더라도 마이크로소프트가 결국에는 소비자들이 원하는 버전을 만들 것이라는 사실을 알고 있었다. 그래서 우리의 PC 사업이 다시 회복될 것이라는 점도 이해했다. 또 판매 역량을 향상시키고 새로운 고객을 확보하는 것이 우리에게 어떤 효과가 있는지도 알고 있었다. 우리가 클라우드, 스토리지, 보안, 사물 인터넷 등 새로운 발전이 상품 전략에 어떤 영향을 미치는지 이야기할 때 KKR보다 훨씬 더 잘 이해했다.

실버레이크와 회의를 하고 12일이 지난 10월 23일, KKR과 실버레이크파트너스는 델을 인수하기 위한 예비 제안서를 제출했다. KKR은 나와 사우스이스턴이 보유하고 있는 지분을 제외한 모든 발행주식에 대해 주당 12~13달러 정도의 매수 가격을 제시했다. 그리고 나에게 5억 달러의 추가 투자를 고려해 줄 것을 요청했다. 실버레이크는 내가 보유하고 있는 주식을 제외한 모든 발행주식에 대해 주당 11.22~12.16달러의 가격을 제시했다. 그리고 그들은 사우스이스턴을 제외하고 오로지 나와의 협력에만 관심이 있다는 사실을 알려주었다.

나는 두 회사가 훨씬 더 좋은 조건을 제시할 수 있다고 느꼈다. CEO로서 나의 업무는 모든 주주들을 대신해 기업의 가치를 증가시킬 수 있는 모든 일을 하는 것이다. 그래서 우리 집에서 열린 후속 회의와 편지를 통해 더 좋은 제안을 해달라고 요청했다. 지난번

실사를 위한 회의에서 빠트렸거나 제대로 전달하지 못했던 델의 변화에 대한 모든 세부 사항들을 강조했다. 이사회가 부적절하다고 생각되는 제안은 모두 거부할 것이라는 사실을 잘 알고 있었기 때문에 두 회사에게 가능한 최선의 제안을 제시해 달라고 요청했다. 그동안 특별위원회는 보스턴컨설팅그룹<sup>Boston Consulting Group</sup>을 고용해 위원회의 전략적 대안들을 검토해 줄 것을 의뢰했다.

그리고 이런 일들이 벌어지는 동안 윈도우8이 출시됐다. 솔직히 말하면 마이크로소프트가 자랑하는 새로운 운영체제는 결코 내 기대에 미치지 못했다. 태블릿 중심의 새로운 사용자 환경에 대해 말들이 많았다. 사용자들은 새로운 사용자 인터페이스를 싫어했다. PCMag.com의 평론가는 "윈도우8은 실패한 운영체제다. 아무도 컴퓨터 앞에 앉아 '와, 나도 빨리 윈도우8로 업그레이드 해야겠네!'라고 말하지 않을 것이다"라고 썼다. 그리고 PC 판매는 곤두박질쳤다. 델의 현금흐름은 상당히 좋았지만(향후 12개월의 추정치가 32억 달러였다) 수익은 타격을 받고 있었다.

이런 일을 겪게 된 이유 중 하나는 우리가 대대적인 변화의 한가운데 있었기 때문이었다. 우리는 우리가 확신하는 모든 새로운 분야에 투자하고 있었다. 하지만 투자자들을 "왜 이런 새로운 분야에 투자를 합니까? 어떤 수익도 내지 못하고 있잖아요! 게다가 PC 사업도 어려움을 겪고 있습니다. 우리는 회사를 그다지 좋게 생각하지 않습니다"라고 말했다.

2012년 11월 15일에 3분기 실적이 나왔다. 수치가 좋지 않았다. 137억 2000만 달러의 매출은 8월에 추정했던 3분기 중반 예상 전망치보다 2억 6000만 달러가 적었다. 다음 날 델의 보통주 가격은 7.3퍼센트가 하락한 8.86달러를 기록했다.

복잡한 감정들이 나를 감싸기 시작했다. 어떤 의미로는 내가 일반 주주들에게 버려진 느낌을 받았다고 인정해야 할 것 같다. 주주들이 전체적인 큰 그림을 보지 못하는 것처럼 보였다. 주주들은 우리가 무엇을 하고 있는지 이해하지 못했다. 회사의 진가를 몰랐고 회사의 가치를 제대로 평가하지 못했다. 가장 힘든 시기에 나는 "그들은 너무 멍청해"라고 말하곤 했다(델의 주주 여러분들에게 사과드립니다!). 나는 잘못을 인정해야 했지만 당시에는 너무 많은 일들이 벌어지고 있었다. 상반된 감정을 억제하려는 능력이 있었음에도 감정이 최고조에 달해버렸다.

나는 타고난 낙관주의자다. 기본적으로 나는 낙관주의자가 그렇지 않은 사람보다 인생을 살아가기에 더 좋다고 생각한다. 낙관론자가 아니면 회사를 시작하지 못한다(물론 위험에 대한 건전한 욕구가 도움이 되기도 한다). 나는 회사의 변화를 절대적으로 믿고 있었다. 그리고 이처럼 헐값에 가까운 주가가 우리 운명의 바닥을 나타내는 것이 아니라 놀라운 기회를 보여주는 것이라는 사실을 직감하고 있었다. 두 가지 관점에서 KKR과 실버레이크에게 나의 의견을 재차 강조했다. 하지만 두 회사는 델의 의결권 위임장에 있는 장황한 설명에 상당한 의구심을 가지고 있었다. 최근의 전망치 달성 실패, PC

시장에서 취약성 증가, 신흥 시장에서 점유율 하락, 기업용 소프트웨어와 서비스 기업으로의 변화, 그리고 실행 위험성에 대해 다시 생각해 보는 것까지는 아니더라도 여전히 유보적인 생각을 가지고 있었다.

추수감사절 나흘 뒤, 실버레이크가 매수 제안 가격을 빈칸으로 남긴 수정안을 제시했다. 다시 나흘이 지난 후에 KKR도 동일한 방식으로 제안서를 보내왔다. 이 자체는 큰 의미가 없었다. 두 회사가 여전히 여러 가지 계산을 하고 있다는 의미였다. 나는 기업 인수에 성공한 당사자가 지불할 가격에 당시 회사 지분의 15.7%에 해당하는 나의 주식을 넘기기로 약속했다.

그 달의 마지막 날에 나는 특별위원회의 알렉스 만들 위원장에게 전화를 걸어 비공개 기업으로의 전환에 대해 그 어느 때보다 열정을 가지고 있다고 말했다. 또 거래 성사를 위해 필요한 만큼의 자본을 추가로 제공할 수 있다고 했다. 물론 알렉스와 나는 내가 제공할 수 있는 자본에 한계가 있다는 사실을 알고 있었다.

지난 28년 동안 델은 끊임없이 성장하는 놀랍고도 눈부신 성공을 보여주었고, 이같은 탁월하고 성공적인 경영은 나와 많은 직원들을 엄청난 부자로 만들어주었다. 이론적으로 나 자신이 내 회사를 다시 사들이는 데 필요한 모든 지분을 제공할 수 있었다. 하지만 이것은 모든 종류의 잠재적인 법적 문제를 발생시킬 것이다. 비공개기업으로 전환하는 데 나 혼자 주식의 가격을 정한다면 공정한 가격으로 보이지 않을 것이다. 왜냐하면 나야말로 궁극적인 내부자

이기 때문이다. 외부에서 아무도 투자하지 않으면 이사회는 내 제안과 비교할 대상을 찾지 못할 것이다.

11월 29일에 보스턴컨설팅그룹을 만났다. 이전에 보스턴컨설팅그룹의 최고경영진들과 여러 번 만났었는데, 이날 만난 사람들은 최고경영진이 아니었다. 회의실에 있는 사람들 중 내가 아는 사람은 없었다. 특별위원회가 자문위원으로서 그들을 신뢰하고 있다는 것을 알고 있었기 때문에 나는 당연히 그들을 존중했다. 나는 혁신계획의 절반 정도만 설명했고 그들은 심각한 표정을 지으면서 아무런 속내도 드러내지 않았다. 대신 비용을 절감하고 시장점유율을 회복하는 델의 능력에 대해 몇 가지 날카로운 질문을 했다. 나는 그런 것들은 비공개 기업으로 전환한 후에 우리가 충분히 넘을 수 있는 장애물이라고 답했다.

정확히 한 시간 만에 회의가 끝났다. 그들은 2~3시간에 걸친 만남을 원하지 않았다. 그리고 다시 만나자는 요청도 하지 않았다. 이것이 나와 그들의 마지막 만남이었다.

12월 3일에는 제안이 하나 더 줄었다. 조지 로버츠가 전화를 걸어 KKR은 두 번째 제안을 하지 않겠다고 말했다. 이유는 놀랍지 않았다. PC 산업이 하향길로 접어들었다는 것이었다. 산업 분석가들은 델이 직면하고 있는 경쟁에 대한 중압감을 걱정하고 있었는데, KKR은 3분기의 실망스러운 실적이 이런 우려를 입증해 주었다고 믿었다. 조지는 악감정은 없고 단지 비즈니스일 뿐이라고 했다. 그는 나에게 행운을 빌어주었고 나는 그것이 진심이라고 믿었다.

나도 사람인지라 당연히 실망했다. 하지만 비공개 기업으로 전환을 도와줄 사모펀드 회사가 여러 개나 필요다고 생각하지는 않았다. 내게 필요한 것은 단 한 곳이었다. 다음 날 실버레이크가 주당 12.7달러에 기업을 인수하겠다는 새로운 제안서를 제출했다.

이틀 뒤인 12월 6일에 나는 특별위원회를 포함해 전체 이사회와 만났다. 첫 번째로 알렉스 만들이 위원회의 참석자들에게 위원회의 최신 소식을 전했고, JP모건과 보스턴컨설팅그룹의 결과를 보고했다. 두 회사 모두 비공개 기업으로 전환하는 것에 대해 회의적인 의견을 내놨다. 놀라운 일은 아니었다. 그리고 내가 발표를 했다.

나의 이사회였고 내가 이사회의 의장이었다. 하지만 그들과 나 사이에 의견 차이가 있었다. 나는 성장통을 겪고 있는 매우 거대하고 유망한 글로벌 기업에게 새로운 아이디어와 논쟁의 여지가 있는 아이디어, 그리고 일부에게는 두려운 아이디어를 소개했다. 나는 델이라는 배의 선장이었다. 선원들은 방향과 확신을 찾기 위해 선장을 바라본다. 하지만 지금은 내가 불확실성을 만들어내고 있다. 나는 나의 역할과 책임을 매우 잘 알고 있었다. 사람들을 안심시키기 위해 확신을 가지고 이야기해야 했다. 자신 있었다. 그래서 조용하지만 열정적으로 기업을 비공개로 전환하는 것이 주주, 고객, 그리고 델을 위한 최선의 방법이라고 이야기했다. 참석자들에게 비공개 기업으로 전환한 이후의 계획을 말했다.

상당한 규모의 연구 개발 투자와 추가적인 기업 인수를 통해 회사의 기업용 소프트웨어와 서비스 역량을 키울 것이며, 더 많은 영업 사원을 채용하고, 신흥 국가에서 시장을 확대하는 등 PC 사업에 더 많은 자금을 투자할 것이라고 했다. 이런 조치들이 발전으로 향하는 확실한 길이라고 말했다. 그러나 우리가 상장 기업인 상태에서 이런 계획을 수행한다면 그런 조치들이 주식 시장에서 환영받지 못할 것이라는 걸 알고 있었다. 단기 수익성을 저하시키고 영업 비용, 자본 지출이 증가하는 등 상당한 위험을 포함하고 있기 때문이다. 하지만 비공개 기업으로의 전환은 델 주주들의 이익에 가장 부합하는 조치다. 주주들은 이런 계획을 실행하는 것과 관련된 불확실성과 위험을 부담하지 않으면서도 주식에 대한 프리미엄의 형태로 잠재적인 가격 상승분의 일부를 받을 수 있기 때문이다.

나는 설명을 끝내고 한 번 더 인사한 뒤에 긴 탁자에 둘러앉은 친숙한 얼굴들을 보았다. 그들의 표정을 봐서는 아무것도 알 수 없었다. 그리고 질문이 이어졌다.

실버레이크가 이 프로젝트에 적합한 당사자인 이유가 무엇인가? 비공개 기업으로 전환하는 논의가 사적으로 진행되는 동안 이사회는 추가로 한두 명의 다른 인수 후보자를 찾으려고 노력해야하는 것인가? 우리가 예상하지 못하거나 통제할 수 없는 상황이 발생할 위험을 감수하고 이 계획을 공개해야 하는가?

나는 실버레이크가 기술적 근간과 전문지식을 가지고 있어 가장 훌륭한 파트너라는 나의 믿음을 다시 강조해 설명했다. 다른 한편으로 이사회가 원하는 다른 인수 후보자를 고려하는 방안도 가능하다고 말했다. 비공개 기업으로의 전환은 이 방의 모든 사람들이 잘 아는 것처럼 역사적인 발걸음이다. 우리 주주들을 위해 최선의 거래를 성사시킬 수 있는 어떤 선택도 간과해서는 안 된다. 그런데 만약 이 모든 것에도 불구하고 거래를 성사시킬 수 없다면 어떻게 될까? 나는 이렇게 말했다.

"상장 기업으로 남기로 결정한다면 CEO로 일할 준비가 되어 있습니다. 델에 계속 남아서 제가 세운 계획 중 가능한 많은 부분을 실행하려고 노력할 것입니다. 그러나 시장이 좋지 않을 것이라는 점은 확실히 말할 수 있습니다. 주주들도 만족하지 않을 것입니다."

2012년 12월에는 많은 일들이 발생했다(이후로 몇 달 동안 2012년 12월이 평범해 보일 만큼 더 많은 일이 발생할 것이라는 사실을 그때는 전혀 모르고 있었다). 특별위원회와 자문위원들, 경영진, 그리고 나는 비공개 기업으로 전환하는 문제를 가능한 모든 관점에서 살펴보고 있었기 때문에 모든 것이 엄격한 법률 규정과 재무적인 적정성이라는 기준에 따라 진행됐다. 하지만 표면적인 공손함 이면에는 사람들의 강렬한 감정들이 요동치고 있었다.

이사회에서 설명을 마친 다음 날 알렉스 만들은 비공개 기업 전환 문제와 관련해 TPG 사모펀드와 만났다. 하나 이상의 잠재적 인수 제안자와 만나는 것이 중요하다고 생각하는 JP모건의 추천에 따른 것이었다. 그리고 TPG에게 델을 인수하기 위한 제안서를 내달라고 요청했다. TPG는 제안서 요청을 수락했고 비밀유지협약에 서명한 뒤에 데이터 룸에 있는 자료에 대한 접근 권한을 부여받았다. 나는 11일에 오스틴 도심의 한 법률 사무소에서 TPG 관계자들을 만나 델이라는 기업과 현재 진행하고 있는 혁신 방안을 설명하고 그들의 질문에 답했다. 그들은 똑똑하고 예리했지만 내 마음속에서는 여전히 실버레이크가 말이 통하는 유일한 회사였다.

그러나 그 전날인 12월 10일에 알렉스는 실버레이크에게 12.7달러는 너무 낮은 가격이라며, 특별위원회는 더 높은 가격을 제안할 경우 인수 과정에 계속 참여하겠다고 말했다. 에곤 더반은 마이크로소프트로부터 자금 지원을 추진하기 위해 특별위원회의 허락을 요청했다. 알렉스는 에곤에게 위원회, 자문위원들과 함께 그 문제를 협의해 보겠다고 했다. 데비보이스의 수석 변호사 한 명이 그날 오후에 마이크로소프트를 참여시키는 문제를 논의하기 위해 만났을 때, 에곤은 마이크로소프트와 논의하는 것을 허락해 주지 않는다면 실버레이크는 인수 과정에 참여하지 않을 것이라고 말했다.

다음 날 내가 TPG의 파트너들과 만나고 있을 때 특별위원회는 모든 당사자들이 비밀유지협약에 서명한다는 조건으로 실버레이크가 마이크로소프트, 그리고 작은 은행들과 함께 자금 지원 문제를 논의하는 것을 허용하기로 결정했다. 이후 2주 동안 델은 로열뱅크 오브 캐나다Royal Bank of Canada, 크레디트스위스Credit Suisse, 바클레이즈Barclays, 그리고 뱅크 오브 아메리카 메릴린치Bank of America Merrill Lynch와 비밀유지 협약을 맺었다. 그리고 실버레이크, 나와 우리 팀, 그리고 은행들은 12월 17일에 만나기로 했다. 나는 16일 일요일 저녁에 비행기를 타고 뉴욕으로 갔고 저녁 식사 시간에 맞춰 도착했다.

회의는 다음 날 아침 8시 15분에 웨스트 57번가에 있는 건물의 실버레이크 사무실에서 열렸다. 맨해튼의 날씨는 서늘하고 안개가 끼어 있었다. 뉴욕은 연말 휴일을 준비하는 쇼핑객들과 관광객들로 붐볐다. 우리는 32층에 있는 커다란 회의실에서 만났다. 많은 사람들이 참석했다. 내 옆에는 브라이언 글래든, 에곤과 그의 팀원들이 있었고, 각각의 은행이 10여 명의 직원들과 함께 참석했다. 여러 명의 변호사들도 있었다. 사람들이 가득한 회의실을 둘러보면서 나는 두려움을 느꼈다.

참석한 사람들이나 회의 시간에 일어날 일들이 무서운 것이 아니었다. 그런 것들은 모두 좋았다. 이런 것들은 인수 과정을 진전시키는 것이다. 나를 두렵게 만든 것은 '사람'이었다. 그 자리에 있는 임원들과 수행원들 가운데 몇몇 어리석은 사람들이 아내, 남편, 여자친구 또는 남자친구에게 앞으로 진행될 절차들에 대해 한마디도 꺼내지 않을 것이란 건 불가능해 보였기 때문이다. 내 생각에 이 회의 소식은 유출될 확률이 높아 보였다. 만일 그런 일이 일어난다면 비공개 기업으로의 전환은 실패로 돌아갈 것이 거의 확실했다.

하지만 다행히 정보 유출은 발생하지 않았다. 그 주에도 그리고 그다음 주에도 아무런 이야기가 새어 나오지 않았다. 대규모 회의가 끝난 후에 나는 곧바로 비행기를 타고 오스틴으로 돌아와 TPG 공동창업자인 데이비드 본더만과 그의 기술투자책임자인 존 마렌 John Marren 과 저녁을 함께하면서 나와의 협력 가능성을 이야기했다.

그들은 내가 예상했던 질문을 했고 나의 답변은 훌륭했다. 분위기는 차분했고 화기애애했다. 하지만 일주일 후에 데이비드와 함께 회사를 설립한 짐 콜터<sup>Jim Coulter</sup>와 존 마렌이 나에게 전화를 걸어 필수적인 지분 조사의 규모와 은행 자금 조달에 대한 우려 등 여러 가지 이유로 제안서를 제출하지 않을 것이라고 말했다. 나는 알렉스에게 전화로 이 사실을 알려주었다. 그리고 나중에 TPG가 제안서를 제출하지 않은 진짜 이유를 알게 됐다. 영업 실적의 감소에 더해 PC 사업의 쇠퇴라는 케케묵은 문제 때문이었다. 결국 다시 하나의 인수 후보자만 남게 됐다. 나에게는 접근이 허용되지 않는 실버레이크와 특별위원회 사이에 회의가 계속 이어졌다.

연말 휴가 시즌이 지나갔다. 2013년 1월 2일, 뒤늦게 알았지만 보스턴컨설팅그룹의 자문위원들이 특별위원회와 만나 델의 재무 상태에 대한 비관적인 예측을 전달했다. 보스턴컨설팅그룹이 특히 우려했던 사항은 PC, 모니터, 그리고 다른 주변기기를 포함하는 최종소비자컴퓨팅 사업이었다. 자문위원들은 전체적인 소비자용 컴퓨터 시장이 고수익에서 저수익으로 변할 것이라고 했다. 우리는 오랫동안 확실한 선두주자였지만 아시아에서도 저가 PC를 만들고 있었기 때문이다.

그들은 또 최종 소비자 컴퓨팅 시장이 향후 4년간 최대 100억 달러 정도 축소될 수도 있다고 예측했다. 그리고 우리가 다른 사업으로 전환하면서 델이 기존의 고객과 판매상들과 구축한 관계도 약화될 수 있다는 우려를 전달했다. 추가로 그들은 특별위원회에 우리가 지난 4년 동안 기업용 소프트웨어와 솔루션 분야의 기업을 인수하는 데 114억 달러를 사용했지만, 전체 매출의 65퍼센트는 여전히 최종 소비자 컴퓨터와 이와 관련된 사업(그들이 비관적으로 생각하는 바로 그 분야)에서 나오고 있다는 점을 상기시켰다.

이후, 즐거운 새해가 시작됐다! 1월 4일에 우리가 만났던 은행 4곳 모두가 강력한 제안과 함께 비공개 기업으로의 전환을 위한 전폭적인 지원 방안을 가지고 돌아왔다. 조만간 마이크로소프트가 20억 달러의 대출금을 가지고 비공개 기업 전환 건에 우리와 협력할 것이라는 약속을 할 것이다. 엄밀하게 말하면 그들의 대출금이 필요하지 않았지만, 구조화된 방식을 활용하면 은행에서 빌린 자금에 대한 금리를 낮출 수 있었다. 계획대로 일이 진행되는 것 같았다. 일주일 내내 자신감이 넘쳤다. 그런데 1월 14일 월요일, 상황이 갑자기 걷잡을 수 없이 변했다.

블룸버그 통신이 "지난해 기업 가치의 거의 1/3을 잃은 PC 제조사 델이 사모펀드 회사들과 인수 협상을 벌이고 있다고 이 문제에 정통한 관계자 두 명이 말했다"라는 보도를 한 것이다. 두 명의 어리석은 얼간이들은 웨스트 9번가에서 열린 회의에 참석했던 사람들이었을 것이다. 아니면 그 회의에 참석했던 몇몇 얼간이들과 가까운 명칭이 두 명이었을 것이다.

우리 주가는 하루 만에 13퍼센트가 올라 12.29달러가 되었다. 소문이 퍼지기 시작했다. 델이 누구와 협력하려고 하는가? (익명의 취재원 가운데 하나는 실버레이크와 TPG라고 말했다. 물론 이것은 반만 옳은 이야기였다.) 언제 인수 거래가 발표될 것인가? (취재원 가운데 한 사람은 이르면 금주 내라고 말했는데 이것은 너무 앞서가는 것이었다.)

어떤 면에서는 세부적인 내용이 중요하지 않았다. 우리가 상장 폐지를 통해 비공개 기업으로 전환하겠다는 계획은 이제 대중에게 공개됐고 혼란의 씨앗들이 뿌려져 싹트기 시작했다.

# 04

# 19세 CEO,
# 스타트업의 기억

　　1983년 여름은 시간적으로 여유가 있었다. 그것도 아주 많았다. 그해 여름은 나에게 새로운 세계였다. 어떤 친구들은 고등학교를 졸업하고 대학에 들어가 어른으로 성장하는 진지한 일을 시작하기 전 여름을 맘껏 즐겼다. 내가 알고 있는 메모리얼 고등학교 출신의 많은 친구들은 그해 여름에 산 마르코스 San Marcos 로 내려가 강에서 튜브를 타면서 대부분의 시간을 보냈다. 그러나 여러분이 예상한 것처럼 나는 그렇게 하지 않았다. 재미있게 노는 것을 싫어해서가 아니라 단지 '재미'라는 것이 또래의 친구들과 달랐기 때문이다.

　　그해 여름에는 아르바이트를 하지 않았다. 겉으로 보기에는 텍사스 대학 1학년으로 휴스턴의 집과 오스틴의 새 아파트 사이를 흰색 BMW를 타고 오가면서 빈둥거리고 있었다(적어도 우리 부모님은 그렇게 알고 있었다). 고속 주행에 잘 어울리는 차였다. 나는 자동차를 고속으로 운전하는 것을 좋아했다.

하지만 내가 시작한 여러 사업들에 훨씬 더 적합한 또 다른 자동차가 있었다. 바로 부모님께 물려받은 1978년형 캐딜락 쿠페 드 빌 Cadillac Coupe de Ville 이었다. 차량 지붕의 절반이 갈색 비닐로 덮여 있는 아주 고급스러운 차량이었다. 디트로이트가 커다란 차량을 만드는 것을 자랑스러워했던 시기에 생산된 덩치가 큰 모델이어서 대형 유람선처럼 움직였다. 날렵하지는 않았지만 조향성은 좋았다. 연비는 1마일에 1갤런이 들어갈 정도로 엉망이었다. 신형 BMW가 있는데 왜 대부분의 18살 또래 친구들이 부끄러워했을 그 크고 낡은 고물차를 가지고 고생한 것일까? (갈색이 텍사스 대학의 경쟁학교인 텍사스 A&M을 상징하는 색깔이라는 사실은 굳이 언급할 필요도 없다.)

나는 그 차가 커서 좋았다. 당시 여전히 IBM PC를 업그레이드하는 사업을 하고 있었다. 소매 시장에서 디스크 드라이브, 하드 드라이브, 메모리를 사서 기본 IBM 모델에 장착한 다음에 의사, 변호사, 건축가들에게 이윤을 받고 파는 일을 하고 있었다. 오스틴에 도착하자마자 나는 지역 신문에 작은 광고를 냈다. 그리고 즉시 주문을 받았다. 계속 증가할 것처럼 보이는 수요를 충족시키기 위해 더 많은 PC를 사는 데 필요한 영업 자금을 확보해야 했다.

쿠페 드 빌은 필요한 자재와 부품들을 수송하는 데 매우 편리했다. 새로운 IBM PC는 매우 큰 상자로 포장돼 있었다. 동굴처럼 큰 자동차의 트렁크에는 커다란 크기의 상자 3개를 넣을 수 있었고 앞좌석을 당긴 후에 등받이를 접고 박스를 하나씩 밀어 넣으면 뒷좌석에 4개를 실을 수 있었다. 그리고 운전석 옆자리에는 상자 두 개를 더 쌓을 수 있었다. 이 차를 몰고 35번 고속도로를 타고 운전하는 모습은 상당히 우스꽝스러워 보였을 것이다. 안경을 쓰고 볼에 살이 통통한 곱슬머리 소년이 커다란 박스를 한가득 싣고 무게 때문에 뒷부분이 처진 자동차를 운전하고 있었기 때문이다.

나는 또 다른 사업도 하고 있었다. IBM PC는 출시와 함께 미친 듯이 팔렸다. 하지만 엄청난 수요는 IBM PC를 판매하는 소매점들 사이에서 모든 종류의 공급 불균형을 유발했다. 휴스턴의 판매점들이 1만 대의 PC를 주문했다고 가정해 보자. 댈러스의 매장들도, 피닉스도 1만 대를 주문했을 것이다. 하지만 IBM은 모든 물량을 시간에 맞춰 공급할 수가 없다. 일부 거래처는 한 번에 4000대에서 5000대 정도의 물량만 받게 되는 것이다. 그러자 거래처들은 필요한 물량을 받기 위해 과도하게 주문하기 시작한다. 한 번에 2만 대 또는 5만 대를 주문하는 것이다.

결과적으로 소매상들은 큰 혼란에 빠졌다. 어떤 도시에는 재고가 너무 많았고 또 다른 도시에서는 재고가 충분하지 못했다. 나는 이런 현상을 잘 파악하고 있었다.

당시에 내가 차익 거래라는 단어를 알고 있었는지는 확실하지 않다. 하지만 그런 개념이, 즉 이런 공급 부조화로부터 약간의 돈을 벌 수 있다는 생각이 갑자기 떠올랐다. 내가 할 일은 공급이 여유 있는 도시로 가서 여러 대의 PC를 구매한 다음, 공급이 부족한 다른 도시로 가져가 판매하는 것이었다. 단순한 생각이었고, 실제로 정말 간단했다. 그래서 재고를 싸게 사서 다른 곳에 판매하는 사업을 시작하게 됐다.

예를 들면 피닉스의 컴퓨터랜드처럼 IBM PC를 과도하게 매입한 대형 판매점을 찾는다. 그리고 전화를 걸어 남는 물량을 살 수 있는지 물어본다. 그들에게는 정말 좋은 제안이다. 그들은 남아도는 재고 가운데 일부를 원가보다 싸게 팔기도 했다. 나는 사우스웨스트 에어라인을 타고 피닉스로 가서 커다란 U-Haul 트럭을 빌린 다음(당시에는 18살 학생이 U-Haul 트럭을 빌리는 것이 가능했다) 컴퓨터랜드로 간다. 그리고 자기앞 수표를 주고 30~40대의 PC를 사서 트럭에 싣고 투손Tucson의 비즈니스랜드Businessland처럼 공급이 부족한 매장으로 가서 1개당 50달러나 70달러, 또는 80달러를 더 붙여 트럭 전체 물량을 판매한다. 이렇게 하면 그 자리에서 2000 달러 정도를 벌 수 있다.

독자들은 지금쯤 머릿속으로 다음과 같은 생각을 하고 있을 수도 있다. 마약을 거래하지 않는 18살 학생이 새로운 컴퓨터를 구매하는 데 사용할 5~6만 달러의 목돈을 정말로 가지고 있었을까? 내 대답은 당연히 "그렇다"다. PC 업그레이드 사업은 나에게 꾸준한 현금흐름을 가져다줄 정도로 잘되고 있었다. 그리고 내가 컴퓨터를 싸게 사서 다시 판매하는 컴퓨터 재판매 사업도 처음부터 수익이

났다.

얼마 후에 나는 그레이하운드<sup>Greyhound</sup> 고속버스를 이용하면 커다란 박스를 매우 저렴하게 운송할 수 있다는 사실을 발견했다. 텍사스주에 있는 컴퓨터 매장들 사이에서 차익 거래를 한다면, 산 안토니오<sup>San Antonio</sup> 지역에서 많은 재고를 가진 상인에게 수표를 보내고 그 사람에게 컴퓨터를 고속버스 터미널로 가지고 가 그레이하운드에 실어 보내라고 하면 되는 것이다. 그리고 내가 댈러스나 휴스턴 또는 오스틴에서 화물을 찾아서 추가로 제품이 필요한 판매점으로 운송하면 된다. 물량이 5개나 10개보다 많다면 친구들에게 "나랑 이 일 해보자. 돈은 내가 줄게"라고 말하곤 했다. 그러면 친구는 자신의 자동차를 가지고 와서 나를 도와주었다. 그렇게 여름이 지나갔다. 나는 산 마르코스 강에서 물놀이하면서 놀지는 못했지만 많은 돈을 벌었다.

학교가 시작됐다. 계획대로라면 나는 부모님이 원했던 의사가 되기 위해 텍사스 대학에서 의예과 과정의 생물학을 전공하는 학생이 되었어야 했다. 하지만 실제는 조금 달랐다. 1983년 8월에 첫 학기가 시작됐을 때 나는 오스틴의 아파트에서 성공적인 사업을 운영하고 있었다. 내가 개조한 IBM PC는 업그레이드가 끝나기가 무섭게 빠르게 팔려 나갔다. 오스틴의 아파트에는 컴퓨터와 박스, 그리고 주변기기와 하드 드라이브와 디스크 드라이브, 메모리 칩, 마더보드, 그리고 납땜용 인두 등 많은 물품들이 한가득 쌓여 있었다.

나의 룸메이트는 어릴 때부터 동네 친구였던 데이비드 마이어스David Myers였다. 우리 부모님은 데이비드의 부모님을 오랫동안 알고 있었고 그와 나도 서로 좋아해서 같은 아파트에서 함께 지내기로 했다. 우리가 사는 아파트는 17평 정도였는데 각자 침실이 있었고 주방, 그리고 거실을 함께 사용했다. 컴퓨터 재고와 부품들이 늘어나면서 거실 공간까지 차지하기 시작했다. 데이비드가 처음부터 이것을 문제 삼은 것은 아니었다.

나도 처음에는 학교 수업을 들었다. 생물학이나 유기 화학 수업 시간에 교수님의 목소리를 들으면서 충실하게 필기했다. 하지만 대부분은 창밖을 내다보면서 언제쯤 정말로 관심이 있는 것을 할 수 있을지 생각했다. 대학 활동에도 적극적으로 참여하지 않았다. 텍사스 대학은 풋볼로 유명해서 모든 홈경기는 대학 캠퍼스 전체를 들썩이게 만들었다. 나는 딱 한 경기만 보러 갔고 전반전이 끝나자 경기장을 떠났다. 나에게는 해야 할 다른 일이 있었다.

내가 낸 신문 광고는 오스틴 지역의 지식인 사용자들 사이에 입소문을 타고 퍼져 나갔다. 의사들과 변호사들, 그리고 건축가들이 계속해서 PC 업그레이드를 요청했다. 또 그 지역의 더 작은 몇몇 대학들과도 거래를 했다. 오스틴에서 북쪽으로 40킬로미터 정도 떨어진 조지타운Georgetown의 사우스웨스턴 대학이 10여 대의 컴퓨터를 사갔다. 조지타운으로 직접 배달 가서 설치해 줬던 기억이 있다. 학생들에게는 한 대도 판매하지 않았다. 텍사스 대학의 학생들은 (적어도 내가 만난 학생들은) 컴퓨터에 대해 아무것도 알지 못했고 전혀 관심이 없었다. 지금과는 완전히 다른 시대였다.

오스틴은 텍사스의 중심 도시였다. 나는 학교 캠퍼스에서 세 블록 정도 떨어진 곳에 있는 사무실이 텍사스주의 조달 공고를 담당한다는 사실을 알게 됐다. 예를 들어 텍사스 고속도로관리공단이 이런저런 사양의 PC 4대가 필요하다는 사실을 알리는 것이다. 고속도로관리공단의 누군가가 주 조달청 사무실로 가 입찰 공고를 내면 그 내용이 공개된다. 나를 포함해 어떤 사람이든 조달청에 가서 "이 카테고리의 장비 조달 입찰 요청을 모두 보고 싶습니다"라고 말하면 서류를 넘겨주었다. 전산으로 처리된 것은 아무것도 없고 여러 장의 종이 서류들이 전부였다.

아파트로 돌아와 모든 입찰 요청서들을 살펴보면서 나와 관련 없는 분야의 서류들을 버렸다. 남아 있는 요청서들은 단지 컴퓨터 업그레이드만을 위한 것이 아니었다. 메모리와 하드 드라이브, 입출력 카드, 그리고 컴퓨터의 기능을 최대로 활용할 수 있도록 도와주는 부품에 대한 요청도 있었다. 이런 것들을 얼마에 판매할 수 있는지, 낙찰을 받더라도 수익을 낼 수 있는지를 계산했다. 그러고 나서 입찰 서류를 손으로 작성한 다음 텍사스주 조달청 사무실로 돌아와 입찰서를 제출했다.

이런 계약들 가운데 규모가 큰 것은 없었다. 하지만 나는 낙찰에 성공하기 시작했고 계속해 오던 사업에 새로운 사업이 추가되었다. 얼마 지나지 않아 한 달에 5만~8만 달러의 매출을 달성했다. 대단한 것처럼 들릴 수도 있지만 나는 모든 돈을 새로운 재고품을 구매하는 데 지출했다.

소문이 휴스턴까지 번졌다. 어떻게 거기까지 소문이 났는지 모르겠다. 어쨌거나 소문은 여기저기 돌아다니기 마련이다. 갑자기 사람들이 부모님들에게 "마이클이 굉장한 사업을 하고 있다면서요? 축하드려요!"라고 말하는 것이었다. 우리 부모님은 "뭐라고요? 마이클은 대학에 다니고 있는데요!"라고 말했다고 한다.

아버지와 어머니가 오스틴으로 왔다. 그것도 갑자기. 크게 놀라지는 않았지만 그래도 의외였다. 어느 날 오후, 아파트 전화벨이 울렸다. 전화를 받자 어머니의 목소리가 들렸다.

"우리가 지금 공항에 있거든. 막 착륙했어. 너를 보러 갈 거야."

"좋아요!"

전화를 끊자마자 내 방을 치우기 시작했다. 상자, 부품, 납땜용 인두 등 모든 것을 룸메이트의 욕조로 옮겨 놓았다. 어머니와 아버지가 내 화장실을 사용하실 수도 있으니까 말이다.

부모님이 도착했다. 나는 웃으면서 키스를 하고 안으로 들어오시라고 했다. 작은 거실에 갑자기 많은 사람들이 모여 있는 것처럼 느껴졌다. 부모님은 거실을 둘러보더니 고개를 끄덕였다. 그리고 함께 내 침실로 들어갔는데 부모님은 침실을 둘러본 다음 또다시 고개를 끄덕였다. 아버지가 물었다.

"책들은 어디에 있니?"

아차! 나는 재빨리 머리를 돌렸다.

"책은 도서관에 있어요. 도서관에서 공부하거든요."

"음, 그렇구나." 아버지가 말했다.

"음." 어머니도 말했다.

우리는 밖으로 나가 캠퍼스를 둘러보았다. 대학의 캠퍼스는 크고 아름다웠다. 부모님은 만족해하시면서 저녁을 먹고 휴스턴으로 돌아갔다. 그렇게 위기를 넘겼다.

학교 공부는 형편없었지만 사업은 번창했다. 나는 거의 매주 주말마다 비행기를 타고 다니면서 차익 거래를 하고 있었다. 적어도 학교 수업에 출석은 해야 했기 때문이다. 나는 사우스웨스트 에어라인을 타고 댈러스, 휴스턴, 산 안토니오, 피닉스, 투손을 돌아다니면서 마일리지를 많이 모았다. 오스틴 지역에서는 PC를 업그레이드하거나 성능을 개선한 PC를 판매하고 있었다. PC를 차로 운송해 설치하는 것을 도와주는 대학 친구들도 있었다. 내 룸메이트인 데이비드, 데이비드의 친구인 제러미 리Jeremy Lee와 동생, 그리고 또 다른 데이비드가 도와줬다. 마크 드월시Mark DeWalsh라는 친구는 고등학교 시절에 내 형인 스티븐을 알고 지냈다. 이들은 컴퓨터에 관한 지식이 거의 없는 상태에서 일을 시작했지만 빨리 배웠다. 나는 그들에게 대가를 지불했고 모든 것이 좋았다.

적어도 내 룸메이트가 만족할 때까지는 그랬다. 데이비드는 내가 그 욕조를 빌려 쓰는 것이 괜찮다고 했었다. 하지만 작은 아파트의 생활공간이 점점 더 실험실, 기계실, 창고처럼 보이고 컴퓨터 상자들, 디스플레이, 메모리 카드, 납땜용 인두로 가득해지자 데이비드는 점점 불만이 많아졌다. 대화가 단절됐고 그가 웃는 모습을 거의 보지 못했다. 그러던 어느 날 아침, 침실 문을 열고 거실로 나가려고 하는데 문이 열리지 않았다. 겨우 문을 조금 열었을 때 무엇이 문제인지 알게 됐다. 무거운 컴퓨터 상자들이 문을 막고 있었다. 내가 잠을 자는 동안 데이비드가 나를 가둔 것이다. 그게 무슨 뜻인지 알 수 있었다.

그해 11월에 학교 캠퍼스 끝쪽에 있는 '도비Dobie'라는 기숙사로 이사했다. 도비는 27층짜리 높은 건물이었다. 뽑기 운이 좋아서 최상층에 있는 방을 배정받았다. 도비 2713호는 오스틴의 서쪽 언덕을 향해 있어 전망이 아름다웠다. 그리고 운 좋게도 룸메이트가 미국 올림픽 사이클링 팀 소속의 선수였다. 매일 그 언덕에서 하루 종일 시간을 보냈고 방을 잠자는 용도로만 사용했다. 매일 저녁 훈련을 마치고 돌아오면 피곤해서 침대에 곯아떨어졌다. 그리고는 매일 아침, 내가 일어나기도 전에 사라졌다. 솔직히 이름도 기억하지 못하지만 그가 완벽한 룸메이트였다는 걸 영원히 감사하게 생각할 것이다.

룸메이트가 그렇게 오랫동안 나가 있는 것도 좋은 일이었다. 얼마 지나지 않아 기숙사의 작은 방에도 이전의 아파트만큼 많은 재고품이 쌓였다. 기숙사 방이 아파트보다 공간이 조금 더 좁았다. 나 때문에 우체국 집배원은 돌아버릴 지경이었다. 무거운 컴퓨터와 디스플레이 상자들을 모두 작은 손수레에 싣고 학생들이 사용하는 승객용 승강기를 타고 올라와 27층까지 배달해야 했기 때문이다. 승강기는 거의 모든 층에 멈췄고 집배원은 여러 번을 오가야 했다. 나는 현금을 매우 빠듯하게 운용해 모든 장비들을 상품 인도 결제로 주문했다. 그래서 집배원은 나한테 직접 요금을 징수해야 했다. 나는 주머니에 20달러, 50달러, 100달러 지폐 뭉치를 넣고 돌아다녔다. 노상강도를 당하지 않은 것이 천만다행이었다.

도비 기숙사의 최상층에 거주하는 것은 정말 좋았다. 단지 전망 때문만은 아니었다. 최고층에는 ABC, CBS, NBC의 오스틴 지국들을 위한 중계국들이 있었다. 옥상에는 거대한 위성 접시 안테나들이 설치돼 있었고 TV 중계를 위한 조정실이 내 기숙사 방 옆에 있었다. 그래서 기술자들이 들어오고 나가는 모습을 종종 볼 수 있었고 때때로 사무실 문이 열려 있었다. 나는 지나다니면서 그 안에 있는 흥미로운 장비들을 언뜻언뜻 보기도 했다. 흥미로운 전자장비는 내가 세상에서 제일 좋아하는 것이었다. 호기심이 발동해 TV 방송국 직원들에게 이것저것 물어보기 시작했다. 그들은 자신들의 일에 관해 질문 받는 것을 좋아했다. 얼마 지나지 않아 우리는 친한 관계가 되었다. 그래서 댈러스와 휴스턴 지역의 케이블 방송권을 나에게 주도록 그들을 설득시킬 수 있었다.

왜 댈러스와 휴스턴이었을까? 텍사스 대학에 다니는 거의 모든 사람들은 텍사스 출신이고, 그들 가운데 대부분이 텍사스에서 가장 큰 도시인 댈러스와 휴스턴에서 왔기 때문이다. 나도 그들만큼 고향의 소식이 그리웠다(물론 인터넷이 탄생하기 오래전이었다). 그들은 고향 소식을 알고 싶어 했고 나에게는 해결책이 있었다.

도비 기숙사의 가장 높은 두 개 층에서 케이블을 운영함으로써 (내가 한 일은 단지 드릴을 가지고 두어 개의 작은 구멍을 뚫은 것이다) TV를 가진 사람은 누구나 댈러스와 휴스턴의 방송을 볼 수 있도록 하는 네트워크를 구축했다. 이것만이 아니었다. 금요일이나 토요일이면 가끔 블록버스터Blockbuster에 가서 영화를 빌린 다음, 26층과 27층에 있는 사람들에게 밤 8시에 애니멀 하우스Animal House가 방송될 것이라고 알렸다. 8시에 VHS 테이프를 VCR에 넣으면 KDEL 방송의 무비 나이트Movie Night가 시작됐다. 물론 KDEL 방송은 진짜 방송국이 아니었고 호출 신호도 없었다. 케이블 방송 실험은 전적으로 재미삼아 한 것이었고, 어느 누구도 돈을 내고 본 사람은 없었다. 빌딩 관리인이 이런 사실을 알게 되자 화를 냈다. "이런 일을 하면 안 돼요. 전부 그만두셔야 합니다"라고 말했지만 괜찮았다. 나는 그것 말고도 다른 할 일이 많이 있었다.

어머니와 아버지는 내가 운영하는 성공적인 사업에 대해 점점 더 많은 이야기를 여기저기서 듣고 있었다. 그리고 그런 소식을 좋아하지 않았다. 이번에 부모님들이 다시 오스틴을 방문한 것은 좋지 않을 일 때문이었다. 추수감사절 직후에 부모님은 나에게 며칠 동안 오스틴에 머물겠다고 말했다. 그리고 하얏트 리젠시 호텔에 숙소를 잡았다. 어느 날 밤 저녁 식사 전에 부모님을 만났는데 매우 화가 나 있었다.

"마이클, 너는 여기서 학교를 다니고 있는 거니? 사업을 하고 있는 거니? 컴퓨터 사업을 하고 있다고?"

아버지는 내가 사업하는 것이 불쾌한 것처럼 말했다.

"공부도 하고, 사업도 하는 거죠."

솔직하지 못한 대답이었다. 나는 울 것 같은 어머니의 표정을 보았다. 어떤 아들도 보고 싶지 않은 것이었다. 아버지는 머리를 절레절레 흔들었다.

"마이클, 너는 네가 하는 일의 우선순위를 바로 잡아야 해. 정신똑바로 차려. 이런 컴퓨터 같은 것……."

아버지는 잠시 주저하다가 마저 말씀하셨다.

"컴퓨터는 좋은 취미 활동이야. 하지만 마이클, 너의 인생을 생각해."

나는 바닥을 내려다보고 있었다. 부끄럽기도 하고 동시에 자랑스럽기도 했다. 순종심도 있었고 반항심도 있었다. 무슨 말을 해야할지 몰랐다.

"마이클, 너는 인생을 살면서 무슨 일을 하고 싶니?"

"저는 IBM과 경쟁하고 싶어요!"

아버지의 물음에 농담 반 진담 반으로 대답했다. 하지만 아버지는 기뻐하지 않으셨다.

"너는 지금 단지 한 가지 목적 때문에 이 대학에 다니는 거야. 그리고 그 한 가지는 인생에서 올바른 길을 가기 위해 너에게 필요한 교육을 받는 거야."

나는 아버지가 말하는 그 길이 나에게 맞는 것이라는 확신이 없다는 듯 무엇인가를 중얼거렸다. 그리고 어머니를 보았다. 눈에서 눈물이 흘러내리고 있었다. 어머니는 두 손을 목둘레에 올려놓고 "마이클, 마이클!"이라고 이름을 불렀다.

어머니의 표정은 단순한 몸짓 이상이었다. 고대 유대인들이 사랑하는 사람을 잃은 후에 슬픔을 표현하기 위해 장례식에서 옷을 찢는 의식을 하는 것처럼 정말로 슬퍼 보였다. 오스틴의 하얏트 리젠시 호텔 방에서 어머니는 5000년이 넘게 오래 지속된 유대인의 의식을 떠올리게 만들었고 나는 죄책감을 느꼈다. 내가 계속 공부를 하지 않고 컴퓨터 사업을 한다면 나는 어머니에게 죽은 자식처럼 될 것이라고 느꼈다.

당연히 부모님의 뜻을 따를 수밖에 없었다. 나도, 부모님도 울고 있었다. 나는 평정심을 찾고 나서 코를 풀고 부모님을 쳐다봤다. 내가 '알겠다'고 말하자 부모님은 나를 똑바로 쳐다봤다. 부모님이 그렇게 보면 매우 강력한 힘이 발휘된다.

"알았어요. 더 이상 컴퓨터 하지 않고 학교에서 공부만 할게요. 약속해요."

나는 진심이었다. 하지만 내가 느낀 것은 고통뿐이었다.

그 후 열흘 동안 나는 모든 것을 갑자기 그만두었다. 말 그대로 컴퓨터에 손을 대지 않았다. 메모리 업그레이드도 하지 않고, 하드 드라이브 설치도 하지 않고, 차익 거래도 하지 않았다. 《바이트》나 《PC매거진》도 읽지 않았다. 대신 수업에 참석해 주의를 기울이려고 최선을 다했다. 필기도 했다.

기술에 대한 나의 애착을 줄이기 위해 다른 취미인 최고급 오디오로 관심을 돌리는 것이 도움이 될 수도 있다고 생각했다. 나는 롤링 스톤스Rolling Stones, 도어스Doors, 지미 헨드릭스Jimi Hendrix, 퀸Queen, 록시 뮤직Roxy Music 등 로큰롤 음악을 크게 틀어놓고 듣는 것을 좋아했다. CD로 전환하는 시기였던 그때 오디오 애호가들은 토렌스 턴테이블, 하만 카든 리시버, 그리고 커다란 클립시 스피커에 열광했다. 나는 시간이 날 때마다 오스틴에 있는 최고급 오디오 매장을 찾아갔다. 그리고 아름다운 오디오 기기들이 메모리카드, 마더보드, BIOS 칩에 대한 나의 열망은 물론, 컴퓨터 사업에서 내가 느꼈던 짜릿함을 없애주기를 바랐다. 하지만 전혀 도움이 되지 않았다.

사실 지난 열흘 동안의 강렬한 갈망은 내가 내 생각에 집중하게 만들었다. 어떤 전문 분야든 의사로 개업하는 것이 나에게 전혀 어울리지 않는다는 것을 깨달았다. 그리고 컴퓨터에 관한 일을 하는 것이 훨씬 더 매력적이라는 것도 알게 됐다. 컴퓨터 사업은 정말로 신나는 것이었다.

그래서 나는 18살 학생다운 전략을 선택했다. 다시 컴퓨터 사업을 하는 대신 부모님에게 이야기하지 않기로 한 것이다. 정말 멋지지 않은가? 게다가 그때는 크리스마스 휴가 전날이라 학교 수업을 걱정할 필요 없이 다시 사업을 시작할 수 있었다.

기숙사 27층에 있는 작은 방은 재고품을 보관하기에는 부적절하다는 사실이 점점 더 분명해졌다. 컴퓨터 사업을 전면적으로 다시 하게 되면 도비 기숙사보다 훨씬 더 큰 공간이 필요할 것 같았다. 은행에 충분한 영업 자금을 가지고 있었기 때문에 또 다른 나만의 공간을 구하기로 결정했다.

1월 초에 캠퍼스 북쪽에서 2블록 정도 떨어진 두발 스트리트 Duval Street 3200번지에 있는 콘도로 이사했다. 그 지역에서 가장 좋은 건물이었다. 외부인이 사용할 수 없는 지하 주차장에 BMW도 주차할 수 있었다. 나는 3층에 있는 침실 2개가 달린 콘도를 얻었는데 일부러 가장 높은 층을 골랐다. 3층에 있는 콘도는 천장 높이가 두 배로 높아 상품을 쌓아 놓기에 안성맞춤이었다. 얼마 안 돼 새로운 상품들이 입고됐다.

2학기가 시작할 때쯤 나는 다시 크게 사업을 벌였다. 업그레이드를 하고, 비행기를 타고 가서 구매하고, 다시 상품을 판매했다. 또 정말로 사업가가 되고 싶다면 사업가처럼 행동하고 그렇게 보일 필요가 있다고 생각했다. 그래서 적절한 이름의 사업체를 어떻게 설립하는지 찾아봤다. 그리고 'PC's 리미티드Limited'라는 상호로 사업을 하는 개인 자영업자가 되기 위해 필요한 서류들을 제출했다. 좋은 이름은 아니지만 업그레이드 상품 그 자체가 광고를 대신하는 것처럼 보였기 때문에 눈에 띄는 마케팅에 대해서는 거의 걱정을 하지 않았다.

그러나 부모님은 또 다른 중요한 문제였다. 1984년 2월 말에 나는 첫 번째 학기보다 훨씬 더 적은 시간의 학교 수업을 들었다. 부모님께 솔직히 털어놓아야 할 시간이 다가오고 있었다. 그때쯤 나는 다행히도 텍사스 대학의 규정집에서 매우 유용한 특별 조항을 발견했다. '한 학기를 휴학한 다음에 학사와 관련해 어떤 불이익도 없이 나중에 재등록하는 것이 가능하다'는 조항이었다. 내가 휴학과 관련된 이야기를 꺼낼 때 부모님에게 이야기할 수 있는 중요한 사실이었다.

이러는 동안에도 나는 일을 도와주는 몇몇 친구들과 함께 오스틴 지역을 돌아다니면서 컴퓨터를 설치하고 있었다. 주말에는 텍사스와 애리조나 지역으로 비행기를 타고 계속 출장을 다니면서 PC를 구매한 다음 다시 판매하는 일을 했다. 돈은 계속해서 들어왔고 비용은 적게 들었다. 내가 사는 콘도는 건물 주인 리바 토브<sup>Liba Taub</sup>의 바로 옆집이었다. 그녀가 6미터 높이의 천장까지 적재해놓은 컴퓨터 상자들을 봤더라도 걱정하지는 않았을 것이다. 나는 착한 청년이었고 제시간에 꼬박꼬박 임대료를 냈다. 시끄러운 파티도 열지 않았다.

봄방학에 나는 아버지, 어머니, 그리고 아담과 함께 형 스티븐네 집을 방문하기 위해 영국으로 갔다. 우리 삼 형제 가운데 가장 똑똑한 형은 3년 반 만에 대학을 졸업하고 베일러의과대학<sup>Baylor Medical School</sup>에 합격했다. 그래서 6개월간의 여유 시간이 있었고 런던에서 바텐더로 일하기로 했다.

이번이 나의 첫 번째 해외여행이었기 때문에 우리는 런던 타워, 윈저 성, 영국의회 같은 모든 관광지를 방문했다. 내가 영국에서 정말로 좋아하는 것들을 살펴보기 위해 혼자 몇몇 곳을 들르기도 했다. 영국을 방문했던 때는 오디오 CD가 대중들에게 소개되기 시작한 시점이었다. 그리고 무슨 이유 때문인지는 모르지만 오디오 CD는 미국보다 영국에서 더 빠르게 보급되고 있었다. HMV 뮤직 스토어에 가서 수많은 CD 앨범을 살 수 있었다. CD의 음질이 얼마나 깨끗하고 아름다웠는지 잊을 수가 없었다. 그래서 새로 이사한 아파트에 있는 대형 클립시 스피커를 통해 CD를 하루라도 빨리 들어보고 싶었다.

나를 감동시킨 또 다른 것은 컴퓨터 매장에 전시된 다양한 제품들이었다. 영국에서도 이런 매장에서는 600달러나 700달러 정도의 부품으로 구성된 PC들을 3000달러나 그 이상의 비싼 가격으로 팔고 있었다. 그런데 미국과 마찬가지로 매장에서 일하는 사람들도 PC에 대해 아는 것이 거의 없었다. 영업 사원들도 이런 컴퓨터들이 어떻게 작동하는지 잘 몰랐다. 어떤 판매점도 서비스와 지원 방식에 대해 많은 이야기를 해주지 않았다. 고객들도 판매점들도 이런 문제에 관심갖지 않는 것 같았다. 모든 사람들이 컴퓨터를 갖고 싶어 했고 돈을 쉽게 썼다.

영국 여행 중에 갑자기 어머니가 피곤함을 느낀다고 하셨다. 집으로 돌아와 의사를 찾아갔고 '비호지킨 림프종'이라는 진단을 받았다. 모두 겁에 질렸지만, 휴스턴의 MD 앤더슨에 있는 암 전문의가 희망이 있다고 말해줘서 우리도 그렇게 생각할 수 있었다. 우리는 어머니가 투지력이 강하다는 것을 알고 있었다.

텍사스에 돌아와서는 부모님께 내 계획을 말했다. 끌어모을 수 있는 모든 자신감을 동원해 사실대로 말했다. 한 달 매출액이 지속적으로 5만 달러가 넘는 회사를 운영하고 있을 뿐만 아니라 회사를 더 크게 키울 수 있다는 확신이 있다고 했다. 이어서 더 좋은 소식도 있다며 학사에 불이익을 받지 않고 텍사스 대학을 휴학할 수 있고, 나중에 내가 원하는 시점에 재등록할 수 있다고 말했다. 만일 사업이 실패한다면 학교로 돌아가겠다는 엄숙한 약속도 했다.

기뻐하시는 것 같지 않았다. 아버지와 어머니는 이맛살을 찌푸렸고 고개를 가로저었다. 하지만 결국에는 마지못해 동의했다. 우리의 관계가 좋아질 때까지 몇 년의 시간이 걸릴 것이라 생각했다. 두분 다 핵심을 이해하는 데 탁월한 매우 논리적인 사람들이었다. 부모님은 내가 다른 선택을 하지 않기를 바랐지만 내 선택이 일리 있다는 것을 이해했다. 슬픈 사실은 아마 어머니는 너무 피곤해서 나와 논쟁을 할 수 없는 상태였을 것이라는 점이었다.


약 2주 후에 나는 켈리 게스트Kelly Guest의 전화를 받았다. 지역 법률 회사의 파트너인 켈리는 자신과 회사 사무실의 다른 사람들이 사용할 하드 디스크 업그레이드 키트를 구매한 적이 있었다.

"나는 당신이 법인을 설립해야 한다고 생각하고 있었어요."

"어떻게 하는 거죠?"

내가 방법을 묻자 켈리는 내 사업이 지금처럼 계속 잘된다면 나를 도와줄 직원들을 고용하게 될 것이라고 말했다. 의료비 같은 추가 혜택을 주는 것은 고급 인력을 끌어들이는 가장 확실한 방법이 될 것이라며 회사의 주인이 된다는 것은 의료비와 다른 직원들에 대한 혜택을 제공하는 것이라고 했다. 그는 나에게 이런 서류 작업을 쉽게 할 수 있다고 말했다. 나는 다시 물었다.

"좋은 생각 같습니다. 그런데 비용은 얼마나 들까요?"

"글쎄요. 내가 업그레이드 키트가 하나 더 필요하거든요. 그래서 말인데 우리가 거래를 하면 어떨까요? 내가 법인 설립을 해주고 그 대가로 당신은 하드 드라이브 키트를 설치해주는 거죠."

나에게도 좋은 제안처럼 들렸다. 그래서 나는 하드 드라이브 키트를 설치해줬고 켈리는 법인 설립을 위한 서류를 만들어줬다. 그리고 켈리에게서 다시 전화가 왔다.

"마이클, 사소한 문제가 있어요. 'PC's 리미티드'라는 이름으로는 법인을 설립할 수가 없어요. 너무 일반적이어서요. 그래서 이름을 '델 컴퓨터 코퍼레이션Dell Computer Corporation'으로 정했어요. 하지만 PC's 리미티드라는 상호로 사업을 계속할 수 있어요."

"좋습니다. 문제없어요"라고 답하자 켈리가 이어 말했다.

"한 가지 문제가 더 있습니다. 텍사스주에서 법인을 설립하고 싶으면 1000달러를 내야 합니다."

독자들은 매달 6만~7만 달러의 매출을 기록하는 내가 1000달러 정도는 푼돈으로 여길 것이라 생각할지도 모른다. 하지만 그렇지 않았다. 아파트 임대료도 내야 했을 뿐만 아니라 벌어들이는 거의 모든 돈은 새로운 제품을 사기 위해 곧바로 빠져나가고 있었다. 나는 매우 적은 수익으로 살아가고 있었다.

"제가 더 많은 제품을 팔아야 하겠네요. 며칠 후에 다시 연락할게요."

이렇게 답하고 나서, 법인 설립 비용을 마련할 만큼의 제품을 팔았다. 1984년 5월 3일, 내가 혼자 운영하던 작은 사업이 공식적으로 '델 컴퓨터 코퍼레이션', 비공식적인 상호로는 'PC's 리미티드'가 되었다. 학기말 시험까지는 단 2주밖에 남지 않았다. 나는 기말고사를 치렀고 턱걸이로 통과했다. 그리고 영원히 학교를 떠났다.

진짜 회사는 사무실이 있어야 한다고 생각했다. 회사를 설립하자마자 오스틴 도심에서 5킬로미터 정도 떨어진 사무실 지역인 노스 라마North Lamar 7801에 있는 약 30평짜리 유닛 F11에 사무실 임대 계약을 체결했다. 그리고 곧바로 첫 번째 직원을 채용했다.

테리 호스테틀러Terry Hostetler는 동네에 있는 '소프트웨어 플레이스'라고 불리는 상점의 매니저였다. 소프트웨어 플레이스에 전시용 컴퓨터를 판매하러 갔을 때 그를 만났고 우리는 죽이 잘 맞았다. PC 혁명에 정말로 흥미를 느꼈고 관심사도 딱 들어맞았다. 테리는 소프트웨어를 정말 많이 알고 있었고 나는 하드웨어를 조금 더 잘 알았다. 그는 영리했고 나보다 나이가 많았으며(내가 19살, 테리는 23살이었다) 기술에 대해 이야기하는 것을 정말 좋아했다. 유머 감각도 비슷해 나는 마침내 친구를 찾았다고 느꼈다.

어느 날 우리는 함께 점심을 먹으러 나갔고 우리의 꿈과 희망에 관해 이야기하면서 내 BMW를 타고 오스틴 지역을 돌아다녔다. 테리에게 내가 구상하는 것 가운데 하나가 컴퓨터랜드나 비즈니스랜드 점포 하나를 사들인 후 돈을 차입해 더 큰 기업으로 만드는 것이라고 말했다. 전에 오스틴 지역을 탐사하면서 컴퓨애드CompuAdd라고 불리는 매장에서 시간을 보낸 적이 있었다. 컴퓨애드는 컴퓨터가 아니라 컴퓨터에 들어가는 부품을 판매했는데 그곳에서 빌 헤이든Bill Hayden이라는 가게 주인을 만났다. 빌은 나에게 오스틴에서 기술 붐이 일어난 덕분에 정말로 큰돈을 벌고 있다고 말했다. 그는 단지 괴짜 소년에게 자랑하는 것쯤으로 여겼겠지만, 나는 속으로 그의 사업을 평가해 봤고, 나 역시 그가 하는 모든 것을 할 수 있을 뿐 아니라 그보다 더 많은 일을 할 수 있다는 생각이 들었다.

19살에 너무 자신만만했던 것일지 모르겠지만 나는 정말 그렇게 생각했다. 중요한 일을 하려면 그래야 했다. 지금쯤 독자들은 내가 상당히 경쟁심이 강한 사람이라는 것을 깨달았을 것이다. 나는 진심으로 빌 헤이든이 상상도 할 수 없는 모든 아이디어를 가지고 있다고 생각했다.

내 아이디어 중 하나는 이미 하고 있는 것을 더 확장하는 것이었다. 광고를 내고 전화로 메모리나 하드디스크 드라이브 업그레이드 PC를 주문받는 것이다. 나는 언제나 컴퓨터 부품의 최저가를 찾아봤다. 그래서 고객들이 가격을 비교하는 수고를 덜어주고 절약한 금액을 돌려주면서 나도 이익을 챙길 수 있다고 생각했다. 그래서 나의 PC들은 소매점에서 소비자들이 구매하는 IBM이나 컴팩 PC보다 성능이 좋았지만 가격은 더 저렴했다. 일반 소매점에서 판매하는

PC와 다르다는 사실은 말할 필요도 없었고, 믿을 수 있는 기술 지원을 무료로 제공할 준비도 되어 있었다.

이미 오스틴 지역에 광고를 내고 있었지만 두어 명의 직원들이 전화를 받아주면 미국 전체를 대상으로 광고할 수 있다는 사실은 몰랐다. 예를 들면 《PC위크^PC Week^》와 《컴퓨터쇼퍼^Computer Shopper^》에 광고를 내는 것이다. 두 잡지는 모두 광고를 싣고 출판될 때까지 기간이 짧아서 내가 가격에 대한 통제권을 유지할 수 있었다. 고객들은 어디서나 전화를 걸어 어떤 종류의 메모리와 하드디스크 드라이브로 업그레이드를 원하는지, 아니면 업그레이드된 PC를 주문하고 싶은지를 이야기할 수 있었다. 그리고 PC 메모리 용량을 얼마로 할 것인지, 하드디스크 드라이브의 크기는 얼마로 하고, 얼마나 빠른 프로세서를 사용할 것인지도 요청할 수 있었다. 고객들이 신용카드 번호를 알려주면 우리는 업그레이드 키트를 배송하거나 한두 시간 안에 맞춤 컴퓨터를 조립해 당일에 배송했다. 단순하게 들리지만 다른 어떤 업체도 이런 일을 하지 않고 있었다.

테리는 내가 이야기하는 모든 것을 신중하게 들었다. 자신도 오스틴에서 컴퓨터 사업을 시작하는 것을 꿈꿔왔다며 내가 이야기하는 것이 정말 좋은 생각처럼 들린다고 말했다.

"테리, 나랑 같이 일할래요?"

그는 전혀 주저하지 않고 말했다.

"좋아요."

나와 테리, 단 두 사람이 일한 시간은 그리 길지 않았다. 우리는 곧바로 기술자와 영업 사원들을 채용하기 시작했다. 처음에는 두 명이었고 얼마 후에 두 명을 더 채용했다. 작은 사무실을 4개의 공간으로 나눴다. 가장 앞쪽에는 구매자들이 업그레이드 키트와 컴퓨터를 보고 살 수 있는 작은 전시실을 만들었다. 전시실 바로 뒤가 테리와 내가 사용하는 사무 공간이었다. 그다음 공간에는 4개의 긴 탁자가 놓여 있었다. 기술자들은 2개의 탁자에 앉아서 반도체 칩, 카드, 마더보드, 각종 드라이브와 인두를 가지고 작업했다. 그리고 나머지 두 개의 탁자에는 영업 사원들이 자리를 잡고 걸려오는 전화를 받으면서 세 부분으로 나눠진 서류 양식에 주문을 받아 적었다. 가장 뒤쪽에는 컴퓨터와 각종 부품을 보관하는 창고가 있었다.

상당히 많은 주문이 들어왔다. 다른 주에서 들어오는 주문은 자랑스럽게도 내가 생각해낸 1-800-426-5150/1-800-IBM-5150 (5150은 IBM의 기본형 PC 모델이다. 당시 컴팩의 PC들도 업그레이드를 하고 있었다) 번호를 통해 받았다. 몇 개의 키트와 컴퓨터가 준비되면 우리는 포장을 한 다음 서둘러 유나이티드파슬서비스United Parcel Service, UPS로 갔다. 유나이티드파슬서비스가 문을 닫는 5시 전에 상품을 전달해야만 했다.

사업이 잘되면서 우리는 더 많은 사람을 채용했다. 거의 매주 한 명의 기술자와 영업 사원을 새로 고용했다. 그래서 우리 사무실은 금방 복잡해졌고 바로 옆에 있는 훨씬 더 큰 사무실인 F1이 공실로 나오자마자 계약했다. 새로운 사무실에는 영업 사원들과 기술자들을 위한 여러 개의 칸막이 공간들이 있었고 테리와 나의 사무 공간도 더 넓어졌다. 그러자 모든 것이 훨씬 더 정리되고 체계화된 것처럼 느껴졌다.

어느 정도 정리된 느낌이었다고 하는 게 좋겠다. 우리의 주문 입력 시스템은 각각의 칸막이 공간에 걸쳐 있는 3개의 긴 줄로 구성돼 있었다. 그 줄에는 세 종류의 노란색 종이들이 걸려 있었다. 가장 윗줄에는 주문을 넣어야 하는 주문서, 중간 줄에는 부품이 도착하기를 기다리는 주문서, 그리고 가장 아랫줄은 이런저런 이유로 어떻게 처리해야 하는지 모르는 주문서들이 걸려 있었다(때로는 부품 재고 부족으로 주문이 밀려 있기도 했다). 회계 시스템은 이런 세 종류의 서류와 신용카드 영수증으로 구성되어 있었다.

테리와 나는 각자 여러 가지 일을 담당했다. 테리는 소프트웨어 전문가이자 사무실의 관리자였고 회계도 맡았다. 나는 최저 비용으로 최고의 품질을 제공하는 공급자를 조사하고 기술 지원을 요청하는 전화에 대한 답변을 도와주었다. 때로는 업그레이드 문제로 기술자들과 협력했다. 그해 봄과 여름 내내 사업이 계속 성장해 더 많은 직원을 채용했다. 아침부터 밤까지 사무실은 사람들로 붐볐고 시끄러웠다. 우리는 컴퓨터에 미친 사람들이었고, 우리 업무 수준은 때때로 감당하기 버거울 정도였다. 테리의 사무실 문 밖에 있는 상자에 장난감 방망이를 가져다 놓았다. 일이 너무 힘들거나 어려워지면 테리와 나는 장난감 방망이를 가지고 서로 치고받으면서 스트레스를 풀었다.

나는 사장이었지만 19살에 불과했다. 사업에 대한 경험도 그들과 달랐다. 정서적으로 이야기하자면, 그 나이의 나는 지금의 나처럼 상황을 완전히 이해할 준비가 되어 있지 않았다. 그해 가을 어느 목요일에 테리가 점심 약속이 있어 외출하겠다고 말했다. 나는 "그렇게 하세요. 나중에 봐요"라고 말했다.

점심시간이 지났지만 테리는 돌아오지 않았다. 무엇인가 이상해 보였다. 나는 테리의 집으로 전화를 걸었다.

"몸이 안 좋아서 오늘 하루 쉴게요."

"알겠습니다. 내일 아침에 봐요."

하지만 테리는 다음 날 아침에도 출근하지 않았다. 그리고 그다음 날 오후에도 회사에 오지 않았다. 그래서 토요일에 그를 찾아갔다. 그는 정말 기분이 좋지 않은 것처럼 보였다. 한참 동안 아무런 말도 하지 않으려고 했다. 그리고 나를 보더니 말했다.

"더 이상 견딜 수가 없어요, 마이클. 스트레스가 너무 심해요. 저는 더 이상 이 일을 할 수 없을 것 같아요."

"무슨 말이에요? 당신이 그만두면 안 돼요. 난 회계나 소프트웨어 같은 건 아무것도 몰라요."

나는 그게 세상에서 가장 세심하지 못한 반응이라는 것을 한참 후에야 깨달았다. 테리는 고개를 저었다.

"그냥 그 일을 할 수가 없어요. 압박감이 너무 크거든요."

그의 마음을 바꾸려고 노력했지만 테리는 생각을 바꿀 마음이 조금도 없었다. 사무실로 돌아와 그의 책상에 놓인 서류 더미를 훑어보면서 내용을 이해해보려고 노력했다. 하지만 회계는 전혀 이해할 수가 없었다. 내 인생에서 처음으로 무엇을 해야 할지 몰라 눈앞이 캄캄했다. 나는 홀로 남겨졌고 두려움이 엄습했다.

## 05
# 기업 사냥꾼
# 칼 아이칸의 등장

　　　　　　　　　　　　2013년 슈퍼볼 게임이 있었던 주말을 잊을 수 없다. 나는 슈퍼볼 게임을 보지 못했다. 1월 30일 수요일에 수잔과 나는 오스틴의 재단 사무실에서 마이클앤드수잔델 재단이 텍사스 대학의 새로운 의과 대학에 5000만 달러를 기부할 것이라고 발표했다. 정말 즐거운 일이었다. 우리의 쌍둥이 재커리와 줄리엣이 그 자리에 있었고 텍사스 주립대학 이사회 의장과 오스틴 대학교 총장도 참석했다. 행사 이후 환영 만찬과 이어진 행사들은 건너뛰어야만 했다. 기념식이 끝나자마자 차를 타고 공항으로 갔다. 우리 회사의 CFO 브라이언 글래든, 회계 담당자인 톰 스위트, 법무 총괄인 래리 투와 우리 변호사들 가운데 한 명인 재닛 라이트<sup>Janet</sup>

Wright를 공항에서 만나 함께 뉴욕으로 향했다. 이후 4일 반나절 동안 잠자는 시간을 제외하고 거의 모든 시간에 비공개 기업 전환에 대한 최종 조건을 놓고 특별위원회와 마라톤 회의를 했다. 나는 이것이 협상의 슈퍼볼이라고 생각했다.

비공개 기업 전환을 위한 협상은 지난 수개월 동안 지연되고 있었다. 그리고 에곤 더반과 나는 마침내 협상의 마무리를 위해 전력을 다하고 있었다. 델에 관한 소문들이 끊임없이 이어졌고 고객들은 심각하게 걱정했다. 유나이티드테크놀로지United Technology는 우리와 커다란 계약을 체결하려고 했지만 우리 회사의 상황을 전혀 알 수 없게 되자 겁을 내기 시작했다. 이러는 동안 할 수 있는 것은 "우리는 소문이나 추측에 대해서 이야기할 수 없습니다"라고 말하는 것뿐이었다. 나는 계속해서 알렉스 만들에게 우리의 중요한 고객들이 얼마나 불안해하는지를 이야기하면서 위원회를 빨리 진행시키도록 노력했다. 하지만 알렉스는 그 어느 때보다 냉담하고 엄격하게 일을 서두르는 것을 거부했다. 그와 나는 주주들의 입장에서 어떻게 하는 것이 옳은 것인지 각자의 생각이 있었고 우리의 생각은 일치하지 않았다.

협상은 미국 최고의 로펌 데비보이스앤드플림턴의 맨해튼 사무실에서 목요일 아침 일찍 시작됐다. 초반부터 매우 진지했다. 실버레이크와 나는 우리가 생각하기에 상당히 공정한 가격이라고 생각한 금액을 지불하기 위해 자금을 준비해두었다는 사실을 명확하게 설명했다. 내가 보유한 279만 주를 1주당 13.36달러로 받는 것으로 합의했고 실버레이크는 주주들에게 13.60달러를 제안했다. 특별 위원회의 위원들은 만족하지 않았다. 그들은 우리 제안의 모든 세부 사항에 질문을 던졌고 모든 문구를 분석했다. 주주들이 더 좋은 가격을 받을 가능성이 조금이라도 있으면 그들은 단호하게 요구할 작정이었다. 그들은 외부에서 더 좋은 조건을 제시하는 다른 인수 후보를 찾고 싶어 했을 뿐만 아니라(이런 과정을 전문용어로 'go-shop'이라고 한다) 특별한 제안을 할 준비도 돼 있었다. 델은 자격이 있는 모든 인수 후보들이 실사하는 과정에서 발생하는 모든 비용을 최대 2500만 달러까지 지불하는 것을 고려해야 한다는 것이다. 매우 이례적인 생각이었지만 어찌 됐든 크게 환영할 일이었다. 한편 우리는 통상적인 방식의 인수에 관해서는 이야기하지 않겠다고 했다.

매일 아침 에곤과 나는 57번가에 있는 포시즌스 호텔 로비에서 만나 56번가와 3번가의 교차로에 있는 데비보이스의 사무실까지 걸어가 협상이라는 전투를 시작했다. 그곳에는 아직 해결되지 않은 문제들을 적어놓은 긴 목록이 기다리고 있었다. 알렉스는 "은행의 최종 약속은 무엇이죠? 예상하는 자본 구조는 어떤 것입니까? 마이크로소프트는 뭐라고 합니까?" 같은 질문들을 던졌다.

우리가 씨름하고 있는 상대방은 단지 특별위원회만이 아니었다. 우리가 받은 은행 대출과 20억 달러에 달하는 마이크로소프트의 대출금을 갚는 조건에 대한 협의도 하고 있었다. 마이크로소프트의 후한 자금 지원에도 조건이 붙어 있었다. 마이크로소프트는 중국에서 많은 사람들이 불법 복제 윈도우를 다운로드 받는 것이 불만이었다. 그래서 우리가 중국에서 판매하는 PC에 윈도우 설치 비율을 강제적으로 늘려주기를 원했다. 우리도 같은 것을 원했다. 불법 복제 소프트웨어는 컴퓨터에 문제를 일으키곤 했기 때문이다. 하지만 우리도 달성 가능한 목표에 합의하기를 원했다.

이 모든 상황이 변호사들과 금융권 인사들, 그리고 특별위원회의 변호사들과 금융 관계자들(데비보이스, JP모건에 더해 특별위원회가 두 번째 금융 자문위원으로 에버코어Evercore 투자 은행을 위촉했다) 사이에 많은 협상들이 동시에 진행되고 있다는 사실을 알려주었다. 거래 조건에 약간의 변화가 있을 때마다 은행들을 찾아가 승인받아야 했고 은행 서류들도 특별위원회가 보고 승인할 수 있도록 서명을 받아야만 했다. 서류를 전달하는 사람들도 눈코 뜰 새 없이 바빴다. 새벽 3시나 4시까지 수많은 이메일을 주고받았다.

비밀 유지를 위해 모든 서류에 언급된 중요한 인물들은 암호명을 가지고 있었다. 비밀 협상에서는 관례적인 것이다. 델의 암호는 물수리Osprey였다. 실버레이크는 살라만더Salamander, 마이크로소프트는 마터호른Matterhorn이었다. 나의 암호명은 미스터 디날리Mr. Denali였다. 이름은 일반적으로 실제 법인이나 인물의 이름과 같은 문자로 시작됐다. 나는 우리 팀의 어떤 사람이 디날리를 이야기하던 그해 여름에 처음으로 이런 관행이 있다는 걸 알게 됐다. 내가 "디날리가 뭔가요?"라고 묻자 그는 "아, 당신의 암호명입니다"라고 말했다.

목요일, 금요일, 그리고 토요일까지, 3일 내내 양측의 모든 사람들이 데비보이스 회의실에 앉아 이야기하고 또 이야기했다. 때때로 우리는 하나의 거래 조건으로 교착상태에 빠지거나 또 다른 문제로 난관에 부딪치곤 했다. 에곤과 나는 밖으로 나가 협상 테이블로 돌아오기 전에 머리를 비우기 위해 센트럴 파크에서 오랫동안 산책을 했다. 2월 2일 토요일 밤에는 정말로 휴식이 필요했다. 그래서 뉴욕에 살고 있는 딸 알렉사를 데리고 매디슨 스퀘어 가든Madison Square Garden에서 열리는 닉스Knicks의 농구 경기를 보러 갔다.

비싼 가격을 주고 농구 코트 경계선에 인접한 자리에 앉았다. 좌석은 좋았지만 아무리 노력해도 경기에 집중할 수가 없었다. 머리는 이미 과부하 상태였다. 협상에 대한 생각을 멈출 수가 없었다. 이런 모든 어려움에도 불구하고 나는 내내 무표정한 얼굴을 유지해야만 했다. 황당한 생각도 했다.

'내가 여기서 농구 경기를 즐기면서 다른 생각을 하지 않는 것처럼 보이면 사람들은 소문이 사실이 아닐 거라고 생각할 거야.'

말은 쉬웠지만 실천이 어려웠다. 가든 플로어 접이식 의자에 앉아 있을 때나 휴식 시간에 간식을 먹으러 갈 때도 이해당사자들과 함께 있는 것처럼 느껴졌다. 근처에 영화감독 스파이크 리Spike Lee가 앉아 있었는데 그가 마치 대형 사모펀드의 사장처럼 느껴졌다. 스파이크 리 감독이 나를 보자 이마를 찌푸리면서 "재미있는 뉴스가 있던데요!"라고 말했다. 물론 그가 무슨 말을 하는지 정확하게 알고 있었지만 "네, 이 경기에 대해 어떻게 생각하세요?"라고 말하는 것을 빼고는 할 말이 없었다.

농구 경기를 보고 호텔로 돌아왔지만 잠을 이룰 수가 없었다. 늦어도 일요일까지는 협상을 마무리 지을 계획이었지만 아직 어떤 것도 결정되지 않았다. 협상이 빠른 시일 안에 타결되거나 아니면 실패로 돌아갈 시점에 도달해 있었다.

새벽 1시에 휴대전화에서 이메일이 도착했다는 알림 소리가 울렸다. 마이크로소프트가 우리의 제안에 동의했고 대출을 진행할 것이라는 내용이었다. 좋은 소식이었지만 우리는 여전히 더 많은 것이 필요했다. 새벽 2시에 또 다른 알림 소리가 울렸다. 실버레이크가 이사회에 두 가지 선택권이 담긴 초안 메일을 보내왔다. 우리가 협상이 체결될 때까지 배당금을 계속 지급할 경우 주당 13.60달러, 그리고 배당금 지급을 중단할 경우 주당 13.75달러를 제안했다. 이것이 실버레이크가 할 수 있는 최선이자 마지막 제안이고 더 이상의 협상은 없다고 했다. 다음 날 아침(슈퍼볼 선데이였다) 에곤과 나는 특별위원회에 우리의 제안을 제출했다. 그리고 그날 오후에 특별위원회는 회의를 열고 우리의 제안에 대해 논의했다. 논의가 끝난 후, 특별위원회는 배당금을 중단하는 어떤 계획에도 관심이 없고 주당 13.60달러라는 가격도 맘에 들지 않는다고 말했다. 알렉스는 에곤에게 더 좋은 조건을 제시하라고 말했지만 에곤은 실버레이크가 인수 가격을 더 높일 생각이 없다고 말했다. 양측의 협상은 공식적으로 교착 상태에 빠졌다.

그러나 에곤과 나는 이런 상황에서도 방법이 있다고 생각하고 있었다. 실버레이크가 "최선의 마지막 제안"이라는 최후통첩을 날렸음에도 에곤과 그의 팀은 인수 가격을 조금 더 올리는 방법을 찾왔다. 그러는 동안 나는 오스틴으로 돌아왔다. 월요일에 중요한 고객과 약속이 있었다. 에곤도 중요한 업무 때문에 캘리포니아로 돌아갔다. 전화로 추가적인 협상에 대응할 수 있다고 생각했다.

돌아오는 비행기 안에서 영업 담당 임원으로부터 나쁜 뉴스가 담긴 이메일을 받았다. 프랑스 보험사인 악사^AXA^가 모든 소문과 추측들에 심각한 우려를 표명하면서 불확실성 때문에 1억 5000만 달러 상당의 거래를 거절했다는 것이다. 그 임원은 다른 고객들도 어떤 방식으로든 공식 발표가 나올 때까지 구매를 중단할 것으로 보인다고 말했다. 이런 와중에도 그 임원에게 할 수 있는 답변은 "우리는 소문과 추측에 관해서는 어떤 이야기도 할 수 없습니다"라는 말뿐이었다.

외부에서만 이런 압박이 들어오는 것은 아니었다. 2월 초에 새로운 회계연도가 시작되면 해마다 대규모 판매촉진 행사를 개최한다(우리는 이 행사를 FRS, 즉 필드 레디니스 세미나Field Readiness Seminar라고 부른다. 1980년에 이렇게 부르기 시작했고 어떤 이유에서인지 아직도 그렇게 부르고 있다). 전 세계에서 모인 수천 명의 영업 사원들이 이 행사에 참석해 델의 신상품과 솔루션, 그리고 서비스에 대해 교육을 받는다. 나는 목요일에 라스베이거스로 날아가 모든 참석자들을 상대로 강연을 할 예정이었다. 그들 모두가 회사에서 무슨 일이 벌어지고 있는지 알고 싶어 할 거라 생각했다. 그곳에서 내가 가장 하고 싶지 않은 것은 '할 말이 없습니다'라고 말하는 것이었다.

나는 알렉스에게 모든 것을 이야기했다. 우리 고객들이 소외되고 있고 대형 거래들을 놓치고 있다고, 내가 회사의 영업 사원들을 안심시킬 수 있어야 한다고 말이다. 그래서 늦어도 목요일까지 이 문제를 매듭지을 수 있는지 물었다. 알렉스는 늘 그랬던 것처럼 서두르는 것을 거절하며 "배당금은 협상 대상이 아닙니다. 그리고 인수 가격도 너무 낮아요"라고 말했다.

그래서 우리는 다시 협상을 위한 업무로 돌아갔다. 미국이 슈퍼볼 게임을 지켜보는 슈퍼볼 선데이 기간 동안 나와 에곤, 그리고 여러 명의 대표자들은 인수 제안 가격을 높일 방법을 찾느라 분주했다. 그날 밤 늦게까지 우리는 여전히 좋은 방법을 찾는 일에 몰두하고 있었다. 우리는 슈퍼볼 게임을 보지 못했지만 레이븐즈<sup>Ravens</sup>가 포티나이너즈<sup>49ers</sup>를 34 대 31로 이겼다.

실버레이크와 나는 인수자 입장에서 회사에 가능한 적은 금액을 지급하고 싶었다. 그러면서 동시에 거래를 성사시키고 싶었다. 실버레이크는(내가 아니라 실버레이크가 가격을 결정하고 있었다) 이전에 제안한 가격에 5센트를 높이는 것이 이사회의 눈에는 상당히 큰 금액으로 보일 것이라는 사실을 알아냈다. 우리가 부담하는 주당 5센트의 비용에 17억 9000만 주를 곱하면 9000만 달러였다. 이사회의 눈에 큰 차이로 보일 것이었다. 우리의 논리가 예상처럼 정확하고, 비공개 기업으로의 전환이 기업 가치 증가로 이어진다면 우리에게는 큰 차이가 없을 것이다. 만약 우리의 추정이 부정확해 손해를 본다면 9000만 달러보다 훨씬 더 많은 손실을 보게 될 것이다(물론 그럴 것이라 생각하지 않았다).

월요일 이른 아침에 실버레이크와 나는 주당 인수 가격을 5센트 올린 13.65달러로 합의했다. 그리고 회사는 분기별 정기 배당금을 계속 지급한다는 데 동의했다. 에곤은 알렉스에게 이것은 자신이 할 수 있는 가장 높은 가격이라고 말했다. 오전 10시쯤 래리 투는 알렉스와 데비보이스의 핵심 변호사 제프 로젠Jeff Rosen이 제안에 대해 논의한 후에 다시 전화를 할 것이라는 이메일을 보내왔다.

　　NFL 슈퍼볼 경기는 끝났지만 우리의 슈퍼볼 게임은 연장전에 돌입했다. 이번이 네 번째 공격이고 몇 인치만 남겨둔 상태였다. 그날 내내, 그리고 월요일 밤까지 특별위원회는 보스턴컨설팅그룹, 데비보이스, JP모건, 에버코어와 논의를 이어갔다. 밤 10시에 알렉스와 특별위원회는 델의 이사들, 데비보이스와 전화로 회의를 했다. 나는 그 회의에 참석하지 않았다. 알렉스는 특별위원회를 대표해 이사회가 우리의 제안을 받아들이라고 권고했다. 이사회도 만장일치로 동의했다. 10시 45분에 이사회가 최종적으로 거래를 승인했다는 통보를 받았다. 전화가 끝나고 우리의 변호사들과 특별위원회의 변호사들은 밤을 꼬박 새면서 서류를 마무리했다. 그리고 2월 5일 화요일 아침, 나의 동업자인 실버레이크가 주당 13.65달러, 총 244억 달러에 델을 차입 매수하는 방식으로 비공개 기업으로 전환하는 것을 공식화했다.

　　우리는 모든 과정이 끝났다고 생각했지만 실제로는 시작에 불과했다.

대중의 반응은 즉각적이고 대단했다. 당연히 모든 언론들이 델의 상장폐지 이야기를 다뤘다. 《월스트리트》저널은 이번 인수가 2008년 금융위기 이후 최대 규모가 될 것이지만 위험하다고 보도했다. 그리고 이것은 사실상 내가 월스트리트의 감시하에 회사의 매출과 수익을 개선하는 데 필요한 변화를 성공시킬 수 없다는 사실을 인정한 것이라고 전했다. 월스트리트는 내가 "자신이 설립한 회사의 앞날을 점점 더 걱정하고 있었다"고 말했다. 익명의 관계자들은 《월스트리트저널》에 "마이클 델이 2007년에 CEO 직책을 다시 맡았을 때 열정을 보여준 이후 몇 년이라는 시간이 흘렀다"고 말했다.

언론은 그들이 해야 할 일을 할 것이다. 비판론자들의 주장에 몇 가지 진실이 있을 수도 있겠지만, 실제로 나는 회사의 미래에 대한 기대가 정말 컸다. 시장이 델이라는 기업을 좋아하지 않았다는 사실이 오히려 내가 그동안 붙잡고 싶었던 기회를 만들어주었다. 시장에게 고마울 따름이다. 나는 시장이 회사의 가치를 잘못 평가했다는 것에 감사하고 있다. 시장이 옳았든 틀렸든, 가치를 제대로 평가했다면 내가 회사를 인수하는 것은 불가능했을 것이다. 그래서 협상 타결은 시원섭섭한 일이었다. 사실 나는 회사의 미래에 그 어느 때보다 많은 열정을 가지고 있었다. 언론이 누구와 인터뷰했는지 궁금했다.

《뉴욕타임스》는 이번 거래를 "대담한 조치"라고 칭찬했지만 계속해서 "대단한 도박"이라고 불렀다. "이번 인수는 델에게 150억 달러의 새로운 부채를 안겨주게 될 것이다. 그리고 이번 조치는 기술 산업 분야를 재편하고 사업 부서를 약화시키는 흐름을 바꾸어놓지 못할 것이다"라고 보도했다.

나는 《뉴욕타임스》의 분석이 흥미롭다고 생각했다. 그동안 내 말에 귀를 기울이는 모든 사람들에게 델이 결코 기술 산업을 재편하는 힘의 방향을 바꿀 수는 없고, 그런 힘을 이용하고 통제하는 과정에 있었다는 점을 이야기하려고 노력했었다. 하지만 이것은 중요하지 않았다. 모두가 자기만의 생각이 있는 것처럼 보였다. 《CNN》은 "비평가들은 마이클 델이 대단한 혁신가가 아니라고 말했다. 그는 결코 델을 차세대 애플이나 삼성으로 만들지 못할 것이다"라고 했다.

언론은 수년 동안 나를 악동, 크게 성공한 신동, 천재, 바보 등 여러 가지 별명으로 불렀다. 험담에 관한 한 나는 철면피였다. 대부분의 비평가들은 나를 오랫동안 괴롭히지 못했다. 시간이 지나면서 언론이 객관적 사실을 제시하는 것보다 논란을 불러일으키는 것에 더 많은 관심을 가지고 있다는 사실을 깨달았기 때문이다. 그리고 긍정적이든 부정적이든 대부분은 한쪽 방향으로 과장했다. 진실은 언제나 중간에 더 가깝다는 것도 알고 있었다.

재미있는 것은 나는 델을 차세대 애플이나 삼성으로 만들고 싶다는 생각을 한 적이 한 번도 없었다는 점이다. 내가 진짜로 하고 싶은 것은 '현재의 델'을 '미래의 델'로 바꾸는 것이었다. 미래의 델을 위해 우리는 이미 상당히 좋은 출발을 했다.

우리의 발전은 분명히 당시 가장 큰 경쟁 업체인 HP에게 충분히 위협적이었다. 그래서 그들은 오래된 방식의 두려움, 불확실성, 그리고 의구심의 씨앗을 뿌릴 필요를 느꼈다. 우리의 발표가 끝나고 몇 시간 후 그들은 무시무시한 성명을 발표했다. "델의 앞길은 매우 험난하다. 델은 고객들에게 도움이 되지 않을 장기간의 불확실성과 변화에 직면해 있다. 부채의 규모가 상당히 크기 때문에 새로운 상품과 서비스에 대한 델의 투자 능력이 극히 제한될 것이다. 차입 매수는 기존 고객들과 혁신을 제한하는 경향이 있다. 우리는 델을 이용하는 고객들이 열심히 대안을 찾고 있을 것으로 생각한다. HP는 이런 기회를 최대로 활용할 계획이다." 바꿔 말하면 델은 문제가 많으니 우리 제품을 구매하라는 것이다. 글쎄, 내가 관계되어 있는 한 그렇게 되지는 않을 것이다.

하지만 곧 역풍이 시작됐다. 2월 8일 금요일에 사우스이스턴에셋매니지먼트가 델의 주주들에게 사우스이스턴의 CEO 메이슨 호킨스Mason Hawkins의 서명이 담긴 장문의 성난 편지를 보내면서 우리 문제에 끼어들었다. 언론에 널리 인용된 이 편지는 이번 인수 제안을 '통탄할 정도로 부적절한 처사'라고 불렀다. 그리고 델의 내재 가치보다 훨씬 낮은 가격에 기업을 비공개로 전환하고 주주들로부터 회사의 미래 가치 창출에 참여할 자격을 빼앗아가기 위한 편의주의적인 노력이라는 점을 분명하게 보여주고 있다고 말했다. 그럼 메이킨 호킨스가 생각한 적정 가치는 얼마일까? 1주에 13.75달러나 13.85달러? 아니, 14달러도 어림 없었다. 15달러, 16달러 심지어

20달러도 아니었다. 사우스이스턴의 경영진은 델의 정확한 가격이 1주에 23.72달러라고 주장했다. 이에 따르면 델의 기업 가치는 420억 달러가 넘는다.

사우스이스턴이 이런 주장을 한 근거는 무엇이었을까? 메이슨 호킨스는 편지에서 그 근거를 자세하게 설명했다. 그는 PC 사업부를 1주당 2.78달러로 평가했고 다른 제품들을 모두 합쳐 1주당 13.36달러로 평가했다. 2007년 이후 인수에 투입한 137억 달러는 주당 7.58달러로 계산했다. 이 모든 것을 더하면 23.72달러가 된다.

23.72달러라는 숫자는 또 다른 의미가 있었다. 그 가격은 금융위기 전인 2007년에 내가 CEO로 물러났던 날의 주가와 정확하게 일치했다. 사우스이스턴은 그런 주장을 통해 주주들의 머릿속에 내가 회사를 망쳤다는 인식을 심어주려고 노력하고 있었다.

메이슨은 내가 CEO 자리에서 쫓겨나야 한다고 주장하지는 않았다. 하지만 이 거래에 반대하는 주주들의 반발을 조성하기 위해 나 다음으로 많은 사우스이스턴 지분(8.5퍼센트)을 행사하겠다고 위협했다. 그는 사우스이스턴이 22억 8000만 달러를 들여 델 주식 1억 4700만 주를 샀기 때문에 델의 주식을 주당 13.65달러에 판다면 지분에서 2억 7000만 달러를 손해 보는 것이라고 불평했다. 나는 그의 의도를 알 수 있었기 때문에 화내지 않았다. 그는 자신의 투자에 대해 최선의 결과를 얻으려고 노력하는 것이었다.

이상한 일이었다. 대중들에게 널리 공개된 사우스이스턴의 편지가 상당히 설득력이 있었다면 델의 주식은 즉각적으로 주당 20달러 이상으로 폭등했을 것이고 자연스레 비공개 기업으로 전환할 필요가 없다고 생각했을 것이다. 하지만 그런 일은 일어나지 않았다. 사실 편지가 공개된 금요일에 델의 주식은 13.53달러에서 13.63달러로 고작 10센트가 올랐다. 메이슨의 편지는 인수에 영향을 받지 않았던 델 주식의 가격(모든 소문들이 돌기 시작한 1월 중순 이전의 수준)은 이보다 3달러 정도 더 낮았다는 사실을 언급하지 않았다. 우리가 제안한 거래는 위험을 전혀 부담하지 않는 상태에서 주주들에게 잠재적인 혜택의 일부를 제공하는 것이었다. 주주들이 이를 원하지 않으면 인수 거래에 반대한다고 투표할 수 있었다. 그렇게 되면 주식은 아마도 주당 10달러 정도로 되돌아갈 것이다. 선택은 상당히 명확해 보였지만 불만에 찬 사람들은 상황을 명확하게 볼 수가 없다. 최대 주주들의 불만은 모든 종류의 문제를 제기할 수 있는 문을 활짝 열어주었다.

문제가 즉각적으로 나타났다. 사우스이스턴의 편지가 공개된 바로 그다음 날 《배런스》는 "델의 거래가 실패할지도 모른다"라는 제목의 기사를 실었다. "월스트리트는 처음에 회사를 비공개 기업으로 만들려는 마이클 델의 거래가 거의 확실하게 성사될 것으로 여겼다"는 문장으로 시작했다. "하지만 주주들의 저항이 거래를 무산시킬 것이라는 합리적인 근거가 있다"며 사우스이스턴의 반대가 델의 주주들을 자극해 이들 가운데 상당수가 낮은 가격에 불만을 가지고 있다고 전했다.

배런스 기사의 논리는 다음과 같다. 1주에 3달러에 해당하는 순현금 50억 달러를 제외하면 주당 13.65달러의 가격은 2013년도의 주당 예상 수익인 1.67달러의 8배에 불과하고 주당 매출의 6배이다. "델이 1월에 끝난 회계연도에서 주당 1.71달러를 벌었을 것으로 믿는다면 이것은 거의 횡재와 다름없다. 어떤 주요 대기업도 그렇게 싼 가격에 비공개 기업으로 전환한 적이 없었다. 대부분의 차입 매수는 델의 거래 가치의 2배에서 성사된다"라고 주장했다. 하지만 거래가 그렇게 헐값에 이뤄졌다면 왜 시장은 다른 어떤 모습도 보여주지 못하는 것일까?

그 기자는 지난해 6월에 열린 우리의 연례행사인 애널리스트의 날에서 내가 언급했던 낙관적인 추정치를 인용했다. 2015년 회계연도의 목표는 매출 740억 달러와 영업이익 60억 달러를 달성하는 것이었다. 그리고 목표의 상당 부분은 빠르게 성장하는 소프트웨어와 서비스 사업 분야에 의해 달성될 것이라고 말했다. 그 기사에서 인용된 한 투자 관리자는 "이런 발표를 감안할 때 델 이사회가 그 가격을 공정하다고 생각한 것은 웃기는 일입니다"라고 말했다.

나는 이 기사를 읽으면서 거울을 통과해 일종의 이상한 나라로 걸어 들어간 것 같다는 느낌을 받았다. 지난 반년 동안 내가 줄곧 이야기했던 주장들이 지금은 나를 반대하는 논리로 사용되고 있는 것이다! 정말로 어리석은 것은 투자자들이 '비틀거리는 PC 제조사'라는 진부한 표현에 현혹되지 않고 우리가 얼마나 잘 해왔고 앞으로 얼마나 더 위대한 기업이 될 것인지를 알지 못한다는 것이다.

내가 비공개 기업 전환이라는 정면 돌파를 선택한 것은 투자자들이 델의 미래를 비관적으로 보고 있었기 때문이었다.

더 좋은 조건을 제시할 다른 인수 후보에 대한 첫 번째 논의는 대중들이 회사가 매물로 나왔다는 사실을 알기 전에 비공개로 진행됐다. KKR과 TPG가 참여했지만 중간에 포기했다. 2월 5일 발표 직후에 시작된 두 번째 인수 후보와의 협상은 큰 주목을 받으면서 시작했고 절차가 이전과 매우 달랐다. 특별위원회의 감독 아래 에버코어 투자 은행은 우리보다 더 좋은 제안을 제시할 의향이 있는지 알아보기 위해 가능성 있는 이해관계자들과 접촉하기 시작했다. 45일간의 기간이 끝나는 3월 23일까지 에버코어는 67명의 모든 이해 당사자들과 접촉할 것이었다. 전략적 협력자 19군데(HP, IBM, 시스코 Cisco, 레노버와 같은 기술 기업들), 재무적 투자자 18군데(인사이트Insight, 프란시스코파트너스Francisco Partners, 리버우드Riverwood 등 투자회사), 그리고 국부펀드를 포함한 30개의 다른 기관들과 만나 협의를 할 것이다. 에버코어는 또 전략적 협력자와 재무적 투자자들로부터 4개의 질의서를 받았다. 2개는 전략적 협력자들이 보낸 것이고 2개는 재무적 투자자들이 보낸 것이었다. 에버코어가 접촉한 기관은 총 71개였고 그중 11개가 거래에 관심을 표현했다. 물이 끓고 있었다.

2월 9일 배런스의 기사를 읽는 동안 잠깐 한눈을 팔았다면 작지만 흥미로운 내용을 놓쳤을지도 모른다. "빌 애크먼Bill Ackman, 칼 아이칸 또는 댄 로브Dan Loeb 같은 저명한 행동주의 투자자들이 델의 지분을 인수해서 올해 중반쯤에 마무리될 예정인 상장폐지를 위한 거래에 반대할 수도 있다"는 내용이었다.

'행동주의 투자자'라는 용어는 칼 아이칸이 정말로 어떤 인물인지를 완곡하게 표현한 것으로 실은 '기업 사냥꾼'이 더 적합한 말이다. 아마도 '문제를 불러일으키는 기회주의자'가 사실에 훨씬 더 가까운 표현일지도 모른다. 1970년대 후반부터 칼 아이칸은 어려움에 빠진 기업에서 상당히 영향력 있는 지위를 확보한 후에 프리미엄을 주고 자신의 주식을 매입하도록 강요하거나 기업의 경영진에게 주가를 올리는 결정을 내리도록 (다시 말해 자신의 지분 가치가 올라가도록) 압력을 가하는 탁월한 능력을 보여주었다. 그는 자신을 '보통주주들의 보호자'라고 말하는 것을 좋아했다. 하지만 실제로는 칼 아이칸 자신을 위한 위대한 보호자였다. 때때로 그는 직원이나 주주들에 대한 일말의 고려도 없이 자신이 큰 이익을 얻기 위해 목표 대상이 된 기업의 자산을 팔아버리곤 했다. 그의 명성이 높아지고 부가 증가하면서 그의 방식은 더욱더 효력을 발휘했다. 그가 해야 하는 일은 회사를 인수하겠다고 협박해 자신의 지분을 비싼 가격에 사들이게 만드는 것이 전부였다. 이런 관행을 '그린 메일green mail', 즉 주식 매점이라고 부른다. 그는 목표가 된 기업이 무엇을 만들고 어떤 일을 하는지 전혀 관심 없는 것처럼 보였다. 그에게는 게임 그 자체가 가장 중요했다.

실제로 그것은 게임이었다. 훼방꾼이 되는 것에 재미를 느끼고 동시에 많은 돈을 버는 것이 칼의 방식이었다. 그는 포커 게임에서 이겨 프린스턴 대학의 등록금을 낸 전설적인 인물이었다. 칼의 사업 관행도 이와 다르지 않았다. 누구든 사태가 진정된 후에 가장 많은 칩을 가진 사람이 승자였다. 그는 누구나 이름을 알 만한 수십 개 기업을 쫓아다니면서 수십억 달러를 벌었다(마블코믹스Marvel Comics, 허벌라이프Herbalife, 넷플릭스Netflix, 모토로라Motorola, 트랜스월드에어라인Transworld Airlines, 마샬필드Marshall Field, 필립스페트롤리엄Phillips Petroleum, 나비스코, 블록버스터, 텍사코Texaco 등). 이런 말썽꾼의 역할로 등장하는 것 외에는 그렇게 대단하다고 생각할 게 없었다. 그런데 칼 아이칸이 갑자기 나의 레이더에 등장했다.

처음에는 그가 무슨 생각을 하고 있는지 분명하지 않았다. 2월 26일에 아이칸엔터프라이즈Icahn Enterprises를 대표하는 직원이 데비보이스와 접촉했고 칼이 거래에 관심을 가지고 있다면서 델의 비공개 정보를 얻고 싶다고 말했다고 했다. 데비보이스는 아이칸엔터프라이즈에 비밀유지협약 초안을 보냈고, 그날 저녁에 JP모건과 데비보이스의 대표들은 칼이 어떤 종류의 거래를 생각하고 있는지 알아보기 위해 그와 직접 만났다.

나와 우리 이사회도 곧 그 사실을 알게 됐다. 3월 5일에 칼은 이사회에 편지를 보냈다. 그는 편지를 통해 아이칸엔터프라이즈가 현재 상당히 큰 지분을 소유한 주주이며 "합병 협약에 따른 거래는 주주들을 위한 최대 이익에 부합하지 않고 회사의 가치를 상당히 저평가한 것이다"라고 주장했다. 편지에는 실버레이크와 내가 제안한 인수의 대안도 있었다. 차입을 통한 자본 재구성과 델 주주들에 대한 특별 배당이었다. 이 편지는 또 주주들이 인수를 승인하지 않는다면 아이칸엔터프라이즈가 델의 통제권을 얻기 위한 대리전proxy fight을 시작할 거라고 암시하고 있었다.

과연 칼이 가지고 있는 델의 지분은 얼마나 많을까? 3월 6일에 CNBC는 칼이 1억 주, 이해관계가 없는 전체 주식의 약 6퍼센트에 해당하는 지분을 긁어모았다고 보도했다. 사우스이스턴이 소유한 지분 8.5퍼센트보다 조금 적었다.

기업을 경영하면서 당신은 가장 똑똑한 사람들을 주변에 둘 수 있고 가장 많은 정보를 가지고 신중하게 미래를 설계할 수 있다. 가장 확실하게 말할 수 있는 한 가지는 당신은 때때로 예상하지 못한 어떤 일로 크게 낭패를 보게 될 것이라는 점이다. 내게는 이때가 그런 시기 가운데 하나였다.

또 다른 중요한 기업이 델을 인수하기 위한 전쟁에 뛰어들었다. 1월 말에 세계 최대의 사모펀드 기업이자 금융 서비스 회사 가운데 하나인 블랙스톤그룹Blackstone Group이 에버코어와 접촉했다. 더 좋은 인수 후보를 찾기 위한 두 번째 절차가 시작되면 델을 인수하기 위한 제안서를 제출할 것이라고 했다. 블랙스톤은 2월에 비밀유지협약에 서명하고 데이터 룸의 접근 권한을 부여받았다. 그들도 최초의 접근 방식을 수정해 회사를 인수하기 위한 컨소시엄을 만들 의향이 있다고 말했다. 그리고 3월 1일에 기술 중심의 사모펀드 회사인 프란시스코파트너스가 블랙스톤의 비밀유지협약에 참여해 데이터 룸 접근 권한을 받아갔다. 많은 다른 기업들이 그들의 컨소시엄에 합류했다. 블랙스톤은 언론에 거래 자금을 마련하기 위해 우리의 자회사 가운데 하나인 델 파이낸셜 서비스<sup></sup>Dell Financial Services를 처분할 수도 있다고 말했다.

칼은 자신의 작전을 지휘하고 있었다. 3월 7일에 그는 최신 계획을 가지고 데비보이스와 만났다. 기업과 대주주 사이의 기업결합business combination에 제한을 두는 델라웨어주 일반회사법의 203조(회사 지분의 15퍼센트 이상을 매수한 주주는 매수 이후 3년 동안 기업결합에 참여할 수 없도록 한 규정_옮긴이)의 적용에 대한 유예를 요구하는 전략이었다. 그리고 일주일 후에 칼은 하트 스콧 로디노 반독점 개선법(기업 인수 또는 기술 도입 전 사전통지를 요구하는 미국의 반독점법_옮긴이)에 따라 특별위원회에 자신이 델의 발행 주식 가운데 최고 25퍼센트까지 인수할지도 모른다는 통보를 해왔다. 칼은 델이 상장 기업으로 남기를 원한다고 이야기하는 것이다. 그는 분기별 정기 배당에 더해 주당 9달러의 일회성 특별 배당금을 지급할 것을 제안함으로써 델의 주주들에게 지지를 호소하고 있었다. 거대한 전함들이 작전을 펼치면서 다가올 전투를 위한 힘을 비축하고 있었다.

이런 일이 진행되는 동안 나는 자신들의 미래를 걱정하고 있는 10만 명의 델 직원들을 안심시켜야 했다. 2월 발표 직후 라스베이거스에서 열린 필드 레디니스 세미나에서 수천 명의 영업 사원들에게 "나는 상장폐지에 확신을 가지고 있으며 우리는 통제할 수 있는 능력이 있다"며 대체적으로 낙관적인 어조로 얼굴에 미소를 띤 채 당당하게 말했다. 나는 내가 하는 말에 확신이 있었고 영업 사원들도 나를 신뢰했다.

그리고 나서 경제 신문과 TV에 칼 아이칸, 2~3월의 다른 사건들, 그리고 수많은 이야기들이 쏟아져 나왔다. 이후 몇 달 동안 나는 전 세계 델 지사가 있는 곳들을(베이징, 벵갈루루, 런던, 모스크바) 방문해 많은 직원들에게 모든 것이 잘 통제되고 있다고 말했다. 비밀유지조항 때문에 공개할 수 있는 것이 많지 않아 이런 낯선 행동을 할 수밖에 없었다. 그래서 나는 다음과 같이 말했다.

"제가 말할 수 있는 것은 상장폐지를 위해 가능한 모든 논의를 하고 있다는 것입니다. 지금 진행되고 있는 것들을 정확하게 공개할 수 없지만 여러분들과 고객들, 그리고 주주와 회사를 위한 좋은 결과를 만들어낼 것이라고 확신합니다. 여러분들이 저를 신뢰하고 믿어준다면 모든 것이 괜찮을 것입니다. 걱정할 필요가 없습니다."

모든 게 단순하게 보였고 실제로 단순했다. 하지만 직원들은 진심으로 나를 믿었다. 단 한 번도 직원들에게 거짓말을 한 적이 없었고 지금도 거짓을 말하는 게 아니기 때문이다. 하지만 동시에 빠르게 전개되는 모든 문제들에 관해서는 내가 얼마나 많은 통제권을 가지고 있는지 전적으로 확신할 수가 없었다.

3월 셋째 주에 칼과 블랙스톤이 우리의 인수 제안에 주요 경쟁자로 등장했다. 그들은 무의미한 다양한 주장들을 쏟아내고 있었다.

칼은 주당 15달러에 델 주식의 58퍼센트(전에 말했던 25퍼센트가 아니라)를 인수하는 데 자신의 돈을 사용할 준비가 돼 있다고 말했다. 나머지는 상장기업의 주식으로 그대로 둘 것이라고 말했다. 블랙스톤은 회사 전체 지분을 주당 14.25달러에 현금 또는 일부를 주식으로 매입하는 제안을 준비하고 있다고 말했다. 그리고 델을 상장기업으로 유지할 것이라고 주장했다. 양쪽 모두 은행들로부터 자금 지원을 약속하는 편지를 받았다고 말했다. 하지만 이것은 확약서가 아니었다. 우리는 4개의 은행이 우리를 돕겠다고 공식적으로 약속하는 확약서를 가지고 있었다. 특별위원회는 여전히 칼이나 블랙스톤과 협상할 준비가 돼 있다고 말했다. 여기에 더해 특별위원회는 블랙스톤과 칼이 제출한 예비 계획서는 "탁월한 제안"이라며 앞으로 지속적인 논의를 위한 근거가 될 것이라는 점을 확인했다고 공개적으로 발표했다.

언론도 관심을 보이고 있었다. 여러 언론사들이 "마이클 델, 모든 것을 잃게 될 것인가?"라는 질문을 던졌다. 블랙스톤이 델의 인수 경쟁에서 실버레이크와 나를 이긴다면 나를 CEO 자리에서 물러나게 하는 방안을 논의하고 있다는 소문이 돌기 시작했다. 가능성 있는 두 명의 후계자 이름이 뉴스에서 계속 언급됐다. 한 사람은 HP의 전 CEO이자 오라클<sup>Oracle</sup>의 사장인 마크 허드<sup>Mark Hurd</sup>였다. 그는 영업 분야의 천재로 알려져 있었다. 다른 사람은 마이클 카펠라스<sup>Michael Capellas</sup>였다. 마이클 카펠라스는 컴팩의 전 CEO였고 현재는 시스코의 이사다. 그때쯤 블랙스톤의 수석 전무이사인 친 추<sup>Chinh Chu</sup>

가(나는 전혀 모르는 인물이다) 카펠라스와 함께 제프 클라크를 만나려고 오스틴에 왔다.

제프는 그들이 허세를 부리면서 매우 강하게 나왔다고 기억했다. 그들은 제프에게 델을 인수하는 문제를 매우 진지하게 생각하고 있다며 이런 얘기를 했다고 한다. "하지만 마이클은 아마 회사에서 나가게 될지도 모릅니다. 그리고 우리가 그를 대신하게 될 것입니다." 그들은 제프에게 내가 쫓겨나면 자신의 조직에 합류할 것인지를 물었다. 제프는 그들에게 잘되기를 바란다며 자신은 마이클과 함께 계속 일하는 것이 좋다고 말했다고 한다.

나를 교체한다는 이야기는 기분이 좋지 않았지만 자존심까지는 건드리지 못했다. 그 이야기가 불확실성을 유발시켰기 때문에 짜증이 나기는 했다. 이런 소문들이 직원들과 고객들, 협력사와 공급 업체들의 생각을 어떻게 바꾸어놓을지가 궁금했다. 어떤 후보들이 언급됐는지는 중요하지 않았다. 이런 이야기들이 앞으로 나와의 협상에서 역학 관계를 바꾸려는 전략이라고 생각했다.

칼과 블랙스톤은 자신들의 위협 전술이 어떤 방식으로든 나와의 협상에서 우위를 가져다줄 것이라고 생각했을지도 모른다. 그들은 이미 우리가 실버레이크와 맺은 협약을 읽어보았다. 협약에 따르면 내가 회사를 책임지면서 중요한 결정을 내리고 실버레이크가 나와 함께 투자하게 되어 있다. 칼과 블랙스톤이 "우리는 이 문제에 관해 더 많은 발언권을 갖고 싶습니다"라고 이야기하는 모습이 훤히 보였다.

그런 일이 발생할 수 있는 행동 계획들이 있을 수도 있었다. 예를 들면 블랙스톤이 "좋습니다. 우리는 주당 15달러에 당신과 협력할 것입니다. 하지만 XYZ에 대한 지배권을 원합니다"라고 말하는 것이다. 만일 그들이 주주들에게 더 많은 것을 제안한다면 나는 그들과 모종의 합의를 할 방법을 찾아야만 할 것이다. 그들이 노리는 것이 바로 이런 것일지도 모른다.

나를 교체하겠다는 위협이 진짜라고 생각한 적은 없었다. 대부분의 다른 인수 후보들도 그렇게 하지 않았을 것이다. 그들 가운데 한두 명 정도가 그 말을 믿었을 수도 있지만 그건 단지 그들이 계략에 넘어간 것일 뿐이었다.

어떤 경우든 회사의 성공은 회사에서의 내 지위보다 더 중요했다. 지금도 회사의 성공이 더 중요하다. 누군가가 리더로서의 업무를 나보다 더 잘할 수 있다면, 나는 언제나 회사를 돕기 위한 다른 일을 맡을 것이다. 이미 2004년부터 2007년까지 그런 일을 했었고 상황이 바뀌면 다시 그렇게 할 준비가 돼 있다. 그리고 상장 기업의 그런 결정은 당연히 이사회가 내렸다.

3월 25일에 칼은 블랙스톤과 힘을 합치는 일을 논의할 의향이 있다고 말했다. 이틀 뒤인 3월 27일에 《월스트리트저널》은 블랙스톤이 나를 CEO로 계속 유임시키는 문제에 관한 논의는 여전히 열려 있다며 다음과 같이 보도했다. "마이클 델을 CEO로 유임시키는 문제를 열어놓는 것은 블랙스톤이 그를 움직여 자신과 같은 편에서도록 하는 데 도움이 될 수 있다."

'정말 훌륭하군! 어디 잘 해봐라.' 나는 속으로 생각했다. 나는 블랙스톤의 공동 창업자인 스티븐 슈워츠먼과 수십 년 동안 알고 지냈고 그를 존경했다. 하지만 나 몰래 제프에게 접근해 나를 배신하도록 만드는 것을 시도했던 사람과 함께 일하는 것은 '정말 고마운 일이지만' 사양해야 했다. 하지만 일단은 아무에게도 내 생각을 말하지 않았다.

3월에서 4월로 넘어가면서 칼은 갑자기 시끄러운 문제들을 많이 만들어냈다. 17일에 특별위원회는 '억만장자 투자자'라고 불리는 칼과 합의를 했다고 밝혔다. 내용은 칼이 혼자 또는 다른 어떤 주주들과 연합을 통해 델 주식의 10퍼센트 이상을 매수하지 않을 것이라고 약속했다는 것이다. 그 대가로 특별위원회는 칼이 실버레이크와 나에 반대하는 세력에 합류하는 문제를 다른 주요 주주들과 협의하는 걸 허용한다고 했다. 특별위원회는 언론에 이번 합의가 칼에게 가능한 가장 좋은 제안을 끌어낼 가능성을 극대화했을 뿐만 아니라 '과도하게 영향력을 행사하는 투표권 모으기 관행'으로부터 델의 주주들을 보호했다고 말했다.

이론상으로는 훌륭해 보였다. 하지만 칼은 자신이 어떻게 행동할 것인지 정확하게 약속하지 않았다. 그는 성명서에서(칼은 갑자기 모든 곳에서 성명서를 발표했다) 실버레이크와 마이클 델에게 특혜를 준다면, 자신에게는 델의 이사회에 반대하는 주주 저항 운동을 이끌 권한이 있다고 말했다. 또 특별위원회가 제안했던 최고 2500만 달러의 실사 비용 상환을 거부한다고 밝혔다. 따라서 이사회에 반대하는 싸움을 벌일 가능성도 있었다. 칼은 자신의 규칙에 따라 과거에 수십 차례 해왔던 일들을 다시 하고 있었다. 다시 말해 자신은 욕심 많은 해적이 아니고 주주의 권리를 위해 싸우는 외로운 십자군처럼 보이도록 교묘한 언론 전략을 펼쳤다.

이러는 동안 블랙스톤, 인사이트, 프란시스코, 그리고 리버우드로 구성된 블랙스톤 컨소시엄은 경쟁의 열기를 높이고 있었다. 4월 중순에 우리는 라운드 록 본사 옆에 있는 매리어트 호텔에서 그들을 만나 실사를 위한 회의를 했다. 회의는 장관 그 자체였다. 우리는 모든 사람을 수용할 연회장이 필요했다. 그들은 상상 가능한 모든 자문위원들을 고용했다. 마이크가 설치된 회의실의 긴 테이블에는 최소 50명의 블랙스톤 컨소시엄 관계자들이 참석했고 우리 측에서는 20명이 참여했다. 사회자는 몇 분마다 "다음 발언자는 어디 소속의 누구입니다"라고 소개했다. 그들은 우리의 재무 상태, 제품 출하량, 그리고 계획에 대해 몇 시간에 걸쳐 꼬치꼬치 캐물었다.

그리고 나서 그들은 중도에 포기했다. 4월 18일에 스티븐 슈워츠먼은 나에게 직접 전화를 걸어 안타깝다고 말했지만 상당히 사무적인 어투였다. 그는 글로벌 기업으로서의 델과 설립자이자 기업 리더로서 나를 존경하지만 최근에 공개된 PC 판매 수치와(1분기 동안 11퍼센트 하락한 것을 가리키는데, 같은 기간 동안 전 세계 PC 판매는 14퍼센트 감소했다) 영업이익 전망치의 감소(지난 7월, 56억 달러에서 30억 달러로 감소했다)가 블랙스톤의 델 인수를 어렵게 했다고 말했다. 다음 날 이 소식이 공개됐고 델 주가는 13.95달러에서 13.40달러로 하락했다. 주가가 실버레이크와 내가 제안한 가격 아래로 떨어진 것은 2월 초 이후 처음이었다(이것은 칼이 매수한 주식을 포함한 모든 주식이 실버레이크와 내가 제안한 가격보다 더 높은 가격에 매수됐다는 의미였다). 투자자들은 이제 우리가 제안한 가격보다 더 높은 가격의 제안이 없을 것이라고 생각하는 것 같았다. 이제는 칼과 우리의 싸움이었다.

칼은 여전히 우리 제안이 기업의 가치를 너무 낮게 평가했다고 떠들고 다녔다. 그는 TV에 나오는 것을 좋아했는데 CNBC에 나와 이렇게 말했다. "그건 정말 웃음거리였습니다. 유명 코미디 쇼, 새터데이 나이트 라이브Saturday Night Live에서나 나올 것 같은 일이죠." 그는 모든 언론사에 자신은 델을 상장 기업으로 유지할 모든 종류의 계획을 가지고 있다고 말했다. 그리고 새로운 연합군이 있다고 밝혔다. 5월 9일, 칼의 새로운 계획은 '칼과 사우스이스턴에셋매니지먼트가 델의 인수를 위해 공격적인 도전에 나서'라는 제목으로 언론에 공개됐다.

우리 제안에 꾸준히 불만을 표시하는 사우스이스턴과 자칭 주주의 친구라는 해적 칼 아이칸의 연합은 불가피한 짝짓기처럼 보였다. 그 둘이 보유한 델의 지분은 13퍼센트였고 회사를 위한 원대한 계획이 있었다. 그리고 그 계획의 핵심은 나를 쫓아내는 것이었다. 그들은 이사회에 독설적인 편지를 보냈다. 그들은 이사회가 자신들이 생각하는 것보다 훨씬 낮은 가치에 회사를 인수하겠다는 델의 제안을 받아들여 놓고 주주들의 최대 이익에 초점을 맞췄다고 주장함으로써 주주들을 모욕했다고 비난했다.

"이사회는 놀랍게도 주주들의 돈으로 회사를 인수하는 것을 허용하는 마이클 델의 제안을 승인했을 뿐만 아니라 설상가상으로 델에게 최대 4억 5000만 달러의 위약금을 지급하는 데 동의했다"라고 주장하는 편지였다.

주술을 거는 고전적인 칼의 수법이었다. 사실대로 말한다면 이렇게 표현할 수 있다. 저속하고 부정확한 정보를 소리 높여 외치고 계속해서 더 자주 더 크게 반복해서 알리면, 많은 사람들이 당신을 믿게 될 것이라는 점을 활용하는 수법이다. "주주들의 돈으로 주주들로부터 회사를 매수한다는 것"은 단지 지어낸 말이었다. 즉 칼과 사우스이스턴은 그들의 표현 방식으로 우리가 제안한 가격이 너무 낮다고 말했던 것이다. 최대 4억 5000만 달러에 달하는 위약금도 마찬가지였다. 그리고 그 위약금은 협상 기간이 종료된 후에 들어온 다른 제안 때문에 제3의 인수 후보와 우리의 거래가 성사되지 못할 경우에 나가는 돈으로, 내가 아니라 실버레이크에게 지불해야하는 것이었다. 그리고 칼의 인수 제안 때문에 실버레이크와의 기존 거래 계약이 무산될 경우, 지불할 위약금은 1억 8000만 달러로 훨씬 더 적었다.

거래가 성사되지 않으면 내가 많은 돈을 받고 떠나는 것은 사실이만 나는 위약금이 필요하지 않았다. 반대로 실버레이크는 인수 협상 과정에서 많은 시간과 자원을 소비했을 것이고 적절한 수준의 보상을 주장할 수 있었다. 하지만 우리는 당연히 거래가 실패하지 않도록 우리가 할 수 있는 모든 일을 하고 있었다. 그리고 너무도 당연한 말이지만 칼도 엄청난 자금을 마련하기 위해 모든 노력을 기울이고 있었다.

칼 아이칸과 사우스이스턴은 델을 상장기업으로 유지하고 주주들이 회사 지분을 보유하는 방안을 제시했다. 그들은 자신들이 주주들에게 주당 12달러의 현금이나 추가 주식을 주고 싶다고 말했다. 그들은 델의 이사회가 주주들에게 이사회의 제안을 공개하도록 만들고 싶었다. 이사회가 제안을 거부하면 그들은 새로운 이사들이 선출될 때 우리의(실버레이크와 나) 제안에 대한 투표를 포함하는 연례 주주총회 개최를 원했다. 칼과 사우스이스턴은 총회에서 자신들이 지명한 이사들의 명단을 공개할 의도였다. 그들은 자신들을 따르는 주주들이 우리의 제안을 거부하도록 설득시키기 위해 열심히 일하겠다고 약속하며 이렇게 주장했다.

"이 회사는 이사회와 경영진이 내린 잘못된 결정 때문에 충분히 오랫동안 어려움을 겪었습니다. 회사를 약화시키는 불필요한 대리전을 치르게 만드는 또 다른 잘못된 결정을 내려서는 안 됩니다. 주주들이 어떤 제안을 선택할지 스스로 결정하게 해야 합니다."

칼은 CNBC에 자신과 사우스이스턴은 델의 주주들을 설득해 우리의 제안에 반대투표를 하게 만들 자신이 있다고 말했다. 자신이 내세운 이사 후보들이 선출된다면 내가 더 이상 회사를 경영하지 못하도록 보장할 수 있다고도 했다.

"일단 여러분들이 회사의 경영진을 교체하고 나면 무엇을 할 수 있는지 놀라게 될 것입니다."

과거에 많은 적들을 만났지만 공개적으로 반복해서 미국 전역에 방송되는 TV에 나와 거짓말을 하는 사람은 없었다. 도덕심이 완전히 결여된 칼에게 환멸을 느꼈다. 그는 기본적으로 정직과 진실을 존중하지 않았다. 자신의 목적을 달성하기 위해 무엇이든 하고, 무슨 말이든 기꺼이 하는 사람이었다. 권모술수에 매우 능했다.

나는 우호적인 경쟁이든 그렇지 않은 경쟁이든 우리 모두가 경쟁을 통해 더 좋은 성과를 낼 수 있다고 믿는다. 물론 공정하고 우호적인 경쟁이 더 좋다고 확신한다. 나는 지난 수년 동안 컴퓨애드, IBM, 컴팩 등 많은 경쟁 상대를 만났고, 정체가 분명하게 드러난, 공격할 적군이 있다는 것은 좋은 일이다. 칼은 자신을 손쉬운 표적으로 만들었다. 그가 우리에게 전쟁을 선언했기 때문에 칼에게 선전포고를 하는 것도 쉬웠다. 그리고 이번 전쟁은 흔히 얘기하듯이 개인적인 일이기도 했다.

# 06

# 바쁘게 성장하는 청년 CEO

나는 오스틴 경찰서 순찰차의 뒷 좌석에 수갑을 찬 채 앉아 있었다. 체포된 이유는 제한속도가 시속 90킬로미터인 도로에서 150킬로미터로 달렸기 때문이었다. 경찰관이 내 자동차 번호를 조회했을 땐 속도위반으로 내야 할 벌금이 상당히 많이 누적돼 체포 영장까지 발부되어 있었다. 나는 빨간색 포르쉐 911을 운전하고 다니면서 여러 차례나 과속했다. 관리를 제대로 하지 않아 흰색 BMW가 고장났고, 그래서 산 게 포르쉐 911였다. 가끔 자동차에 엔진 오일을 넣어야 하는데 너무 바빠서 그런 세부적인 것에 신경을 쓰지 못했던 것 같다. 너무 바빠서 속도위반 벌금도 내지 못했다. 나는 이제 막 20살이 된, 아주 바쁜 청년이었다.

나는 고속으로 운전하는 것을 좋아했다. 포르쉐 911은 믿을 수 없을 정도로 가속력이 좋은 멋진 자동차였다. 포르쉐를 살 때 간과했던 것은 빨간색 차가 경찰의 눈에 잘 띈다는 점이다. 나처럼 종종 과속을 하면, 특히 운전자가 20대의 무책임한 청년이라면 눈에 더 잘 띄었다. 경찰은 언제나 똑같은 말을 했다.

"아빠가 이 차를 사주셨니?"

나의 대답도 항상 같았다.

"아니요. 경찰관님 죄송합니다. 제가 그렇게 빨리 달리는 줄 몰랐어요."

하지만 이것은 변명거리가 되지 못했고 한 번도 그냥 넘어간 적이 없었다. 그래서 지금 벌금을 내야 하는 것이다. 경찰관은 나를 경찰서로 데리고 가 지문을 찍게 했다. 운 좋게도 유치장에 투옥되지는 않았다. 나는 너무 창피했다. 내가 잘못한 것을 알았기 때문이다. 부모님께 약간의 반항심을 가지고 있었을지도 모르지만 군인, 경찰관, 그리고 소방관에 대해서는 언제나 그들의 노고에 감탄과 존경심을 가지고 있었다. 이제는 벌금을 내고 속도를 조금 더 낮춰야 할 시기가 됐다. 결심과 함께 빨간색 포르쉐 911을 검정색 928로 바꿨다. 그리고 조금 더 책임감 있게 자동차를 운전하려고 노력했다(몇 년 후에 수잔에게 이 이야기를 하자 그녀는 "대박! 그럼 내가 건달과 결혼한 거야?" 라고 말했다).

1985년 9월에 델 컴퓨터 코퍼레이션, 다른 이름으로 PC's 리미티드는 번창하고 있었다. 그해 첫 영업을 시작한 지 9달 만에 600

만 달러의 매출을 기록했다(전체 회계연도가 끝나는 1986년 1월 31일, 매출 수치는 3300만 달러에 달했다). 우리는 빠르게 성장하고 있었고 여전히 오스틴 주변의 의사, 변호사, 건축가들에게 맞춤형 PC를 팔고 있었다. 또 컴퓨터 잡지에 미국 전체가 볼 수 있는 광고를 낸 덕분에 미국 전역의 의사, 변호사, 건축가들에게도 PC를 판매할 수 있었다. 그리고 텍사코, 포드Ford, 몬산토Monsanto 등 다른 많은 대기업들로부터도 주문을 받기 시작했다. 손으로 기록한 종이를 더 이상 줄에 걸 수 없을 정도로 많은 주문을 받았다. 그리고 주문 입력 시스템을 개발하는 직원을 고용할 수 있을 정도가 됐다. 영업 사원들이 자신의 PC에서 주문을 입력할 수 있는 시스템이었다. 유일한 문제점은 회사의 컴퓨터가 네트워크로 연결돼 있지 않다는 것이었다. 그래서 매일 마감 시간에 모든 영업 사원들이 자신이 그날 처리한 주문 내용이 담긴 플로피 디스크를 제출했다. 그러면 내가 모든 플로피 디스크를 읽어 주문 데이터베이스에 입력시켰다. 정확한 지침이나 규정 없이 일을 해나가면서 문제가 생기면 그때그때 개선하는 방식이었다. 아니, 아마 그보다 조금 더 주먹구구식이었을지도 모른다.

우리는 우리가 하고 있는 일을 잘 알고 있었을까? 그렇다고 할 수도 있고 아니라고 할 수도 있다. 비록 유년기를 기업가로서 보냈지만 나는 회사를 경영해 본 적이 없었다. 그래서 배워야 할 것이 많았다. 단순히 한 회사를 경영하는 방법을 배우는 것이 아니었다. 겉보기에 PC's 리미티드는 다른 컴퓨터 회사들과 비슷해 보였지만 많은 일반적인 기업들과는 상당히 다른 회사 운영법을 배웠다. 1980년대 중반과 후반에 컴퓨터 분야에서는 스타트업start-up 붐이 불었다. 당시에는《컴퓨터쇼퍼》라고 불리는 월간 잡지가 있었다. 지난 10년 동안 그 잡지는 수백 페이지로 늘어났다. 절반 정도는 정보성 기사와 기술 기사였고, 나머지 절반은 수백 대의 새로운 컴퓨터 광고들이었다. 슬쩍 살펴봐도 이런 컴퓨터들은 거의 비슷해 보였다. 우리도 이런 기업들 가운데 하나였다. 하지만 주문조립식으로 PC를 만들어 그날 출고하는 방식으로 우리를 모방하려는 수많은 회사들과 전화로 무료 기술 지원을 제공하는 기업들 가운데 우리 회사만 유일하게 성장하고 성공했다.

미래에 발생할 어떤 거대한 변화의 틀을 보고 나서 고객들의 주문에 맞춰 생산하는 방식을 시작한 것이 아니었다. 단지 대량 생산을 할 자본이 없었기 때문에 그런 방식을 택했다. 이런 불리한 조건 때문에 시작한 주문형 생산 방식은 결과적으로 봤을 때 상당히 운이 좋았다. 회사 초기에는 경험에 의존하는 방식으로 많은 중요한 교훈들을 배웠다. 우리는 실험을 통해 성공하는 방법을 즉석에서 만들어냈다.

PC's 리미티드는 하늘을 향해 날아가는 우주선 같았지만 궤도는 불안정했다. 우리의 발전은 균형이 맞지 않았다. 한편으로 우리는 고객들에게 직접 PC를 판매하고 소매점에서 파는 가격보다 훨씬 낮은 가격으로 고객들이 원하는 컴퓨터와 주변기기들을 제공하는 비즈니스 모델을 가지고 있었다. 참 독특했다. 그래서 가장 큰 경쟁 기업인 IBM과 컴팩은 그들의 감시망에 우리를 포함시키지 않았고 주목하지도 않았다. 그들에게 우리는 단지 통신판매 회사였다. 그들은 우리가 실제로 제조 개발을 하는 것이 아니라고 생각했다. 공급망을 갖추지 못했고 탁월한 비즈니스 모델도 없다고 생각했다. 그래서 우리를 전혀 신경 쓰지 않았다. 물론 우리는 계속해서 성장에 성장을 거듭했다. IBM과 컴팩의 과소평가는 우리에게 강력한 동기유발 요인이 되었다.

매출이 매주 증가하는 동시에 오합지졸 같은 직원들도 계속해서 늘어났다. 언뜻 보기에도 이런 상황은 말이 되지 않았다. 나는 1000달러의 자본금을 가진 20살의 대학 중퇴자였고, 이런 내가 "누가 우리 회사에서 일하고 싶겠어요?"라고 이야기했다. 사무실도 오스틴에서 가장 좋은 지역이 아니라 B-, C+ 정도인 임대료가 낮은 산업 공단에 있었다. 정확하게 말하면 우리는 직원을 선택할 수 있는 입장이 아니었다. 뽑을 수 있는 사람은 누구든 뽑았고 그래서 회사가 체계적이지 못하고 상당히 산만했다.

나는 제조, 영업, 기술 지원, 마케팅, 고객 서비스, 조달 분야의 부사장들을 채용했다. 또 CFO와 수석 회계 담당자를 고용해 재무적인 기준을 만들었다. 두 사람은 부부였다. 편의상 이들을 볼튼 Bolton 부부라 부르겠다. 가장 중요한 일은 케이 반다Kaye Banda라는 비서를 채용한 것이었다. 40대의 그녀는 나한테는 오스틴의 대리모 같은 역할이었다. 케이는 마음이 넓고 환하게 웃는, 체구가 작은 사람이었다. 함께 있을 때나 전화로 이야기를 할 때나 그녀는 긍정적인 에너지를 풍겼다. 또 그녀와 이야기하는 사람은 누구나 편안함을 느꼈다. 그녀에게는 누구든 자신을 중요한 사람이라고 생각하도록 만드는 마법 같은 능력이 있었다. 그녀는 내가 처신을 잘 하고 어리석은 일을 너무 많이 저지르지 않도록 섬세하고 능숙하게 나를 보살폈다.

이제 우리 직원은 60명이 되었고 건물이 좁게 느껴졌다. 그래서 외벽이 화려한 가로 줄무늬로 채색된 헤드웨이 서클Headway Circle 1611번지에 있는 850평 크기의 새로운 시설로 이사했다. 새로 입주한 건물은 내가 지금까지 본 건물 가운데 가장 규모가 컸다. 건물 공간을 모두 사용할 수 없을 것 같았지만 빠르게 공간이 채워졌다.

나는 모든 것이 잘 돌아가도록 만들기 위해 하루에 16시간을 일했다. 사무실 뒤에 침대를 가져다 놓고 밤에 잠시 눈을 붙이면서 쉬지 않고 계속 일했다. 그래서 휴스턴의 부모님이 내가 이 모든 것을 감당할 수 없을까 봐 무척 걱정했다. 부모님은 나만 걱정하는 것이 아니었다. 회사의 모든 사람들이 나를 위해 일하고 있었고, 이들 가운데 일부는 결혼해 자식들도 있었다. 그들의 생계가 나에게 달려 있었다. 내가 추진하고 있는 이런 불안정한 사업이 실패한다면 그들은 어떻게 될까?

이맘때쯤 재미있는 일이 일어났다. 외할아버지와 외할머니인 루빈 랑판Rubin Langfan과 힐다 랑판Hilda Langfan 두 분이 부모님을 만나러 휴스턴을 방문했다가 함께 오스틴으로 오신 것이다. 외할아버지는 성공한 기업가로 뉴욕에서 형제들과 함께 부동산 사업을 하고 있었다. 기술자들은 PC를 업그레이드하고, 영업 사원들이 빠르게 주문을 받고, 사무원들이 이 모든 과정을 지원하기 위해 최선을 다하는, 아주 잘 통제된 사무실을 자랑스럽게 보여드리자 외할아버지는 크게 웃기 시작했다. 너무 크게 웃어서 웃음을 중단시킬 수 없을 정도였다.

"외할아버지, 왜 그러세요? 뭐가 그렇게 웃긴가요?"

"마이클, 너 이제 사업가 다 됐구나!"

외할아버지가 나에게 해줄 수 있는 최고의 칭찬이었다.


우리는 IBM 제품의 성능을 개선하고 가격을 낮추는 방식으로 아주 잘 사업하고 있었다. IBM보다 훨씬 싸게 제품을 판매했다. 1985년 6월에 우리는 최초로 '터보 PC<sup>Turbo PC</sup>'라는 상표를 붙인 제품을 출시했다. 인텔의 8088 CPU와 640킬로바이트의 램, 그리고 360킬로바이트의 5.25인치 플로피 디스크 드라이브를 장착했다. 터보 제품은 통신 판매와 전화 주문을 통해 795달러에 팔았다. 비슷한 사양의 IBM 컴퓨터의 소매가격은 1500달러에서 2500달러 사이였고 컴팩 컴퓨터는 1500달러였다. 내가 처음으로 켈리 게스트에게 터보 PC와 사양, 가격을 이야기했을 때 그는 "마이클, 네가 그렇게 할 수 있으면 언젠가 전 세계 시장을 다 차지할 수 있을 거야"라고 말했다. 우리는 아직 전 세계 시장을 장악하지 못했지만 수많은 터보 PC를 팔고 있었고, 나에게는 더 큰 목표가 있었다.

1984년에 IBM은 인텔의 286 프로세서를 기반으로 한 운영체제를 탑재한 PC AT를 출시했다. 좋아하는 컴퓨터 잡지 가운데 하나인《EE타임스Electrical Engineering Times》를 훑어보고 있던 어느 날, 나는 5종류의 주문형 반도체ASIC를 설계하는 회사 칩스앤드테크놀로지스Chips and Technologies에 관한 기사를 읽었다. 주문형 반도체는 IBM의 PC AT와 호환되는 인텔 기반의 286 마이크로컴퓨터를 만드는 데 활용될 수 있었다. 나는 당장 그 반도체를 구매해야겠다고 생각했다.

칩스앤드테크롤로지스는 고든 캠벨Gordon Campbell 이라는 사람이 운영하고 있었다. 나는 고든에게 전화를 걸었다.

"안녕하세요. 당신 회사에 관한 이야기를 들었습니다. 제가 관심이 정말 많은데요. 당신이 제조하는 반도체를 몇 개 구매할 수 있을까요?"

캠벨은 기꺼이 3개를 나에게 팔겠다고 말했다. 나는 표준 디자인이 있냐고 물었다. 일반적으로 회사에 반도체나 반도체 세트가 있으면 286 컴퓨터와 호환될 수 있도록 그 반도체를 마이크로프로세서, 메모리, 그리고 다른 반도체들과 연결하는 방법을 설명해 주는 표준 도면을 제공한다.

나는 캠벨에게 수표를 보냈고 칩셋과 표준 설계를 우편으로 받았다. 칩셋 하나를 꺼내 도면과 함께 책상에 올려놓았다. 그리고 칩셋과 도면을 살펴봤다. 내가 보고 있는 것이 무엇인지 도대체 알 수 없었다. 기술 지식이 한계에 부딪혔다. 나는 인텔의 영업 담당 사원에게 전화를 걸었다.

"286과 호환되는 컴퓨터를 설계하고 싶은데 기술자의 도움이 필요합니다. 혹시 실력 있는 사람을 알고 계신가요?"

"아, 텍사스인스트루먼트<sup>Texas Instrument</sup>의 이 사람. 그리고 컴팩,
IBM, 데이터제너럴<sup>Data General</sup>, 모토로라의 이 사람들……."

여러 사람들의 이름을 줄줄이 알려줬다. 나는 연필을 집어 들고
종이에 그들의 이름을 빠르게 적어 내려갔다. 모두 합쳐 10명이었
는데 모든 사람들에게 연락했다. 이들 가운데 몇몇은 나와 만나고
싶어 하지 않았다. 일부는 나와 만나기는 했지만 그 일을 하고 싶어
하지 않았다. 이들 가운데 한 명, 제이 벨<sup>Jay Bell</sup>은 달랐다.

제이는 특이한 사람이었다. 두꺼운 렌즈의 안경 뒤로 뚫어져라
쳐다보는 날카로운 눈과 덥수룩한 콧수염을 가진 키가 크고 마른
사람이었다. 그는 말도 빠르고 생각도 빨랐다. 에너지와 아이디어가
넘쳤다. 그리고 자신감이 있었다. 그는 제록스<sup>Xerox</sup>를 위해 마이크로
프로세서 기반의 컴퓨터 시스템을 설계했고 잘 작동했다고 말했다.
아무런 거리낌 없이 마이크로프로세서 설계에 대해 이야기했다. 내
가 칩셋과 설계 도면을 보여주자 이렇게 말했다.

"쉽네요. 1~2주 정도면 시제품을 만들어줄 수 있습니다."

나는 그를 흥미로운 표정으로 쳐다봤다. 진짜로? 1주일이나 2주
일이면 가능하다고? 어떻게 그게 가능한 거지?

"비용은 얼마나 들까요?"

그는 잠시 생각하더니 답했다.

"1000달러를 주면 마더보드에 배선을 연결해 시제품을 만들어
드릴게요."

훨씬 더 많은 돈을 요구할 것이라 생각했기에 깜짝 놀랐다.

"근데 제가 2주 동안 출장을 가거든요. 지금 1000달러를 드리고, 제가 돌아올 때 작동이 잘되는 시제품을 만들어주시면 1000달러를 추가로 드리겠습니다."

이 남자가 이 일을 할 수 있을지 없을지는 모르는 것이었다. 하지만 기껏해야 1000달러일 뿐이었다. 그리고 그는 작은 컴퓨터 시스템으로 충분히 성공한 적이 있었고, 나는 그가 헛소리를 하는 것은 아닐 것이라 생각했다. 그리고 1000달러를 더 받을 수 있다는 생각이 그에게는 작업을 완성하기 위한 충분한 동기가 될 것이다. 돈을 받고 그냥 사라지지 않을 사람이라는 생각으로 그렇게 하기로 합의하고 악수를 했다.

실제로 나는 약 3주 동안 출장을 갈 예정이었다. 자리를 비우기에는 긴 시간이었지만 중요한 업무가 있었다. 컴퓨터 시장에서 우리가 차지한 작은 분야는 잘 돌아가고 있었지만 계속 빠르게 성장하기 위해서는 모든 중요한 부품 공급업체들과 직접적인 관계를 구축해야만 했다. 그리고 나는 우리가 주문하는 부품의 공급망에 가격 거품이 많다는 사실을 알고 있었다. 그래서 부품의 제조사와 직접 계약을 하면 비용을 크게 줄일 수 있다고 생각했다. 찾을 수 있는 모든 비용 절감 방안들이 우리를 어려움에서 구해줄 것이다.

나는 우리가 구매하고 있는 인쇄회로기판을 검사했을 때 갑자기 깨닫게 됐다. 회로기판의 모든 부품에 제조사의 작은 로고들이 있는 것을 발견한 것이다. 우리만 제조사로부터 직접 구매를 하지 않고 있었다. 나는 유통업체, 상인, 중개상과 거래를 하는 것에 질려 있었다. 제품을 만드는 공장을 직접 찾아가 보고 싶었다. 거의 모든 제조사의 공장들이 동아시아에 있었다.

매년 가을에 대만, 일본, 한국, 홍콩에서 돌아가면서 전자 박람회를 개최한다는 사실을 알게 됐다. 그래서 비행기를 타고 그곳으로 갔다. 당시 나는 에너지와 호기심이 가득한 20살 청년이었다. 업무를 제외하면 나를 오스틴에 묶어둘 것이 없었고 내가 없는 동안에 각 부서의 부장들이 회사를 잘 지켜줄 것이라고 확신했다. 2~3일마다 전화해서 회사 상황을 확인했다. 가서는 그야말로 짜릿함을 느꼈다. 내가 발견하기를 기다리는 완전히 새로운 세계가 있었던 것이다.

전체적으로 모든 출장이 맘에 들었다. 타이페이와 홍콩, 도쿄와 오사카, 그리고 서울에서 열린 전시회에서 거래를 하는 것이 좋았고 삼성, 교세라, 샤프, 산요, 소니, 파나소닉에서 온 사람들과 이야기를 하는 것도 좋았다. 내 사업에 대해 이야기할 때 사람들의 눈이 반짝이는 것이 보였다. 명함을 주고받으면서 친구들을 사귀었다. 수십만에서 백만에 달하는 단가를 물어보면서 "견본 보내주세요"라고 말하는 것도 좋았고 서울 호텔의 식당 메뉴가 김치1, 김치2, 김치3, 이렇게 세 가지뿐인 것도 좋았다. 완전히 다른 세상이었다.

동아시아에 머물면서 전체 공급망 세계의 내부 작동 방식을 알게 된 것은 마치 양파 껍질을 벗기고 중심으로 향하는 것과 같았다.

예전에는 공급망 세계의 일부만 알고 있었다. 나는 13살부터 컴퓨터를 분해하고 내부에 있는 부품들을 조사했다. 그런데 이제는 실제로 이런 부품을 만드는 공장을 방문하고 있다. 보호복을 입고 공장을 운영하는 사람들과 함께 공장을 돌아다녔다. 그들은 전체 공정을 보여주었다. 계획을 실행하는 데 그만큼 더 가까워졌다.

어떤 공장들은 다른 공장보다 근로자들의 안전에 훨씬 더 신경쓰고 있었는데 이 문제는 나와도 관련이 있었다. 델에는 지금까지지키는 단순한 철학이 있다. 어느 누구도 델에서 일하면서 다쳐서는 안 된다는 것이다. 내가 방문한 대만의 한 공장은 콘크리트 바닥중앙에 화학물질이 흐르는 배수로가 있었다. 좋은 아이디어가 아니라고 생각했다. 대만과 홍콩의 공급업체들이 어떻게 다른 업체들보다 더 좋은 거래 조건을 맞추는 수완을 발휘하는지 알게 되었다. 반면에 일본 공급업체들은 조금 더 공식적이고 규정을 준수했다. 그렇게 모든 순간마다 배우고 있었다.

나는 20피트나 40피트 컨테이너에 얼마나 많은 전원공급장치나 모니터 또는 키보드를 실을 수 있는지를 이야기하고, 이런 부품을 가득 실은 컨테이너를 얼마나 자주 운송해야 하는지 계산하고있었다. 컨테이너 하나를 운송하는 데 들어가는 비용은 얼마일까? 내가 공급자에게 조건을 제시하게 할 수 있을까? 아니면 내가 신용장을 보내야 하는 것일까? 공급망의 마지막 단계에 있는 미국에서는 부품 조달 비용의 차이가 엄청났기 때문에 나는 매 순간마다 여러 가능성을 계산하고 있었다.

비행기를 타고 집으로 돌아올 때쯤에는 내 수준이 몇 단계 올라간 것처럼 느껴졌다. 많은 새로운 공급업체들로부터 우리에게 직접 운송하겠다는 약속을 받은 덕에 생산 비용에서 수백만 달러를 절약할 수 있었다. 우리의 경쟁력에 큰 도움이 되었다. 경쟁이 매우 치열했기 때문에 비용 절감은 우리에게 정말로 필요했던 강점이었다.

동아시아 출장에서 돌아오자마자 제이 벨을 찾아갔다. 제이는 그때까지도 286 시제품을 여전히 만들고 있었지만 이제 해결책에 거의 가까워졌다고 말했다. 칩스앤드테크놀로지스가 제공했던 도면에 오류가 너무 많았는데 오류를 바로잡기 위해선 모든 것을 다시 연결하면서 회로를 하나씩 수정할 수밖에 없었다. 제이는 모든 것이 제대로 작동하도록 수작업으로 회로를 연결하고 있었고, 여기에는 매우 많은 시간과 노력이 필요했다.

제이는 집에서 일하고 있었는데, 최종적으로 성공한다면 내 곁에 두고 싶었다. 나는 제이가 성공할 것을 알고 있었다. 그래서 우리 건물에 그를 위한 비밀 공간을 마련해주었다(어느 누구도 그가 우리 건물의 비밀 사무실에서 일하고 있다는 사실을 몰랐다. 문에 아무런 이름표도 붙이지 않았다). 그에게는 회사 사람들과 이야기하지 말라고 했다. 이 모든 프로젝트는 비밀을 유지하는 것이 중요했기 때문이다.

제이는 더 많이 알게 될수록 더 이상한 사람이었다. 그에게 조울증이 있었던 건지도 모르겠다. 그는 엄청난 에너지를 가지고 36시간, 48시간 또는 72시간 동안 쉬지 않고 일하다가 잠을 잤다. 그에게는 낮과 밤이 의미 없었다. 한번은 이런 일도 있었다. 아시아에서 돌아온 직후 전화벨이 울려 잠에서 깼다. 새벽 3시였는데 오스틴 경찰서에서 전화가 왔다.

"누군가가 당신 건물에 침입한 것 같아요."

"안 좋은 소식이네요. 그리로 바로 가겠습니다."

나는 주차장에 차를 세웠고 여러 대의 순찰차들이 회사 건물을 향해 경광등 불빛을 비추는 아주 이상한 장면를 보았다. 제이가 건물 안에 있었고 직원 식당의 창문 앞에서 자신의 운전면허증을 들고 있었다. 그리고 건물 밖에는 대여섯 명의 경찰관이 총을 꺼내 들고 서 있었다. 이 사건은 제이가 야근을 하다가 경보가 작동하는 문을 열어서 벌어진 일이었다.

"제가 아는 사람이에요. 걱정하지 마세요. 다 괜찮을 겁니다."

나는 가능한 모든 자원을 286 프로젝트에 투입하고 싶었다. 제이를 지원하기 위해 하드웨어와 소프트웨어 전문 지식을 가지고 있는 인도 출신 기술자들을 채용했다. 그들은 프로세서 속도가 10MHz인 286 컴퓨터를 다루는 작업을 하고 있었다. 또 AT 기종과 호환되는 BIOS를 가지고 있다고 말했고, 나는 그들의 BIOS를 구매하고 싶었다.

오스틴 공항에서 그들을 직접 만나 데리고 왔다. 모두 5명이었는데 수브라모니안 샹카르Subramonian Shanker 오직 한 사람만 영어를 할 수 있었다. 그들은 미국에 온 지 오래 되지 않았다. 그래서 그들이 보는 모든 것을 신기해했다. 나는 우리 회사 건너편에 있는 가든 아파트 단지에 그들의 숙소를 마련했다. 3명은 한 집에 머물렀고 2명은 바로 옆에 있는 집에 거주했다. 나중에는 아파트 관리인을 설득해 벽을 허물어 커다란 아파트로 만들었다. 인도 기술자들은 그곳에 거주하면서 일을 했다.

그들 중 운전을 하는 사람이 없었다. 그래서 나는 일주일에 한 번씩 음식을 사러 그들을 HEB 슈퍼마켓에 데리고 갔다. 처음으로 HEB 슈퍼마켓 갔을 때 그들은 벌어진 입을 다물지 못했다. 그곳처럼 엄청나게 규모가 큰 슈퍼마켓을 본 적이 없었기 때문이다.

인도 기술자들은 바로 칩스앤드테크놀로지스의 8MHz와 10MHz의 속도로 작동하는 CPU 성능 연구를 시작했다. 가끔씩 아파트를 방문해 작업이 어떻게 진행되고 있는지 살펴봤는데, 나는 두 가지 때문에 놀랐다. 첫 번째는 강렬한 카레 냄새, 두 번째는 레슬링이었다. 똑똑하고 열심히 일하는 인도 기술자들은 레슬링 경기가 방송되면 모든 것을 중단하고 TV를 봤다. 그만큼 레슬링에 푹 빠져 있었다.

12월 초에 제이는 부분적으로 작동하는 시제품을 만들었다. 그리고 수백 시간에 걸친 독자적 연구와 인도 기술자들과의 협업을 통해 1월 중순에 기판의 설계도를 완성했다. 우리는 기판을 설계하는 오스틴 지역의 회사를 찾았고 최고의 기판 회로 전문가인 중년 여성을 채용했다. 그녀는 일하는 동안에도 쉴 틈 없이 담배를 피웠다. 나는 담배 연기를 맡으면서 어깨 너머로 그녀가 회로를 배치하는 것을 넋을 잃고 지켜보았다. 최적의 회로 배선 설계는 과학과 예술을 결합하는 과정이었다. 기판에서 공간을 최소로 줄여야 하지만 너무 가깝게 배치하면 전자파 간섭이 발생할 수 있어 회로를 병렬로 배치해서는 안 되었다. 그녀는 결국 성공했고, 그 기판은 1986년 3월에 출시한 286 컴퓨터의 기초가 되었다. 286 컴퓨터는 출시하자마자 큰 인기를 끌었다.

우리는 잇따라 세 종류의 새로운 PC를 출시했다. 8MHz로 작동하는 저가형 컴퓨터, 시장에 출시된 어떤 IBM AT 컴퓨터보다 빠른 10MHz 컴퓨터, 그리고 컴팩과 IBM을 포함해 모든 경쟁 업체들의 제품을 능가하는 12MHz 컴퓨터였다.

그리고 조만간 PC 시장에 지각 변동을 일으킬 16MHz의 컴퓨터를 출시할 예정이었다.《PC매거진》은 이렇게 소개했다.

"연료 밸브를 열고 구름 속으로 날아 올라가는 F-18 전투기처럼 근사한 컴퓨터를 꿈꿨다면 여기에 소개한 컴퓨터 중 한 대를 골라 앞에 앉아보라. 16MHz로 작동하는 컴퓨터를 몇 시간 사용하고 나면 느릿느릿한 IBM AT는 컴퓨터 박물관에 있는 유물처럼 느껴진다."

오래가지 못할 것 같았던 우리의 작은 회사는 그해 봄에 PC 시장을 평정할 준비를 하고 있었다. 정말 재미있는 일이었다. 우리는 정말 작은 회사였지만 컴퓨터 산업보다 더 빠르게 성장하고 있었다. PC는 상당히 중요한 제품이 되어가고 있었다. 일반 대중보다는 기술 분야에 종사하는 사람들, 엔지니어, 애호가들이 PC를 구매하고 있었다. 어머니가 애틀랜타에서 열린 컴덱스<sup>Comdex</sup> 전시회에 왔을 때 새로운 16MHz의 286 컴퓨터를 보여드렸는데 엄마는 아들이 하는 일을 보고 자랑스러워했다. 이상한 일이지만 잘나가는 우리 회사는 그 와중에 커다란 어려움에 빠져 있었다.

두 가지 중요한 요인들이 우리에게 불리하게 작용했다. 첫 번째는 재무적인 문제였는데 상당히 심각했다. 동아시아 지역에서 구축한 새로운 비즈니스 관계와 크게 개선된 새로운 공급망에도 불구하고 나는 운송 당일에 발급된 신용장을 가지고 영업을 하고 있었다. 그래서 항공편을 이용한 운송이 많았는데 운송비가 매우 비쌌다. 매출은 늘고 있었지만(당시 회계연도 기준으로 5200만 달러 이상을 바라보고 있었다) 회사의 재무 상태는 그렇지 않았다. 그해 봄 현금 보유액은 30만 달러를 조금 넘었다. 모든 수입은 들어오는 즉시 월급과 부품 비용으로 빠져나갔고 오스틴에 있는 우리 거래 은행의 신용한도는 매우 적었다. 실제로 내가 알고 있던 것보다 훨씬 더 적었다.

텍사스주는 그해 봄에 매우 심각한 불황을 겪고 있었고 중심 도시인 오스틴도 자체적인 문제들이 있었다. 주 정부의 해고가 임박했고 1970년대 후반의 기술 호황은 거품이 꺼졌다. 부동산 가격은 곤두박질치고 있었다. 지역의 기업들도 어려움을 겪고 있었다. 나는 M뱅크라는 지역 은행에 60만 달러의 신용한도로 자금을 대출할 수 있었다. 60만 달러는 우리가 벌이고 있는 사업 규모에 비해 터무니없이 적은 금액이었고 대출한도를 늘릴 방법도 없어 보였다. 나는 모르고 있었지만 실제로 M뱅크는 내 계좌를 폐쇄하는 것을 고려하고 있었다. 은행 자체가 심각한 재정난에 빠졌기 때문이다.

이것은 나쁜 소식의 서막에 불과했다. 그해 봄 우리에게 가장 큰 문제는 연방통신위원회Federal Communications Commission, FCC의 승인이었다. PC는 적절하게 전자파를 차단하지 않으면 주파수 간섭을 일으켰는데 많은 복제 PC들이 전자파를 제대로 차단하지 못했다. FCC는 PC 제조사를 대상으로 단속을 하기 시작했고 우리도 4월에 정지 명령서를 받았다. FCC 명령서에는 "우리 회사의 PC가 클래스B FCC 승인을 획득하지 못했다는 사실을 알게 됐다"며 PC 생산을 즉시 중단해야 한다고 쓰여 있었다. 약 1만 달러의 벌금 조치도 내려졌다. 이런 문제가 있으리라고 전혀 예상하지 못했다. 도대체 FCC는 무엇을 하는 곳일까? 21살의 나는 FCC와 차량관리국Department of Motor Vehicles, DMV도 구별하지 못했다.

나는 켈리에게 전화를 걸었다. 켈리는 종종 우리에게 행운을 가져다주는 사람이었다. 켈리에게는 딕 와일리Dick Wiley라는 친구가 있었는데 그는 1970년대 FCC의 의장을 지낸 사람이었다. 딕은 위원회를 떠난 후에 소비자 권익 옹호 사업에 뛰어들었고 과도한 규제와 싸움을 하고 있었다. 그래서 우리는 딕 와일리를 고용했다. 그는 FCC를 찾아가 "이 사람들은 젊은이들입니다. 소비자를 위해 올바른 일을 하고 있습니다"라는 취지로 말했다.

우리에게는 다른 선택의 여지가 없었기 때문에 열심히 노력했다. 4월의 마지막 2주와 5월의 첫 번째 2주에 걸쳐 어떤 제품도 생산하지 못하면서 매출이 점점 줄어들었다. 이런 가운데 우리는(제이 벨, 2명의 다른 기술자, 그리고 나) 산 안토니오에 있는 한 연구소의 실험실로 가서 286 컴퓨터가 기준을 만족시킬 수 있게 제작했고 여러 차례에 걸친 FCC의 실험을 통과할 수 있도록, 전자파 방출을 줄이기 위해 다양한 부품을 조합하는 실험을 매일 실시했다. 회사가 가동을 멈춘 매일 밤, 베개에 머리를 눕힐 때마다 회사에서 일하는 모든 사람들을 떠올렸다. 그들은 가족이 있었고, 내가 그들의 생계를 책임지고 있었다.

다행스럽게도 2주 안에 전자파 방출 문제를 해결했다. 시간이 더 오래 걸렸다면 PC's 리미티드는 문을 닫았을 것이다.

회사의 규모는 매년 배로 성장하고 있었다. 그 차제로 놀라운 일이었고 매우 이례적이었다. 신생 회사치고는 매우 잘하고 있었지만 건물, 전화, 주문 관리 시스템, 공급자, 은행과의 관계 등 모든 분야에서 도움이 필요하다는 것을 알고 있었다. 예상보다 훨씬 더 빠르게 성장하고 있었기 때문이다. 어떤 것도 이런 기하급수적인 성장을 따라올 수 없었다. 어떤 면에서는 나도 회사의 성장을 따라잡지 못했다.

나는 호기심이 많고 야망이 큰 21살의 청년이었고, 모르는 것이 너무 많았다. 일하지 않은 몇 시간 동안 나는 리더십과 경영을 다룬 책을 읽으면서 내가 몰랐던 것을 배웠다. 지금까지 나는 회사 성장을 도와줄 수 있는 사람들, 자신들의 전문 분야를 나보다 더 많이 아는 최고의 인재들을 채용하려고 노력했다. 나보다 뛰어나지 않다면 그들을 채용할 이유가 없었다. 채용 과정에서 몇 가지 실수를 저질렀지만 빠르게 실수를 바로 잡았고 계속 앞으로 나아갔다. 그러던 와중에 내가 저지를 가장 큰 실수는 내가 고용한 사람이 아니라 내가 고용하지 못했던 사람이라는 사실을 알게 되었다.

나는 PC's 리미티드에서 어느 정도까지는 혼자 여러 가지 일을 하고 있었다. 회장이자 CEO였고 회사의 주식 100퍼센트를 가지고 있었다. 약 250킬로미터 떨어진 휴스턴의 컴팩과 달리 나에게는 공동 창업자, 벤처 투자가 또는 이사회 같은 다른 조력자들이 없었다. 나는 중요한 부서를 관장하는 부사장들을 두고 있었지만 정작 회사의 경영 체계에서 가장 중요한 부분인 CEO가 빠져 있다는 사실을 깨닫게 됐다. 내가 경험해보지 못한 기업 경영 경험이 풍부한 누군가가 필요했다.

오스틴 주변 지인들이 리 워커Lee Walker라는 사람을 추천했다. 특별한 사람이고 경험도 많으며 아는 것도 많다는 것이 대체적인 평가였다. 이것이 내가 알고 있는 리 워커의 전부였다. 인터넷이 등장하기 수년 전이라 구글에서 찾아볼 수도 없었다. 알고 지내던 짐 시모어Jim Seymour가 내가 사장으로 채용하려고 찍어두었던 티멕스Timex의 임원과 리 워커를 함께 저녁에 초대할 수 있다고 말했을 때 나는 호기심이 발동했다.

짐 시모어는 그 자체로도 흥미롭고 똑똑한 사람이었다. PC 산업 분야의 초창기 평론가였는데 오스틴에 거주하고 있었다.《PC매거진》과《PC위크》에 신제품 평가와 기고문을 쓰면서 PC 산업 분야의 전문가로서 확고한 자리를 잡았다. 짐은 매우 비판적일 수도 있었지만 지금까지는 우리 회사와 나에게 우호적이었다. 그는 내가 만나본 사람 가운데 가장 덩치가 컸다. 아마 체중이 200킬로그램 정도 됐을 것이다.

짐은 리 워커가 농구선수였고 텍사스 A&M 대학에서 물리학을 전공했다고 말했다. 이미 색다른 조합을 가진 사람이었다. 러시아어를 유창하게 구사했고 하버드 경영대학원에서 MBA를 취득했다. 이후 유니언카바이드Union Carbide에서 일했지만 회사 생활이 자신에게 어울리지 않는다는 사실을 발견해 일찍 성공한 기업가로 변신했다. 그는 시카고에서 제과용 버터를 만드는 회사를 경영했다. 또 연기 감지용 아메리슘americium 이산화탄소를 만드는 핵 금속공학 연구소를 가지고 있었고 특수 밸브 회사와 제약사를 운영했다. 그리고 45살 나이에 인생의 속도를 조금 줄여 프랑스 남부에서 여름을 보낼 계획을 하고 있었다. 짐은 리가 프랑스로 떠나기 전에 그를 만나 임시 자문위원으로 위촉할 수 있다고 생각하는 것 같았다. 짐은 리가 정말 많은 것을 알고 있다고 말했는데, 그는 쓸데없이 칭찬하는 사람이 아니었다.

우리 4명은 5월 어느 날 저녁에 베이징 임페리움이라는 중국 음식점에서 만났다. 리 워커의 첫인상은 '2미터에 가까운 장신'이었다. 알고 보니 그는 텍사스 A&M 농구팀의 센터였다. 그러나 그에 관한 가장 흥미로운 점은 그게 아니었다.

나와 40대 4명이 모인 그날 밤은 특이했다. 기억하기에 나는 말을 많이 하지 않고 주로 들었던 것 같다. 리는 내가 야구 카드를 수집하던 시절에 어렴풋이 들었던 브루클린 다저스<sup>Brooklyn Dodgers</sup>의 칼 퍼릴로<sup>Carl Furillio</sup>라는 선수 이야기를 계속 했다. 업무 이야기는 많이 하지 않았음에도, 본능적으로 리 워커가 티멕스의 임원보다 훨씬 더 깊은 인상을 준 사람이라는 것을 그 자리에서 느꼈다. 티멕스의 임원은 기업의 임원 그 이상은 아니었다. 반면 리는 기업가 이상의 더 많은 것을 가진 사람처럼 보였다. 친절한 본성과 똑똑함이 깊은 인상을 남겼다. 권위적이었지만 따뜻했고 생각을 분명하게 표현했지만 약간 유별난 구석이 있었다. 그리고 일자리를 찾는 사람 같지 않았다. 직감적으로 나는 그를 믿을 수 있겠다고 생각했다. 내가 비즈니스 책을 많이 읽었어도 분명히 그가 나보다 비즈니스에 관해 훨씬 더 많이 알고 있었다.

이틀 후 나는 오스틴의 북서쪽 언덕에 있는 캣 마운틴<sup>Cat Mountain</sup> 지역에 있는 리 워커의 집으로 과감하게 차를 몰고 갔다. 미리 전화도 하지 않았다. 그냥 단순한 방문이었다. 평범한 사람에게 해서는 안 되는 일이었다. 하지만 내가 리를 제대로 봤다면 그는 이런 갑작스런 방문에 크게 신경을 쓰지 않는 사람일 것이라고 생각했다.

리는 실제로 그랬다. 현관문을 열었을 때 약간 놀라는 것 같았지만 웃으면서 들어오라고 했다. 그는 점심을 먹고 있었는데 배가 고프냐고 물었다. 우리는 부엌에서 토마토 스프와 참치 샌드위치를 먹으면서 바로 본론으로 들어갔다.

"우리 회사의 사장을 맡아주실 수 있나요?"

그는 미소를 짓더니 고개를 저었다.

"일주일 후에 프랑스로 떠날 겁니다. 여름 내내 프랑스에 머무를 예정이고 아마도 더 오래 있을지도 몰라요."

잠시 동안 아무 말도 하지 않았다. 그리고 그가 물었다.

"당신 회사 이야기를 해줄래요? 어떻게 시작하게 된 거예요?"

나는 그에게 어떻게 사업을 시작하게 됐는지 모든 것을 이야기했다. 시장과 재무에 관한 우리 가족의 장점, 기업가 정신에 관한 유년기의 유별난 관심, 전시회와 카탈로그를 이용한 우표 판매, 신문 배달, 대규모로 구독자를 늘린 이야기, 그리고 컴퓨터에 대한 나의 열정에 대해 이야기했다. 그는 이야기하기 편한 상대였다. 그가 내 이야기를 정말로 귀담아듣고 깊이 받아들이고 있다고 느꼈기 때문이다. 그는 잠깐 산책을 하자고 했다.

밖으로 나가자 리가 숲속의 산책길로 안내했다. 내 이야기에 그가 정말로 관심이 있다고 생각했기 때문에 애플Ⅱ 컴퓨터를 분해하고 IBM PC를 업그레이드하고 PC를 판매하는 작은 사업에 뛰어들게 됐다고 이야기했다. 차익거래를 하러 비행기를 타고 다니면서 PC를 구매했던 이야기를 할 때 그는 크게 웃었다. 그리고 내가 오스틴의 텍사스 대학을 다니던 시절 부모님이 오셨을 때 룸메이트 욕실에 컴퓨터 부품을 숨겼던 이야기도 했다. 내가 부모님께 대학을 그만두고 의사로서의 미래를 포기한 채 창업을 하겠다고 말했을 때 부모님이 얼마나 실망하고 화를 냈는지를 회상할 때는 당시의 감정들이 다시 북받쳐 오르는 것을 느꼈다. 부모님이 나에게 화를 냈던 것만큼 슬펐다. 자부심, 반항, 그리고 부모님에 대한 사랑이 섞여 있었다. 나는 부모님을 자랑스럽게 만들어드리고 싶은 마음이 내 안에 있다는 것을 알고 있었다.

이후 노스 라마와 헤드웨이 서클로 돌아와 작은 회사를 설립하고 일주일에 한 명씩 새로운 직원을 채용하면서 오늘날까지 왔다는 이야기를 그에게 모두 했다. 그는 이야기를 들으면서 고개를 끄덕였고, 짧지만 사려 깊은 반응을 보여주었다. 나는 그야말로 높은 지적 수준에서 비즈니스를 이해할 수 있는 첫 번째 사람이라는 것을 깨달았다. 그는 모든 것을 이해했다. 즉각적으로 우리의 공급망의 장점과 단점, 즉 전체 비즈니스 모델을 파악했다. 내가 모르는 것들을 알고 있는 누군가의 도움이 필요했다. 이런 것들은 다른 누군가에게 맡기고, 나는 신제품을 만들고 고객 관계를 증진시키며 지속적으로 성장하는 일에 집중하고 싶었다. 리에게 다른 사람들이 실패하는 분야에서 성공할 수 있다고 강한 확신을 표현했고, 업무를 분담해 함께 회사를 운영하고 싶다고 말했다.

산책길은 숲을 돌아 다시 그의 집으로 가는 진입로로 이어졌다. 숲에서 나오자 리는 약간 안타까운 미소를 지으면서 악수를 청했다.

"마이클, 당신은 정말로 인상적인 청년이군요. 하지만 나는 당신을 도와줄 수 없을 것 같네요. 미안합니다."

07

# 끝나지 않는 전쟁

                          모든 의미 없는 주장과 분노가 계속되는 가운데 칼과 사우스이스턴의 제안은 그 핵심에 논리적 오류가 있었다. 칼은 나의 대전환 전략이 효과를 발휘하고 있기 때문에 델의 기업 가치가 실버레이크와 내가 제안한 가치보다 훨씬 더 높다고 계속 주장했다. 그러면서도 회사의 지도부가 교체되어야 한다고 주장했다. 나를 칭찬하면서 동시에 나를 쫓아내려고 위협하고 있었다.

    나는 그가 회사를 인수하고 싶어 한다고 생각하지 않았다. 단지 압박을 가해 우리의 인수 제안 가격을 높이는, 자신의 규칙에 입각한 케케묵은 그린 메일 전략을 펼치고 있었다. 칼 아이칸을 더 부자로 만들어줄 작전이었다.

나에게 동의하는 사람들이 있었다. 5월 11일에 《월스트리트저 널》의 홀만 젠킨스Holman Jenkins는 '왜 마이클 델이 여전히 이기고 있 는가?'라는 제목의 기사에서 "칼은 델이 차입 자본을 확대하는 자 신의 전략을 채택하지 않으면 대리전을 하겠다고 위협하고 있다. 하지만 칼은 자신의 전략을 실행하기 위해 기업 인수에 뛰어들지 않을 것이다. 그는 위험을 원하지 않는다. 단지 마이클 델이 위험 요 소에 더 많은 돈을 지불하기를 바라고 있다. 마이클 델은 칼의 요구 를 매우 단호하게 거절했다. 끝이 가까워지고 있다"라고 썼다. 하지 만 그때는 아직 끝이 가까워지지는 않은 것으로 드러났다.

5월 13일에 특별위원회는 칼에게 그의 계획을 더 자세하게 설 명할 것을 요구하는 서한을 보냈다. 그다음 한 주 동안 칼은 CNBC 와 블룸버그, 그리고 자신과 이야기하고 싶어 하는 금융 신문 등 온 갖 언론에 계속해서 등장했다. 모든 언론 매체가 그와 이야기하고 싶어 했다. 칼은 훌륭한 기삿거리였고 시청률을 높여주는 인물이었 다. 그는 계속해서 반복적으로 다음과 같은 똑같은 메시지를 늘어 놓았다.

**"델의 주주들은 보너스를 받아야 한다."**
**"델은 상장 기업으로 남아 있어야 한다."**
**"지도부가 교체되어야 한다."**

하지만 이것은 특별위원회가 기대하는 설명이 아니었다.

5월 20일에 특별위원회는 칼에게 또다시 서한을 보내 그가 더 좋은 제안을 제시하지 않으면 그와 더이상 이야기하지 않을 것이라고 말하며 이렇게 통보했다. "5월 13일에 보낸 서한에 대한 답변을 받지 못하면 우리는 당신의 제안이 그 기준을 충족시키는지 아닌지를 평가할 수 없다. 당신의 거래는 이사회가 평가할 수 있는 실질적인 인수 제안서를 제출할 의도가 있는지도 분명하지 않다."

나는 그의 제안이 왜 분명하지 않은지 확실하게 알고 있었다. 칼은 델을 위한 계획이 없었다. 단지 모든 수단을 동원해 자신의 주식을 더 비싸게 만들려고 노력하는 것일 뿐이었다.

그러다 갑자기 말도 안 되는 아이디어가 생각났다. 그를 직접 만나 물어보는 것은 어떨까?

우리는 결코 만난 적이 없었다. 5년 전에 그가 뜬금없이 전화를 걸어 나에게 모토로라에 대해 몇 가지를 물어봤을 때 한 번 이야기한 적은 있었다. 그는 모토로라와 관련된 대리전을 펼칠 예정이었다. 대화 내용을 기억하지는 못했지만 그 전쟁이 지저분했던 것은 기억이 났다. 칼은 많은 주식을 샀고 모토로라의 이사회에 몇 명의 이사들을 앉혔다. 그리고 모토로라는 주식이 폭락해 많은 손해를 봤다. 그가 모토로라를 기업으로 생각해 관심을 가졌을까? 전혀 그렇지 않았다. 칼에게 그 모든 것은 단지 포커 게임일 뿐이다. 그는 도박사고, 도박사들은 때때로 게임을 포기해야 한다는 사실을 알고 있다. 나는 그가 나와의 전쟁에서 이길 거라고 생각한 이유가 무엇인지 묻고 싶었다. 처음에는 막연하게 궁금하다고 생각할 뿐이었다. 하지만 깊이 생각할수록 점점 더 호기심이 커졌다. 왜 직접 물어보면 안 될까?

하지만 일정상의 문제로 어려웠다. 27일 월요일 전몰장병 추모일은 오스틴에서 가족이 함께 보내는 날이었다. 아들 재커리가 처음으로 트라이애슬론 경기에 출전하기 때문에 수잔과 응원하러 가야 했다. 17살 소년에게는 놀라운 일이었다(재커리는 엄마가 걸어왔던 길을 빠르게 따라가고 있었다. 수잔은 대학교 시절부터 40대 후반까지 자전거와 마라톤, 그리고 트라이애슬론 경기에 참가했다. 확실히 엄마로부터 운동선수 능력을 물려받았다!) 재커리는 트라이애슬론 경기를 좋은 기록으로 끝냈고 우리는 그런 아들이 자랑스러웠다.

28일 화요일에 사무실로 돌아와서는 수요일에 열리는 IT 산업 담당 애널리스트와 연례 컨퍼런스를 준비해야만 했다. 가트너Gartner, IDC, 451리서치451 Research, 포레스터Forrester, 그리고 다른 회사에서 온 수백 명의 애널리스트들과 함께 오전 내내 진행되는 회의였다. 나는 약 6시간 동안 애널리스트들에게 우리의 변화에 대한 낙관적 전망을 설명하고, 비공개 기업으로 전환하는 협상에 대한 끊임없는 질문들을 정중하게 피해가야만 할 것이다.

30일에는 토론토에서 캐나다 고객과 우리 직원들을 만날 예정이었다. 그리고 그다음 날 나는 워싱턴으로 가서 인턴을 하고 있는 딸 키라를 만날 예정이었다. 나는 키라와 6월 1일 토요일을 함께 보낸 다음 그날 밤에 인도의 벵갈루루로 날아가 3일에 지사의 직원들과 만나기로 돼 있었다(동쪽으로 여행을 하면 하루가 더 지나간다). 그리고 4일에는 베이징, 5일에는 청두로 출장을 가고, 금요일에는 다시 오스틴으로 돌아와 주말을 함께 보낼 수잔 가족들과의 만남을 준비해야 했다.

그런데 28일에 급한 일이 생겼다. 가족 문제였다. 아이들 중 한 명이 건강에 이상이 있어 곧바로 주치의에게 진찰을 받아야만 했다. 매우 중요한 업무가 있었고, 비공개 기업으로 전환하는 과정에서 매우 중요한 시기였지만 가족보다 더 중요한 것은 없었다. 애널리스트들과 회의를 취소할 수는 없었지만, 수요일 오후에 일찍 오스틴을 떠나 뉴욕에 도착하면 토론토로 출발하기 전 목요일 아침에 의사와 면담을 할 수 있었다.

공항으로 가는 자동차 안에서 갑자기 칼 아이칸이 떠올랐다. 나는 18시간 동안 맨해튼에 머물 예정이었다. 그렇다면 아마도 칼 아이칸과 직접 만날 시간이 있을지도 모른다고 생각했고, 나답지 않은 행동을 해버렸다. 왝텔 · 립튼 변호사나 에곤 더반과 상의하지도 않고 직접 칼에게 전화를 걸었다. 적과 직접 마주하는 것이다. 칼은 즉시 전화를 받았다.

"안녕하세요, 칼! 마이클 델입니다. 잘 지내시죠?"

그가 예상치 못한 일에 대해 생각하느라 잠시 침묵이 흘렀다.

"네, 잘 지내요. 마이클 씨는 어떻게 지내세요?"

그의 목소리는 놀란 것처럼 들렸지만 동시에 내가 전화를 걸었다는 사실에 약간은 흥분한 것 같았다.

"좋아요."

당시 내 말투는 창업한 회사를 지키려고 바쁘게 세계 곳곳으로 출장을 다니는 사람의 목소리가 아니었다. 하와이의 해변에서 휴식을 즐기는 남성의 어조였을지도 모른다.

"제가 잠시 뉴욕을 방문할 예정입니다. 내일 점심시간까지 뉴욕에 있을 계획인데 잠시 만나서 회사 문제를 논의했으면 하는 생각이 들어서요. 당신의 생각을 듣고 싶거든요."

"아, 그래요. 그렇게 하면 정말 좋겠네요. 훌륭한 생각이에요. 저도 그렇게 하면 좋을 것 같아요."

나와 달리 그는 좋은 척하는 것 같지는 않았다. 칼은 정말로 열정적이었다. 나는 그가 머릿속으로 '내가 원하는 상황으로 델을 몰고 갔을 것이다', '마이클이 내 주식을 주당 15달러에 매입하겠다고 제안할지도 모른다'와 같은 생각을 하고 있다고 느꼈다.

칼이 물었다.

"저한테 좋은 생각이 있어요. 오늘 밤 우리 집에서 저녁을 먹는 게 어때요? 혹시 다른 일정이 있나요?"

"있는지 확인해볼게요."

나는 내 일정표를 보는 척했다. 나는 내 곁에 앉아서 우리 아이들에게 문자를 보내는 수잔을 쳐다보았다.

"음, 오늘 밤 좋습니다."

"잘됐네요. 한 가지 이야기할 것이 있는데, 미리 양해 말씀을 드릴게요. 제 아내가 요리하는 걸 좋아합니다. 그런데 우리끼리 하는 얘기지만 아내의 요리 솜씨가 엉망이거든요."

"괜찮아요. 우리가 이야기하는 것만으로도 좋습니다."

"좋아요, 마이클. 기다리고 있겠습니다."

"네, 오늘 저녁에 보시죠."

나는 전화를 끊고 수잔을 보며 미소를 지었다. 그러자 수잔이 물었다.

"누구랑 통화한 거예요?"

"칼 아이칸. 그 사람과 오늘 저녁 먹기로 했어요."

수잔은 벌린 입을 다물지 못했다.

"당신 지금 뭐라고 했어요?"


맨해튼의 봄날 저녁은 아름다웠다. 호텔부터 웨스트 50번지에 있는 칼의 집까지 걸어가기로 했다. 단지 날씨가 좋기 때문이 아니라 운전기사나 다른 어느 누구에게도 내가 어디로 가는지를 알리고 싶지 않았다. 이상해 보일지도 모르지만 내가 적과 함께 식사하는 것이 눈에 띄면 기업이나 금융 문제와 관련해 여파가 클 수 있기 때문이다. 이 모든 것이 흥미로운 동시에 진지했다. 선글라스를 쓰고 칼의 아파트 건물까지 걸어가는 동안 내가 좋아하는 영화에서 피터 셀러스Peter Sellers가 연기한 클루소 경사Inspector Clouseau가 생각났다.

아파트 현관 벨을 누를 때까지도 무슨 일이 벌어질지 몰랐다. 문이 열리자 흰색 턱수염에 어깨가 구부정한 노인이 보였다. 그는 스포츠 상의와 잘 다려진 바지를 입고 있었다. 그는 미소를 지었고 우리는 악수를 했다. 그가 아파트 안으로 안내하다가 부엌 입구에서 잠깐 멈춰 아내 게일<sup>Gail</sup>에게 나를 소개했다. 그녀는 요리를 하고 있었다. 무슨 요리인지 몰랐지만 냄새는 좋았다. 그녀는 친절하게 인사를 했고 칼은 나를 허드슨강이 내려다보이는 테라스로 데리고 갔다. 그는 포도주 한 잔을 권했다.

"저는 괜찮습니다."

칼이 어깨를 으쓱하더니 자신의 잔에 포도주를 따랐다.

"경관이 멋지네요."

그가 와인을 마시면서 미소를 지었다.

"뉴욕에서 가장 좋지요."

나에게는 이런 잡담도 좋았다. 잠시 후에 중요한 문제들을 논의할 것이라고 생각했기 때문이다.

우리는 식탁에 마주 보고 앉아 샐러드를 먹고 있었다. 게일 부인은 여전히 부엌에서 요리를 하느라 바빴다. 우선 그가 살아온 이야기부터 시작했다. 칼은 뉴욕 퀸즈의 중산층 지역인 파 록웨이<sup>Far Rockway</sup>에서 자랐고 공립학교를 다닌 것을 매우 자랑스러워했다. 그는 나에게 "저는 부유한 가정 출신이 아닙니다"라고 강한 뉴욕 어조로 이야기했다. 그의 아버지는 오페라 가수가 되고 싶었지만 성당의 성악 가수가 되었다. 칼은 아버지가 무신론자였기 때문에 그 점이 이상하다고 생각했다고 말했다. 칼의 아버지는 좋지 않은 방식으로 그의 인생에 많은 영향을 미친 것 같았다. 그의 말에 따르면 그의 아버지는 그를 잘 대우해 주지 않았다. 그래서 아버지에게 좋은 감정을 가지고 있지 않은 것이 분명해 보였다.

대학에 갈 때쯤 칼은 프린스턴에서 합격 통보를 받았다. 아이비리그 학교에 약간의 제한이 있던 시절인 1950년대 중반에 유대인이 프린스턴에 입학하는 것은 대단한 일이었다. 하지만 그의 아버지는 "시립대학에 가는 것이 어때? 네가 집에서 더 가까이 지낼 수 있잖아"라고 말했다고 한다. 아버지에게 중요한 것은 시립대학이 프린스턴에 다니는 것보다 비용이 훨씬 적게 들어간다는 점이었다. 하지만 칼은 프린스턴에 대한 의지를 굽히지 않았고 그의 아버지는 마침내 학비의 절반을 부담하기로 했다. 내가 잘 포장된 이야기라고 의심하는 그때 칼은 싱긋 웃으며 말했다.

"나머지 비용은 포커 게임에서 이겨서 충당했어요. 부자인 사립대학교 학생들에게 한 수 가르쳐주었죠."

그의 아버지에게도 본때를 보여준 셈이었다.

나는 그가 계속 이야기하는 동안 세계에서 남의 이야기를 가장 잘 들어주는 사람처럼 미소를 지었다. 그는 철학을 전공했고 이후 뉴욕 대학 의대를 2년 동안 다니다 군에 입대했다. 25살에는 월스트리트에서 주식중개인으로 일하기 시작했다.

"7년 후에는 뉴욕증권거래소의 회원으로 거래할 수 있게 됐습니다."

그는 자랑스럽게 미소를 지었다.

"죽도록 일을 했죠."

이때 게일 부인이 미트로프와 비슷한 음식을 가지고 식탁으로와 자리에 앉았다. 그녀는 말을 많이 하지 않았고 남편이 자신의 성공을 이야기할 때 미소를 지었다. 이제 그의 이야기는 아들로 이어졌다. 아들은 그의 회사에서 일하고 있었다. 자랑스럽게 이야기하던 칼의 얼굴에서 미소가 사라졌다.

"요즘 아이들은 너무 편하게 살아요. 모든 것을 너무 쉽게 얻거든요. 우리 아들의 포트폴리오는 넷플릭스와 애플로 채워져 있어요. 그래서 쉽게 큰돈을 벌고 있어요! 그 애가 그만한 것을 누릴 자격이 있는지 나는 잘 모르겠습니다."

이 시점에서 아버지로서 무엇인가를 말해주어야 한다고 느꼈다.

"칼, 당신의 아들이에요. 특별한 일이 없다면 아들이 당신보다 더 오래 살 겁니다. 아들이 잘 살기를 바라지 않나요?"

칼은 어깨를 으쓱할 뿐이었다.

"뉴욕시에 살면 정말 비용이 많이 들더군요. 아들이 스스로 의식주를 해결하는 게 기쁘지 않으신가요?"

그는 부정적인 태도를 보였다.

"나한테 빌붙어 사는 거죠."

'대단한 아버지구나'라고 속으로 생각했다. 나는 미트로프를 잘라 조금 먹었다. 칼은 아내의 요리에 별로 관심이 없었다. 그리고 나는 인간으로서 그에 대한 평가에 관심이 없었다. 우리는 잠시 말없이 음식을 먹었고 곧 칼의 아내가 접시를 부엌으로 가지고 갔다. 이제 본론으로 들어갈 시간이었다.

"그래서 당신은 어떤 계획을 가지고 있나요?"

내가 묻자 그는 잠시 당황해하는 것처럼 보였다.

"무슨 말씀이신가요?"

"당신의 계획이요. 당신은 델을 통제하기 위한 계획이 있을 것입니다. 전략이 뭔지 궁금해서요. 누가 회사를 경영할 건가요? 누가 경영진이 되는 것이죠?"

바로 그때 이상한 일이 벌어졌다. 아주 짧은 시간 동안 칼 아이칸은 겁을 먹은 것처럼 보였다. 우리가 포커 게임을 하고 있다면 그건 그의 패를 보여주는 것이었다. 그는 마침내 입을 열었다.

"아! 몇 명의 후보들이 있습니다. 많은 사람들이 관심을 보이고 있습니다."

"아 그래요?"

"그럼요. 물론이죠."

그는 냅킨으로 자신의 입을 닦았다.

"마이클, 들어보세요. 당신과 내가 거래를 할 수 있을지도 모릅니다. 적당한 가격으로요. 내가 거래를 제안할게요."

나는 '행여나 당신이 관대한 제안을 할까'라고 생각하며 그에게 물었다.

"그렇다면 제대로 된 가격은 얼마 정도일까요?"

기분이 좋아 보였다. 우리가 저녁 식사 테이블에서 실제로 가격 협상을 하고 있다고 생각하는 것 같았다. 그가 말했다.

"아, 지금 당신들이 협상하는 것에서 조금 더 높은 가격입니다."

"얼마나 더 원하시는데요?"

"주당 14달러 정도가 어떨까요? 마이클 당신도 이번 거래로 많은 돈을 벌 수 있어요."

"회사를 위한 당신의 계획은요?"

"아, 당신도 알잖아요. 규모의 경제요. 비생산적인 사업 분야를 처분하는거죠. 처리해야 할 일들이 많습니다."

이제 그의 허황된 기대를 가라앉힐 때가 됐다. 나는 그의 눈을 바라봤다.

"칼, 그런데 말이죠. 저는 당신한테 계획이 있다고 생각하지 않아요. 회사를 주당 14달러에 사고 싶다면 당신이 계획대로 회사를 인수하면 된다고 생각합니다. 더 이야기해 볼까요? 당신은 델을 망하게 할 것이고 그동안 저는 하와이에서 6개월 동안 휴가를 보내면서 10킬로그램 정도를 감량할 거예요. 그리고 돌아와 주당 8달러에 당신으로부터 회사를 매수하겠습니다. 아마 저한테 매우 훌륭한 거래가 될 것입니다."

그는 매우 놀란 것 같았다. 선천적으로 불안하거나 두려움을 내보이는 사람이 아니었지만 지금 당장은 포커 게임에서 아무런 패도 들고 있지 않은 것처럼 보였다. 그의 눈에 두려움이 보였다. 무엇을 두려워하는 걸까? 내가 정말로 주당 14달러를 지불한 거대한 회사를 그에게 넘겨주고 떠나갈지도 모른다는 사실을 두려워하는 것일까? 자신이 거대한 회사에 대해 아는 것이 전혀 없고 주변에 있는 사람들도 아마 그를 떠날 것이라는 사실일까? 아니면 그가 커다란 부담을 진 채로 남겨질 것이라는 사실을 두려워하는 걸까? 그때 게

일 부인이 파이처럼 보이는 것이 담긴 접시를 들고 테이블로 돌아왔다.

"칼, 게일, 정말 죄송합니다. 제가 내일 아침 일찍 중요한 회의가 있어서요."

나는 자리에서 일어섰다. 회의가 있다는 것은 사실이었다. 그리고 이미 밤 9시가 넘었다. 나는 규칙적으로 일찍 잠자리에 들고 일찍 일어난다. 반면 칼은 오전 11시에 일어나 마티니를 마시는 것으로 유명했다. 그건 내 스타일이 아니었다.

"정말 감사합니다. 저녁 잘 먹었습니다. 이제 가봐야겠네요."

게일 부인이 약간 놀라는 것 같았다. 칼이 나의 팔을 잡았다.

"마이클, 조금 더 있다 가는 건 어때요? 우리가 할 이야기가 많이 남은 것 같은데."

나는 친절하지만 단호하게 말했다.

"미안합니다. 아내가 기다리고 있어서요. 다시 한 번 감사 인사 드립니다."

당신이 내가 그날 밤 호텔로 돌아가는 것을 봤다면 어깨 위에 있던 짐을 벗어던진 사람을 목격했을 것이다. 나는 마음이 더 편해졌고 더 자신만만해졌다.

'와, 이 사람은 델이 뭘 하는지도 모르고 있구나. 우리가 감자튀김을 만드는지 핵발전소를 건설하는지 모르고 있어. 아는 것도 없고 가진 것도 없네. 그는 단지 서커스의 광대일 뿐이야. 그는 이제 끝났어.'

하지만 일은 내 생각과 달리 흘러갔다. 그는 끝난 것이 아니었다. 전혀 그렇지 않았다.

칼과 저녁을 먹고 이틀이 지나 반가운 소식이 들려왔다. 델 이사회가 만장일치로 주주들에게 우리의 제안을 받아들이라고 권고했다. 7월 18일에 열릴 특별주주총회에서 이번 거래를 승인하라고 요청한 것이다. 6월 3일을 기준으로 주식을 가지고 있는 모든 주주들은 투표할 자격을 가지게 되었다. 주주들을 위한 공개서한에서 특별위원회는 '우리의 계획이 최선의 선택이고 확실성과 상당한 보상금을 제시하고 있다'고 말했다. 우리가 제시한 가격은 인수 소문이 돌기 전, 수개월 동안의 델 주식의 평균 종가보다 약 37% 정도 높았다.

이사회의 승인을 받는 것은 매우 중요했다. 하지만 우리가 대다수 주주들의 지원을 받을 수 있는지는 또 다른 문제였다. 그리고 주주들의 승인은 예상했던 것보다 훨씬 더 복잡했다. 사우스이스턴은 자체적으로 주주들에게 보낸 자신들의 서한에서 이같은 이사회의 결정을 반박했다.

우리는 델의 장기 투자자이고 여러분들과 마찬가지로 투자한 것에 관심이 많습니다. 우리는 주주들이 경영진의 인수 제안에 서명하지 않거나 돌려보내기를 촉구합니다(이 안건으로 델이 보낸 어떤 위임장도 마찬가지입니다).

우리는 아이칸엔터프라이즈와 함께 경영진의 인수 제안서에 반영된 것보다 훨씬 더 높은 가치를 실현할 수 있다는 것을 믿고 있습니다. 가까운 장래에 우리는 주주들에게 우리의 위임장을 보내드릴 것입니다.

델의 이사회가 보낸 위임장과 우리가 보낸 위임장을 받아본 후 내용을 읽어보고 여러분들의 재무설계사와 논의해 볼 것을 촉구합니다. 그리고 경영진의 인수 제안에 반대하는 일에 우리와 함께해 주시기를 부탁드립니다.

칼의 입장에서는 뉴욕에서 함께했던 이상한 저녁 식사 시간에 내가 한 말 때문에 속이 쓰렸을지도 모른다. 내가 자신과 함께하자는 제안을 거절했기 때문에 나에게 매우 화가 났을지도 모른다. 어떤 경우든 그는 빠르게 공세에 나섰고 경제 매체가 즉시 덤벼들기 좋은 뉴스거리를 던져주었다. 그와 사우스이스턴은 나를 승계할 델 CEO 후보들의 최종 명단을 만들고 있었다. 칼은 시스코시스템즈의 이사이자 컴팩의 전 CEO 마이클 카펠라스, IBM의 전 서비스 책임자 마이클 대니얼스Michael Daniels, 오라클 사장 마크 허드, 그리고 HP 사장인 토드 브래들리Todd Bradley를 언급했다.

상황이 점점 더 복잡해지고 있었다. 이상한 일이었다. 당황스러웠고 마음이 불안했다. 내가 창업하고 세계적으로 성공한 기업으로

196

이끌었던 회사가 매물로 나왔을 뿐만 아니라 CEO로서의 나의 위치도 위태로운 것처럼 보였다. 그리고 그 어느 곳도 델의 성과와 목표, 가치를 존중하지 않았다.

칼이 델을 인수해 새로운 경영진과 우호적인 이사회를 구성할 것이라고 상상해 본 적이 한순간이라도 있었던가? 그런 일이 일어날 가능성은 거의 없었지만 0퍼센트는 아니었다. 나는 솔직히 그런 아주 작은 가능성의 결과 때문에 그해 봄과 여름에 약간의 수면 장애를 겪었다. 주로 걱정했던 것은 자기 잇속만 차리는 칼의 연극이 가져올 파급 효과였다.

매우 실질적인 측면에서 나는 그날그날 실행하는 델의 사업이 걱정됐다. 우리는 이 모든 불확실성 때문에 고객들을 잃었고 더 많은 고객을 잃지 않도록 해야 했다. 우리가 고객이라고 생각해 보자. 예를 들면 내가 고객 회사들 중 한 곳의 의사결정자라고 가정하는 것이다. 어느 날 우연히 블룸버그 TV를 보고 있는데 말도 안 되는 일이 벌어지고 있는 것을 보게 됐다. 그러면 내가 델과 함께 비즈니스를 계속할까? 아니면 델의 경쟁 기업과 함께할까?

무엇보다 라운드 록과 전 세계 지사에서 일하고 있는 수천 명의 직원들이 어떤 생각을 하고 있는지가 훨씬 더 걱정됐다. 나는 5만 달러에서 8만 달러의 연봉을 받는 선량한 직원들이 집에 가서 배우자와 무슨 말을 하고 있을지 생각했다.

"새로운 CEO가 온다는 TV 보도들은 어떻게 된 거야? 누가 CEO가 된대? 당신이 일하는 회사가 정말 좋은 회사야?"

끔찍한 일이었다. 최악의 상황이었고 나에 대한 개인적인 모욕보다 실제로 더 당황스러운 일이었다. 나는 프랑스 몽펠리에Montpellier에서 (또는 중국의 청두와 베이징, 그리고 벵갈루루에서) '저 사람이 진짜 CEO가 될 수 있을까?'라고 생각하면서 바라보는 1000명의 직원들 앞에 섰다. 그리고 잘 짜인 각본에 따라 직원들을 안심시키는 말을 할 수 있었다. 하지만 이것은 대기업의 CEO가 세계를 횡단하는 방식이 아니었다.

그해 봄에 이사회가 나에게 회사의 어떤 임원들과도 이야기하지 말라고 했던, 정말로 이상한 시기가 있었다. 전례가 없는 일이었다. 나는 그것이 회사의 현재 사업과 관련이 없다고 생각했지만, 이사회는 나와 다른 임원들이 회사의 상장폐지 문제에 휘말리고 내가 그들의 생각에 영향을 미칠까 봐 염려했던 것 같다.

그 조치는 오래 지속되지는 않았지만 충분히 길었다. '내가 사무실로 출근을 해야 하나, 하지 말아야 하나' 고민할 때쯤 인텔의 CEO 브라이언 크르자니크Brian Krzanich 로부터 전화를 받았다.

"마이클, 모든 기사들을 읽어보면서 당신을 생각했습니다. 당신은 우리에게 정말 중요한 고객입니다. 도울 일이 있으면 알려주세요."

브라이언에게 진심으로 고맙다고 말했다. 인텔로부터 아직 구체적인 도움이 필요하지는 않았지만 이런 정서적인 지원은 큰 힘이 됐다. 용기를 주는 다른 전화와 메시지도 많았다. 친구, 지인, 동료들이 많은 메시지와 이메일을 보내왔다. 나는 모든 사람들에게 고마움을 전했다. 그해 봄과 여름은 마음의 안정을 유지하기 위해 모든 노력을 기울였던 시기로 기억할 것이다.

실버레이크와 나를 지지하기 위해 델의 이사회가 증권거래위원회에 보낸 위임장은 인수가 우리에게 가져올 비즈니스와 거래의 위험들을 언급했다. 위임장은 PC 판매 사업에 있어 약화되는 동력과 그에 따른 핵심 재무제표의 하락에 대해 자세하게 설명했다. 이사회는 주주들이 지금 현금을 받고 주식을 매각하는 게 최선이라고 주장했다.

6월 18일에 칼이 반박했다. 주주들에게 보내는 공개서한에서 그는 자신이 사우스이스턴에셋매니지먼트가 보유하고 있는 주식 7200만 주의 절반을 인수할 것이라고 말했다. 그렇게 되면 그의 지분은 1억 5000만 주로 늘어나 칼은 나 다음으로 두 번째로 지분이 많은 개인 주주가 된다. 놀랍게도 매수 가격은 주당 13.52달러에 불과했다. 우리의 거래 가격보다 낮았고, 사우스이스턴이 델의 진정한 가치라고 주장했던 23.72달러보다 훨씬 낮은 가격이었다. 이사회의 서한에 대한 반박으로 칼은 이렇게 말했다.

"우리는 델의 이사회가 발표한 성명에 놀라움을 금치 못한다. 상품 판매를 책임지는 담당자가 팔려고 하는 제품을 부정적으로 평가하는 데 노력을 기울이는 걸 도대체 어떤 맥락에서 이해해야 할까? 이게 더 좋은 조건을 제시하는 이른바 제3의 인수 후보를 찾는 방법인가? 여러분들은 유망한 매수자가 관심을 보일 때마다 집에 있는 흰개미가 위험하다고 경고하는 광고를 내는 부동산 중개업자를 상상할 수 있는가?"

그는 자신의 입장을 더욱 강력하게 주장하기 위해 몇 번째인지 세지도 못할 정도로 TV에 출연했다. 블룸버그TV 뉴스에 출연해 "여러분들은 델의 주식이 14달러 이상의 가치가 있다고 생각하지 않으십니까?"라고 반어적으로 물었다. 그러고는 "PC 이외의 사업 분야에 투입된 140억 달러는 아직 효과가 나타나지 않았기 때문에 특히 더 그렇죠? 델 컴퓨터는 회사의 미래에 대한 끔찍한 전망을 내놓았습니다. 전체주의 국가에서 이런 종류의 선전은 효과가 있죠. 다행스럽게도 미국에는 이런 선전에 반대해 균형을 잡아주는 누군가가 있을 수 있습니다"라고 말했다.

6월 24일에 그는 14달러에 주식을 인수하기 위한 52억 달러의 자금을 모으기 위해 금융자문회사인 제프리즈<sup>Jefferies&Co.</sup> 투자 은행과 협력할 것이라고 발표했다. 칼은 7월 18일 주주총회에 맞춰 자금이 들어올 것이라고 확신한다고 말했다.

만약 당신이 칼을 꿰뚫어본다면 칼이 말하는 자금 지원이라는 것이 단지 더 큰 연막이라는 것을 금방 깨닫게 될 것이다.《올싱스 디지털<sup>All Things Digital</sup>》이라는 온라인 기술 잡지는 다음과 같은 기사를 보도했다.

52억 달러 중 칼 아이칸과 그의 자회사들이 34억 달러를 출연하고 16억 달러는 제프리스 은행이 지원한다. 추가적인 1억 7900만 달러는 14명의 다른 투자자들로부터 나온다. 여기에는 연금 펀드와 뉴멕시코 공무원 은퇴 기금과 매뉴라이프 변동 금리 인컴 펀드 같은 기관 투자자들이 포함돼 있었다. 로이터는 참여자들이 상대적으로 많지 않은 것은 칼 아이칸이 관심 있는 인수 참여자를 모집하는 데 어려움을 겪고 있다는 것을 암시하는 것이라고 전했다. 반대로 칼 아이칸이 제3자들의 참여를 그다지 원하지 않는다는 신호들도 있다. 그야말로 혼란스러운 상황이다.

또 다른 문제도 있다. 칼 아이칸은 델의 주주들이 자신과 파트너인 사우스이스턴에셋매니지먼트가 5월13일에 지명한 12명의 이사 후보들을 모두 선임하지 못하면 자금 지원을 받지 못한다. 이사들이 뽑히지 못하면 자금 지원은 불가능할 것이다.

또다시 칼이 정말로 회사를 인수하고 싶어 하지 않는다는, 피할 수 없는 결론에 도달하게 된다. 그는 단지 우리에게 주식 인수 가격을 올리라고 압박을 가하고 있었다. 이를 통해 자신이 보유한 주식의 가치를 더 올리려는 것이다.

칼이 모든 기자들에게 자신의 주장을 장황하게 설명하고 있는 동안 두 가지 큰 사건이 우리에게 유리하게 진행됐다. 6월 26일에 델라웨어 형평법 법원의 레오 스트린<sup>Leo Strine</sup> 재판장은 최종적으로 칼과 사우스이스턴이 제기한 소송을 기각했다(델라웨어는 우리 법인의 소재지이고 형평법 법원이 우리의 거래에 대한 최종 판결을 내리는 곳이다). 수탁자의무위반 소송의 핵심 내용은 내가 델에서 지배권을 가지고 있고 거래의 양측과 일하고 있으며 내부자로서 부당한 영향력을 행사했다는 것이었다. 칼은 여러 차례의 인터뷰를 통해 내가 특별위원회와 비밀리에 공모하고 있다고 비난했다.

하지만 레오 재판장은 내가 보유한 16퍼센트의 소유권은 지배적인 주주라고 간주되기에는 어림도 없다고 주장했다. 나는 더 높은 가격을 제시하는 입찰자가 나타나면 2억 5000만 주를 그 사람에게 투표하겠다고 약속했기 때문에 칼과 사우스이스턴을 합치면 나보다 더 많은 통제권을 행사할 수 있다고 말했다.

재판장은 집단 소송의 주장과 반대로 특별위원회는 실버레이크와 나보다 더 좋은 제안을 찾기 위해 가능한 모든 노력을 기울였고 내가 특별위원회와 협력하기 위해 모든 법적 기준을 만족시켰다고 밝혔다. 그는 우리의 제안이 재판에 회부될 경우 그 결과는 비교적 관대한 사법 기준이 적용될 것이라고 말했다. 레오 재판장이 너무 맘에 들었다! 재판장의 의견은 칼에게 큰 타격을 주었다.

6월 21일에 나는 우리의 CFO 브라이언 글래든과 함께 메릴랜드주의 게이더스버그Geithersburg로 갔다. ISSInstitutional Shareholder Service 사람들에게 우리의 제안이 델의 주주들을 위한 가장 최선의 거래라는 것을 설득하기 위해서였다. 최고의 대리 의결권 자문회사인 ISS는 델의 주주들이 직면하고 있는 것과 같은 종류의 제안들을 평가하고 주주들로부터 돈을 받는 기업이다. 이 회사의 평가는 매우 중요해서 나는 ISS의 의견을 매우 신중하게 받아들인다. 지난 4월에 ISS는 우리의 인수 제안에 회의적인 입장을 담은 보고서를 발행했다.

가장 중요한 질문은 '델이 거래를 어떻게 성사시킬 것인가?'가 아닌 것처럼 보인다. 그보다 훨씬 더 멀리 내다봐야 하는 것이다. 즉 '이것이 최고의 인수 합병 가치라면 델이 정말로 회사를 팔고 싶어 할까?' 하고 생각해 보는 것이다.

나는 ISS와의 회의를 '게이더스버그 전투'라고 생각했다. 우리 제안과 관련해 가능한 모든 관점을 살펴보고 내가 할 수 있는 가장 강력한 주장을 펼치기 위해 며칠 동안 평소보다 아침에 더 일찍 일어났다. 그리고 내가 주장하고 싶은 논점들을 목록으로 만들었다.

1. 나는 29년 전에 이 회사를 설립하고 이후 계속해서 발전 방향을 제시해 왔다. 지금은 올바른 방향으로 가는 것이 중요하고, 나는 내가 떠나고 오랜 후에 회사가 어떻게 될 것인지를

걱정하고 있다.

2. 지금까지 PC 산업의 발전 속도가 점점 더 빨라지는 것을 목격했고 이를 따라잡는 것이 중요하다고 생각한다. 하드웨어에서 소프트웨어, 서비스, 그리고 솔루션 기업으로 움직이고, 모바일에서 클라우드 기업으로 델의 변화를 이끄는 것이 반드시 필요하다. 가능한 빠르게 변화하는 것이 중요하고 긴급하다. 변하지 않으면 죽는다.

3. 우리가 만들어가는 변화는 고객들이 원하는 안정성과 회사가 필요로 하는 유연성을 제공할 것이다. 하지만 우리가 감수하는 위험은 불가피하게 우리가 가야 할 길을 험난하게 만들 것이다. 일반 주주들의 입장에서는 너무 불확실한 시나리오가 될지도 모른다.

4. 상장기업의 변화 속도는 매우 제한적이다.

5. 새롭게 진출하는 5개 분야에서 성공하기 위해 필요한 투자는 단기적으로 수익을 감소시킬 것이다. 많은 주주들은 이런 상황을 좋아하지 않는다.

6. 지난 8월에 상장폐지 절차를 시작한 이후부터 나는 주주들에게 최선의 결과를 제안하는 누구와도 손을 잡을 의향이 있다는 사실을 분명히 밝혔다. 그리고 그런 제안을 하는 사람은 누구든지 그들의 계획에 나를 포함시킬 수도 있고, 그렇지 않

을 수도 있다는 사실을 잘 알고 있다.

7. 우리의 제안에 대한 반대투표는 이사회, 경영진, 그리고 변화
   와 혁신 전략에 대한 불신임 투표가 될 것이고 회사에 커다란
   혼란을 초래할 것이다.

8. 칼과 사우스이스턴은 델의 가치가 우리가 제시한 가격보다
   더 높다고 주장한다. 하지만 그들은 현실적 대안을 제시하지
   못했다. 모두 진실을 가리고 왜곡하는 것이다. 그들은 우리
   주주들에게 우리가 제시한 가격보다 단 0.01달러도 더 많이
   제시하지 않았다. 또 자신들이 활용 가능한 현금을 40억 달러
   정도 더 부풀렸다. 그들은 12달러의 배당금을 보장하는 어떠
   한 현실적 방안도 가지고 있지 않다.

9. 그들의 새로운 경영진도 허구다. 마이클 카펠라스와 마크 허
   드는 모두 관심이 없다고 밝혔다. 토드 브래들리는 이 문제
   에 관해 연락을 받은 적이 없다고 말했다. 마이클 대니얼스는
   IBM과 경쟁 금지 조항에 서명했다.

ISS와의 회의는 잘 진행됐다. 7월 8일에 ISS는 그들의 결정을 발
표했다. 그들은 델의 주주들에게 거래에 찬성하는 투표를 하라고
권고할 것이다. 이틀 후에 또 다른 의결권 자문회사인 글래스루이
스Glass Lewis도 우리 제안에 대한 찬성을 권고했다. 어떤 면에서 칼은

우리의 제안이 확실한 선택일 정도로 나쁜 대안을 제시함으로써 우리가 두 기관의 추천을 받도록 만들었다.

두 자문회사의 권고는 우리에게 큰 도움이 되었지만 나는 여전히 우리가 거래 승인에 필요한 만큼의 찬성투표를 받을 수 있을지 염려됐다. 처음에 특별위원회가 정한 규칙 때문에 확신할 수가 없었다. 나를 포함해 발행주식 과반의 승인을 받는 것에 더해, 나 또는 델의 자회사들을 제외한 주주들 과반 이상의 승인이 필요했다. 두 번째 투표에서 나의 주식은 계산되지 않지만 칼과 사우스이스턴에 셋매니지먼트의 주식은 포함될 것이다. 그리고 기권이나 투표에 참여하지 않은 주주들은 사실상 '반대'로 간주될 것이다. 7월 18일 주주총회에 앞서 ISS의 결정과 같은 우호적인 뉴스 때문에 주가가 상승한다면 대규모의 주식이 매도될 것이고, 규정에 따라 새로운 주주들에게는 투표권이 주어지지 않을 것이다. 6월 3일을 기준으로 주식을 보유하지 않았기 때문이다. 그리고 주식을 매도한 이전 주주들은 투표에 관심이 없을 것이다. 그러나 그들이 투표를 하지 않으면 우리의 제안에 반대하는 것으로 간주된다.

이런 투표의 규정은 '발행주식 중 소수 주주의 과반majority of the minority outstanding'으로 알려져 있다. 소수 주주들의 집단은 나 또는 나의 가족, 다른 내부 관계자를 제외한 주주들을 의미하고, 발행주식은 투자 여부와 상관없이 전체 주식을 의미한다. 이것은 매우 엄격한 규정이지만 특별위원회가 만든 모든 조치들 가운데 하나에 불과했다. 처음부터 특별위원회는 나와의 공모 가능성을 피하기 위해 가능한 모든 조치를 취했다.

3일 후에 칼은 또 다른 공개서한을 보냈다. "친애하는 델의 주주 여러분"으로 시작하는 그 편지는 감언이설의 극치를 보여주었다.

> 투자에서 드문 경우이지만 우리는 생각을 할 필요도 없는 단순한 상황과 마주치게 됩니다. 그리고 이런 상황에서 매우 적은 위험을 감수하면서 많은 돈을 벌 가능성이 높습니다. 경우에 따라서는 위험을 전혀 감수하지 않고도 수익을 낼 수 있습니다. 그런데 내 경험에 따르면 이상하게도 많은 투자자들이 이런 상황을 이용하는 기회를 놓치고 있습니다.

그는 곁들이 장사로 축제에 참여한 가짜 약장수 같았다. 위험 없이 공짜로 돈을 벌 수 있다니! 그는 주주들이 7월 18일에 열리는 주주총회에서 반대투표만 하면 된다고 주장했다. 그리고 어떤 방식으로든 합병이 승인된다면 주식매수청구권을 주장하라고 했다.

주식매수청구권은 어떤 것일까? 델라웨어 법에 따르면 현금 인수합병이 승인되면 거래에 반대투표를 했거나 투표를 하지 않은 주주들은 거래를 받아들일지 아니면 주식매수청구권을 행사하기 위해 법원으로 갈지를 60일 안에 결정해야 한다. 후자의 경우가 발생하면 델라웨어 형평법 법원은 델의 주식이 더 높은 가치가 있는지, 매수자(나와 실버레이크)가 주주들에게 그만큼의 대가를 더 지불해야 하는지를 결정한다. 하지만 법원은 주식의 가치가 더 낮다고 결정할 수도 있다. 이런 경우에 주식매수청구권을 행사한 주주들은 더 적은 금액을 받게 된다. 뿐만 아니라 주식매수청구권을 주장하는 사람은 그 과정이 모두 끝날 때까지 기다려야 하는데 이것은 수년이 걸릴 수도 있다. 칼은 위험이 전혀 없다고 새빨간 거짓말을 하고 있었다.

더구나 그는 자신이 주식매수청구권을 행사할 의도가 없다는 점은 말하지 않았다. 감정평가 문제가 해결되는 동안 대규모의 주식을 가지고 있는 주주들은 자신들이 보유한 주식의 가치를 회사에 빌려주는 것과 마찬가지다. 칼의 입장에서 이것은 대중을 현혹시키는 또 다른 제안일 뿐이었다. 그 제안의 뻔한 속내는 대규모 주식을 가진 주주들의 반대투표를 막기 위해 나와 실버레이크가 인수 가격을 올리도록 압력을 가하는 시도였다.

주의 깊게 읽어봤다면(나는 그의 편지를 면밀하게 살펴봤다) 칼의 7월 11일 편지는 기본적으로 자신이 회사를 인수하려는 노력을 포기했다는 현실을 알려주는 것이었다. 만일 그가 우리로부터 더 높은 가격의 주가를 제안받을 수 있다면 주식을 다 팔아버리고 승리를 선언할 수 있었다.

하지만 실버레이크도 나도 칼의 압력에 굴복할 생각이 전혀 없었다. 주주총회를 앞둔 주에 우리의 명분을 강조하기 위해서 나는 비행기를 타고 더 많은 곳으로 출장을 다녔다. 프랭클린뮤추얼Franklin Mutual, 블랙록BlackRock, 스테이트스트리트State Street, 펜트워터Pentwater 같은 대주주들을 만나 우리 제안이 정당한 이유를 설명했고 나의 설명은 성과가 있었다. 주주총회가 다가오는 가운데 블랙록, 스테이트스트리트 그리고 뱅가드그룹Vanguard Group은 모두 반대에서 찬성으로 돌아섰다.

7월 18일 아침은 중부 텍사스의 전형적인 한여름 날씨였다. 기온은 화씨 90도 중반을 오르내렸다. 외부에서 일하기에 좋은 날은 아니었지만 라운드 록 본사 밖에 카메라들과 함께 몰려든 수많은 TV 기자들은 선택의 여지가 없었다. 본사 내부에서는 지정된 시각인 오전 8시에 래리 투가 커다란 대회의실 앞쪽 연단으로 올라가 수백 명의 사람들을 둘러보고는 말했다.

"특별 주주총회에 오신 것을 환영합니다. 법무 자문위원으로서 주주총회가 연기되었음을 선언합니다."

그것이 전부였다. 사람들이 '지금 무슨 일이 벌어진 거지?'라는 표정으로 주변을 둘러봤다. 주주총회가 연기되었다는 말은 특별위원회가 주장한 '소수 주주들의 과반 승인 규정'에 따라 우리 제안의 승인을 얻는 데 필요한 투표 수를 확보하지 못했다는 것이었다. 의결권 위임 기관인 맥켄지파트너스Mckenzie Partners로부터 온 이메일에 따르면 거래에 찬성하는 주식은 5억 3900만 주였고, 반대는 5억 4100만 주로 집계됐다. 투표 규정에 따라 우리가 승리를 선언하려면 이해관계가 없는 독립적인 14억 7628만 8661주의 절반보다 1주가 더 많아야 했다. 다시 말해 약 7억 3800만 주 이상이 찬성해야만 했다. 이것은 실제 우리가 얻은 표보다 1억 9900만 주 정도 더 많다. 주주들 가운데 약 27퍼센트가(3억 9800만 주 이상이) 투표를 하지 않았고 규정에 따라 반대표로 간주되었다. 투표에 참여하지 않은 표를 반대로 간주하는 한 투표수는 압도적으로 우리에게 불리했다.

그날은 힘든 하루였다. 에곤은 회의에 참석하기 위해 비행기를 타고 오스틴으로 갔다. 회의가 끝나고는 우리 집에서 TV를 시청했다. 나는 CNBC가 내보내고 있는 27분짜리 칼 아이칸 인터뷰에서 눈길을 뗄 수가 없었다. '패스트 머니 하프타임 리포트'의 사회자 스콧 와프너Scott Wapner와 칼은 기관투자자 컨퍼런스 단상에 앉아 있었다. 흰 수염을 기르고 빨간색 넥타이를 하고 퀸즈 억양으로 말하는 칼은 때로는 반항적이고 때로는 부끄러워하고 농담을 하거나 위협적인 태도를 보이는, 정신적으로 약간 불안한 할아버지 같았다. 그는 세계에서 가장 표정을 감추지 못하는 포커 플레이어처럼 종종 얼굴의 아랫부분을 손으로 가렸다. 그의 미소는 이상하게 친절해 보였다. 인터뷰는 구시대적인 칼의 모습을 보여주었다. 그의 인터뷰는 과대망상증, 적개심, 불평, 그리고 사교적인 대화가 장황하게 뒤섞여 있었다. 인터뷰 중간에 스콧 와프너가 칼이 최근에 주요 주주가 된 많은 기업들(델, 체사피크Chesapeake, 넷플릭스, 내비스타Navista, 바이오젠Biogen, 트랜스오션Transocean, 허벌라이프 등)의 이름을 거론하면서 "77살에 중년의 위기 같은 것을 경험하고 있나요?"라고 물었다.

칼은 미소를 지었다. 쿠키 통에서 몰래 과자를 먹으려다 엄마에게 들킨 아이 같았다.

"글쎄요, 그것 말고 또 무엇을 해야 되죠? 아내가 저의 일거수일투족을 지켜보고 있거든요. 저를 밖으로 나가지 못하게 하죠……."

청중들이 크게 웃었다. 스콧은 본론으로 돌아와서 물었다.

"마이클 델이 가격을 올리지 않을 것이라는 보도가 나오고 있는데 그가 인수 가격을 인상할 것이라고 생각하나요?"

"혹시 뭐 아는 게 있나요? 저는 잘 모르겠습니다. 솔직하게 말씀드릴게요. 당신이 믿지 않을 것이란 걸 알고 있지만 저는 크게 신경 쓰지 않습니다. 저는 회사를 소유하고 싶고, 1억 5000만 주를 가지고 있어요. 분명히 말하지만, 나는 돈을 벌려고 이 일에 뛰어든 것입니다. 하지만 저는 이 회사를 소유하고 싶어요. 지금까지 정말로 돈을 벌었기 때문입니다. 저는 험악한 퀸즈 지역 출신의 소년이었어요. 아무것도 가진 것이 없었고 지금 여기까지 왔습니다. 시시한 것처럼 들리겠지만 저는 미국을 사랑합니다. 저는 정말로 돈을 벌고 싶은 마음이 간절합니다. 제가 회사들에 대한 지배권을 가지고 있을 때 가장 많은 돈을 벌었습니다. 우리가 회사에 참견했을 때요."

그는 확실히 델의 경영에 관여하고 싶어 하는 것처럼 보였다. 그는 새로운 이사진들을 구성해 대리전쟁을 치르는 것에 관해 이야기하고 있었다. 당연히 CEO도 새로운 사람으로 바꿔야 한다고 했다.

"저는 솔직히 이야기하고 싶어요. 내가 이길 수 있다고 생각하는 이유는 이렇습니다. 당신이 기관이라면 마이클 델이 여전히 그 회사를 경영하기를 바라는 이유가 무엇일까요? 그는 주가를 40달러에서 지금의 수준까지 하락시켰습니다. 경영을 잘못했다는 말이죠. 이사회는 그를 축출해야 합니다. 이런 속담이 있습니다. '나를 한번 속이면 당신의 잘못이고, 나를 두 번 속이면 내가 잘못한 것이다.' 주주들이 마이클을 또다시 CEO로 선임하면 부끄러워해야 할 것입니다."

와……. 혹시 내가 그의 아내가 만든 미트로프 요리 솜씨에 아무 말도 안 했기 때문에 이런 이야기를 하는 걸까?

인수에 대한 칼의 헛소리는 너무 황당했기 때문에 보기에는 재미있었다. 하지만 그가 싹트게 만든 혼란이 우리의 주식에 미치는 영향은 전혀 재미있지 않았다. 7월 초 주가는 4월 이후 처음으로 13달러 아래로 떨어졌다. 주주총회가 연기되면서 일주일 동안 12달러 선에 있더니 8일, 9일, 10일 연속으로 12달러 선에 머물렀다. 시장은 우리의 거래가 성사될 가능성에 대한 판단을 내리고 있었다. 가능성이 높지 않은 것처럼 보였다.

7월 22일에는 법률자문회사인 왁텔·립튼의 맨해튼 사무실에서 특별위원회 사람들을 만났다. 알렉스 만들이 특별위원회의 변호사들과 재정 담당 자문위원들과 함께 그 자리에 참석했다. 맥켄지에서 온 사람들도 있었다. 나는 확신에 차 열정적으로 말했다. 현재 기준에 따라 투표를 하지 않은 주식을 반대표로 간주하는 것은 오히려 투표 규정을 불공정하게 만드는 것이라고 주장했다. 이런 투표 방식은 소수의 주식이 다수를 이기게 만드는 것이다. 특별위원회가 피하려고 노력했던 태도, 즉 그들과 내가 한편이 되어 주주들을 상대로 음모를 꾸미고 있다는 주장은 이미 오랫동안 경제 매체와 주주들에게 전달되는 수많은 공개서한을 통해 앞뒤가 맞지 않는 이야기라는 것이 입증됐다. 실버레이크와 나는 여러 문제를 놓고 특별위원회와 의견 충돌이 있었다. 우리의 입장은 확고했고 싸움을 공정하게 만들 때가 됐다.

또다시 의견이 충돌했다. 알렉스는 나에게 만일 실버레이크와 내가 주당 인수 가격을 최소 14달러까지 올린다면 특별위원회가 투표 규정을 바꾸는 것을 고려할지도 모른다고 말했다.

회의는 중단됐다. 다음 날 아침에 에곤과 오랫동안 이야기를 한 후에 알렉스에게 전화를 걸어 실버레이크와 내가 주당 인수 가격을 13.75달러로 인상하겠다고 말했다. 다만 특별위원회가 투표에 참여하지 않은 주식을 반대로 간주하지 않는다는 조건을 달았다. 그리고 우리가 제시하는 최선이자 마지막 제안이라고 덧붙였다. 알렉스는 특별위원회의 다른 위원들과 자문위원들과 논의한 후, 우리의 제안을 생각해 볼 시간이 필요하다고 말했다. 이에 따라 7월 24일로 예정됐던 주주총회는 8월 2일로 또다시 연기됐다.

그런 와중에 7월 23일, 특별위원회에 칼과 사우스이스턴의 또 다른 편지가 전달됐다.

신사 숙녀 여러분,

여러 해 동안 비즈니스를 해오면서 우리는 많은 비양심적인 이사회를 보아왔습니다만, 현재 진행되고 있는 '자포자기식의 델의 와해'야말로 가장 눈에 띄는 비양심적인 이사회 사례라고 생각합니다. 놀랍게도 특별위원회는 이 모든 것을 통해 그들이 어느 정도로 주주들을 보살피고 주의를 기울이고 있는지 우리에게 계속해서 알려주고 있습니다. 우리는 스스로 잘했다고 축하하고 있는 델 주주들의 대변자들에게 몇 가지 물어볼 것이 있습니다.

왜 델의 주주들을 쫓아내려고 하는 것인가요?

충성스러운 델의 주주들을 델로부터 축출하고 마이클 델과 실버레이크에게 낮은 가격으로 회사를 넘기는 일에 특별위원회가 헌신하는 이유가 무엇입니까? 이사회는 얼마나 오랫동안 주주총회를 연기하고 '경영판단원칙' 뒤에 숨어 있을 것입니까?

답은 누구도 말할 수 없다는 것입니다.

특별위원회는 약속을 지킬 것입니까?

6월 16일에 특별위원회는 "마이클 델의 중립성을 보장하고 최종 결정을 이해관계가 없는 주주들에게 맡기기 위한 특별조치를 취했다"고 말했습니다.

지난주 목요일로 예정됐던 투표를 연기했을 때, '특별위원회가 마이클 델의 중립성을 보장하고 최종 결정을 이해관계가 없는 주주들에게 맡기는 특별조치를 취했다'고 생각하지 않는다면 마이클 델과 실버레이크 거래에 반대하는 투표를 해주시기를 촉구합니다.

그렇고 그런, 지겹도록 들었던 이야기였다. 다음 날 칼은 싸움을 트위터로 확대시켰다. 그는 첫 번째 트윗에 "마이클 델과 이사회가 작별한다면 델의 모든 것들이 멋질 것이다"라고 남겼다. 과연 그의 트윗이 사람들의 관심을 끌었을까?

말만 해서는 성공하지 못한다. 델에는 이런 말이 있다.

"실패는 선택이 아니다."

우리는 좋은 전략과 실행이 성공을 불러온다는 것을 알고 있다. 비공개 기업으로 전환하는 과정의 마지막 단계에 도달해 있었다. 너무 오랜 시간이 걸렸고 파괴적이었으며 혼란과 불확실성을 불러왔다. 나와 나의 지지자들은 양쪽 결과에 대처할 준비가 돼 있었다. 주주들이 거래를 원하면 우리는 그 방법을 찾아 성사시킬 것이다. 주주들이 원하지 않으면 우리가 하던 일로 돌아가면 된다. 만약 주주들이 찬성표를 던진다면 변화에 대한 위험을 감수하지 않고 성공 가능성에 대한 보상을 일부 받게 될 것이다. 모든 위험은 실버레이크와 내가 감수하게 될 것이다. 나중에 성공했다고 말하는 것은 쉽지만 실패할 수도 있었다.

칼이 편지를 보낸 날, 나는 우리 주주들에게 공개서한을 보냈다. 몇 달 만에 처음으로 침묵을 깨트리고 지난 1년간의 싸움에 대한 이야기를 꺼낸 것이다. 우리의 제안을 수용하든 거부하든 결정을 해달라는 나의 마지막 선언이었다.

친애하는 주주 여러분,

여러분들은 델을 비공개 기업으로 전환하려는 우리의 노력에 대한 많은 이야기들을 읽었을 것입니다. 이와 관련해 여러분들에게 직접 이야기하고 싶습니다.

저는 델을 비공개 기업으로 전환하는 것이 회사를 위한 옳은 일이라고 생각합니다. 우리는 변해야 합니다. 그것도 '빨리' 변해야 합니다. 변화는 위험과 도전을 수반하기에 저는 델이 공개 기업보다는 비공개 기업일 때 우리가 해야 하는 것들을 더 잘할 수 있다고 믿습니다.

지난 8월에 델 이사회에서 이사회가 비공개 기업으로의 전환을 고려할 것인지 물었을 때 사외이사들이 과정을 통제할 것이라는 사실을 알았고, 저는 가장 높은 가격을 제시하는 사람과 협력할 준비가 되어 있다는 사실을 분명히 밝혔습니다. 모든 관심이 있는 당사자들에게 그들이 제시할 수 있는 가장 높은 가격을 지불하도록 설득했습니다.

역사상 가장 엄격한 과정 가운데 하나를 거쳤고 관계자들이 제시한 가장 높은 가격은 주당 13.65달러였습니다. 다른 협상 대상자들은 주당 13.65달러 이상을 제안하지 않았지만 실버레이크와 저는 주당 13.75달러로 가격을 높였습니다. 이것은 주주들에게 약 1억 5000만 달러가 더 지급되는 것이고 우리의 최선이자 마지막 제안입니다.

저는 이번 제안이 회사와 주주들에게 최선의 이익이라고 믿습니다. 다른 당사자들은 차입을 통한 자본 재편성, 자산 매각, 그리고 기타 등등 제가 생각하기에 회사에 해를 끼치고 제가 지지하지 않는 대안을 제안해 왔습니다.

이제 결정은 주주 여러분들의 몫입니다. 저는 어떤 결정이든 기꺼이 받아들이고 여러분의 결정을 존중할 것입니다. 우리의 합의는 거래의 승인을 위해 이해관계가 없는 독립적인 여러분들 과반의 찬성이 필요합니다. 불행하게도 지금 규정이 투표를 하지 않은 주식은 거래에 반대하는 것으로 간주하고 있는데, 현재 독립적인 주주들의 25퍼센트 이상이 투표를 하지 않았습니다. 이렇게 된다면 거래에 찬성하는, 이해관계가 없는 주주들의 다수가 우리 제안을 수용하고 싶어도 투표를 하지 않는 주주들에 의해 패하게 될 것입니다. 저는 이런 규정이 명백히 불공정하다고 생각합니다.

인수 가격을 13.75달러로 인상할 때 우리는 특별위원회에 이런 불공정한 투표 규정을 바꾸고 독립적인 주주들 다수의 의지가 결과를 결정하게 해달라고 요청했습니다. 특히 대안을 가지고 거래를 추진하려는 사람들의 노력을 생각할 때, 저의 주식을 제외하고 지분을 가진 당사자들이 그들의 몫인 투표권을 정당하게 행사해야 함을 감안하면, 투표하지 않은 주식을 마치 반대를 지지하는 것으로 간주함으로써 공정한 경쟁의 장을 한쪽에 유리하도록 기울이는 것은 어떤 경우에도 타당성이 없습니다.

만일 특별위원회가 우리가 제안한 주당 13.75달러의 인상안에 동의하고 주주 여러분들이 결정을 내릴 수 있는 공정한 경쟁의 장을 만드는 것에 합의한다면, 저는 여러분들의 결정을 기다리겠습니다.

마이클 델 올림

이틀 후인 7월 26일, 나는 우리의 제안을 받아들이도록 설득하기 위해 메릴랜드주 이스턴Easton에 있는 알렉스 만들의 집으로 갔다. 나는 90분 동안 알렉스를 상대로 칼의 과장된 공격이 주가에 악영향을 미칠 것이고 미래에 대한 지속적인 불확실성이 회사에 해를 끼칠 것이라는 주장을 펼쳤다. 공정한 투표를 구현하기 위해 투표하지 않은 주식을 반대로 간주하는 규정은 실제로 투표하는 주주들의 진정한 의견을 가로막는 것이라고 했다. 알렉스는 이마를 찌푸리면서 고개를 끄덕였다. 그는 내말을 들었지만 결코 동의를 뜻하는 말을 하지 않았다. 그는 마지막으로 자신은 실버레이크와 내가 인수 가격을 주당 14달러로 올리면 투표 기준을 바꿀 필요 없이 분위기가 변할 것이라고 말했다. 나는 실버레이크와 논의할 것이라고 말했지만 낙관하지는 않았다.

이러는 동안 델의 주가는 계속 지지부진했다(오래 지속되지는 않았지만!). 칼은 무대 밖 어딘가에서 흡족한 표정을 짓고 있었을 것이다.

# 08

# 회사에 내 이름 DELL을 걸다

리 워커는 나를 도와줄 수 없다는 생각을 바꿨다. 지금까지도 나는 그가 마음을 바꾼 이유를 정확하게 알지 못한다. 무엇 때문에 그는 남부 프랑스의 아름다운 여름을 포기하고 무더운 텍사스 오스틴에 머물면서 작은 컴퓨터 회사가 자리를 잡는 것을 도와주게 되었을까? 나는 그 이유를 여러 차례 물어보았다. 그는 특유의 겸손한 어투로 자신도 한때 나와 비슷한 상황에 있었다며 중얼거리듯 이야기할 뿐이었다.

리는 70년대 초반, 젊은 사업가였을 때 많은 돈을 빌려 뉴욕 버팔로에 있는 한 철강 구조물 제작 회사를 인수했다. 그가 경영진에 오르자마자 회사는 상당한 고가의 설비인 금속을 재활용하는 용광

로를 플로리다의 고객에게 매도했다. 하지만 플로리다의 환경 규제 당국이 그 기계의 사용을 금지하자 고객은 대금 지급을 거부했다. 이에 따른 손실 때문에 적은 이윤으로 영업을 하고 있던 리의 신생 기업은 파산 위기에 처했고 리도 개인 파산 직전으로 내몰렸다. 극도의 절망감에 그는 플로리다로 날아가 환경 당국에 개인적인 청원을 넣었다. 놀랍게도 규제 당국은 예외적으로 설비 운전 허가를 내줬다. 그래서 돈을 받았고 회사도 살아남아 기업가로서 성공하게 되었다. 그는 구사일생의 위기에서 살아남는 한두 가지 방법을 알게 됐고 이후 여러 해 동안 기업의 재무에 대한 많은 교훈들을 어렵게 배웠다. 1986년 여름에 나는 아직도 현장 업무를 하면서 기업 재무를 배우고 있었다.

우리의 회계적인 한계를 감안할 때 어떤 면에서 PC's 리미티드는 놀라울 만큼 잘하고 있었다. 단 1000달러의 자본금으로 회사를 시작했기 때문에(휴스턴에 있는 컴팩은 1983년 말에 투자자들로부터 자금을 조달해 자본금이 1억 달러에 달했다) 우리가 가지고 있는 제한된 자금을 최대로 활용하는 방법을 찾아야 했다. 나는 이 일을 상당히 잘했다.

우리의 초기 매출은 일반적으로 신용카드로 잡혔다. 주문 제품을 출고할 때 대금을 지급 받는다는 의미였다. 이것은 좋은 일이지만 처음에는 종종 부품에 대한 대금을 미리 지불해야만 했다. 보유하고 있는 자금이 제한적일 경우에는 상당히 어려운 일이었다. 회사가 성장하면서는 공급업체들에게 제품을 받고 나서 30일 후에 대금을 지불하는 조건으로 부품을 공급하도록 설득할 수 있었다.

또 고객들에게 직접 판매하면서 완성품 재고를 가지고 있을 필요가 없었기 때문에 부품 재고 수준을 낮게 유지할 수 있었다. 고객이 무엇을 구매하는지를 정확하게 알 수 있다면 그 주문에 필요한 부품만 있으면 된다. 반대로 다양한 사양의 완성품 재고를 생산하고 다양한 지역에 보관하는 기업들은 재고가 빠르게 증가하고 보유 기간도 길어진다. 재고를 가볍게 유지하는 방법을 통해 가장 최근의 비용 부분에서 이득을 봤다. 원자재 비용은 언제나 거의 모든 경우에 하락했기 때문에 이것은 우리에게 또 다른 이점이 되었다.

신용카드 판매, 공급업체 후불 지급, 그리고 부품 재고의 최소화는 모두 우리의 현금 전환 주기를(현금이 판매와 미수금 계정을 통해 재고와 미지급금 계정으로 전환된 다음 다시 현금으로 바뀔 때까지 걸리는 시간) 다른 대부분의 기업들보다 훨씬 단축시켜 주었다. 이것은 매우 좋은 일이었다.

다른 한편으로 기업, 정부 기관, 교육 기관과 의료 기관 등에서의 매출이 빠르게 증가했다. 이런 기관들은 신용카드로 지불하지 않는 게 문제였다. 지불 기한을 연장해야 했는데, 이것은 우리에게 더 많은 신용대출이 필요하다는 의미였다. 그것도 아주 많이. 그리고 내가 절대적으로 도움이 필요한 분야가 바로 신용대출이었다.

그해 봄에는 내가 새로운 회사를 직접 경영하느라 눈코 뜰 새 없이 바빠서 회사의 재무 상태가 얼마나 심각한지 전혀 모르고 있었다. 하지만 리는 우리 회사에 합류하기 직전에 이런 사실을 발견했다. 우리의 신용 보증 은행인 M뱅크의 한 직원이 점심에 그를 초대해 PC's 리미티드에 관여하지 말라고 조언했을 때였다. 은행 직원은 비슷한 사업을 하는 오스틴의 기업인 컴퓨애드야말로 한번 도전해볼 만한 기업이라고 말했다고 한다(컴퓨애드는 시스템보다는 부품 중심의 사업을 했고 여러 개의 매장을 가지고 있었다). 그는 M뱅크가 PC's 리미티드의 신용한도를 60만 달러로 동결하기로 결정했다고 말했다.

리는 훗날 이 일을 다음과 같이 기억했다. "머릿속으로 계산을 해봤습니다. 내 기억에 짐 시모어가 나에게 델 매출이 하루에 10만 달러 정도라고 말했거든요. M뱅크가 단지 6일 동안의 매출만큼만 자금을 지원한다는 의미였어요. 과거 경험에 따르면 어림잡아 최소 24일 매출에 해당하는 자금이 필요했거든요. 6일 동안 60만 달러로 회사를 운영하는 것은 불가능했죠. M뱅크는 델의 자금 문제에 단호해서 마이클의 부품 공급업체들은 기한을 넘겨 대금을 지급받아야 했습니다. 델의 거래처들이 납품 대금을 달라면서 아우성을 칠 것이 분명해 보였습니다."

그 정도로 과장된 것은 아니었지만 우리는 돈이 매우 필요했고, 리는 어디서 어떻게 돈을 구하는지 알고 있었다. 나에게는 행운이었다. 매우 키가 크고 신중하며 아는 것이 많은 이 사람은 갑자기 PC's 리미티드의 사장을 하지 않겠다는 자신의 결정을 뒤집었다. 그리고 출근한 첫날부터 우리는 완전히 새로운 방식으로 일하기 시작했다.

나의 법률자문인 켈리 게스트는 이미 리에게 그가 직면하게 될 엉망진창의 상황에 대해 간단하게 설명해 주었다.

"당신이 해야 하는 첫 번째 일은 CFO와 최고회계책임자<sup>chief accounting officer, CAO</sup>를 물러나게 하는 것입니다. 그들이 부부라는 사실은 그들이 가지고 있는 문제의 시작에 불과합니다."

나는 그들이 부부라는 사실에 신경을 쓰지 않았다. 볼튼이 힘들게 한 것은 내가 더 많은 영업 자금이 필요하다고 말할 때마다 아무것도 하지 않고 상황이 얼마나 어려운지만 이야기했다는 점이었다.

리가 볼튼 부부에게 이제 회사를 그만둘 때라고 말하자 그들은 흥미로운 요구를 했다. 볼튼은 "이 회사를 폭파시킬 버튼을 누르지 않게 하려면 5만 달러를 주세요"라고 말했다. 공허한 협박이 아니었다. 그 부부는 우리 회사를 영원히 사라지게 만들기 위해 그들이 당길 수 있는 손잡이와 누를 수 있는 모든 종류의 버튼을 가지고 있었다. 회사는 그들에게 지불할 5만 달러가 없었다.

하지만 우리의 새로운 사장은 전문 지식, 경력, 기업 인맥을 동원하면서 빠르게 자신의 가치를 입증했다. 리는 최근에 발콘스 <sup>Balcones</sup>라고 불리는 오스틴의 한 실패한 컴퓨터 회사가 파산 절차를 통과할 수 있도록 도와주었다. 그리고 그 회사의 자금줄이었던 텍사스커머스은행<sup>Taxas Commerce Bank</sup>이 그 기업에 빌려주었던 150만 달러를 한 푼도 빼놓지 않고 돌려받을 수 있도록 해주었다. 텍사스커머스은행의 프랭크 필립스<sup>Frank Phillips</sup> 사장과 리의 친구 발콘스의 사장은 매우 고마워했고 (리가 우리와 함께 생사를 같이 한다는 것에 깊은 감명을 받았다며) 기꺼이 우리 회사의 새로운 신용한도를 높여주었다.

볼튼 부부는 회사를 떠났고 리가 CFO를 겸했다. 오스틴의 어려운 경제 상황에도 불구하고 PC's 리미티드는 폭발적으로 성장하고 있었다. 오스틴의 불경기에 대한 걱정은 점점 줄어들었다. 우리가 회사를 처음 시작했을 때 모든 거래는 회사 인근 지역에 국한됐지만 3달 후 거래의 절반은 자치구 밖에서 발생했고, 다시 3달 지난 후에는 거래의 90%가 오스틴 외부에서 발생했다. 많은 사람들이 우리 회사에서 일하고 싶어 했다. 다른 기업들은 점점 더 어려움을 겪거나 파산하기 시작했고, 사람들은 오스틴에서 가장 잘나가는 우리 회사에 취업하기를 희망했다.

우리는 약간 허접했지만 생기가 넘쳤고 공동체 정신이 충만했다. 리와 나는 사무실 문을 항상 열어놓음으로써 개방적인 분위기를 조성했다. 사무실을 오가면서 회의를 하고 농담을 하고 계획을 수립했다. 그러면서 서로에게 자극을 주고받았다(우리는 2명으로 구성된 PC's 리미티드의 이사회 전체 멤버였다). 리가 음이라면 나는 양이었다. 단지 대차대조표에서만 그런 것이 아니었다. 내가 저돌적이고 결단력이 있다면 그는 심사숙고하는 편이었다. 하지만 우리는 유머 감각이 비슷했고 함께 있으면 즐거웠다. 우리는 훌륭한 하나의 팀이었다. 그리고 헤드웨이 1611번지에서 우리의 이런 협동 정신은 직원들 사이에 확산됐다. 기술자들은 생산 라인에서 추가적인 도움이 필요할 때 조금씩 도와주었다. 생산직 사람들은 영업 사원들이 일이 많아 감당하지 못할 때 대신 전화를 받아주기도 했다.

하지만 세상의 모든 동지애가 동원되더라도 우리가 독특한 비즈니스 모델을 가지고 있지 않았었다면 도움이 되지 못했을 것이다. 다른 PC 제조업체들도 있었기 때문이다. 250킬로미터 정도 떨어진 휴스턴에는 쟁쟁한 경쟁업체인 컴팩이 있었고 IBM도 경쟁업체였다. 그리고 다른 통신판매와 전화판매 업체들도 있었다. 하지만 다른 어떤 업체도 소비자들의 요구에 맞춘 엄청난 속도를 가진 PC를 만들지 못했고 번개처럼 빠른 속도로 제품을 출고하지 못했다. 경쟁자들은 한 가지 모델로 여러 목적에 사용하는 범용 제품을 만들어 컴팩, 컴퓨USA<sup>CompuUSA</sup>, 컴퓨터랜드, 서킷시티<sup>Circuit City</sup>나 게이트웨이<sup>Gateway</sup> 같은 유명 점포를 통해 판매하고 있었다. PC로 차익 거래를 하면서 발견했던 것처럼 소매 판매는 거의 언제나 기복이 심했다. 너무 많은 재고가 있거나 아니면 재고가 충분하지 못했다.

반면 우리의 매출 물량은 놀라웠다. 하지만 빠른 성장은 커다란 문제를 불러일으켰다. 가장 큰 문제 가운데 하나가 품질 관리였다. 1986년 9월에 아이오와주 드 모인<sup>Des Moines</sup>에서 잔뜩 화가 난 한 고객에게 전화를 받았다. 그는 우리가 판매한 컴퓨터가 집에서 불이 나 자신의 사업에 중대한 손실을 불러왔다며 우리를 고소할 것이라고 말했다. 그는 "주와 주 사이<sup>interstate</sup>에 벌어진 사기로 3배의 손해배상을 청구하겠다"고 소리 질렀다. 불행하게도 그가 이런 일이 일어난 유일한 고객이 아니었다. 다른 품질 관리 문제도 발생했다. 품질에 대한 불만은 반품을 뜻했고 수리는 생산 속도의 저하를 의미했다. 나중에 리가 이야기한 것처럼 그때 생산을 바로잡지 못했다면 우리는 망했을 것이다. 정말 이상한 일이지만 우리를 해결책으로 이끈 것은 또 다른 격분한 편지였다.

편지는 탠덤컴퓨터Tandem Computers의 북부 오스틴 공장의 관리자인 밥 스웸Bob Swem이라는 남성으로부터 날아온 정지명령요청서였다. 스웸은 우리가 자기 공장에서 일하는 최고의 직원들을 가운데 일부를 빼가고 있다고 주장했다. 그의 주장은 절반만 사실이었다. 우리는 그의 직원들을 스카우트하지 않았다. 지역의 기술자들로부터 지원 신청을 받고 여러 명을 채용했을 뿐이었다.

적을 아는 것은 언제나 훌륭한 원칙이다. 밥 스웸과 그의 공장을 조사하는 과정에서 리는 그가 매우 탁월한 시스템을 발명했다는 사실을 알게 됐다. 생산라인이 절대 멈추지 않도록 보장하는 무정지형 탠덤 컴퓨터 소프트웨어 시스템이었다. 그 시스템에는 그 공장에서 생산하는 단말기에 들어가는 모든 부품에 바코드를 새기는 것이 있었다. 예를 들어 현장 어딘가에서 50와트 용량의 콘덴서가 고장나거나 단말기가 작동을 멈췄다면 스웸은 동일한 콘덴서가 들어간 다른 단말기를 쉽게 추적해 대체 부품이 필요한 고객들에게 알리고 문제가 생기기 전에 교체할 수 있도록 했다.

리와 나는 서로의 사무실을 오가면서 밥 스웸을 위한 제안서를 만들었다. 우리가 생산 라인에 탠덤 시스템을 그대로 도입하고 그의 직원들을 더 이상 채용하지 않겠다는 내용이었다. 그리고 여기에 더해 탠덤이 어떻게 우리의 생산 능력을 향상시키는 데 도움이 됐는지 물어보는 모든 사람들에게 이야기해 주겠다고 했다. 밥 스웸은 동의했고 우리의 품질 관리는 한 단계 상승했다.

하지만 더 좋은 품질 관리가 완벽함을 의미하지는 않았다. 다른 컴퓨터들과 마찬가지로 현장에 있는 우리의 컴퓨터들도 때때로 고장을 일으킬 것이고, 사전에 부품을 교체하거나 무료로 전화 지원을 하는 방법으로도 해결할 수 없는 문제들이 발생할 것이다. 어떤 면에서 이런 해결책이 더 심각한 문제를 드러내기도 했다.

IBM과 컴팩은 PC 시장의 50퍼센트를 점유하고 있었다. 우리는 비좁은 시장을 어깨로 밀치고 들어가 우리 회사를 차별화시키려고 노력하고 있었다. 제품의 성능, 특징, 빠른 출고 시간은 좋은 출발이 었지만 한 가지 중요한 부분이 빠져 있었다. 훌륭한 제품을 만들고 있었지만(《PC매거진》은 우리의 286 모델이 최초의 진정한 IBM 킬러라고 불렀다) 사실 기업의 정체성에는 한계가 있었다. 우리는 오스틴의 통신 판매 기업이었고 통신 판매는 대중을 위한 저가 시장이었다. 한 단계 도약한다는 것은 엑슨Exxon, 보잉Boeing, 포드, 시티은행Citibank, 그리고 제너럴모터스General Motors 같은 대기업들에게 대규모 물량을 판매하는 것을 의미했다. 우리는 기업 시장을 뚫기 위해 영업 사원들을 채용했다. 하지만 기업 고객들에게 좋은 제품을 제안할 수는 있어도 대기업들이 요구하는 서비스와 지원 시스템을 제공할 수는 없었다. 그래서 대기업들로부터 많은 거절을 당했다. 우리가 대기업과 거래를 하고 있다는 사실을 잠재적 투자자들에게 보여주지 못하면 그들은 우리에게 관심을 갖지 않을 것이다. 진퇴양난에 빠져 있었다. 작은 기업으로 남을 수밖에 없는 운명이었다. 중요한 산업 분야에서 작은 기업에 머물지 않으려면 무엇을 해야 할까?

1986년 가을에 캘리포니아의 러시안 리버 밸리<sup>Russian River Valley</sup>에서 열린 회사 브레인스토밍에서(겨우 감당할 수 있는 행사였지만 회사의 상황을 개선할 계획을 만들고 싶다면 정말로 필요한 휴식 시간이다) 진행자는 우리 에게 상상력 연습에 참여하도록 요청했다. 실현하고 싶은 소망을 이루기 위해, 서비스와 지원 문제를 해결하기 위해 무얼 할 것인지를 물었다.

킴 로엘<sup>Kim Roel</sup>이라는 이름의 한 젊은 영업 사원도 그 자리에 참석했다. 킴은 PC's 리미티드를 대기업으로 키우기 위해 무엇을 해야 하는지를 고민하는 팀의 일원이었다. 킴은 매우 외향적이고 열정적이며 다른 대부분의 사람들과 달리 솔직하게 말하는 것을 전혀 두려워하지 않았다.

"저는 고객들에게 우리가 문제를 즉시 해결하겠다고 말할 수 있었으면 좋겠습니다. 기술자들이 다음 날에 바로 고객을 방문할 수 있으면 좋을 것 같아요."

"좋은 아이디어입니다. 다른 아이디어는 없나요?"

진행자가 말했다.

"그리고 익일 방문 서비스가 무료라면 좋겠어요."

참석한 모든 사람들이 좋다고 말했지만 냉엄한 현실적 문제가 있었다. 서비스에 들어가는 비용을 어떻게 해결할 것인가?

한편으로는 생각의 한계를 깨트리는 것이 이번 브레인스토밍의 목적이었다. 그리고 우리는 무료 기술지원 외에도 성취 가능한 다른 두 가지 꿈으로 브레인스토밍을 마무리했다. 나는 국제적으로 진출하고 싶었고 대기업에 제품을 판매하는 노력을 강화할 필요를 느꼈다. 6개월 후에 우리는 첫 번째 두 가지 목표를 달성했고, 세 번째 목표 달성을 위한 일을 계획대로 잘 추진하고 있었다.

그때쯤 우리에게 시장을 빼앗긴 IBM이 시장을 되찾기로 결정했다. 1981년에 개방형 구조의 PC를 도입한 이후 IBM은 복제 PC 제조업체들이 많은 돈을 벌고 있는 것을 지켜봤다. 그들의 공식적 입장은 PC는 사업의 작은 부분이라는 것이었다. 그런데 우리와 같은 신생 기업들의 성공이 그들의 심기를 건드렸다. IBM은 갑자기 생각을 바꾼 것처럼 보였다. 1987년 4월 2일에 IBM은 퍼스널 시스템/2<sup>PS/2</sup>, 다른 말로 마이크로 채널 아키텍처<sup>micro channel architecture</sup>라는 새로운 폐쇄적 구조의 PC를 도입했다. 마이크로 채널 아키텍처는 복제품 회사들을 몰살시키는 방안 같았다. IBM은 상황을 이전 상태로 되돌려놓고 싶어 했다. 그래서 메인 프레임 시장을 장악했던 방식으로 PC 사업을 지배할 수 있기를 바랐다. '제국이 역습을 하는<sup>empire strikes back</sup>' 순간이었다.

나는 루크 스카이워커<sup>Luke Skywalker</sup>(영화 「스타워즈」의 주인공, 전형적인 성장형 히어로로 통하는 캐릭터. 여기에서는 PC's 리미티드를 가리킨다)가 최후를 맞는 순간이 될 수 있겠다는 생각에 정말로 무서웠다. 우리는 즉시 자체적인 마이크로 채널eb 아키텍처를 개발하는 작업에 착수했다. 하지만 시간이 오래 걸릴 것이다. 그러는 동안 IBM은 우리를 망하게 만들 수 있을지도 모른다.

그다음 달에 재미있는 일이 벌어졌다. IBM이 고객들에게 PS/2

로 교체를 설득하는 와중에 컴팩과 컴팩의 협력사인 인텔이 기존의 ISA, 즉 산업표준구조보다 발전된 확장산업표준구조Extended Industry Standard Architecture, EISA를 개발했다. EISA는 IBM의 복제 제품을 만든 제조사들이 기존의 ISA 방식에서 성능을 업그레이드 하는 확장 카드를 꼽을 수 있는 슬롯을 가지고 있었다. 우리는 곧바로 이 일에 매달렸다.

IBM 고객들의 일부가 새로운 PS/2를 선택했지만 대부분의 고객들은 그렇게 하지 않았다. 빠르게 PS/2로 교체했던 고객들 가운데 일부는 생각을 바꿔 EISA로 돌아왔다. 결국 PS/2는 역풍을 맞았다. PS/2가 일부 기술적인 혁신을 포함하고 있었지만 고객보다는 IBM의 이익을 위해 설계됐기 때문이었다. 우리는 위기를 모면했다. 하지만 이것이 우리가 IBM으로부터 들은 마지막 소식은 아니었다.


1987년 6월에 우리는 새로운 회사 이름 아래 공식적으로 국제적인 기업이 되었다. 영국에서 사업을 시작하기 직전에 리와 내가 지사장으로 뽑은 앤드류 해리스Andrew Harris가 말했다.

"회사를 'PC's 리미티드'라고 부를 수는 없어요. 엄청 이상하게 들리거든요. 회사 이름을 뭐라고 할까요?"

오스틴에서 우리 회사는 매우 빠르게 성장하고 있어 그런 작은 문제들을 해결할 시간이 없었다. 우리는 "잘 모르겠네요, 너무 바빠서. 당신이 생각해봐요"라고 답했다.

며칠 후에 앤드류가 다시 전화를 걸었다.

"회사 이름을 알려주지 않아서 그냥 델 컴퓨터 코퍼레이션<sup>Dell</sup> Computer Corporation이라고 부르기로 했습니다. 어쨌든 이게 당신들의 정식 이름이잖아요."

"뭐라고 불러도 좋아요."

그래서 두 달 동안 우리 회사는 2개의 이름으로 불렸다. 미국에서는 모든 사람들이 우리를 PC's 리미티드라고 불렀지만 영국에서는 델 컴퓨터 코퍼레이션이었다. 영국에서 회사의 출범 준비는 조금 불안정했다. 하지만 폭발적인 성장은 안정성과는 거리가 먼 것이다. 그리고 우리는 국제적으로 진출할 준비가 돼 있었다.

영국은 우리에게 잘 맞는 시장이었다. 자신들이 팔고 있는 상품도 잘 모르는 직원들이 일하는 컴퓨터 가게에서 많은 사람들이 품질이 좋지 않은 PC들을 구매하고 있었다. 반면 우리는 탁월한 성능의 제품을 생산하고 있을 뿐만 아니라(리 워커와 켈리 게스트가 두 달 전에 계약을 체결한 덕분에) 무료로 방문 서비스를 제공하는 세계 최초의 PC 제조사였다.

최근에 합병된 다국적 기업 허니웰<sup>Honeywell</sup>의 정보시스템 부분인 허니웰 불<sup>Honeywell Bull</sup>이 우리의 메인프레임을 제조하고 있었고 그들의 국제적인 서비스 조직은 우리에게 완벽한 파트너가 되었다. 리와 켈리가 체결한 계약 조건에 따르면, 우리는 생산된 모든 PC에 대해 1대당 30달러를 허니웰 불에 지불하는 대신 허니웰 불은 미국이나 영국 어디에서든 당일 또는 익일 무료 서비스를 제공하기로 돼 있었다. 30달러의 비용은 고객들에게 떠넘기지 않기로 결정했다.

계산에 따르면 무료 방문 서비스는 우리가 지불하는 비용을 빠르게 충당할 정도의 신규 판매 증가를 가져올 것이라 예측됐다.

우리의 계산은 정확한 것으로 판명됐다. 무료 방문 서비스는 커다란 도약의 발판이었다. 이제 주문제작한 PC's 리미티드 상표의 컴퓨터를 무료 방문 서비스를 제공하는 조건으로 대기업들과 미국 정부에 판매할 수 있게 됐다. 대기업과 미국 정부가 우리 영업 사원들을 외면하고 그들의 이야기를 듣지 않는 일이 더 이상은 없을 것이라는 의미였다.

그리고 델 코퍼레이션은 45세의 진정한 성인이자 경험 많은 기업가를 사장과 CFO로 영업함으로써 과거에는 접근할 수 없었던 모든 종류의 운전 자본에 접근할 수 있게 되었다. 21살짜리 CEO와 달리 리 워커는 텍사스커머스은행의 프랭크 필립스 같은 사람들과 만날 수 있었다. 그리고 그런 사람들에게 "미국 정부는 물론 텍사코, 엑슨, 몬산토 이런 회사들도 프랭크의 회사에서 자금을 빌리고 있거든요. 이런 회사들의 매출 채권을 담보로 대출을 해주세요"라고 말할 수 있었다. 은행가들은 "좋아요, 리. 그 청년은 잘 모르지만 당신을 믿습니다"라고 말하곤 했다.

하지만 단지 신용대출만으로 목표를 달성하기에는 충분하지 못했다. 우리는 1986년 3300만 달러 매출에서 1987년 6000만 달러의 매출을 달성하는 과정에 있었다. 1988년 회계연도에 1억 달러의 매출을 달성할 수 있다고 생각하는 것도 허황된 꿈은 아니었다. 그리고 그 이후에 어떤 일이 벌어질지 누가 알겠는가? 하지만 우리는 수중에 겨우 30만 달러가 넘는 현금을 쥐고 있을 뿐이었다. 리가 회계를 철저하게 통제한 덕분에 우리는 흑자를 유지했다. 하지만 그것도 어렵게 흑자를 유지하는 수준이었다. 우리는 더 많은 연구 개발을 하고, 더 많은 사람을 채용하고, 가능한 더 많은 최고의 부품들을 매입하기 위해 신용 대출이 아니라 진짜 운전자본이 필요했다. 회사를 상장하는 것이 자연스러운 과정처럼 보였다. 그것이 필요로 하는 자금을 마련하는 유일한 방법이었다. 투자 은행들이 전화를 걸어오기 시작한 것도 그맘때였다.

전화를 걸어온 사람들은 많았다. 우리는 젊고 잘나가는 기업이었다. 매달 성장하고 있었고 우리가 하고 있는 사업과 그 이면에 무엇이 있는지에 관해 많은 이야깃거리를 만들어내고 있었다. 예를 들면 주문제작방식으로 만들어지는 고품질의 상품과 그동안 소매 가격을 인상하지 않았기 때문에 가격 경쟁력이 뛰어나다는 것과 같은 이야기 말이다.

대여섯 명의 투자 은행 관계자들이 우리를 만나러 오스틴으로 왔다. 그들은 온갖 종류의 좋은 일들을 예견했고 어떻게 그런 목표를 달성하도록 우리를 이끌어갈 것인지 모두 이야기했다. 이런 이야기를 듣는 것은 재미있었다. 하지만 회의가 끝날 때마다 리와 나는 서로를 쳐다보면서 고개를 가로저었다. 생각해 보자. 당신이 원하는 이야기를 듣는 일은 기분이 좋지만 설탕 발림의 효과가 없어지면 실제로 도움이 된 이야기가 있었는지 궁금증만 남게 된다.

규모가 큰 투자 은행으로부터 솔직한 이야기를 들어볼 필요가 있었다. 리와 나는 1987년 봄에 대형 투자 은행과 만나기 위해 뉴욕으로 출장을 갔다. 우리가 처음으로 찾아간 두 은행은 공교롭게도 우리 어머니가 휴스턴에서 일했던 E.F. 허튼은행이었다("허튼이 말하면 사람들이 귀를 기울입니다"라는 TV 광고로 유명했다). 우리는 허튼의 주식중개인들 가운데 일부가 마피아의 돈을 세탁한 혐의로 연방 수사 기관의 조사를 받고 있다는 사실을 전혀 모르고 있었다. 그리고 허튼은행이 시어슨리먼아메리칸익스프레스Shearson Lehman American Express와 합병될 것이라는 사실도 몰랐다. 사무실은 분위기가 침체돼 있었다. 직원들도 회사가 거의 끝장났다는 사실을 알고 있었기 때문일 것이다.

또 다른 대형 투자 은행인 페인웨버도 "고마워요, 페인웨버"라는 유명한 광고를 하고 있었고, 아메리카스 애비뉴에 휘황찬란한 새로운 본사가 있었다. 무엇인지 모르지만 전혀 다른 이유로 그곳의 분위기도 결코 활기차지 못했다.

하지만 골드만삭스는 그렇지 않았다. 그곳의 사람들은(심지어 그들의 사무실 벽조차) 역동성, 지성, 야심, 그리고 성공의 기운을 발산하고 있었다. 그들의 기업공개 실적은 놀라웠고 우리의 월가 입성 파트너가 되기 위해 열심히 설명하고 있었다. 리와 나는 또다시 서로를 쳐다봤다. 이번에는 직감적이고 즉각적인 '예스'였다.

골드만삭스는 두 가지를 지적했다. 첫 번째는 리가 CFO에서 내려와야 한다는 것이다. 사장과 CFO를 겸직하는 것은 객관성을 충분히 담보하지 못하고 상장 기업에 좋지 않다는 것이다. 두 번째는 우리가 진정한 이사회를 갖추어야 한다는 점을 지적했다. 2명으로 구성된 이사회는 조건을 충족시킬 수 없다는 것이다. 최소한 5명의 이사들이 있어야 한다고 말했다.

리와 나는 논의 끝에 우리가 생각할 수 있는 오스틴에서 가장 좋은 2명을 우선 선정했다. 조지 코즈메트스키<sup>George Kozmetsky</sup>는 포춘 100대 기업에 들어가는 2개의 회사를 설립했고 텍사스 주립 대학교의 경영대학원 원장이었다. 그는 또 IC2라고 불리는 싱크탱크를 만들었다. 나는 그를 몇 차례 만났고 상당히 존경하고 있었다. 다른 한 명은 바비 레이 인먼<sup>Bobby Ray Inman</sup> 이었다. 그는 해군 장성이자 국가안보위원회의 전 의장과 CIA의 부국장을 지냈다. 그는 일본보다 더 많은 것을 발명하기 위한 방법을 찾으려고 MCC<sup>Microelectronics and Computer Technology Corporation</sup>라는 최고 기술 기업들의 협력단체를 운영하고 있었다(당시에는 일본이 세계 기술 분야를 지배할 것처럼 보였다). 리와 나는 두 사람 모두 탁월한 후보들이라고 생각했다. 우리는 골드만삭스에게 이 두 사람을 이사회에 합류하도록 설득하겠다고 말했다. 적절한 방법으로 세 번째 인물도 찾을 수 있었다.

하지만 골드만삭스는 아직은 기업을 상장해서는 안 된다고 생각했다. 과정이 복잡하고 시간이 오래 걸린다는 것이었다. 그리고 모두가 잘 알고 있는 것처럼 우리는 회사를 운영하는 데 너무 바빴다. 대신 골드만삭스는 20~30개의 금융 기관, 고액 순자산가, 그리고 다양한 펀드를 주주로 모집하는 사모 형태를 추천했다. 골드만삭스는 우리가 절대적으로 시장성이 있다고 확신했다.

그런데 1987년 10월 19일, 검은 월요일Black Monday의 대폭락 사태가 발생했다. 단 하루 만에 전체 시가총액의 23퍼센트가 사라졌다. 대공황이 시작된 1929년 10월의 검은 목요일Black Thursday보다 2배 정도 시장이 하락했다. 리의 기억에 따르면 이런 나쁜 소식을 전하려고 내 사무실로 들어섰을 때 나는 내가 가장 좋아하는 취미 활동을 하느라 바빴다고 한다. 경쟁사의 컴퓨터를 분해해 우리 컴퓨터와 어떻게 다른지를 알아보느라 정신이 없었던 것이다.

아마도 내가 회사 문제에 더 많은 관심을 가지고 걱정을 했어야 할지도 모른다. 그리고 리가 걱정을 조금 덜 했어야만 했을 것이다. 리는 46살이었고 신중하고 조심스러운 경향이 있었다. 하지만 나는 22살에 불과했고 목표를 향해 앞으로 나아가기만 했다. 나는 지금도 그때 사모펀드를 유치하지 않고도 계속 성장할 수 있었을 것이라고 확신하고 있다. 우리의 성장이 그 정도로 놀라웠기 때문이다. 하지만 리는 대차대조표와 은행들의 현실을 잘 알고 있다며 때때로 그런 현실 때문에 밤잠을 설쳤다. 우리의 미래에 들떠 있었던 나는 꿀잠을 잤다.

나중에 알게 되었지만 기적 같은 일이 벌어졌다. 검은 월요일 당시에 진행되고 있었던 수백 건의 자금 조달 계획 가운데 우리만이 유일하게 살아남았다. 수천 명의 매수자들이 자금을 지원하면서 우리의 계획은 계속 진행됐다. 이유가 무엇일까? 사람들이 우리의 비즈니스 모델을 신뢰했고 처음부터 발기인으로 참여하는 기회에 관심이 많았기 때문이다(저축의 상당 부분을 차지하는 50만 달러를 투자한 어머니와 아버지도 이런 투자자들에 포함돼 있었다). 전체 기술 산업 분야에서 우리 같은 기업은 없었다. 회사의 기본적인 재무 상태에 대해 논쟁할 것이 없었기 때문이었다. 1년에 100퍼센트씩 성장하는 어떤 상품이나 기업이 있다면 이것은 최소한 사람들이 그것을 좋아한다는 사실을 입증하는 것이다. 적어도 무엇인가 불법적인 일을 하지 않는다면, 그리고 우리가 하는 일이 부도덕하거나 사람들을 살찌게 하는 것이 아니라면 말이다. 우리의 사업은 단지 재미있는 일이었다.

사모펀드 유치가 시작되기 직전에 리와 영업 본부장, 그리고 마케팅 본부장이 나에게 찾아왔다.

"회사명을 PC's 리미티드 말고 실질적인 법인 명칭인 델 컴퓨터 코퍼레이션이라고 부르는 것이 어떻겠어요? 영국에서 잘 통하고 있거든요."

리와 내가 한동안 추진하던 일이었지만 우리는 몇 가지에서 의견이 맞지 않았다. 나는 리가 PC's 리미티드라는 이름을 싫어한다는 것을 알고 있었다. 그리고 리는 내가 그 이름을 좋아한다는 사실을 알고 있었다. 도비 2713호에서 회사를 시작했을 때 지은 이름이었고, 지금은 한 달에 수백만 달러를 벌어들이고 있는 이름이었다. 고객들이 그 이름을 좋아한다면 바꿀 이유가 있을까?

내 이름을 가지고 회사의 명칭을 정하는 것도 조심스러웠다. 내 이름을 사용하는 것이 허영심에서 나온 행동처럼 보일 수도 있기 때문이다. 이런 허영심은 정말로 체질에 맞지 않았다. 다른 사람에게 이야기하지 않은 다른 문제도 있었다. 우리의 회사가 없어지면 어떻게 될까? 1980년대 중반과 후반의 많은 컴퓨터 회사들처럼 우리가 파산하면 어떻게 될까? 그렇다면 '델 컴퓨터 코퍼레이션'은 완전히 다른 의미로 기억될 것이다.

나는 아담 오스본Adam Osborne이라는 기술 기업가를 생각하고 있었다. 그는 1980년대 초반에 '오스본1'이라는 휴대형 컴퓨터를 출시했다. 오스본1은 업그레이드 모델인 '이그제큐티브'를 출시하기 전까지 한동안 매우 인기가 높았다. 문제는 후속 제품 출시가 즉시 이뤄지지 않았다는 것이다. 사람들은 새로운 컴퓨터에 대한 기대감으로 오스본1의 구매를 갑자기 중단했고 매출이 늘지 않았다. 새로운 모델이 출시되지 않았고 공급 업체들에게 대금을 지불해야 하는 상황에서 오스본은 파산했다. 설상가상으로 기술 분야의 글을 쓰는 사람들은 그의 실패를 오스본 효과Osborne Effect라고 불렀다. 만에 하나 나의 신생 기업이 파산했을 때 사람들이 델 효과Dell Effect에 대해 이야기하는 상황은 상상조차 하고 싶지 않았다.

하지만 리와 다른 사람들은 나를 계속 설득했다. PC's 리미티드는 저가의 대중용 제품과 통신 판매처럼 들린다는 것이다. 그들은 "회사를 키워 IBM과 컴팩처럼 만들 겁니다. 그들과 동일한 시장에서 경쟁하고 있는 회사 이름처럼 보이기를 원합니다"라고 말했다.

결국 그들이 이겼다. 나도 그들이 주장하는 요점을 알고 있었다. 곧바로 PC's 리미티드 대신에 내 이름 'DELL'을 선명하게 새긴 컴퓨터들을 생산했다. 처음에는 매우 이상해 보였다. 다행히 새 이름

'Dell'은 하늘 높은 줄 모르고 치솟는 판매량에 전혀 영향을 미치지 않았다. 그리고 얼마 지나지 않아 완전히 자연스러워 보였다.

나는 사무실에서 먹고 자면서 하루 16시간을 즐겁게 일했다. 일이 곧 내 인생이었고 회사는 제2의 집이었다. 회사를 설립하고 일과 삶의 균형을 유지할 수 있다고 말하는 사람은 거짓말을 하는 것이다. 진짜 일과 삶의 균형에서 무엇인가 놓친 것은 없을까? 나는 성공하고 싶은 욕망이 컸다. 하지만 나는 사람이고 내 인생에서 무엇인가가 빠져 있다는 것을 알고 있었다.

텍사스 대학에서 처음 몇 달 동안은 여자 친구를 사귀었다. 하지만 나의 연애는 PC's 리미티드를 설립하고 운영하게 되면서 회사에 대한 열정과 잦은 출장 때문에 오래가지 못했다. 그래서 버디 패튼Buddy Patton(콘트롤러 칩의 공급업체 가운데 하나인 웨스턴디지털Western Digital의 영업 사원)이 "우리 아버지가 말하는데 너는 수잔 리버먼Susan Lieberman 같은 여성을 만나야 한대"라고 말했을 때 나는 "버디, 나는 지금 바빠. 해야 하는 일이 너무 많거든"이라고 말했다.

버디의 아버지 데이비드 패튼David Patton은 캐피털시티컨테이너Capital City Container라는 골판지 상자를 만드는 회사를 운영하고 있었다. 이 회사는 우리 컴퓨터를 포장하는 박스를 납품하고 있었다. 그리고 데이비드는 댈러스에 본사가 있는 거대 부동산 기업인 트라멜크로우에서 산업용 부동산 임대를 담당하는 수잔 리버먼이라는 여성과 거래를 하고 있었다. 데이비드는 버디에게 "수잔은 유대인이고 미혼이야. 네 친구 마이클 델도 유대인이고 미혼이잖아. 소개시켜주면 어떨까?"라고 말했고, 버디는 나에게 말을 전했다.

"우리 아버지가 수잔이 귀엽다고 하던대."

"버디, 난 잘 모르겠어. 네 아버지가 귀엽다는 것과 내가 귀엽다고 생각하는 것이 같을까? 나는 정말 바쁘거든. 대신 네가 가서 보고 오는 것이 어때?"

나중에 웨스턴디지털이 일부 공간을 임대하면서 버디가 수잔 리버먼을 만날 기회가 생겼다. 그녀는 한 장소를 보여주었는데 버디가 맘에 들어 했고 임대 계약을 체결했다. 버디가 내 사무실로 찾아와 "마이클, 수잔 정말 예쁘더라"라고 말하며 그녀의 전화번호가 적힌 종이를 넘겨주었다. 나는 버디가 떠나자마자 그 종이를 책상에 있는 사전에 끼워두었고 그후로 그 일을 아주 잊고 지냈다.

사전의 표지는 검정 가죽이었다. 나는 책상에 사전을 두는 것이 약간 창피했다. 내가 대학을 중퇴했기 때문이었을 수도 있고 영어가 내가 가장 잘하는 과목이 아니라서 그랬을 수도 있다. 하지만 나는 가끔씩 내가 뜻을 모르는 단어를 듣거나 읽는다. 나는 언제나 모든 것에 호기심이 많았고 모르는 것은 비밀리에 사전에서 찾아보곤 했다. 버디가 방문한 이후 얼마가 지났을 무렵 나는 어떤 단어를 찾아보고 있었다. 'intrinsic'나 'concomitant', 아니면 그와 비슷한 것이었다. 그러다가 수잔의 이름과 전화번호가 적힌 종이를 발견했다. 나는 그녀에게 전화를 걸어 같이 점심을 먹자고 했다.

우리는 체즈 프레드라는 오스틴의 한 작은 식당에서 만났다. 그녀가 문으로 걸어 들어오는 것을 봤는데 매우 아름다웠다. 금발에 건강한 모습이었다. 나는 그런 모습이 마음에 들었다. 자리에 앉아 이야기하면서 그녀가 똑똑하고 온화하며 명랑한 성격이라는 것을 알게 됐다. 내가 보기에 소개팅은 잘된 것 같았다. 그녀는 어떻게 생각했을까? 수잔의 말에 따르면 정장을 차려입고 그녀를 위해 의자를 빼주는 모습에 감명을 받았다고 했다. 또 내가 허풍을 떨지 않는 것이 맘에 들었다고 했다. 그녀는 잘난 체하는 남자들을 많이 만났던 것 같았다. 하지만 나는 곧 대화를 망쳐버렸다.

수잔이 나에게 어느 학교를 나왔냐고 물어서 사실대로 말했다. 텍사스 대학에 1년 다녔지만 중퇴하고 컴퓨터 회사를 창업했다고 했다. 하지만 그녀가 귀담아들은 내용은 대학을 중퇴했다는 부분이었고, 그순간에 '어어-' 하는 표정이 보였다.

그녀가 내게 몇 살이냐고 물었다. 당시에 나는 볼이 통통하고 커다란 안경을 낀 곱슬머리 소년처럼 어려 보였다. 수잔이 대학을 중퇴한 19살 소년과 점심을 먹고 있다고 생각할 수도 있다고 생각했다. 나는 그녀에게 2주가 지나면 23살이 된다고 말했다.

"맙소사. 당신 아직 어리군요!"

그말을 듣자마자 생각할 겨를도 없이 말이 입에서 튀어나왔다.

"저는 어린아이가 아니거든요. 제가 운영하는 회사도 있어요!"

"어떤 회사인가요?"

"PC's 리미티드요."

여성 사업가인 그녀가 대화의 연결 고리를 만들었다.

"스탠 사이크스Stan Sykes를 아세요?"

"네. 우리 생산 담당 부사장입니다."

"우리 생산 담당 부사장이라는 게 무슨 말이죠?"

"아, 그분이 제 회사에서 일하고 있어요."

"잠깐만요. 그럼 당신이 사무실을 임대한 그 청년이에요?"

그녀는 우리가 트라멜크로우로부터 임대한 창고와 사무실 공간에 대해 이야기하고 있었다.

"그리고 그 회사가 당신의 회사라는 것이죠?"

나는 미소를 지으면서 그렇다고 말했다. 나머지 시간은 잘 지나갔다. 그날 이후 나는 새로운 영국의 사무실을 방문하고 유럽 대륙에 다른 사무실을 개설할 가능성을 알아보기 위해 약 일주일 동안 유럽으로 출장을 가야만 했다. 출장에서 돌아와서는 수잔에게 또다시 전화를 걸어 일요일에 바튼 크릭에서 산책을 하는 것이 어떤지 물었다. 그녀는 좋다고 했다. 우리는 걸으면서 이야기했고, 이야기를 하면서 조금 더 걸었다. 이야기를 하면 할수록 우리는 점점 더 많은 공통점을 발견했다. 마지막으로 우리가 서로를 쳐다봤을 때는 이미 4시간이 훌쩍 지나간 뒤였다. 그날은 1988년 밸런타인데이였다. 그날 이후 30번이 넘는 밸런타인데이가 지났지만 우리는 아직도 걸으면서 이야기를 하고 있다.

그해 6월에 델은 기업공개Initial Public Offering, IPO를 위한 서류들을 제출했다. 서류를 제출한 직후에 우리는 작은 회사가 대기업으로부터 결코 받고 싶지 않은 종류의 편지를 받았다. IBM으로부터 상장 중지 명령을 요청하는 내용증명 편지를 받은 것이다. 그 편지는 "델 컴퓨터 코퍼레이션 귀중, 우리는 귀사가 우리의 특허 가운데 하나를 침해하고 있다고 믿을 근거를 갖고 있습니다"라고 시작했다.

서한은 충격적이었지만 깜짝 놀랄 일은 아니었다. 우리는 4년 동안 컴퓨터 사업에 종사했고, 1인 기업에서 수백만 달러의 영업을 하는 회사로 성장하고 있었다. 그리고 IBM과 호환되는 모든 종류의 컴퓨터를 만들었고, 가장 최근에는 새로운 똑똑한 기술자인 데이비드 런스포드David Lunsford 덕분에 첫 번째 386 컴퓨터를 만들었다. 386 컴퓨터는 IBM, 컴팩, 그리고 우리와 직접적인 경쟁을 하는 다른 모든 컴퓨터보다 성능이 좋았다. 《PC매거진》은 가장 최근호에 그들의 시험 결과를 다뤘는데 우리 컴퓨터가 매우 강력하고 놀라울 정도로 빠른 성능을 가지고 있다고 이야기했다.

이것은 굉장한 칭찬이었다. 하지만 IBM이 보낸 내용증명은 그렇지 않았다. IBM의 내용증명은 모두 정확했다. 너무 빠르게, 그리고 한 가지 목표를 향해서만 달려가고 있었기 때문에 우리가 개발하는 모든 제품들에 대해 특허 사용 신청을 해야 한다는 것은 생각하지 못했다. IBM은 상당히 많은 특허를 가지고 있었지만 델이 보유하고 있는 특허는 0개였다.

리, 켈리, 그리고 내가 뉴욕 아몽크Armonk의 IBM 본사를 방문하려고 비행기를 탔을 때는 교장 선생님 사무실로 불려가는 학생이 된 것 같은 느낌을 받았다. 아니 그보다 더했다. 우리가 돈을 절실하게 필요로 하는 시점에서(사모형식으로 조달한 2200만 달러는 공급업체, 연구 개발, 그리고 우리의 임금으로 빠르게 소진됐다) IBM의 소송은 우리의 IPO 절차를 중단시켰는데, 그건 어쩌면 우리를 멈춰 세울 수도 있는 일이었다.

델은 당시 미국에서 7번째로 큰 PC 제조 업체였다. 오스틴의 부동산이 불황을 맞이하게 되어 우리는 아보레툼 에비뉴 9505에 있는 9층 건물 전체를 임대할 수 있었다. 생산 공장은 오스틴 북부의 브레이커$^{Braker}$ 지역의 창고 빌딩에 있었다. 어느 정도 규모가 있었고 매주 더 크게 성장하고 있었지만 IBM과 비교하면 여전히 작은 기업에 불과했다. 깔끔하게 정돈된 수천 제곱미터에 달하는 잔디 광장에 들어서 있는 미래 지향적인 IBM의 거대한 본사는 매우 위협적이었다. 걸어 들어간 건물의 내부는 차가운 기운이 감돌고 왠지 사람을 주눅 들게 만들었다. 모든 사람들이 단체복을 입고 있었는데 검정색 양복에 흰색 셔츠, 그리고 빨간 넥타이 차림이었다. 면도를 하지 않은 사람도 없었다. 오스틴의 간편한 옷차림과는 거리가 멀었다.

IBM의 특허 담당 이사인 에메트 무르사$^{Emmett\ Murtha}$는 매우 친절했다. 그는 미소를 지으면서 악수를 했다. 우리는 자리에 앉아서 비서가 가져온 우아한 중국 도자기 잔에 담긴 차를 마셨다. 그랬던 그가 끝까지 친절하지 않았던 이유는 무엇이었을까? 그는 우리를 완전히 속였다.

에메트는 처음부터 우리를 안심시키려고 노력했다. 우리를 파산시키고 싶은 것이 아니라고 말했다. 우리가 IBM의 기술을 활용해 이익을 얻고 있다며 우리가 생산하는 모든 컴퓨터에 대해 약간의 특허 사용료를 원하고 있었다.

"얼마의 사용료를 원하시는 건가요?"

"3퍼센트요."

에메트는 미소를 지으면서 말했다. 리와 나는 서로를 쳐다보았다. 판매되는 컴퓨터 1대에서 5퍼센트의 이익을 보고 있었기에 3퍼센트는 너무 큰 금액이었다. 이론적으로는 3퍼센트를 고객들에게 부담시킬 수 있었다. 하지만 그렇게 하면 지금만큼 많은 컴퓨터를 팔 수 있을까? 우리의 경쟁 기업들도 가격을 인상할까? IBM은 컴팩에서도 3퍼센트의 특허 사용료를 받고 있을까? 아무래도 컴팩은 우리보다 더 많은 특허를 가지고 있을 것이었다.

리, 켈리, 나는 모두 똑같은 생각을 하고 있었을 것이다. 하지만 그렇다고 우리가 무엇을 할 수 있었을까? 1988년 6월 6일에 우리는 IBM과 특허 사용 계약을 맺었다. 그 계약에 따르면 우리는 IBM XT, AT 그리고 PS/2와 호환되는 모든 컴퓨터를 제조할 수 있었다. 그 대가로 우리는 그들이 보유한 특허 기술을 사용한 모든 컴퓨터에 대해 과거, 현재, 그리고 미래의 매출에서 특허 사용료를 지불해야 할 것이다. 특허 사용료는 수익의 상당 부분을 갉아먹었다. 하지만 우리는 어떻게든 줄어든 수익을 보완하는 방법을 찾아냈다.

6월 22일 마침내 IPO를 진행했다. 총 350만 주, 1주당 8.50달러였다. 이제 델은 상장 기업이 되었다. 주식은 나스닥에서 'DELL'이라는 이름으로 거래됐다. 우리는 다시 한숨 돌릴 수 있었다.

1986년에 리 워커가 우리 회사에 합류했을 즈음, 나는 집을 사기로 결정했다. 왜 그런 마음이 들었는지 잘 모르겠다. 어른으로서 리가 나에게 미친 영향력과 관련이 있을지도 모른다. 은행 계좌에는 계약금을 지불할 수 있을 만큼의 충분한 돈이 있었다. 당시 실라 플롯스키Seila Plotsky라는 중년의 부동산중개인을 만났다. 그녀는 나를 관심 고객으로 생각했다. 그래서 주말마다 나를 태우고 돌아다니면서 매물을 보여주는 것을 좋아했다. 어느 토요일 오후에 오스틴의 서쪽 언덕이 보이는 도심 북부의 아름다운 주택을 보여주었다. 집 주소는 밸번 서클 5309번지였다.

그 집은 8000제곱미터의 대지 위에 지어진, 뒤편에는 멋진 수영장이 있고 앞쪽에는 넓은 잔디 마당이 있는 크고 넓은 현대식 주택이었다. 늦은 봄 그곳으로 이사하자마자 나만의 공간을 만들기 시작했다. 독신 남성 느낌이 물씬 나는 가구들과(가죽 소파, 털이 긴 양탄자, 그리고 빈백 의자) 플라스틱으로 만든 조화를 들여 놓았다(진짜 식물은 나의 무관심 때문에 살아남지 못할 것이다. 며칠 동안 사무실에서 잠을 자기도 했고 정기적으로 유럽과 동아시아로 출장을 갔으니 말이다). 대형 소니 TV와 대형 클립시 스피커로 구성된 오디오 시스템은 거실에 놓았다. 5개의 방 가운데 하나는 책상에서 업무를 보고 쿼트론Quotron(증권과 금융정보를 실시간으로 제공하는 서비스_옮긴이)으로 주식 포트폴리오를 관리할 수 있는 사무실 겸 서재였다. 다른 침실은 실험용 컴퓨터 장비와 부품들이 가득한 연구실로 사용했다. 그곳에서 밤늦게까지 일하면서 기계를 분해하고 부품을 교체하고 납땜질을 했다.

한번은 아시아로 출장을 가려고 여행 가방을 들고 계단을 내려오다 거실 바닥에서 전갈을 발견했다. 나는 부엌에서 커피 잔을 가져와 전갈을 덮어놓고 아시아로 출장을 갔다. 2주 후에 내가 집에 돌아왔을 때는 그 모든 것들을 까맣게 잊고 있었다. 거실 바닥에 있는 컵을 발견하고 컵을 집어 들어보니 그때까지도 전갈이 살아 있었다. 전갈이란 동물은 생명력이 무척 질겼다.

가끔씩 집에서 사람들과 어울리기도 했다. 독립기념일에는 회사의 기술자들을 초대해 파티를 열었다. 수영장 주변에는 바비큐와 맥주가 있었고 거대한 스피커에서 롤링 스톤즈, 지미 헨드릭스, 도어즈, 록시 뮤직 등의 음악이 크게 흘러나왔다.

수잔 리버먼과 사귄 이후로는 모든 것이 변했다. 그녀가 우리 집에서 자고 가기 시작한 이후부터 특히 그랬다. 맥주 파티도 열지 않았고 플라스틱 조화도 없애버렸고 전갈도 사라졌다. 우리 집에서 함께 지내자고 수잔을 설득할 수 있었던 유일한 방법은 매주 청소부를 불러 집을 청소하고 컴퓨터 연구실을 운동 기구를 갖춘 체력 단련실로 바꾸어 놓기로 한 합의였다.

그곳에 거주하기 시작한 지 얼마 지나지 않아 이상한 일이 벌어지기 시작했다. 회사의 성공 이야기가 지역 언론을 포함해 사람들의 관심을 끌게 됐다. 가끔씩 우리 집 근처를 지나가면서 구경을 하려고 속도를 늦추는 자동차가 나타나기도 했다. 어떤 사람은 실제로 우리 집 앞에 차를 세우고 벨을 누르기도 했다. 그들이 바라는 것은 나와 악수하고 인사하는 것뿐이었다. 모든 사람들이 매우 친절했고 선의를 가지고 있었다. 딱 한 사람만 빼고.

그해 7월, IPO 직후에 어떤 사람이 우리 집 현관 벨을 눌렀다. 산책하러 나갈 때 두어 번 마주쳤던 이웃이었다. 우리 집에서 두 집 떨어진 곳에서 아내와 함께 사는 중년 남성, 글렌 헨리Glenn Henry였고, 그는 IBM에서 일했다.

IBM의 직원이라는 사실 그 자체는 놀라운 일이 아니었다. IBM에서 일하는 여러 명의 직원들이 동네에 살고 있었기 때문이다. 하지만 글렌 헨리는 단순한 IBM의 직원이 아니었다. 그는 IBM 펠로우였다. IBM 펠로우는 미국에서 가장 유명한 기업 가운데 한 곳에서 직원들이 얻을 수 있는 가장 높은 명예였다. 글렌은 다중 사용자와 다중 작업에 적합한 소규모 기업용 컴퓨터인 IBM의 System/36의 부지배인이었다. 그는 IBM에서 오스틴의 고급 주택가에 있는 좋은 집을 살 수 있을 정도로 많은 월급을 받는 매우 중요한 일을 담당하고 있었다(내가 이 동네로 이사 왔을 때 마약 거래를 하는 21살의 젊은이가 밸번 서클에서 가장 큰 집을 샀다는 소문이 돌았다고 말해주었다).

글렌 헨리가 7월 어느 날 오후에 우리 집 벨을 누른 이유는 무엇이었을까? 그는 《오스틴아메리칸스테이츠먼Austin American Statesman》에서 우리의 IPO 기사를 읽었다며 "당신과 일하고 싶습니다"라고 말했다. 나는 그에게 들어와서 커피를 한잔 하자고 했다.

우리는 자리에 앉아 이야기를 나눴다. 글렌은 기술자였다. 기술자들은 극적인 행동을 하지 못하는 경향이 있다. 그래서 회사를 그만두고 나와 함께 일하고 싶다는 그의 제안은 매우 중대한 문제였다. 그는 아내와 자식이 있었고 부동산 담보 대출도 갚아야 했다. 매우 확실한 자기 분야의 일이 있으며 IBM에서 20년 이상 일했고, 그의 아내는 이직을 원하지 않았다. 하지만 이야기를 나누면서 그가 매우 무미건조한 문화에 갇혀 있다는 것을 알 수 있었다. 무르사와 특허에 관한 회의를 할 때 내가 느꼈던 그런 분위기였다. 글렌이 나에게 이야기한 것처럼 IBM의 경영진뿐만 아니라 모든 다른 IBM 펠로우들은 PC를 얕잡아보고 있었다. 그의 상사인 부사장은 PC가 메인 프레임에 종속된 훌륭한 단말기에 그칠 것이라고 생각했다.

반대로 글렌은 PC를 산업의 판도를 바꿀 '게임 체인저'로 생각했다. 당시 전 세계에는 약 200만 대의 PC가 있었다. 그는 미래에는 PC가 수십억 대로 증가할 것이라고 했다. 나도 그렇게 생각했다. 이야기를 하면 할수록 글렌 헨리가 우리가 추구하는 목표와 얼마나 잘 맞는 인물인지 더욱 잘 알게 되었다. 커피를 다 마셨을 때쯤 나는 그에게 약 1000명의 직원들이 있는 우리 회사에 합류해 연구개발팀을 이끌어달라고 요청했다.

**기회까지 158 마일.**

이 건방진 문구는 우리의 숙적인 컴팩의 휴스턴 본사 외부에 있는 옥외 광고판에 걸렸다. 의미를 더욱 명확하게 전달하기 위해 서쪽에 위치한 오스틴(텔)을 가리키는 커다란 화살표를 넣었다. 그리고 델의 상징을 나타내는 도장을 찍었다.

글렌 헨리처럼 많은 사람들이 화살표를 따라서 우리 회사에 합류했다. 우리 회사에서 컴팩으로 이직하는 사람들보다 컴팩에서 우리 회사로 자리를 옮기는 사람들이 훨씬 더 많았다. 바라던 바였다. 나는 컴퓨터 산업 분야에서 경쟁을 좋아했다. 상대가 컴팩을 세운 로드 캐니언Rod Canion이든 컴퓨애드의 빌 헤이든이든, 또는 게이트웨이의 CEO 테드 와이트Ted Waitt든 누구와의 경쟁도 상관없었다. 정정당당하게 경쟁해서 승리하면 그만이었다.

컴팩과의 경쟁에서는 특히 그랬다. 컴팩은 벤 로젠Ben Rosen으로부터 2500만 달러의 벤처 투자를 받으면서 우리보다 2년 정도 먼저 출발했다. 반면에 우리의 자본금은 1000달러뿐이었다. 그들은 매우 민주적인 기업 문화를 가지고 있었다. CEO조차도 지정된 주차 공간이 없었고 회사는 실리콘밸리의 기업들처럼 휴스턴 외부의 숲속에 있었다. 컴팩에는 매우 뛰어난 기술자들과 능력이 있는 연구개발자들이 있었고 인텔과 특별한 협력 관계를 맺고 있었다. 인텔은 마이크로프로세서 분야에서 사실상 독점을 누리고 있었는데 모든 첨단 제품은 컴팩에 먼저 제공됐다.

하지만 컴팩은 가격 경쟁력이 없었다. 영업비가 매출의 36퍼센트를 차지했다. 반면 우리의 영업비 비중은 18퍼센트였다. 컴팩은 오로지 소매점을 통해 판매를 했다. 컴팩의 컴퓨터는 유명하고 믿을 수는 있었지만 비쌌다. 우리는 주문제작방식을 통한 유연성과 가격으로 컴팩을 이길 수 있다는 것을 알고 있었다. 현장 지원 서비스를 통해 신뢰도 측면에서도 컴팩과 경쟁할 수 있었다.

경쟁이 심한 분야에서도 우리는 위치를 확고히 다졌다. 델은 핵심적 비즈니스 모델을 가진 업계의 건방진 이단아였다. 나는《비즈니스위크Business Week》가 우리를 '텍사스에서 가장 뜨고 있는 작은 컴퓨터 제조사'라고 불렀을 때 전혀 신경 쓰지 않았다. 심지어 우리 광고는 다윗과 골리앗이라는 테마를 반영하고 있었다.

우리에게 광고는 매우 중요했다. 나는 개인적 경험을 통해 기술 분야의 사람들이《PC매거진》과《PC월드》, 그리고《인포월드Info World》에 실리는 광고에 얼마나 많은 관심이 있는지 알고 있었다. 광고는 오스틴의 신문과 전국 매체에 실렸다. 지역의 한 작은 광고 회사가 만든 우리의 초기 광고들은 매우 직설적이었다. '여기 PC's 리미티드라는 컴퓨터 회사가 있습니다. 매우 훌륭한 제품을 만들고 있으니 우리 컴퓨터를 사주세요'라고 홍보하는 식이었다. 하지만 회사 이름을 변경하고, 사모펀드 조달을 앞둔 그때가 바로 저가의 통신판매 이미지를 영원히 지워버릴 시기였다. 세계적인 광고 대행사를 고용하는 것은 비용이 많이 들었지만 리와 나는 그 일이 그만한 가치가 있다고 생각했다.


1987년 2월에 핼라이니앤드파트너스Hal Riney&Partners와 계약을 체결했다. 핼라이니앤드파트너스는 전국적인 관심을 끈 바틀스앤드제이미스 와인 냉장고와 갤로 와인의 광고를 만든 샌프란시스코의

혈기 왕성한 광고 대행사였다. 광고비로 500만 달러를 책정했고 그들은 좋은 광고를 제작해 주었다. 하지만 결과적으로는 생각이 서로 잘 맞지 않았다. 핼라이니는 서민적인 기업이라는 정체성을 만들고 싶어 했다. 그리고 오스틴에 있는 기업이기 때문에 서부 카우보이의 이미지를 만들고 싶어 했다. 하지만 그건 우리가 진출하고 싶은 세계 시장에 맞지 않을 뿐만 아니라 너무 틀에 갇힌 이미지였다. 우리는 카우보이 모자를 쓰고 카우보이 부츠를 신고 일하지 않았다. 무엇보다 고객들이 그렇게 생각하기를 원하지 않았다.

라이니와 결별할 때 우리에게 적합한 대행사는 한 곳뿐이라는 사실을 알게 됐다. 획기적인 애플의 인쇄 매체 광고와 TV 광고를 제작한 광고상 수상 업체인 샤이엇데이Chiat/Day였다. 샤이엇데이는 1984년 슈퍼볼 기간에 방송된 호불호가 엇갈린(하지만 매우 효과적인) '1984'라는 애플 광고를 제작했다. 샤이엇데이와 계약할 때 우리는 광고 예산을 두 배 이상으로 증액했다. 그만큼의 가치가 있다고 생각했다. 1989년 가을에 샤이엇데이가 만든 인쇄 매체 광고의 제목은 '고객 만족도 조사에 대한 델의 공식 입장'이었다. 아래에는《PC 위크》가 조사한 두 종류의 소비자 만족도 조사의 결과를 보여주는 도표가 있었다. 주요 PC 제조사들의 386, 286컴퓨터의 가격, 호환성, 그리고 지원 요소 등에 대한 설문이었다. 우리는 두 조사에서 모두 1등을 차지하면서 컴팩, AST, 제니스Zenith, 그리고 IBM을 이겼다. 광고 문구는 이런 내용이었다.

"모든 것을 종합할 때 두 가지 조사의 결과는 굉장히 놀라운 일이었다. 사실 컴퓨터 산업계의 모두를 놀라게 했다. 물론 우리와 우리의 고객들은 예외였다. 이런 두 종류의 소비자 조사에서 1등을 차지한 것 외에도 우리의 20MHz 386 시스템 310은《PC 매거진》의 에디터 초이스에 선정됐다."

소비자 만족도 조사 결과를 내세운 광고는 곧바로 우리의 매출에 반영됐다. 1987년에 6900만 달러, 1988년에는 1억 5900만 달러, 그리고 1989년에는 2억 5700만 달러의 매출을 올렸다. 수억 달러의 매출을 이룩한 것은 정말 대단했다. 매출이 해마다 배로 성장하고 있었기 때문에 10억 달러의 매출 목표를 생각하는 것도 그렇게 이상한 일이 아니었다.


영국에 지사를 개설한 후 독일과 캐나다(1988년), 프랑스(1989년)에도 사무실을 열었다. 1989년은 거의 모든 측면에서 매우 성공적인 한 해였다. 하지만 주목할 만한 실패도 있었다. 올림픽 프로젝트는 서버 사업에 대한 첫 번째 시도였고 기술 개발이 매우 복잡했다. 우리는 RAID 방식(여러 개의 하드 디스크에 데이터를 나눠서 중복 저장하는 기술_옮긴이)으로 결합한 스토리지 시스템을 위해 자체적으로 실리콘 칩을 개발했다. 여러 개의 마이크로프로세서를 가지고 서버를 만들었지만 이 프로젝트는 너무 야심찬 것이어서 결국에는 실패했다.

그해에는 재고 관리에서 큰 위기를 경험하기도 했다. 메모리 사용에 있어 유연성이 부족한 마더보드를 설계한 탓이었다. 그래서 메모리칩에 대한 산업계의 표준이 상향됐을 때 오래된 부품 재고뿐

254

만 아니라 수익을 내고 판매할 수 없는 상품까지 떠안게 됐다. 크게 휘청거렸다.

하지만 과감한 실패는 단지 의미 있는 성장으로 가는 길이라고 믿었다. 엘리너 루스벨트<sup>Eleanor Roosevelt</sup>가 말한 것처럼 '할 수 없다고 생각하는 것을 해야' 했다. 모든 실패와 시련은 그 길을 따라가는 모든 발걸음마다 나와 우리 회사가 실패에서 더 빨리 회복할 수 있도록 더욱 강하게 만들어주었다. 올림픽 프로젝트의 실패를 통해 강력한 기술력을 키우게 되었다. 덕분에 서버의 아키텍처를 새로운 IBM 호환 컴퓨터에 적용할 수 있었던 것이다. 그리고 재고 관리 계획의 실패를 통해 어떻게 하면 재고 관리 시스템이 훨씬 더 기민하고 효율적으로 변할 수 있는지 배우게 됐다.

개인적으로 1989년은 지금까지도 기억에 남는 가장 큰 성공을 거둔 해였다. 회사가 성장하면서 나는 빌 게이츠(당연히 우리는 많은 거래를 하고 있었다), 스티브 잡스와 우호적인 관계를 맺게 되었다. 두 사람 모두 나보다 10살 정도 많았고 전문가로서 존경하는 인물이다. 하지만 둘에게는 닮고 싶지 않은 한 가지 공통적인 특성이 있었다. 두 사람 모두 당시 미혼이었고 자신이 경영하는 회사와 결혼한 사람들 같아 보였다. 나는 10년 후 아침, 잠에서 깼을 때 아내와 가족이 없는 인생을 원하지 않았다.

그래서 나는 1989년 10월 28일에 리 워커가 들러리를 서고 우리 가족 전체와 동료들이 참석한 가운데 수잔 리버먼과 결혼했고 내 인생에서 가장 행복하고 의미 있는 여정을 시작했다. 나는 기업을 경영하면서 몇 가지 중대한 업적을 이뤘다. 하지만 이런 모든 일들도 수잔과 결혼하고 4명의 자녀를 키우는 일에 비하면 그렇게 중요한 게 아니었다.

1989년에 느꼈던 장밋빛 행복감은 1990년 초까지 이어졌다. 《Inc.》 잡지가 나를 '올해의 기업인'으로 선정했다. 25살의 청년에게는 정말로 큰 영광이었다. 리 워커는 나의 수상을 다룬 기사에서 몇 가지 좋은 이야기를 해줬다. 리는 가슴이 따뜻한 만큼 굉장히 강인한 정신력을 가진 사람이고 그가 말한 모든 이야기는 진심이라는 것을 알고 있다. 그는 "마이클 델이 하는 일은 너무 자연스럽고 자발적이어서 특별한 노력을 기울이지 않는 것처럼 보인다. 또 그는 목표에 대한 명확한 계획을 가지고 있기 때문에 주변의 방해를 이겨내고 기업가들을 힘들게 하는 문제들을 피할 수 있다"고 말했다.

리는 또 겸손했다. 그는 우리가 최근의 많은 어려움을 겪게 된 것이 자신의 책임이라고 말했다.

어느 날 리는 나에게 자신이 떠날 시점이라고 말했다. 리는 나중에 '델 컴퓨터의 사장이라는 자리는 새벽 5시에 출근해 밤 9시에 퇴근하는 직업'이라며 다음과 같은 글을 썼다.

**사장이라는 직책은 어려운 인사 결정, 재무에 대한 관심, 대립되**

는 요소들 사이의 균형, 전략적 방향 설정, 국가별 이행 실적, 그리고 끝없는 국내 전술 운용 문제를 요구받는 자리였다.

나는 처음에 내가 사장을 하고 싶지 않았다는 사실을 잊고 있었다. 다차원적인 수수께끼에 갇혀 있었고 IBM과 컴팩을 이기는 경쟁에 휘말렸다. 아주 오래 전에 내가 회사를 경영했을 때 머리카락이 한 뭉치씩 빠지고 허리가 끊어질 정도로 아팠다는 사실도 잊어버릴 정도였다.

마이클과 나는 성격이 매우 달랐다. 마이클은 국제적인 첨단 기술 경쟁의 스트레스에서 살아남은 전형적인 사업가였고 나는 그렇지 못했다. 극단적으로 복잡한 경쟁은 그에게 활력을 불어 넣었다. 하지만 이런 복잡한 환경은 육체적으로나 정서적으로 일을 계속하지 못할 정도로 나를 힘들게 만들었다.

리가 회사를 떠날 결심을 하게 된 결정적 계기는 해외 출장이었다. 지난 몇 년 동안 그는 미국의 델 경영 업무 외에도 캐나다, 영국, 프랑스, 독일, 그리고 스웨덴에 지사를 설립하고 경영을 도와주기 위해 출장을 다녔다. 1990년 3월에 영국과 독일 지사를 방문하고 11시간 동안 비행기를 타고 오스틴으로 돌아왔다. 오스틴에 돌아오자마자 리는 허리에 극심한 통증을 느끼기 시작했다. 그리고 출장 도중에 치료하기 어려운 뇌수막염에 걸린 것으로 밝혀졌다. 이제 그가 회사를 떠날 때가 됐다.

리가 회사를 떠난다고 말했을 때 우리 둘은 눈물을 흘렸다. 우리는 많은 일을 함께 겪어왔다. 그리고 많은 것들을 함께 이뤄냈다. 리의 도움을 받지 않고 회사를 경영하는 것이 어려울 것이라는 사실을 알고 있었다. 하지만 나도 지난 4년 동안 많이 성장했다. 이제부터는 내가 할 수 있다는 자신감이 그 어느 때보다 충만했다.

# 09

# 세계에서 가장 큰 스타트업

2013년 7월의 마지막 날은 우리의 인수 제안이 마지막 종착지에 도달한 것처럼 보였다.

8월 2일 주주총회가 빠르게 다가오는 가운데 7월 30일에 특별위원회는 주당 13.75달러에 주식을 인수하겠다는 우리의 제안을 받아들일 것이라고 말했다. 그리고 새로운 배당 기준 날짜를 더 늦게 정하자는 우리의 제안을 수락했다. 배당 기준 날짜를 변경하는 것은 인수 거래에 베팅한 헤지펀드 차익 거래자들이 우리에게 투표를 하도록 만들 것이다.

하지만 특별위원회는 투표 규정에 대해서는 확고한 입장이었다. 즉 투표를 하지 않는 주주들의 표는 반대와 같다는 기존의 입장을 바꾸지 않았다. 특별위원회는 발행주식의 과반이 우리의 거래에 찬성하는 경우에만 우리의 제안을 받아들일 것이다. 그리고 실버레이크와 내가 협상 초기에 특별위원회와 합의한 규정에 따라 투표를 하지 않았던 3억 주는 우리에게 상당히 불리하게 작용할 것이다.

《로이터Reuters》는 7월 31일에 "이사회가 투표 규정 변경을 거부함에 따라 델의 인수가 흔들리고 있다"라며 다음과 같이 보도했다.

"델의 주식이 12.28달러로 4퍼센트 이상 하락했다. 1월 14일 인수 보도가 나온 이후 가장 낮은 수준이다. 이는 인수 거래의 전망에 대한 주주들 사이의 불확실성을 극명하게 보여주고 있다."

사실 인수 거래는 전에도 거의 실패할 뻔했었다. 특별위원회는 이번에도 우리가 필요한 투표 수를 얻지 못하면 세 번째 연기는 없을 것이라고 확실하게 통보했다. 같은 날 칼 아이칸은 우리 이사회와 주주들에게 또 다른 공개서한을 보냈다. 풍부한 상상력이 가미된 제목이었다.

**절망적인 델이 사라지도록 내버려 둡시다.**

그 편지는 특별위원회가 실버레이크와 나의 제안을 마지막으로 확실하게 거절하라고 촉구했다.

소액주주 주식강제매수제도(지배 주주 또는 지배 주주 집단이 소수 주주의 지분을 취득하기 위해 소수 주주를 축출하는 합병 전략_옮긴이)에 대한 협상, 즉 합병 합의에서 가장 중요한 주주 보호 방법 가운데 하나인 투표 기준을 포기하도록 함으로써 합병 승인을 받으려고 끊임없이 밀어붙이는 방식을 통해 … (중략) … 마이클 델은 우리가 알아야 할 모든 것을 보여주었다. 솔직히 말하면 그의 소액주주 주식강제매수 합병이 최종적으로 거부된다면 회사를 자신의 통제 아래에 두기 위해 어떤 수단을 동원할 것인지 두렵다.

보다 구체적으로 이야기해 보자. 마이클 델이 주주총회에서 회사 통제권 유지를 보장받기 위한 노력의 일환으로 15퍼센트에 해당하는 자신의 지분을 늘리기 위해 추가적으로 주식을 매수하려고 할까? 델의 이사회는 이 질문을 심각하게 고려해야 하고 마이클 델이 주식을 매수하는 방식으로 투표권을 사는 것을 방지해야 할 것이다.

우리는 마이클 델의 영향력 때문에 나타난 나쁜 효과를 광범위하게 피부로 느끼고 있다. 마이클 델이 CEO로 돌아온 이후 주식은 24.22달러에서 오늘 아침 12.46달러까지 떨어졌다. 소액주주 주식강제매수 합병은 단지 그의 생각이었고 많은 지지를 받지 못하고 있는 것으로 밝혀졌다. 이사회는 마이클 델이 회사에서 자신의 영향력을 증대시키는 것을 허용함으로써 그를 도와주어서는 안 될 것이다.

사람들을 헷갈리게 만드는 정보였다. 칼은 2월 5일 시작 시점부터 나와 모든 특수관계주주들은(수잔과 우리 가족 모두) 주식 거래를 할 수 없는 상태였다는 사실을 알고 있었을 것이다. 게다가 우리는 협상기간 동안에 델 주식을 더 이상 매수하지 않기로 합의했었다. 하지만 칼은 가장 중요한 주주 보호장치인 투표 기준을 언급하면서 특별위원회와 나 사이를 이간질하고 특별위원회가 이 문제에 관해 확고한 입장을 유지하도록 만드는 데 집중하고 있었다. 특별위원회가 기존의 입장을 고수한다면 다음과 같은 두 가지 결과 중 하나는 보장받게 될 것이다.

1) 실버레이크와 나는 특별위원회를 움직이기 위해 마지막 제안의 인수 가격을 어떻게든 올려야할 것이다. 그렇게 되면 칼이 가지고 있는 주식의 가치가 올라간다.

2) 우리가 투표에서 지고 우리의 거래는 실패할 것이다. 거래가 실패한다면 델의 주식은 아마도 폭락할 것이고 칼이 보유하고 있는 주식의 가치도 크게 떨어질 것이다. 그래서 회사는 모든 면에서 취약해질 것이다. 연례 주주총회와 10월 이사 선거가 다가오는 가운데 나와 이사들을 교체하겠다는 칼의 위협은 매우 강력하고 실질적인 압박이 될 것이다. 이러는 동안 우리의 2분기 수익은 72퍼센트 감소했다.

칼이 정말로 단지 저평가된 회사의 지배권을 얻기 위해 주식의 손실을 감수하고서라도 거래를 중단시키고 싶어 했을까? 아마 그렇지 않을 것이다. 나는 칼이 오랫동안 지속해온 자신의 약탈 수법을 통해 두려움을 불러일으킴으로써 우리가 인수 가격을 인상하도록 하려고 허풍을 떨고 있다고 생각했다.

어쨌든 불확실성은 공기 중의 악취처럼 사라지지 않고 남아 있었다. 31일 아침에 에곤과 나는 특별위원회에 전화를 걸었다. 알렉스 만들은 가족 문제를 처리하느라 자리를 비웠다. 그래서 우리는 알렉스가 의장 대행으로 지정한 켄 두버스타인과 통화했다.

"켄, 거래를 성사시키려면 어떻게 해야 할까요?"

"주당 인수 가격을 더 높여야죠."

말은 쉽지만 인수 가격 인상은 상당히 어려운 문제였다. 우리가 제시한 가격에 1페니만 추가해도 1500만 달러가 왔다 갔다 했다. 에곤은 협상에 지쳤고 그의 파트너들은 13.75달러를 한계로 정해 놓았다. 이 부분을 읽으면서 당신은 '마이클은 돈이 많은 사람인데 몇 억 달러 정도 더 쓰고 문제를 끝낼 수 없는 것일까?'라고 생각할 지도 모른다. 여기에는 몇 가지 이유가 있다.

처음부터, 그러니까 에곤과 내가 하와이에서 산책을 하면서 인수에 대해 이야기할 때부터 나는 델의 비공개 기업 전환 문제를 다룰 파트너를 찾는 것이 매우 중요하다는 것을 알고 있었다. 나 혼자 델의 인수 가격을 정하는 것은 무리였다. 본질적으로 갈등 관계에 있었기 때문이다. 주주들에게 가능한 최선의 거래를 보장하기 위해 파트너뿐만 아니라 사외이사들로 구성된 특별위원회도 필요했다. 그래서 인수 협상이 막바지에 다다랐을 때 내가 얼마의 돈을 더 투입하는 것은 최소한 좋지 않은 행동이 될 것이다. 이렇게 되면 갑자기 실버레이크가 발언권이 없는 허수아비 협상 파트너인 것처럼 보일 것이다.

여기에 더해 내 자신의 신뢰성도 떨어지게 될 것이다. 나는 TV에 출연해 13.75달러가 우리의 마지막 제안될 것이라고 말했다. 그런데 갑자기 "사실 이것이 우리의 새로운 마지막 제안입니다"라고 말하는 것도 모양새가 좋지 않을 것이다.

하지만 실버레이크와 나는 델의 주식을 주당 13.75달러에 인수할 것인지, 아니면 13.85달러에 인수할 것인지가 크게 중요하지 않다는 사실을 알고 있었다. 5년이 지난 후에 델은 가치가 지금보다 훨씬 더 높거나 아니면 훨씬 더 낮을 것이기 때문이다. 현재의 몇 센트 차이는 그 결과에 영향을 미치지 못한다.

에곤과 나는 인수 가격을 논의한 끝에 다음과 같은 제안을 제시했다. 내가 거래에 투입하기로 한 주식의 가격을 낮춤으로써 우리는 기존 가격에 0.08달러의 특별 추가 배당금을 줄 것이다. 이렇게 하면 주당 인수 가격이 13.83달러가 된다. 여기에 더해 제3자와의 거래로 인해 우리의 거래가 성사되지 않으면 실버레이크는 위약금을 4억 5000만 달러가 아니라 1억 8000만 달러를 받겠다고 했다. 이런 양보에 대한 대가로 우리는 특별위원회가 투표 규정을 바꾸는 데 동의해야 한다고 말했다.

우리는 수정된 제안을 가지고 다시 전화를 걸었다. 켄은 특별위원회에서 논의를 하고 몇 시간 후에 알려주겠다고 답했다. 켄은 그날 저녁에 우리에게 전화를 걸었다.

"특별 배당금을 0.13달러로 올리면 거래를 하겠습니다."

"새로운 투표 규정을 적용하는 것인가요?"

"네. 새로운 투표 규정에 따라서요."

나는 에곤을 쳐다봤다. 그는 고개를 끄덕였다. 우리 둘은 미소를 짓고 있었다.

"이것은 미츠바ᵐⁱᵗᶻᵛᵃʰ 예요, 켄."

미츠바는 유대어로 정말로 친절하고 사려 깊으며 윤리적인 행동을 의미한다.

"고마워요. 우리도 이번 거래에 만족하고 있습니다."


다음 날 칼은 우리를 고소했다.

8월 1일에 칼은 델라웨어 형평성 법원에 소송을 제기하고 특별위원회 위원들이 우리(실버레이크와 나)와의 거래를 승인함으로써 신탁자의 의무를 위반했다고 주장했다. 켄은 신속처리 된 인수 안건에 대한 주주투표를 9월 12일이 아니라 8월 2일로 다시 되돌리고 최초의 투표 규정을 복원시키려고 했다.

또 연례 주주총회가 인수 안건 투표와 동일한 날에 열리기를 원했고 규정이 원래대로 바뀐다면 자신이 승리해 즉시 새로운 이사회를 구성할 수 있었다고 주장했다. 그는 특별위원회의 인수 조건 수용이 유효하고 연례 주주총회가 한 달 뒤에 열리면 자신이 투표에서 이길 확률이 줄어든다는 것을 알고 있었다. 칼은 델라웨어 법에 따라 회사의 연례주총은 이전 주주총회가 열린 날로부터 13개월 이

내에 열려야 한다고 주장했다. 그리고 우리의 지난해 주주총회 날짜는 2012년 7월이었다.

노회한 기업 사냥꾼 칼은 자신의 가장 오래된 수법 가운데 하나를 이용했다. 큰 소란을 피우는 것이다. 자신의 먹잇감, 즉 실버레이크와 내가 자신을 떠나보내려면 어쩔 수 없이 웃돈을 주고 자기 주식을 인수하게 만들기 위해서였다. 법원이 그의 편을 들지 않는다면 그는 언론에(언론은 칼과 내가 벌이고 있는 싸움이 가능한 오래가기를 바라고 있을 것이다) 델의 주주들이 (특히 칼 본인이) 돌이킬 수 없는 손해를 보게 될 것이고 말할 것이다. 왜냐하면 다시 합의한 기준 날짜와 투표 규정의 효력이 존속되면서 우리의 인수가 승인될 것이 거의 확실했기 때문이다.

순전히 자신을 위로하기 위한 헛소리였지만 그의 주장은 자신이 바라던 종류의 혼란을 유발시켰다. 《뉴욕타임스》는 "델라웨어 법원의 판사가 투표 규정의 변화를 번복시키거나 연례 주주총회가 8월 이전에 열렸어야 한다고 주장함으로써 칼에게 유리한 판결을 내릴 가능성도 있다. 이 때문에 마이클 델의 인수 시도가 또다시 불투명한 불확실성에 빠질 수 있다"고 보도했다.

나는 이번 사건을 맡았던 레오 스트린 재판장에게 희망을 걸었다. 그는 과거에 특별위원회를 칭찬했고 칼의 제안에 건전한 회의론을 제기했었다.

하지만 칼은 여전히 포기하지 않았다. 칼은 8월 2일에 "델과의 싸움은 결코 끝나지 않았다"라고 말했다(그날 주식은 5.5퍼센트 상승했다. 일부 주주들은 이 거래에 만족하지 않았지만 훨씬 더 많은 사람들이 좋은 소식이라고 생각했다는 것을 보여주었다). 3일 후에 칼은 사우스이스턴으로부터 추가로 400만 주를 매수했다는 사실을 공개했다. 그의 개인 지분은 거의 9퍼센트에 달했다. 그는 특별위원회가 "스스로 황제적인 지위"를 부여하고 "개인기업 전환을 위한 거래를 통과시키려고 노력했다"면서 계속해서 특별위원회를 공격했다.

하지만 레오 스트린 재판장은 서둘러 재판을 진행하는 것을 거부했고 칼의 소송을 우호적으로 보지 않았다. 8월 16일 청문회에서 그는 이사회에 대한 칼의 주장을 "정당하고 설득력 있는 주장이 되는 명사와 동사가 없는, 형용사만 가득한 비난"이라고 설명했다. 26쪽짜리 의견서에서 레오 재판장은 특별위원회의 행동을 매우 우호적으로 평가하면서 엄격한 거래 보호 조치를 칭찬했다. 그 이유로 적극적인 마케팅을 통해 제3의 후보와 협상 기간을 둔 점, 칼에게 기업 실사에 대한 배상을 제시한 비용 정책, 다른 더 좋은 제안이 나타날 경우 우리의 제안을 거절할 준비를 한 점, 그리고 합리적 수준의(나중에 인하된) 위약금 등을 언급했다. 레오 재판장은 또 칼이 사우스이스턴이 보유한 델의 주식을 대량으로 인수한 것도 회의적인 시각으로 바라봤다. 그리고 칼은 델을 인수하기 위한 좋은 제안을 실제로 하지 않았다는 점에 주목했다. 재판장은 특별위원회가 실버레이크와 나로부터 0.23달러의 추가적인 금액을 얻어내는 동안, 칼은 차입 자본 재구성에 대한 사실을 왜곡시키는 전망을 지속적으로 주장했다는 사실도 알고 있었다(레오 재판장은 칼이 실제로 좋은 제안을 제시했다면 특별위원회가 "거리에서 춤을 출 정도로 정말 기뻐했을 것"이라고 말했다).

몇몇 내부자들이 암시했던 것처럼 칼이 사우스이스턴을 협박해 자신에게 델 주식을 손해보고 팔게 했을까? 그들이 거절한다면 싸움에서 빠지겠다고 위협할 수 있었을까? 우리가 이길 경우 할인된 주식을 대규모로 보유하고 있는 것은 그에게 좋은 보험 계약이 될 것이다. 칼이 이전에 매수한 주식의 상당 부분이 우리가 제시한 인수 가격보다 더 비쌌기 때문이다.

추가적으로 판사는 우리의 연례 주주총회 날짜를 앞당기도록 하고 싶은 생각이 없다고 말했다. 레오 재판장은 "나는 어떻게 법원이 이사회가 이미 정한 날짜를 훨씬 더 앞당기는 명령을 내릴 것인지 이해하기 어렵다. 법원은 어느 한 당사자를 유리하게 만드는 전술적 게임에 말려들지 않을 것이다"라고 말했다. 나는 이 판사가 너무 맘에 든다고 말하지 않았던가!

《뉴욕타임스》는 "델의 인수와 관련해 이번 판결은 법적 위협에 종지부를 찍은 것이다. 이것은 모든 것을 주주의 투표 결과에 맡기는 것이다. 칼과 사우스이스트, 그리고 다른 인수 반대자들은 델의 이사회가 합의한 새로운 규정을 근거로 싸움을 해야 할 것이다. 투표는 근소한 차이로 결정될 가능성이 높지만 흐름은 그들에게 불리하다"라고 보도했다.

나는 초조할 때 손톱을 물어뜯지는 않지만 일어나 서성거리는 버릇이 있다. 걷고 있을 때 가장 좋은 아이디어가 떠오른다. 그래서 상장폐지를 추진하는 기간 내내 신발이 닳도록 많이 걸었다. 수잔은 여전히 델과 실버레이크 외부에서 어떤 일이 벌어지고 있는지 이야기할 수 있는 유일한 사람이었다. 연애를 시작할 때처럼 우리는 걸으면서 이야기했다. 오스틴의 집이나 레이크 오스틴Lake Austin의 별장에서 두세 시간 동안 하이킹을 했고, 델의 비공개 기업 전환과 관련한 모든 일들을 긴밀하게 논의했다. 사업과 관련해 수잔은 단순히 의견을 물어보는 사람 그 이상이었다. 그녀는 사업가였고 나는 지난 16개월 동안 델의 인수를 진행하면서 모든 우여곡절이 있을 때마다 아내와 상의했다.

수잔은 인생의 동반자이자 나의 다른 반쪽이었다. 4명의 자녀들은 각자가 다른 성장 단계에 있었고 모두 다른 즐거움과 문제들을 가지고 있었다. 그래서 의논할 문제들이 많았다. 사람들이 흔히 말하는 것처럼 부모는 가장 행복하지 않은 자녀만큼만 행복할 뿐이다. 상투적인 말이지만 맞는 말이다.

나의 어머니 문제도 있었다. 2013년 여름, 그때 어머니가 돌아가시는 것은 시간 문제처럼 보였다. 그래서 수잔과 자주 휴스턴을 방문했다. 하지만 회사일이 바빠서 보고 싶었던 만큼 자주 가지는 못했다. 대략 2주에 한 번 휴스턴을 방문했다. 어머니와 수잔의 관계는 매우 친밀했다. 수잔은 어머니를 가능한 편안하게 해드리는 일에 전력을 기울였다. 우리는 다행스럽게도 24시간 돌봄 서비스, 첨단 의료 장비와 병원 침대, 그리고 요리사 등 어머니에게 많은 것을 해드릴 수 있는 재력이 있었다.

하지만 아무리 많은 노력과 돈을 쏟아붓는다고 해도 암의 끈질긴 생명력을 이길 순 없었다. 어머니를 위해 할 수 있는 모든 것을 하고 있다는 생각도 위로가 되지 않을 때가 있었다. 그해 8월, 칼과의 싸움에서 커다란 승리를 눈앞에 두고 있었지만 내가 느낄 수 있는 어떤 승리감도 의미가 없었다. 어떻게 할 수 없는 깊고 강력한 힘의 그늘에 묻혀버렸다. 이 기간에는 이성과 감성, 그리고 회사와 가정의 일을 구분하는 능력이 시험대에 올랐었다.

9월 9일에 칼은 델의 주주들에게 보낸 마지막 공개서한에서(정말 마지막 편지일까?) 자신의 패배를 인정했다. 그 서한은 상당히 신랄하고 평상시처럼 매우 창의적이었다.

기업의 지배구조를 다루는 주 당국의 법이 종종 기존의 기업 이사회와 경영진에 유리하게 적용되고 여러 분야에서 약점이 많다. 법을 준수해야 하지만 법은 바뀔 수 있고 바뀌어야 한다.
델의 이사회는 미국의 다른 많은 이사회처럼 나에게 「바람과 함께 사라지다」에 나온 클라크 게이블Clark Gable의 마지막 대사를 떠올리게 한다.
'내가 상관할 문제가 아니지.'

연기된 7월 18일, 7월 24일의 주주총회에 대해서는 다음과 같이 말했다.

우리가 이기거나, 적어도 우리가 이길 것으로 생각했다. 하지만 이사회가 투표에서 졌다는 것을 알게 됐을 때 그들은 그 결과를 무시했다. 독재체제에서 여당이 선거에서 패하고 그 결과를 무시할 때라고 해도 자신들의 행동을 정당화하는 그럴 듯한 이유는 제시하려고 한다. 배런스의 앤드류 배리Andrew Barry는 "블라디미르 푸틴의 행동처럼 델은 인수 거래에 대한 찬성표가 충분하지 않다는 것이 명백해지자 지난 목요일로 예정됐던 마이클 델의 인수 제안에 대한 투표를 연기했다"고 전했다. (중략)

이사회는 단순히 일반적인 사업적 판단과 자신들의 행동을 뒷받침하는 델라웨어 법에 의존했다. 농담 삼아 "델과 독재 사이에 어떤 차이점이 있을까?"라는 질문을 던져본다. 제대로 작동하는 대부분의 독재체제는 승리하기 위해 투표를 한 번만 연기한다. (중략)

9월 12일로 예정된 전투에서 승리하는 것이 거의 불가능할 것이라는 사실을 알았다. 우리는 여전히 그 제안에 반대하고 있고 주식매수청구권을 추진할 것이지만 마이클 델과 실버레이크의 제안을 거부하기 위한 추가적인 노력은 더 이상하지 않을 것이라는 결론에 도달했다.

일부 주주들이 우리가 계속 싸우지 않는 것에 실망할 것이라는 사실을 알고 있다. 하지만 우리는 지난 10년 동안 주로 '행동주의'를 통해 수많은 기업들에서 수조 달러에 달하는 주주가치를 향상시켰다. 패배할 것이라고 생각하는 전투를 감행하는 방식으로 성과를 거둔 것이 아니다. 마이클 델과 실버레이크는 힘든 싸움을 했다. 레오 스트린 재판장은 델의 행동이 델라웨어 법에 저촉되지 않는다고 밝혔다. 따라서 우리는 마이클 델에게 축하를 전한다. 그에게 전화를 걸어 행운을 빌어줄 생각이다(델은 아마도 행운이 필요할 것이다).

이사회가 독재자처럼 행동했다는 주장은 칼이 만들어낸 또 다른 거짓말이었다. 7월 18일 첫 번째 주주총회 연기 시점에서 특별위원회는 우리의 제안이 회사를 위해 가장 좋은 것이라고 결정했다. 물론 칼에게 더 좋은 제안을 받지도 못했다. 지지표의 부족으로 두 번째 주주총회가 연기됐던 7월 24일도 마찬가지였다. 특별위원회는 엄격한 통제권을 행사했고 인수 협상 과정의 초기에 결정된 규정에 따라 활동했다. 특별위원회가 세 번째의 주총 연기를 거절한 사실이 위원회의 공정성을 입증해 주는 것이다.

칼을 위해 밝히는 것이지만 그는 정말로 내게 축하 전화를 했다. "마이클, 힘든 싸움이었습니다. 하지만 당신은 정정당당하게 이겼습니다."

참 편하게도 그는 나의 리더십을 모욕했던 모든 시절을 잊고 있었다. 개인적으로도 모욕감을 주고 모든 종류의 기업 사기와 부정 행위를 언급한 것은 물론, 최대한 공개적인 방식으로 나를 무능하다고 비난했던 사실도 잊은 것 같았다.

'당신은 나의 가족을 제외하고 세상에서 가장 중요한 내 회사를 공격했고 결국 패배했죠. 아무것도 고마워할 것이 없어요'라고 생각하고 있었지만 "고마워요"라고 말했다.

칼은 계속해서 말했다.

"나는 정말로 새로운 시작 단계에 있는 당신에게 많은 행운 빌어주고 싶어요. 처음부터 당신이 델에서 매우 흥미로운 일들을 하고 있다고 생각했습니다."

나는 다시 고맙다고 말했지만 그가 우리 회사가 정말로 무엇을 하는지 알고는 있는지가 지금까지도 궁금하다. 몇 분 동안 그의 이야기를 들었는데 어느 누구도 알지 못하는 IBM과 HP의 전망에 관한 이야기를 계속했다. 애플이 얼마나 저평가됐는지(그는 20억 달러의 애플 지분을 매수했고 이미 팀 쿡Tim Cook을 괴롭히고 있었다. 우리에게 했던 행동을 연상시켰다), 그리고 그의 아들이 투자한 상품들이 무엇인지 등을 말했다. 무슨 말을 하고 있든 나는 그의 이야기를 반 정도만 들으면서 가끔씩 네, 음, 그렇죠 같은 말만 했다.

칼은 나에게 다시 한 번 축하를 전했고 그의 일방적 대화는 그렇게 끝났다. 나는 진심으로 다시 한 번 더 그를 만나거나 그의 소식을 듣지 않기를 바랐다. 하지만 칼 아이칸이 앞으로 어떤 일을 벌일 지는 아무도 장담할 수 없다.

칼은 그 편지에서 자신이 만족하는 한 가지는 델의 주주들을 위해 더 높은 가격을 얻어내려고 모든 노력을 했다는 것이라고 했다. 그는 가장 큰 독립 주주로서 자신을 위해 상당히 큰돈을 억지로 받 아냈다고 이야기할 정도로 그렇게 고상한 사람이 아니었다. 인수 과정에서 칼이 이야기한 많은 거짓말 가운데 하나는 자신이 주식매 수청구권을 행사할 것이라는 주장이었다. 그렇게 하면 자신의 주식 을 수 년 동안 팔지 못하고 가지고 있어야 한다는 것을 그는 너무도 잘 알고 있었다. 그래서 우리의 거래가 성사되던 날에 그는 즉시 주 식을 팔아 수천만 달러의 이익을 챙겼다.

라운드 록에서의 2013년 9월 12일은 잊지 못할 멋진 날이었다. 참석하지 않은 주주들의 투표는 우리에게 반대하는 것이 아니라 단 지 불참자로 처리하기로 한 가운데 특별 주주총회는 최종 결론에 도달할 때까지 15분이 걸렸다. 나와 다른 특수관계자들의 주식을 제외하고 투표에 참여한 주식의 65퍼센트가 우리의 인수 제안에 찬 성했다. 주주총회가 끝난 후에 회사 인수를 성사시키기 위해 열심 히 일한 모든 사람들은 의기양양했다. 나는 언론에 "우리는 세계에 서 가장 큰 스타트업입니다"라고 말했다. 즉흥적으로 입에서 나온 말이었다. 하지만 생각하면 할수록 스타트업이라는 표현만큼 사실 에 가까운 말은 없는 것 같았다. 에곤은 이번 인수를 '펄프 픽션Pulp

Fiction '에 비유했다(심장에 놓는 아드레날린 주사 같다는 말이다).

《월스트리트저널》은 "결과는 예상된 것이었다. 하지만 수개월에 걸친 고뇌의 결과였다"라고 보도했다. 월스트리트도 인수와 나에 대해 그들이 게재했던 모든 실망스러운 논평을 자기들 맘대로 편하게 잊은 것 같았다. 어쨌거나 수개월에 걸친 고뇌의 산물이라는 것은 사실이었다.

여전히 의심을 품은 사람들도 있었다. 스탠다드앤드푸어스 Standard&Poors는 우리의 신용등급을 투자 부적격 등급으로 낮췄다. 200억 달러에 달하는 부채가 새로운 사업에 대한 투자 능력을 감소시킬 것이라는 우려 때문이었다. 하지만 CFO인 브라이언 글래든은 애널리스트들에게 우리의 수입이 이자를 지급하기에 충분하다는 확신을 심어주었다(기업 인수의 전체적인 과정의 일부로서 부채는 충분히 이해받을 수 있다. 심지어 학식 있는 경제 평론가들도 이해하는 문제다. 신용카드에 남겨진 빚과 수입을 초과하는 부채는 수년 동안에 걸친 많은 지출을 의미할 수 있고 나쁜 것이다. 하지만 생산적인 자산 구매에 사용할 자금을 조달하기 위해 신중하게 사용되는 부채는 경제가 작동하는 원리로 중요하고 필수적인 부분이다. 이런 부채는 상당한 성장과 기회를 만들어낼 수 있다).

나는 《뉴욕타임스》 홈페이지의 딜북 페이지에 있는 논평을 거의 읽지 않는다. 하지만 이런 중요한 시점에는 읽어보지 않을 수 없었다. 거기에서 벌어진 흥미로운 논쟁이 눈에 띄었다. 뉴욕 롱아일랜드의 JGNY라는 닉네임을 쓰는 사람은 "마이클 델은 수십억 달러를 운영하면서 계속 보유할 것입니다. 이건 그야말로 델의 이기심이죠.

그리고 PC 사업은 사양길로 접어들고 있습니다. 이렇게 늦은 시점에 태블릿에 뛰어드는 것도 실질적 이익이 없습니다. 델의 매출은 여전히 기업용 PC 사업이 상당한 부분을 차지하고 있지만 PC 사업은 규모가 지속적으로 더 축소되고 있어요. 민간 부문에서 실질적으로 확장하지 못하면서 전체 시장도 줄어들고 있거든요"라고 주장했다.

텍사스의 크레이그라는 아이디를 가진 사람은 매우 날카로운 댓글을 달았다.

태블릿요? 당신은 이번 인수 문제를 제대로 이해하지 못하고 있군요. 델이 PC와 태블릿 같은 제품을 계속 생산할지도 모릅니다. 하지만 델이 비공개 기업으로 전환하는 가장 중요한 이유는 그런 제품에서 벗어나 기업용 소프트웨어와 하드웨어에 더 많은 투자를 하려는 의도입니다.

아이폰 같은 제품을 구매하는 소비자들은 자신들의 앱이 연결되는 '클라우드'의 데이터 처리 시스템을 운영하는 데 무엇이 필요한지 전혀 모르죠. 시스템과 어떻게 연결하고, 얼마나 안전하게 연결하는지, 그리고 아이디를 어떻게 기억하는지와 같은 문제들을 알지 못합니다.

이런 백 엔드<sup>back end</sup> 분야에서 델은 이미 상당한 발판을 마련했고 이 분야가 성장하고 있습니다. 상당수의 거대한 데이터센터들이 이미 델의 서버를 사용하고 있고요.

이번 상장폐지를 위한 기업 인수는 뒤떨어진 델의 제품 포트폴리오 격차를 빨리 좁혀주고 점점 작아지는 PC 시장에 대한 델의 의존도를 줄여줄 것입니다.

텍사스의 크레이그가 우리 회사 직원인지는 확실하지 않지만 그는 문제의 핵심을 정확하게 알고 있었다.

주주총회가 열리기 2~3일 전에 나는 10여 명으로 구성된 임원들, 회사 이사회, 인수 거래에 도움을 준 핵심 인사들, 실버레이크의 파트너들, 그리고 우리를 도와준 모든 변호사와 은행가들에게 초대장을 보냈다. 전부 125명 정도였다.

지난 수개월 동안 델을 비공개 기업으로 전환하자는 우리의 제안에 대한 여러분들의 노고와 공헌을 기념하기 위해 9월 12일 오후 5시부터 8시까지 저희 집에서 열리는 텍사스 BBQ 파티에 여러분들을 초대하고 싶습니다.

아직 모든 것이 끝나지는 않았지만 여러분들의 노력을 인정하고
지금까지 우리의 노력을 축하하는 시간을 마련하고자 합니다.

9월 12일 목요일 오스틴의 9월 낮 최고 기온은 화씨 97도에 달했지만 오후 5시쯤 우리 집이 있는 언덕의 기온은 85도로 쾌적했다. 파티 분위기는 즐거웠다. 인수가 법적으로 완전하게 마무리될 때까지 모든 것이 끝나지는 않았지만 모든 사람들이 수주가 걸리는 법률적인 과정도 곧 마무리될 것이라는 사실을 알고 있었다. 훌륭한 파티였다.

일주일 뒤에는 훨씬 더 큰 파티가 있었다. 11만 명의 모든 직원들이 축하를 하는 글로벌 타운홀 미팅이었다. 라운드 록의 대강당에는 600명의 직원들이 모였다. 그리고 파나마의 파나마시티 Panama City, 브라질의 포르투 알레그리 Porto Alegre, 모로코의 카사블랑카 Casablanca, 아일랜드의 체리우드 Cherrywood, 인디아의 벵갈루루, 호주의 시드니 Sydney, 그리고 프랑스의 몽펠리에 등 30개 이상의 델 지사의 직원들이 실시간으로 파티를 지켜봤다.

굉장한 파티였다. 라운드 록의 강당은 푸른색과 흰색 풍선으로 가득했다. 내가 좌우에 있는 직원들과 손을 마주치면서 군중들 속으로 걸어 들어갈 때 딕 데일 Dick Dale 의 기타 연주가 흘러나왔다. 나는 연단으로 올라가 환하게 웃고 있는 표정의 직원들을 바라보았

다. 나는 외향적인 것처럼 행동하는 내성적인 사람이지만 그날은 수천 명의 훌륭한 직원들에게 연설을 하면서 정말로 대단한 자부심과 짜릿한 전율을 느꼈다.

"정말 위대한 날입니다."

내가 말하자 청중들은 큰 소리로 화답했다.

"여러분 모두에게 감사드립니다! 전 세계에서 함께해준 모든 분들, 그리고 이 자리에 참석해 주신 분들에게 진심으로 감사드립니다. 세계에서 가장 큰 스타트업에 오신 것을 환영합니다!"

좋은 개막 인사였다.

"이번 인수가 힘든 싸움이었다고 여러분들에게 말할 필요는 없을 것 같습니다."

일부 직원들이 웃음을 터트렸다. 나뿐만 아니라 우리 회사를 믿고 있었던 모든 사람들에게 정말 힘든 해였다.

"하지만 우리는 승리했습니다. 그리고 충분히 그럴 만한 가치가 있었다고 100퍼센트 확신합니다. 함께 어깨를 맞대고 내 곁에서 함께 싸워준 여러분 모두에게 감사를 전합니다. 여러분들은 고객들과 중요한 문제에 대해 놀라운 헌신과 집중력을 보여주었습니다. 그리고 저는 오랜 힘든 과정에서 여러분들의 조언과 지원, 그리고 고객들과 수많은 친구들의 압도적인 지지로 큰 힘을 얻었습니다."

커다란 박수가 쏟아져 나왔다. 목 뒤편의 머리카락이 곤두서는 것을 느꼈다. 지난 7개월 동안의 시련을 떠올렸다. 가장 힘든 부분은 소수의 내부 사람들을 제외하고는 진행되는 상황에 대해 논의하는 것이 불가능했다는 점이었다. 지난 수개월 동안 줄곧 외로움을 느꼈다. 이곳 라운드 록과 전 세계에서 이와 비슷하게 많은 군중들 앞에 섰던 때를 생각했다. 나는 자세한 설명 없이 직원들에게 확신을 심어주려고 열심히 노력했고 수만 명의 직원들에게 모든 것이 괜찮을 것이라는 믿음을 가져달라고 요청했다. 그들은 나를 믿었고 함께 싸웠다. 이제는 그들에게 그것이 나에게 얼마나 큰 의미가 있었는지를 이야기하고 싶었다. 델의 모든 직원들이 내가 느끼는 것처럼, 앞으로 우리가 나아갈 미래에 대해 커다란 즐거움을 느끼기를 원했다.

나는 또 직원들에게 짜릿함을 함께 나눴던 우리의 동반자들을 보여주고 싶었다. 캘리포니아 실버레이크 본사에서 화상회의로 참석한 에곤을 소개했다. 에곤은 말했다.

"이것은 실제 대변화가 아닙니다. 여러분들은 이미 위험한 대변화를 마쳤습니다. 이제 여러분들은 성장해야 하고 공격적으로 나가야 합니다. 그럼 장기적으로 더 많은 기회를 만들어낼 것입니다. 우리는 근시안적 관점이 아니라 지금까지 이곳에서 우리가 이룩한 것과 창조한 것의 내재적 가치를 통해 사물을 봐야 합니다. 내재적 가치는 그 무엇으로도 대체할 수 없습니다. 해변에 있는 부동산을 소유하는 것과는 다릅니다. 섬을 소유하는 것과 비슷합니다."

에곤은 계속해서 우리 모두가 온갖 종류의 아이디어들을 가지고 있지만 상당수가 좋지 않은 것으로 드러날 수도 있다고 말했다. 그래도 좋았다! 중요한 것은 과거에는 결코 시도하지 못했던 것들을 시도할 수 있는 자유를 갖게 된다는 사실이었다.

이어서 전 세계 지사들 가운데 3곳을 화상으로 연결했다. 파나마의 파나마시티, 아일랜드의 체리우드, 인디아의 벵갈루루였다. 각 지역의 지사장들이 직원들을 소개할 때 손을 흔들고 박수를 치고 응원을 보냈다. 벵갈루루의 아미트 미드하^Amit Midha가 말했다.

"아시아 방식에 따르면 음식이나 달콤한 사탕 같은 것들 없이 축하 행사를 할 수 없어요. 그래서 우리는 케이크를 준비했습니다."

그리고 카메라가 푸른색 설탕 시럽을 바른 PC로 장식한 커다란 흰색 케이크를 비추었다.

"익일 배송으로 케이크 한 조각을 여러분들께 배달해 드리죠."

벵갈루루와 라운드 록 사무실에 웃음이 터져 나왔다. 잠시 후에 나는 이렇게 말했다.

"이 모든 것은 성장과 혁신과 관련이 있습니다. 위험을 수용하고 감수하는 문화로 돌아가는 것입니다. 또 우리의 관심을 단기에서 중기로, 그리고 장기로 옮기고 우리에게 필요한 투자를 하려는 것입니다. 여러분들도 아는 것처럼 우리는 단순히 경쟁 상대를 이기려고 이 자리에 모인 것이 아닙니다. 우리는 그들을 완전히 압도하고 무너뜨릴 것입니다."

직원들은 내 말의 의미를 이해했고 환호했다.


록 밴드의 쿵쾅거리는 소리와 함께 내 뒤에 있는 멀티스크린에 메시지의 첫 시작 부분이 나타났다.

**시장이 변화하고 있는 세계에서**

그리고 음악이 계속 신나게 흘러나왔다.

**한 기업이 미래를 내다보고 주도권을 잡았다.**

몇몇 직원들과 델을 팔로우하는 인플루언서들의 논평이 화면에 깜박였다. 배경 음악은 뮤즈의 '업라이징'이었다.

**그들은 우리에게 강요하지 않을 것이다.**
**그들은 우리에 대한 비난을 멈출 것이다.**

그리고 또 다른 메시지가 나타났다.

**굿 바이, 월스트리트**

그리고 수갑을 벗어던지는 양손의 이미지와 또 다른 자막이 등장했다.

**"칼 아이칸이 패배를 인정했다" - 포브스, 2013년 9월 9일**

그런 다음 칼 아이칸의 초상화가 자막 위로 나타났다. 그의 얼굴

주변에 빨간색 원이 그려졌다. 이어서 붉은 대각선이 원을 가로질렀다. 라운드 록의 직원들이 함성을 질렀다.

음악이 계속 흘러나왔다.

**그들은 우리를 조종하지 못할 것이다.**
**우리는 승리할 것이다.**

투표가 끝나고, 하루가 지난 후 나는 트위터에 내가 좋아하는 루스벨트 대통령의 유명한 연설문을 올렸다.

중요한 것은 비평가들이 아니다. 강한 사람이 어떻게 무너지는지를 지적하거나, 행동가들이 더 잘할 수 있었다고 이야기하는 사람은 중요하지 않다. 영광은 실제 경기장에서 얼굴이 온통 먼지와 땀과 피로 얼룩진 사람, 용감하게 투쟁하고 실수하고 계속해서 실패를 경험한 사람들의 것이다. 실패와 어려움 없는 노력의 결과는 없기 때문이다. 실제로 행동하기 위해 고군분투하는 사람, 열정과 위대한 헌신을 아는 사람, 가치 있는 대의명분에 자신을 헌신하는 사람에게 돌아가야 한다. 결과적으로 가장 좋은 경우는 최고의 업적을 달성한 승리감을 아는 사람, 최악의 경우는 비록 실패하더라도 적어도 과감하게 도전하다 실패한 사람

에게 영광이 돌아가는 것이다. 승리도 모르고 패배도 모르는 냉
담하고 소심한 사람들은 결코 이런 사람들에 견줄 수 없다.

– 시어도어 루스벨트<sup>Theodore Roosevelt</sup>

아래는 부치지못한 편지다. 이런 생각도 하고 있었지만 이야기
하지는 않았다.

여러분들의 신뢰와 확신을 고맙게 생각합니다. 그리고 일반 투
자자들이 우리 주식에 투자할 수 있었던 지난 25년 동안 우리
주가가 1만 3500퍼센트나 상승한 것에 자부심을 느낍니다.

아마도 미래에 언젠가 우리 회사는 주식의 일부 또는 전부를 다
시 상장하게 될 것입니다. 예전처럼 1만 3500퍼센트 이상의 수
익을 다시 돌려줄 수 있을지 모르겠지만, 여러분들은 우리가 그
렇게 되도록 노력할 것이라고 확신할 수 있을 것입니다.

불평을 늘어놓는 사람들, 잔소리만 하는 참견꾼들, 거리의 전문
가들, 과거의 일을 후회하는 사람들, 그리고 뒷공론만 하는 사람
들에게 작별을 고하고 싶습니다.

마침내 기업 인수가 마무리 돼 정말로 기뻤다. 하지만 나는 이것이 단지 새로운 시작이 끝나는 지점이자 또 다른 출발점이라는 것을 알고 있었다. 나는 우리가 하고 싶었던 모든 것들을 생각했다. 그런 일을 추진할 생각에 굉장히 들떴다. 우리는 뒷문을 닫았고, 간섭하던 많은 외부인들이 더 이상 들어올 수 없게 됐다. 우리는 훌륭한 실천 계획을 가지고 있었으므로 이제 우리가 할 일은 계획을 성공시키는 것뿐이었다.

Chapter 2

# PLAY NICE

## 투명하게
## 혁신하라

비공개 기업에서 상장 기업으로

# BUT WIN

# 10
# 사업을 확장하는 가장 확실한 방법

1990년에 리 워커가 회사를 떠난 것은 우리의 첫 번째 시작이 끝났음을 알린 일이었다. 리가 떠난 후에 델 컴퓨터라는 로켓은 지속적으로 상승했지만 궤도는 계속 불안정했다.

그해에 우리는 《PC매거진》에 2쪽짜리 광고를 게재했다. 왼쪽에는 '믿을 수 없을 만큼 놀라운 가격'이라는 제목 아래 433TE와 425TE 두 대의 서버를 보여주었다. 오른쪽에는 컴팩 시스템의 프로 486-33 서버를 보여주었다. 우리 서버의 가격은 각각 1만 1799달러, 9599달러였고 컴팩의 서버는 2만 4698달러였다.

광고 문구는 서비스와 가격이라는 두 가지 측면에서 컴팩을 공격한 것이었다. 광고는 이런 표현으로 시작했다.

"큰 비용을 지불하고도 서비스가 의심스러운 상황에서 PC 네트워크나 유닉스UNIX 작업 그룹 서버에 1만 달러를 추가로 지불할 수 있습니까?"

그리고 우리의 서버가 가지고 있는 많은 장점들을 설명했다. 매우 조용한 300와트의 전원 공급기, 비밀번호 내장 보호 장치, 소프트웨어 리셋 스위치, 효율적인 냉각 시스템, 모니터가 고장 나도 문제를 찾아낼 수 있는 스마트뷰 진단 디스플레이 등을 내세웠다. 광고는 굵은 글씨체로 우리의 경쟁자인 컴팩을 직접 공격했다.

**컴팩의 대리점을 뛰어넘는 델 본사의 서버 서비스 지원!**

당연히 우리는 서버를 대리점이 아니라 오스틴 본사에서 직접 판매하고 있었다. 언제나 그렇듯이 델은 판매와 서비스를 직접 담당한다는 의미였다. 우리는 고성능 시스템에 대한 특별 직통 전화번호가 있었다.

"아주 드물게 전화 상담을 통해 해결할 수 없는 문제가 있을 수 있습니다. 그런 경우에는 제록스의 기술진이 부품을 가지고 당신의 사무실을 방문해 해결할 것입니다."

이렇게 이어진 광고는 굵은 서체의 멋진 표어로 마무리 지었다.

**전화 서비스 그 이상을 넘어**

그러나 컴팩은 서버 시장에서 우리를 처참하게 무너트렸다. 서버 시장에 진입하려는 우리의 초기 시도가 실패한 이유는 무엇일까? 당시에는 원인을 파악하지 못했다. 그래서 크게 좌절했다. 우리는 훌륭한 기술자들이 있었고 탁월한 상품을 만들었다. 이론상으로 서버 시장 진출 계획은 실패할 수가 없었다.

하지만 시간이 지나면서 무엇을 잘못했는지 깨달았다. 우리의 사업은 상품의 우수성이 아니라 '성공의 첫 번째 원인' 때문에 빠르게 성장하고 있었다. 즉 직접 배송을 통한 판매 경험에서부터 그 이후의 기술지원까지, 고객과의 직접적인 연결 관계였다. 서버 사업은 이런 관계 구축을 게을리하게 했다. 433TE와 425TE의 성능은 뛰어났다. 그래서 우리의 이름, 즉 브랜드로서 구축한 평판만으로도 고객들이 제품을 사려고 몰려들 것이라고 생각했다.

하지만 이런 제품을 구매하는 고객 계층은(중간 규모의 기업과 대규모 기업, 은행과 정부 기관) 서버 제품쪽으론 우리를 신뢰하지 않았다. 모든 사람들이 '델이 PC를 잘 만든다'는 것을 알고 있었지만 서버 사업에서는 검증된 실적이 거의 없었다. 게다가 우리 서버 가격은 지나치게 저렴했다. 우리의 서버와 컴팩의 서버의 커다란 가격 차이가 제품을 더 의심스럽게 만들었다. 어떤 고객은 "제품에 어떤 기능이 빠져 있는 건 아니죠?"라고 묻기도 했다. 단 한 가지 기능도 빠트리지 않았지만 그건 중요하지 않았다. 컴팩은 서버 시장에서 우리를 이겼고 신뢰를 확보했다. 늘 그런 것처럼 컴팩의 비싼 가격은 높은 신뢰도를 상징했다. 준비를 더 잘해서 나중에 서버 시장 경쟁에 다시 뛰어들어야만 했다.

1990년에는 비즈니스 모델에 근본적인 변화를 추진했다. 할인점과 대형 매장에서 PC를 판매하기 시작했다. 이런 정책에 대해 관리자들 사이에서 찬반 논쟁도 있었다. 반대하는 사람들은 소매점들이 델에 기대하는 서비스와 지원을 제공할 수 없을 것이라고 말했다. 여기에 더해 판매점들의 가격 인상은 우리의 수익을 줄어들도록 만들거나 우리가 가격을 올리도록 만들 것이라고 주장했다.

찬성론자들은 할인점, 프라이스클럽<sup>PriceClub</sup>, 그리고 샘스클럽<sup>Sam's Club</sup> 같은 대형 매장에서 PC 판매로 매출이 상승하고 이런 매장에서 물건을 구매하는 가정과 소규모 사업자들에 대한 접근 기회가 증가할 것이라고 말했다. 사람들은 직접 만져보고 구경하면서 컴퓨터를 사는 것을 좋아했다. 일부는 대형 소매점 진출로 브랜딩 구축을 빠르게 확립할 수 있을 것이라고 주장하기도 했다. 그리고 연간 1억 2500만 달러의 매출 증가를 가져올 것이라고 말했다. 이런 매출 확대를 고려해 우리는 컴퓨USA, 스테이플즈<sup>Staples</sup>, 프라이스클럽과 PC와 주변기기를 판매하는 계약을 체결했다.

2년 동안은 회의론자들의 견해가 틀린 것처럼 보였다. 매출이 계속 상승했기 때문이다. 1990년 회계연도에 우리 매출은 3억 8900만 달러로 증가했다. 규모가 큰 기관 고객(엑슨, 다우케미칼, 제너럴 일렉트릭, 시티은행과 같은 포춘 2000 기업뿐만 아니라 주 정부와 연방정부, 교육과 의료 기관 등)을 목표로 한 판매 전략의 성공이 빠른 성장의 원인이었다.

1991년에 5억 4600만 달러의 매출을 기록하면서 포춘 500대 기업 목록에 490위로 입성했다. 나와 우리 회사 전체에 매우 자랑스러운 순간이었다. PC 사업에 뛰어든 지 7년밖에 되지 않았고 내 나이는 불과 26살이었다. 매달 집으로 배달되던 두꺼운 포춘 잡지를 정독하던 아이가 이렇게 성공할지 상상이나 할 수 있는 일이었을까? 사실 상상했던 일이긴 했다. 나는 언제나 큰 꿈을 가지고 있었다. 하지만 야심이 많았던 더 젊은 시절의 나도 1992년 1월 31일에 우리가 세운 기록을 예상할 수는 없었다. 그해 매출은 8억 9000만 달러를 기록했고, 전설적인 10억 달러 장벽에 도달하거나 심지어 이를 뛰어넘을 수 있는 것처럼 보였다.

야심이 컸던 더 젊은 시절의 나는 1992년 1월에 우리의 첫 아이인 키라가 태어났을 때 내가 어떤 반응을 보일지 예측할 수 없었다. 딸이 태어난 순간부터 아버지가 된다는 것, 그리고 무엇보다 딸의 매력에 흠뻑 빠졌다. 키라가 병원에서 우리 집으로 돌아온 지 하루가 지난 후 방에서 딸을 품에 안고 '와우, 이것은 정말로 인생을 바꾸어놓을 만한 일이야'라고 생각했던 기억이 있다.

나는 내 자식이 생길 때까지 아이가 있는 사람들의 어려움을 이해하지 못했다. 다른 모든 부모들도 마찬가지겠지만 걱정거리가 많아진다는 것도 부모가 감당해야 하는 일의 일부였다. 병원에서 집으로 키라를 데리고 온 후 갑자기 아이의 얼굴이 파랗게 질렸을 때 나는 이런 교훈들을 빠르게 배웠다.

경험이 없는 사람들이 처음으로 하는 생각은 '119에 전화를 해야 할까?'일 것이다. 하지만 아이의 호흡은 정상이었다. 키라는 얼굴만 파랗게 변해 있었다. 그래서 어머니에게 전화를 걸었다. 어머니는 아이를 담요로 잘 감싸주라고 했다. 키라를 담요로 잘 감싸주자 파랗게 질린 얼굴이 정상으로 돌아왔다. 추워서 얼굴이 파래졌던 것이었다. 어린 아이의 체온이 떨어지면 얼굴이 파래진다는 것을 누가 알았겠는가? 어머니는 알고 계셨고 이제 우리도 알게 됐다. 이것은 쉬운 문제였지만 사실 모든 것이 쉽지가 않았다.

1993년 봄에 창립 9주년을 맞았다. 수잔과 결혼한 지는 2년 반 정도 됐다. 수잔은 여성 사업가였고 그래서 내가 기업 경영에 과도하게 몰입하는 것을 이해했다. 올림픽에서 금메달을 따고 싶다면 열정적으로 헌신해야 하는 것처럼 성공적인 관계를 유지하고 싶다면 사랑, 신뢰, 존경, 그리고 헌신이 있어야 한다. 아내와 나는 모두 이런 사실을 알고 있었지만 직장 생활과 가정 생활 사이의 불가피한 불균형은 해소되지 않았다.

인생에는 언제나 예상하지 못한 일들이 일어난다. 키라가 태어난 지 16개월이 되던 1993년 5월 중순의 어느 주말이었다. 수잔과 그녀의 오랜 친구 두 사람은 뒤늦게 성년의식을 치렀다. 우리 가족 모두와 친구들이 시내 도심에 모여 있었다. 누군가가 분명히 이 사실을 알았고 그날 저녁에 우리가 집에 있지 않을 것이라고 추정했던 것 같다. 우리는 키라를 보모에게 맡기고 축하 행사에 참석했고 즐거운 시간을 보냈다.

얼마 후 수잔이 별일이 없는지 알아보려고 집에 전화를 걸었다. 전화를 받은 사람은 키라의 보모가 아니라 오스틴 경찰서의 어떤 경찰관이었다. 수잔이 질겁하기 시작했다. 나는 모든 상황 대처 능력을 동원해 수잔을 진정시키고 전화를 넘겨받아 경찰관과 이야기했다.

"선생님, 집에 누군가가 침입했습니다."

순간적으로 내 심장이 덜컥 내려앉았다.

"다친 사람이 있나요?"

"딸 아이와 보모 모두 무사합니다."

두말할 필요도 없이 우리는 서둘러 집으로 돌아왔다.

사건의 전말은 이랬다. 발번 서클Valburn Circle에 있는 우리 집 뒷마당의 뒤편 언덕에는 산사태를 막아주는 6미터 높이의 옹벽이 있다. 그런데 누군가가 비포장도로용 오토바이를 소유한 공범에게 옹벽의 기슭으로 자신을 데려다달라고 한 다음 오토바이에서 내려 벽을 기어올라 체력 단련실의 창문을 통해 집에 침입했다. 경보 시스템이 설치돼 있었지만 모든 사람이 집을 비울 때만 경보 시스템을 켜놓았기 때문에 그날 밤에는 경보 시스템이 꺼져 있었다. 집에 방범 카메라도 설치돼 있었지만 범인은 카메라가 어디에 설치됐는지를 알고 있었고 집의 구조와 자신이 원하는 것이(주로 보석이었다) 어디에 있는지 정확하게 알고 있었다.

보모가 이상한 소리를 듣고 키라를 품에 안은 채 침실로 갔고 무슨 일이 벌어지고 있는지를 알게 됐다. 그녀는 검정색 옷과 마스크를 쓴 남성을 목격했지만 그는 보모를 보지 못했다. 보모는 당황하지 않고 침착하게 드레스룸으로 키라를 데리고 간 후 불을 끄고 키라를 조용히 안고 있었다. 그리고 강도가 물건을 훔쳐 떠난 후에 경찰에 전화를 걸었다.

오스틴 지역에서 유명 인물이 되는 것에 대한 위험은 차를 타고 지나가는 엉뚱한 사람들뿐이라고 생각했다. 이들은 차를 타고 천천히 지나가면서 구경하거나 가끔씩 집까지 걸어와 벨을 누르고 행운을 빌어줬다. 하지만 이번 사건은 전혀 다른 종류의 위험이었다. 모트 메이어슨Mort Meyerson의 조언에 따라 보안에 대해 잘 알고 있는 로스 페로Ross Perot에게 전화를 걸었다. 로스는 즉각 조치를 취했다. 그는 텍사스 억양으로 이런저런 것들을 할 것이라고 말한 뒤 보안 팀의 책임자를 보냈다. 우리는 초소에 경비원을 두고 24시간 감시를 하는 새로운 보안 시스템을 설치했다.

정말 무서운 사건이었지만 매우 값비싼 경고이기도 했다. 강도 사건은 훨씬 더 나빠질 수도 있었다. 이 사건은 보안에 대한 무지를 깨닫는 계기가 되었다. 대부분의 사람들처럼 우리는 단지 우리만의 삶을 살아가면 모든 것이 괜찮을 것이라고 생각했지만 결국은 그렇지 않았다. 명성은 확실히 실제보다 과장돼 있었다.

하지만 그때부터 상황이 변했다. 운 좋게도 1991년에 우리는 오스틴의 서쪽 언덕에 있는 땅을 사서 새로운 집을 설계하기 시작했다. 우리가 살고 있는 복잡한 세상과 우리들 사이에 약간의 거리를 둘 때가 되었다.

델은 유럽을 넘어 가능한 먼 지역까지 사업을 확장했다. 당시에 러시아는 아직 개방되지 않았었다. 우리는 세계 인구의 2/3가 살고 있는 아시아로 관심을 돌리고 있었다. 회사 로고를 개선할 필요가 분명해졌다. 세계의 많은 사람들이 사용하지 않은 알파벳 글자들로 만들어진 탓이었다.

1992년 초에 뉴욕의 디자인 회사인 시겔 게일<sup>Siegel+Gale</sup>이 디자인한 새로운 로고가 회계연도 마지막 날, 1월 31일에 발표되는 연례 보고서에서 처음 공개됐다. 새로운 로고는 우리에게 엄청난 중요성을 갖는 작은 변화를 포함하고 있었다. 디자이너들은 DELL의 두 번째 알파벳 'E'를 약 30도 옆으로 기울임으로써 평범한 단어를 강력하고 보편적으로 인식할 수 있는 시각적 상징으로 변화시켰다. 세계적인 기업으로 성장하는 델의 정체성에 잘 맞는 로고였다.

시겔 게일의 설명처럼 "새로운 그래픽의 정체성은 고객들에게 컴퓨터를 직접 판매하는 방식을 통해 PC 산업을 송두리째 바꾸어 놓은 활력이 넘치는 델 정신의 구현"이며, 또 내가 말하기 좋아하는 것처럼 "살짝 기울어진 E는 지속적인 성장과 발전을 지향"했다.

델의 성장은 확실했다. 1993년 1월 31일에 전설적인 10억 달러 장벽을 돌파했다. 사실 훨씬 더 큰 매출을 기록했다. 회계연도의 최종 실적이 공식 발표됐을 때는 10억 달러가 아니라 20억 달러를 돌파하는 쾌거를 이뤘다. 정확하게는 20억 1400만 달러였다. 기업들이 매출 10억 달러를 달성했을 때 흔히 '장벽을 무너트린다'고 한다. 10억 달러 규모의 기업을 경영하는 데 필요한 도구와 시스템은

1억 달러 규모의 기업과 완전히 다르기 때문이다. 정확하게 말하면 10억 달러 장벽을 돌파한 것이 아니었다. 10억 달러 장벽을 훌쩍 건너뛰어 버린 것이었다.

그리고 회사가 흔들리기 시작했다.

너무 빨리 성장한 탓이었다. 회사의 사업부문들이 각각 계획을 세우고 있다고 믿었지만 결과들을 종합해 보면 큰 문제가 발생했다. 현실적으로 회사의 현재 수준을 완벽하게 지원해 줄 수 있는 능력을 갖춘 회사 부서가 한 곳도 없었다. 회사의 역량, 시스템, 사람, 그리고 자본 구조 등 모든 부문에서 너무 빨리 성장하고 있었다. 거대한 규모의 델은 훨씬 더 많은 자본을 소모하고 있었다. 이 시기에 내가 채용한 가장 중요한 사람 가운데 하나가 톰 메러디스<sup>Tom Meredith</sup>였다. 그는 1992년 11월에 썬마이크로시스템즈<sup>Sun Microsystems</sup>에서 재무를 담당하다 우리 회사의 CFO로 합류했다. 나는 톰이 델에 합류하자마자 '걱정을 끼고 사는 사람'이라는 별명을 붙여주었다. 반은 농담이었다. 톰은 우리가 자본을 소비하는 속도에 깊은 우려를 나타냈다. 회사의 좌우명은 유동성, 수익성, 그리고 성장의 순서여야 하는데 지금의 델은 성장, 성장, 성장뿐이라고 말했다.

변화는 힘들었다. 의도적으로 확장 속도를 늦추면서 역량을 더욱 키워야 한다는 것을 알게 됐다. 가장 큰 도전은 매출 규모가 수십 억 달러에 달하는 기업을 운영할 수 있는 인재를 고용하고 육성하는 일이었다. 그래야 매출이 20억, 30억 달러에서 100억 달러로 성장하는 방법을 알 수 있었다. 우리는 실제로 2년에 걸쳐 30억 달러에서 120억 달러 규모로 성장하는 계획을 세웠다. 하지만 우리가 어떻게 이런 목표를 달성할 것이며, 누가 우리를 이끌어갈 것인가?

급속한 확장은 모든 부서에서의 새로운 인재 채용을 의미했다. 엔지니어링, 영업, 제조, 기술 지원, 재무, IT, 마케팅, 인력자원human resource, HR 등 모든 분야에서 인재가 필요했다(이사회 구성원도 5명에서 7 명으로 늘렸다. 1991년에 모트 메이어슨의 조언에 따라 우리는 로스 페로와 긴밀하게 협력했던 텍사스의 유명한 변호사인 톰 루스Tom Luce, 그리고 1992년에 하버드 대학교와 조지타운 대학에서 경영학을 가르쳤던 흑인 여성 교수 클로딘 멀론Claudine Malone을 각각 이사로 영입했다. 다양한 관점이 성장하는 기업에 도움이 될 것이라고 생각했고 가능한 서로 다른 견해를 수용하고 싶었다).

1988년~1993년에 우리 직원 수는 650명에서 약 5000명으로 증가했고 거의 매주 수십 명의 새로운 직원들을 선발했다. 초창기에 제이 벨, 글렌 헨리, 데이비드 런스포드 등 정말로 훌륭한 인재들을 채용했다. 하지만 모든 것이 매우 빠르게 변하면서 안정성과 예측 가능성을 가지고 현재 규모의 10배, 또는 50배로 사업을 확장시킬 수 있는 확실한 핵심 인물들을 영입하는 건 쉽지 않았다. 우리를 A지점에서 B지점으로 이끈 사람들이 B지점에서 C지점으로 인도할 수 있는 사람들과 같지 않을 수 있다는 사실도 깨닫기 시작했다.

우리는 초창기의 재정적인 위기를 힘겹게 넘겼다. FCC의 인증 위기를 견뎌냈고 IBM의 특허와 메모리칩 재고 위기를 이겨냈다. 이번에는 인력 문제에 부딪쳤고 상당히 심각했다.

1980년대 후반에 영업과 마케팅을 총괄하기 위해 샘(사생활 보호를 위해 샘라고 부르겠다)을 채용했다. 그는 화려한 이력을 가지고 있었다. IBM의 영업, 마케팅 책임자였고 큰 성공을 거둔 IBM의 재판매 프로그램을 구축했던 인물이었다. 탠디라디오섹Tandy Radio Shack이 브랜드 이미지를 개선하는 일을 도와주었고 그곳에서도 훌륭한 성과를 거뒀다.

샘은 대기업을 상대로 우리의 제품을 판매하는 전략에 관해 매우 인상적인 새로운 아이디어들을 가지고 델에 합류했다. 나는 샘 아래에 여러 명의 젊은 임원들을 배치했고 그는 더 많은 인재들을 채용했다. 샘은 회사를 위해 훌륭한 일을 했지만 문제도 있었다. 어느 날 내가 복도를 걷고 있는데 닫혀 있는 회의실의 문 뒤에서 고함소리가 들려왔다(개방형 사무실을 만들기 전에 발생한 일이다). 이상한 일이라고 생각했다.

나는 회의실 문을 열고 들어갔다. 얼굴이 선홍빛으로 변한 샘이 자신이 데리고 있는 두 명의 젊은 직원들을 심하게 꾸짖고 있었다. 그는 나를 보자마자 순식간에 태도를 바꾸었다.

"샘, 무슨 일인가요?"

"아, 몇 가지 문제를 의논하고 있었어요."

"그렇군요. 조금 더 목소리를 낮추어줄 수 있을까요?"

이후 샘은 매우 심각한 문제가 있는 것으로 드러났다. 사무실 옆에 호텔이 있었는데 그곳에는 술집이 있었다. 샘은 매일 밤 그곳에 가서 만취하도록 술을 마셨다. 그런 다음 자신의 차를 타고 아슬아슬하게 음주운전을 하면서 집으로 갔다. 다른 임원들과 내가 중재에 나서 샘을 음주 치료 프로그램에 보냈지만 샘은 치료 프로그램에 오래 참석하지 않았고 회사에서도 오래 일하지 못했다.

이맘때쯤 HR을 책임질 수석 부사장을 채용했다. 그를 테드<sup>Ted</sup>라고 부르겠다. 테드는 모토로라에서 이직했다. 모토로라에서 매우 성공적인 경력을 쌓았고 나도 그가 훌륭한 사람이라고 생각했다. 그가 우리 회사에서 일한 지 2년 정도 지난 어느 날, 부사장 가운데 한 명이 내 사무실로 왔다.

"마이클, 이 문제를 함께 이야기 해봐야 할 것 같아요."

"그러시죠. 무슨 일인가요?"

"테드에게 문제가 있습니다."

"어떤 일이죠?"

"테드가 IT 분야에서 두 번째 교대 근무 조로 일할 어떤 사람을 채용했어요."

"문제 없죠. 테드가 HR을 책임지고 있으니까요. 그 사람 일이잖아요. 무슨 문제가 있는 거죠?

"우리는 IT 분야에 두 번째 교대 근무 조가 없습니다."

"좀 이상하네요. 테드에게 물어봤나요? 뭐라고 답하던가요?"

"사실 문제가 보기보다 복잡합니다. 누드 댄서를 채용했어요."

결혼을 하고 아이들이 있는 테드가 자신의 여자 친구인 누드 댄서에게 출근도 하지 않는 일자리를 만들어준 것이었다. 더 많은 돈을 원했던 그녀는 회사에 찾아와 상당한 돈을 주면 자신이 떠나겠다고 말했다. 두말할 필요도 없이 자리를 떠난 것은 테드였다. 회사

돈을 훔치는 일은 당연히 그의 해고를 의미했고 더 이상 논의할 필요가 없는 문제였다.

우리는 매우 빠르게 성장하고 있었다. 회사의 직원 수도 우리의 매출만큼 빠르게 증가하고 있었다. 그리고 그 성장이 많은 잘못들이 드러나지 않도록 덮어주고 있었다. 그래서 뭔가 부적절한 일이 벌어질 가능성을 차단하는 것이 거의 불가능해진 상황이었다. 하지만 이 일은 결백함을 잃어버린 순간이며 부끄러운 행동이라는 것을 알았다. 왜 어떤 사람은 자신의 인생에서 가장 중요한 관계를 망치는 위험을 무릅쓰는지, 나는 그 이유를 이해할 수 없었다. 순진한 생각일지도 모르지만 나는 회사를 성장시키는 일에 집중했다. 이런 일이 생길 거라고는 결코 상상하지 못했다.

회사의 기준과 분위기를 정하는 것이 내가 할 일이고 고위 경영진의 풍조가 정말 중요하다는 것을 알고 있었다. 그때부터 우리는 다음과 같은 정책들을 회사에 도입했다. 예를 들어 당신이 부사장이나 그 이상의 직책에 있다면 회사에 부정적인 영향을 미칠 수 있는 어떤 것도 해서는 안 된다. 또 당신이 부사장 이상의 임원인데 여성들이 옷을 입지 않고 일하는 유흥업소 같은 곳에 갈 생각을 하고 있다면 그만두는 것이 좋다. 테드는 델의 이 IQ 시험을 통과하지 못했다. 우리 회사에서 일하기에는 너무 어리석은 사람이었다.

새로운 제품이 출시될 때 최종 판매 제품이 결정되기 전까지 많은 시제품과 개선 제품들이 등장한다. 우리는 소수의 고객들과 함께 출시 전에 제품을 미리 검토하는 방식으로 신상품을 검증해 본다. 이런 작은 도움들이 성공 확률을 높여주기 때문이다. 그리고 실제로 상품을 소개하면 대규모의 고객 반응을 통해 신제품이 앞으로 어떻게 될 것인지를 빠르게 배운다. 고객들의 반응을 수용하고 이를 바탕으로 지속적으로 제품을 개선한다. 각각의 신제품은 디자인, 기능, 제조 가능성, 서비스 가능성 등 모든 분야에 걸쳐 이전 세대 제품에서 얻은 피드백을 적용한다. 그리고 이와 똑같은 과정이 영업, 서비스 지원, 공급망 등 회사 전체 차원에서 진행된다. 일본 사람들은 이것을 카이젠<sup>kaizen</sup>, 즉 '지속적인 개선'이라고 부른다.

델을 포함해 모든 기업들에게 지속적인 개선은 현실이라기보다는 이상에 가깝다. 성공은 일직선이 아니다. 성공은 실패, 학습, 재도전, 그리고 (바라건대) 성공으로 이어진다. 얼마나 성공적인가는 실제로 당신이 얼마나 실패에 잘 대응했는지, 그리고 실패로부터 얼마나 많은 것을 배웠는지에 의해 결정된다. 많은 사람들이 실패를 두려워하기 때문에 자신들의 엄청난 잠재력을 발휘하지 못한다. 실패를 두려워하기 때문에 사람들은 실패라는 위대한 선생님을 만나지 못한다. 다른 많은 사람들은 기회, 자본, 지식 또는 기술의 부족 때문에 성공에 닿지 못한다. 끈기는 성공으로 가는 길에 있어 가장 중요한 자질이다. 성공은 스스로에 대한 도전이며 현실에 안주하지 않는 것이 가장 중요하다. 지속적인 개선과 함께 '성과에 기뻐하지만 결코 만족하지 않는다'는 태도가 처음부터 우리 기업 문화의 일부로 자리 잡은 이유다.

나는 항상 사무실에 기념이 될 만한 물건들을 보관하고 있다. 일부는 가족과 관련된 개인적인 것이고, 다른 것들은 회사의 전성기와 회사가 어려웠을 때를 상기시켜주는 물건들이다. 나에게는 회사의 어려움을 상기시켜주는 것들이 훨씬 더 의미가 있다. 성공을 기억하는 것 못지않게 실패를 기억하는 것도 중요하기 때문이다. 시장에 출시도 못 할 정도로 크게 실패한 제품도 몇 가지 있었다. 오랫동안 간직하고 있었던 이런 기념품들 가운데 1990년대 초에 개발한 모바일 컴퓨터의 시제품도 있었다.

오늘날에는 상상하기 어렵지만, 30년 전에 휴대용 컴퓨터는 구현하기 어려운 이상적인 목표였다. 1980년대 초에 최초의 휴대용 컴퓨터는 가지고 다니기가 불편할 정도로 부피가 컸다. 그리고 배터리가 없어서 전원 플러그를 꽂아야만 했다. 당시 휴대용 컴퓨터는 이동이 가능한 데스크톱 PC였다. 기술이 발전했지만 델을 포함해 전체 기술 기업들에게 있어 처음 수년 동안 생산된 노트북은 사용하기에 상당히 불편했다. 1990년에 촬영한 동영상에는 글렌 헨리와 내가 자랑스럽게 델의 새로운 노트북인 212N과 320N을 만지작거리는 모습이 나온다. 그 동영상에서 앳된 얼굴에 커다란 안경을 쓴 내가 "세계적인 수준의 성능, 표준 VGA 디스플레이, 모든 기능을 갖춘 자판……" 하고 말하면서 노트북의 훌륭한 사양을 하나씩 설명하고 있었다. 무게는 3킬로그램이 넘었다. 노트북은 가로 26센티미터, 세로 22센티미터에 두께는 5센티미터였다. 1990년대 초의 기술로 만든 노트북은 작고 무거운 평평한 석판 같았다. 무엇부터 설명해야 할지 모를 정도로 강력한 성능을 갖추고 가로, 세로 길이가 각각 30, 20센티미터, 두께가 1.5센티미터에 무게는 1.3킬로그램인 2021년 형 XPS 13과 비교하는 것 자체가 불공평한 것처럼 보인다.

제품 부문의 수석 부사장인 글렌은 기술직 직원들을 7명에서 수백 명 규모로 키워냈고, 3개에서 40개 이상으로 크게 늘어난 다양한 제품 포트폴리오를 관리했다. 또 테리 팍스Terry Parks라는 탁월한 기술자와 함께 거대하고 복잡한 특허 프로그램을 만들었다(테리는 매우 똑똑했지만 상당히 과묵한 사람이었다. 그가 말하는 것을 한마디도 들어본 적이 없다). 글렌은 그 자신이 훌륭한 기술자였다. 나는 사람을 관리하는 것이 그의 적성에 맞지 않는다고 생각했다. 그는 기술적 세부 사항이 적혀 있는 서류가 산더미처럼 쌓여 있는 회의실에 앉아서 '탭'이라고 부르는 초라한 음료수를 마시고 떡을 먹었다. 기술자들은 글렌과 이야기하기 위해 줄을 서서 회의실로 들어왔다. 그는 서류를 살펴보다 이따금씩 기술자들을 쳐다보곤 했다. 그리고 "아니지, 이 부분이 잘못됐어요"라면서 틀린 부분을 고쳐 오라고 기술자들을 돌려보냈다.

나는 우리가 만든 모든 제품들에 자부심을 가지고 있었다. 하지만 1990년대 초에 델의 노트북은 기술적인 측면에서 확실한 약점이었다. 우리의 핵심 사업인 노트북을 개선하기 위해 새로운 지도부와 아이디어들이 필요하다고 생각했다.

누가 노트북 사업을 더 잘하고 있는지는 어렵게 알아볼 필요가 없었다. 애플은 힘들게 노트북 사업을 시작한 후에 1991년에 파워북PowerBook을 출시하기 위해 소니와 손을 잡았다. 파워북은 출발부터 크게 성공했다. 애플은 파워북을 10억 달러 규모의 사업으로 키워내면서 전체 노트북 매출의 40퍼센트를 장악했다. 파워북을 만든 기술자 팀의 책임자는 키가 작고 체격이 다부지며 외향적인 성격을 가진 34살의 존 메디카John Medica라는 기술자였다.

존은 자신이 하는 일에 정말로 뛰어났다. 전자 공학을 제외하고 존의 가장 탁월한 능력 가운데 하나는 팀원들을 구성하고 그들에게 동기를 부여하는 기술이다. 그는 자신을 장난스럽게 표현하는 대범한 성격의 소유자였다. 명함에 자신의 직책을 '중요 인물Big Shot'이라고 표시했다. 존을 회사로 영입하는 것은 어렵고도 대단히 중요한 일이었다. 그는 한 가지 조건을 걸고 우리의 제안을 받아들였다. 나는 그의 사무실을 방문할 때까지 그 조건이 무엇인지 모르고 있었다. 어느 날 그의 사무실에 들어섰는데 그가 앉아 있는 책상 아래쪽에서 철커덩 철커덩 하는 소리가 들렸다.

"무슨 일인가요? 괜찮은 겁니까?"

존은 미소를 지었다.

"아, 저는 괜찮습니다."

그리고 나는 그의 발 아래 쪽에서 꼬리를 책상에 대고 흔드는 커다란 개를 보았다. 존이 우리 회사로 자리를 옮기기 위해 내걸은 한 가지 조건이 영국 목양견인 매기Maggie를 매일 회사에 데리고 출근할 수 있도록 해달라는 것이었다는 사실을 나는 그때야 알게 되었다.

존이 회사에 출근한 지 2달 후에 애플 출신의 또 다른 핵심 인물을 채용했다. 애플의 매킨토시 부서의 부사장이었던 에릭 하슬렘Eric Harslem이었다. 그는 글렌의 뒤를 이어 제품 부문의 수석 부사장이 되었고, 글렌은 최고기술책임자chief technology officer, CTO라는 새로운 자리를 맡았다. 에릭의 임무는 전체 제품 라인에 대한 개발과 마케팅을 총괄하는 것이었다. 에릭과 존, 특히 존은 합류하자마자 모든 것들을 바꾸어놓았다. 1993년에 델은 정말로 대대적인 변화가 필요했다.

1994년 회계연도의 1분기에(1993년 2월부터 5월 초까지) 우리의 성장통은 너무도 극명했다. 수익이 48퍼센트 하락하고(IPO를 한 이후 처음으로 분기 손실을 기록했다) 현금이 줄어드는 가운데 월가의 관심 부족으로 두 번째 증자를 포기해야만 했다. 주가는 1월의 역사적 고점인 47.75달러에서 7월에 15.87달러로 하락했다. 우리는 투자자들에게 앞으로 2분기 동안 상황은 좋아지지 않을 것이라고 했다. 몇 가지 커다란 변화를 계획하고 있었고 이런 많은 변화들은 우리와 주주를 힘들게 할 것이었다.

노트북 사업은 특히 아픈 부분이었다. 나날이 번창하는 PC 사업은 우리의 자원을 너무 많이 차지했기 때문에 노트북 사업에는 총력을 기울일 수가 없었다. 다른 주요 PC 제조사들은 노트북이 매출의 20퍼센트를 차지했다. 컴팩의 노트북 사업은 전체 매출의 30퍼센트를 차지했지만 우리는 6퍼센트에 불과했다. 우리가 직면한 문제는 인텔의 새로운 486 프로세서를 장착한 휴대용 PC를 시장에 늦게 내놓았다는 것이다.

존 메디카의 임무는 델을 노트북 시장에서 존재감 있는 회사로 만드는 것이었다. 그래서 그는 매우 열정적으로 새로운 일을 시작해야 했다. 회사에 합류하자마자 현재의 제품 종류와 개발하고 있는 신제품 모델을 세밀하게 살펴봤다. 그리고 두 종류 모두 상당히 부족한 제품이라는 것을 발견했다. 320SLi와 325SLi로 팔리고 있는 노트북들은 성능이 모자랐을 뿐만 아니라 디자인적으로 단점을 가지고 있었다. 콘덴서가 물리적 압박이나 과열로 파손될 가능성이 있었다. 심할 경우 발화의 위험도 있었다.

존은 새로운 컴퓨터가 시장에 출시될 때쯤이면 기술적으로 구식될 것이라고 결론 내렸다. 그해 10월, 그는 1만 7000대의 노트북을 리콜했고 320SLi와 325SLi 모델을 더 이상 판매하지 못하도록 했다. 새 제품의 생산 계획도 완전히 폐기시켰다. 구형 노트북 수리와 새로운 모델의 폐기로 발생한 재정적 손실은 2000만 달러가 넘었다. 직원들이 받은 충격은 훨씬 더 고통스러웠다. 존이 새로운 노트북 모델의 개발을 감독하는 몇 달 동안은 PC 시장에서 가장 빠르게 성장하는 노트북 분야를 손을 놓은 채로 지켜보기만 했다. 내부 공정의 개선과 노트북 생산 중단에서 발생한 비용을 모두 합치면 7500만~8500만 달러에 달했다. 아마 그보다 더 컸을지도 모른다.

1993년에 내가 들은 델의 뉴스들은 시간이 갈수록 점점 더 나쁜 소식뿐이었다. 수잔을 제외하고 어느 누구에게도 말하지 않았지만 나는 그해에 상당히 오랫동안 공황 상태에 빠져 있었는데 시간이 갈수록 점점 더 악화되고 있었다.

그리고 새해가 밝아왔다. 델을 창립한 지 10년이 되는 해였다. 새해에는 더 많은 희망과 더 많은 도움이 필요했다. 위기를 극복하는 데 도움을 받기 위해 베인앤드컴퍼니Bain&Co.와 자문 계약을 체결했다. 파트너 가운데 한 사람인 케빈 롤린스Kevin Rollins가 특히 깊은 인상을 남겼다. 케빈은 제품보다는 전략 분야를 더 잘 아는 사람이었다. 경력은 우주 항공 분야에 집중돼 있었다. 하지만 처음부터 그는 내가 지금까지 함께 일했던 그 어떤 사람보다 우리의 사업에 대해 더 깊이 알고 있었다.

그는 즉각적으로 우리의 전략 가운데 하나에 큰 관심을 보였다. 3년 전에 샘스클럽, 월마트 같은 대형 체인점을 통해 PC를 판매하기로 한 결정이었다. 케빈은 대형 매장의 판매 수입이 전체 매출에 기여하는 정도가 적어서 그에 들어가는 노력만큼의 가치가 없다고 생각했다. 그리고 이런 대형 판매점들이 우리와 매장에서 제품을 사는 사람들 사이에 실질적인 장벽으로 기능하기 때문에 델과 소비자를 연결해주는 중요한 소통 라인을 잃어버렸다고 주장했다. 실제로 대형 매장에서 구매하는 소비자들이 우리 제품의 성능을 어떻게 생각하는지 아무것도 알 수 없었다. 하지만 델이라는 브랜드의 특징은 직접 판매였다. 이런 종류의 간접 판매는 지금까지 델이 이룩한 모든 것들을 위협했다. 우리는 대형 할인 매장 판매를 즉각 중단했다.

일부 경제 전문 기자들과 금융 분석가들은 대형 매장 판매 중단 조치가 델을 우유부단한 기업처럼 보이도록 만들었다고 요란하게 떠들어댔다. 그러나 기업에게는 일시적으로 나쁘게 보이는 것보다 훨씬 더 나쁜 것들이 있기 마련이다. 우리는 절실하게 회사를 재편해야 할 필요가 있었고, 요란하게 짖어대는 개들을 무시하고 계획대로 밀고 나가는 것이 더 중요했다.

우리는 이제 세계에서 5번째로 규모가 큰 PC 제조사였다. 매출 20억 달러의 장벽을 넘어 30억 달러에 가까워지고 있었다. 그리고 100억 달러 매출 달성을 목표로 잡고 있었다. 나는 이런 원대하고 야심찬 목표 달성에 전적으로 찬성했다. 하지만 내 속에 있는 또 다른 나는 다른 생각을 하고 있었다.

'좋아, 이제 우리는 100억 달러 목표를 위해 앞으로 나갈 거야. 음, 정말로? 그렇게 되면 거대한 기업이 될 텐데. 하지만 그 목표를 어떻게 달성할지 모르는 것이 너무 많아.'

더 많은 도움이 필요하다고 생각했다. 그래서 인재 채용회사인 헨드릭스앤드스트러글스Hendricks&Struggles에 연락했다.

"우리 회사를 30억 달러 규모에서 100억 달러 규모로 성장시킬 수 있는 파트너를 찾아주세요. 국제적 경험을 폭넓게 갖추고 있고 공급망 분야와 기술에 전문성이 있는 사람이어야 합니다."

"그분들은 어떤 일을 하는 것인가요?"

"아직은 모릅니다."

나는 정말로 새로운 사람들이 무엇을 해야 하는지 몰랐다.

헨드릭스앤드스트러글스는 나에게 이력서를 보내기 시작했다.

대부분의 사람들을 직감적으로 빠르게 추려냈다. 그들 가운데 극히 몇몇 사람만 골라 만났다. 여러 사람들 가운데 가장 마음에 든 사람은 모토로라에서 일하고 있는 모트 토퍼$^{Mort Topfer}$였다.

모트는 57세였다. 모토로라에서 27년 동안 일했고 지상 모바일 land mobile 상품, 즉 워키토키$^{Walkie-talkie}$를 담당하는 사업부의 사장이 되었다. 그때는 휴대전화 사업이 본격화되기 직전이었다. 모토로라의 지상 모바일 제품인 무전기는 산업, 경찰, 군사 등 다양한 분야에서 활용도가 매우 높았다. 지상 모바일 제품은 모토로라의 핵심 사업으로 모토로라가 세계에서 가장 존경받는 기업들 가운데 하나로 선정됐을 당시 해외 사업부의 매출이 30억 달러에 달했다. 모트는 생산과 판매, 마케팅을 책임지고 있었다. 사실상 거의 모든 부분을 담당하고 있었다.

이력서를 보자마자 그가 맘에 들었다. 모트는 뉴욕의 브루클린에서 태어났고 여전히 브루클린의 분위기가 남아 있었다. 어투만 그런 것이 아니었다. 따뜻했고 강인했으며 동시에 매우 똑똑했다. 기술 분야에 폭넓은 경험이 있었고 모토로라를 떠나고 싶어 하지 않는다는 사실도 맘에 들었다. 그는 모토로라에서의 일에 만족하고 있었고 자신이 이룩한 성과를 자랑스러워했다. 최근에 그와 그의 아내는 라스베이거스에 은퇴 후 살 집을 지었다. 몇 년 후 모트가 은퇴하면 라스베이거스로 이사해 영원히 정착할 계획이었다.

그는 나의 또 다른 기준도 충족시켰다. 우리는 최고위층으로 일할 누군가를 데려와야 했다(나와 함께 일하면서 다음 단계의 커다란 이정표를 향해 회사를 이끌어갈 수 있는 사람 말이다). 그의 나이가 45살이나 50살이었다면 그 아래 있는 모든 사람들은 불가피하게 '내가 기회를 놓쳤다'고 생각할 것이다. 하지만 모트는 경험이 많은 현자나 원로가 될 수 있었다. 즉 어떤 누구에게도 위협이 되지 않고 우리를 돕기 위해 회사에 들어올 사람이었다.

모트와는 1994년 1월에 처음 만났다. 그 후에도 여러 번 만나 100억 달러 규모의 기업을 어떻게 경영할 것인지 이야기했다. 그는 면접을 보는 것이 아니라 나에게 조언을 해주고 있었다. 그가 말한 모든 것은 상당히 의미가 있었다.

여러 차례 만나고 나서는 그가 우리 회사에 올 것 같은 예감을 받았다. 모트가 우리 회사가 다음 단계로 올라설 수 있도록 돕는 일에 관심이 있다는 것을 느낄 수 있었다. 그래서 나는 모든 사람들이, 특히 모트가 받아들일 수 있다고 생각하는 직책인 부회장의 자리를 그에게 제안했다. 그가 합류한 직후에는 모트와 내가 함께 일하고 있다는 사실을 강조하기 위해 회장실을 새로 만들었다.

모트는 바로 경영에 뛰어들어 도움이 필요한 분야를 즉각적으로 지원했다. 가장 큰 도움이 필요한 분야에 대해 많은 것을 알고 있었다. 우리는 해외에서, 특히 아시아 지역에서 빠르게 사업을 확장하고 있었다. 말레이시아 페낭Penang에 공장을 건설하고 있었고 중국 진출을 준비하면서 일본 시장에도 진입하고 있었다. 아일랜드와 텍사스에서도 놀라울 정도로 생산 시설을 확장하고 있었다. 단지 사업만 확장하고 있는 것이 아니었기에 회사 운영을 위한 훨씬 더 강력한 규율이 필요했다. 모트가 새로운 규율을 만들었고 회사에 많은 도움이 됐다. 그는 또 탁월한 전략적 이해 능력을 갖춘 케빈 롤린스가 사실상 최고위 경영진이 되어야 한다는 나의 생각에 확신을 갖게 해주었다. 케빈은 여전히 공식적으로는 베인앤드컴퍼니의 직원이었다.

케빈은 매우 특이한 형태로 근무했다. 주중에는 텍사스에서 우리와 함께 일했고 주말에는 비행기를 타고 보스턴으로 돌아가 가족과 함께 지냈다. 케빈의 급여는 베인앤드컴퍼니가 지급했다. 하지만 케빈과 모트는 나와 일주일에 한 번 저녁을 함께 했다. 케빈이 논의할 주제를 정하고 인사, 새로운 투자 분야, 그리고 새로운 상품 등 우리의 모든 결정에 관여했다.

그해에 중요한 신제품을 출시했는데 존 메디카와 그의 팀원들이 개발한 '래티튜드Latitude'라고 불리는 노트북이었다. 기대했던 대로 매우 아름다웠다. 튼튼하고, 디자인이 멋지고 세부적인 것들에도 신경을 많이 쓴 제품이었다. 메모리카드도 제거하기 쉽고 플로피 디스크 드라이브를 빼고 그 자리에 두 번째 배터리를 끼우면 더 오랜 시간 노트북을 사용할 수 있었다. 획기적인 배터리 수명도 래티튜드의 커다란 장점이었다. 기본 모델과 고사양 모델인 XP 모델 모두 배터리 충전을 하지 않고도 8시간을 사용할 수 있었다(XP 모델은 가벼운 리튬이온 배터리를 사용했는데 당시에는 신기술이었다). 언제나 그랬던 것처럼 가격도 매우 경쟁력 있었다. 기본 모델은 1400달러, XP 모델은 3200달러였다(컴팩의 기본 모델은 2474달러, 고급 모델은 4055달러였다).

그동안 아무것도 안하고 노트북 시장이 커지는 것을 구경만 하는 것은 매우 괴로운 일이었다. 쉽지 않겠지만 우리는 다시 이길 수 있다는 확신이 생겼다. 최고의 제품을 가지고 있었고 시간이 우리가 옳다는 것을 입증해 줄 것이라고 생각했다. 그리고 1994년에 래티튜드 브랜드가 출범한 이후 지금까지 4억 대의 노트북을 출하했다. 이 글을 쓰기 시작하기 직전 4분기 동안 1초마다 1대 이상을 판매했다. 더 정확하게는 1분에 70대, 1시간에 4171대를 팔았다.

우리가 관심을 가져야만 하는 또 다른 제품 분야가 있었다. 1993년 11월 파리에서 이사회를 열었다. 케빈(그는 여전히 베인앤드컴퍼니의 컨설턴트였다)과 나는 이사들을 상대로 우리가 왜 서버 사업에 본격적으로 진출해야 하는지 설명했다. 진출하지 않으면 왜 큰 어려움을 겪게 될 것인지도 함께 말했다. 처음에 이사회는 '이런 설명을 하는 이유가 무엇인가요?'라는 표정을 지었지만 마지막에는 '왜 아직까지 이 사업에 진출하지 않았나요?' 하는 표정으로 바뀌었다.

우리는 기업 고객을 잡기 위해 서버 시장에 다시 진출하는 것에 대해 오랫동안 생각해 왔다. 그리고 1990년대 초반에 서버 시장 진출 문제를 결정하게 만든 몇 가지 사건들이 있었다. 노벨Novell, 쓰리콤3COM, 반얀Banyan 같은 소프트웨어 개발 업체들이(최근에 윈도우 NT를 도입한 마이크로소프트와 함께) 클라이언트-서버 기반의 네트워크 시스템을 구축할 수 있는 서버용 운영체제를 만들었다. 이런 시스템들이 대기업과 중소기업 전반에 확산되고 있었다. 휴스턴에 있는 우리의 숙적인 컴팩은 인텔 기반의 시스템 프로<sup>System Pro</sup> 서버를 통해 초창기 시장을 주도했다.

서버 시장에서 가장 놀라운 것은 엄청난 수익성이었다. 서버는 매우 복잡한 시스템이어서 수익이 PC보다 훨씬 더 많았다. 컴팩은 높은 가격과 소매점 PC 판매로 들어오는 적은 수익을 서버 사업에서 생긴 막대한 수익으로 채워넣고 있었다. 델 컴퓨터가 덜 비싼 가격, 믿을 수 있는 제품, 최고의 서비스 조직으로 인정받는다 해도 기업들이 컴팩의 서버를 버리고 우리 서버를 사용하도록 만드는 것은 매우 어려운 일이었다. 만일 내가 컴팩의 시스템 프로를 어떻게 운영하는지 이미 알고 있는 시스템 관리자인데 누군가가 다가와서 "다른 서버를 사용해 보세요"라고 한다면, 나는 십중팔구 "괜찮습니다. 이미 이 제품을 사용하고 있어요"라고 이야기 할 것이다. PC는 한 제품에서 다른 회사 제품으로 옮겨가는 것이 상대적으로 간단하지만 서버는 그렇지가 않다.

다른 한편으로 컴팩이 서버 시장을 홀로 장악하게 된다면 막대한 수익을 얻게 될 것이라고 생각했다. 그리고 그 돈으로 PC 시장을 공략해 델을 퇴출시키는 데 활용할 것이다. 이것이 델이 서버 시장에 관심을 가져야만 하는 이유였다.

우리가 인수에 눈독을 들이고 있는 더 작은 서버 기업들도 있었다. 시퀀트<sup>Sequent</sup>, 트리코드<sup>Tricord</sup>, 그리고 넷프레임<sup>NetFrame</sup> 이었다. 하지만 최종적으로는 헌신적인 기술자들로 구성된 팀을 만들어 우리만의 서버를 만드는 것이 더 쉽겠다고 결론 내렸다. 1994년 초에 두 종류의 파워엣지<sup>PowerEdge</sup> 모델을 선보였다. 중소 규모의 네트워크 환경에 적합한 SP 모델과 중간 규모에서부터 대규모 네트워크를 위한 XE 모델이었다. 같은 해 시퀀트에서 래리 에반스<sup>Larry Evens</sup>를 영입해 서버 담당 부사장으로 임명했다. 다시 2년 후 컴팩의 서버 마케팅 부사장이었던 마이크 램버트<sup>Mike Lambert</sup>를 채용해 서버 사업을 경영하도록 했다. 조만간 컴팩과 서버 사업에서 치열한 접전을 벌이게 될 것이었다.

서버 사업의 가능성을 알게 된 후 또 다른 시장에 진출하기로 결정했다. 당시에는 전문가용 워크스테이션으로 알려진 시장이었다. 워크스테이션은 컴퓨터 보조 설계, 건축가와 반도체 설계자들의 시뮬레이션, 고성능을 요구하는 다른 전문가들을 위해 만들어진 강력한 그래픽과 디스플레이를 장착한 특별한 컴퓨터였다.

썬마이크로시스템즈(나중에 오라클에 인수됐다)와 초창기 시장을 이끌었던 아폴로를 인수한 HP가 워크스테이션 시장을 지배하고 있었다. 두 회사는 수직적으로 잘 통합돼 있었다. 다른 기업들이 외주 생산을 맡기는 여러 가지 부품들을 제조하고 있었고 심지어 자체적으로 마이크로프로세서도 만들었다. 두 기업 모두 워크스테이션 제품으로 큰 수익을 내고 있었고, 이것이 서버와 스토리지 사업의 자금줄 역할을 했다.

인텔 같은 기업들이 만드는 마이크로프로세서의 빠른 발전 속도와 윈도우의 발전을 고려하면, 이런 특별한 응용프로그램들을 돌리는 데 필요한 충분히 강력한 성능의 워크스테이션을 만들 경우 고객들에게 훨씬 더 큰 가치를 제공할 수 있다고 생각했다. 성공한다면 우리는 수익을 낼 수 있는 수준까지 제품 가격을 낮출 수 있었지만 썬마이크로시스템즈와 HP는 그러지 못했다. 워크스테이션 분야의 전체 수익은 축소될 가능성이 높지만 우리가 성공한다면 상당한 시장점유율을 차지할 것이었다.

이것이 제프 클라크의 첫 번째 커다란 기회였다. 제프는 1987년 델에 입사한 이후 지금까지 기술자로서 놀라운 재능을 보여주었다. 그리고 이제 회사의 새로운 중요한 사업을 이끌 준비가 돼 있었다. 델은 1997년에 첫 번째 워크스테이션을 출시할 계획이었다. 이 계획에는 여러 가지 도전적인 과제들이 없지 않았지만 제프는 훌륭하게 성공시켰고 결국 우리 회사를 시장점유율 1위로 만들었다. 몇 년 후에 썬마이크로시스템즈는 워크스테이션 사업에서 철수했고 HP는 델의 워크스테이션을 모방하는 전략으로 전환했다.

1994년에 전 세계의 웹사이트 수는 2700개를 약간 넘는 수준이었다. 1993년보다 130개 증가한 것이고 1993년의 웹사이트 수는 1992년보다 10개 정도 더 증가했다. 당시에는 구글도 없었고, 위키피디아Wikipidia도 없었으며 유튜브YouTube와 트위터Twitter도 존재하지 않았다. 하지만 www.dell.com이라는 웹사이트는 1994년부터 존재했다.

청소년 시절에 헤이즈 모뎀을 이용해 전자게시판을 경험한 이후 나는 온라인 소통의 네트워크 효과와 무한한 가능성에 매료됐다. 웹이 본격적으로 운영되기 시작하자 그 잠재력이 무한한 것처럼 보였다. 웹의 초창기인 1990년대 초반과 중반에 온라인에 쏟아지는 정보의 양은 매주 지속적으로 증가했다. 처음 델의 웹사이트도 정보 전달이 주였다. 얼리어답터와 기술에 관심이 많은 사용자들이(당시에는 이들이 유일한 사용자들이었다) 웹사이트를 방문해 제품의 기술적 자료와 기술 지원을 위한 전자메일 주소를 얻어갔다.

1995년에 전 세계의 웹사이트의 수가 2만 3000개 이상으로 급증했고 인터넷은 매시간 점점 더 정교해졌다. 우리 웹사이트도 이전과 비교해 훨씬 더 세련되게 변했다. 사용자들은 기술적 정보를 얻을 수 있었고 잠재적 구매자들은 온라인으로 자신들이 생각하는 컴퓨터의 사양과 정확한 가격을 파악할 수 있었다. 1995년에는 우리의 통신 판매 모델을 인터넷으로 옮기는 일에 진지하게 관심을 갖기 시작했다(그때는 아마존Amazon이라는 작은 웹사이트가 시작한 해였다).

전자상거래의 발전은 단지 한 가지 이유 때문에 데이터 검색보다 발전 속도가 뒤처졌다. 온라인 구매의 안전성 확보를 위한 수단이 개발 단계에 있었고, 온라인 구매에 익숙하지 않는 소비자들이 웹사이트에 신용카드 번호를 입력하는 것을 매우 조심스러워했기 때문이다. 가상의 공간에 신용카드 번호를 입력하면 어떤 일이 벌어질지 아무도 몰랐다. 하지만 웹사이트, 브라우저, 그리고 서버를 위한 보안 방법들이 발전하면서 전자상거래가 증가하기 시작했다. 우리는 이런 발전 추세에서 가장 앞서 나가고 싶었다.

온라인 구매와 우리의 통신 판매 모델은 생각했던 대로 완벽한 조합이었다. 1990년대 초에 나는 이사회에 온라인 판매 모델을 제안했다. 온라인 판매는 전 세계 고객들이 제품 정보를 얻을 때 전화나 팩스보다 더욱 빠르고 효율적으로, 그리고 저렴하게 접근할 수 있을 것이라고 말했다. 잠재적 구매자는 온라인에서 자신이 이상적으로 생각하는 PC를 구성할 수 있고 이에 대한 기술적인 정보에 접근할 수 있었다. 또 구매, 조립, 운송되는 과정을 추적해 알 수 있었다. 기업은 규모의 경제를 만들어낼 수 있고 영업팀과 전체 판매 과정을 훨씬 더 빠르고 효율적으로 만들 것이었다.

1996년 6월부터 웹사이트에서 PC와 노트북을 팔기 시작했다. 그해 12월에는 파워엣지 서버도 온라인 판매를 시작했다. 1996년 말에는 또 다른 이정표를 세웠다. 하루 온라인 매출 규모가 100만 달러에 도달했다.

1996년 말에 나와 모트는 마침내 케빈을 설득해 사실상의 근무 계약을 공식화하면서 부사장으로 합류하도록 만들었다. 케빈이 델에서 근무하기 시작한 지 2주 후에 나는 그에게 북미와 남미의 영업을 총괄하는 책임을 맡겼다. 이 지역은 우리 전체 매출의 70퍼센트를 차지하고 있었다.

1995년에 《포춘》은 '마이클 델의 부활: 경험 많고 나이 든 여러 경영자들이 어떻게 마이클 델을 성장시키고 그의 회사를 대기업처럼 경영하게 했을까'라는 약간은 건방진 제목의 기사를 실었다. 델의 성장을 보는 또 다른 관점이었다. 나는 다양한 성장과 발전 단계에서 경험이 풍부하고 나이가 있는 여러 명의 경영진들(리 워커, 모트 메이어슨, 모트 토퍼)로부터 자문을 구했고 각각의 경영진이 자신만의 방식으로 많은 도움을 주었다. 30살에 불과한 데다 경영진 중에서 가장 어렸지만 누구도 나에게 성장을 강요할 필요가 없었다. 나는 남편이자 아버지였으며 그때까지 10년 이상 PC 산업에 몸담았고 많은 전쟁을 경험했으며 상처도 있었다.

우리는 더 멀리 나아갈 팀도 갖췄다. 1994년부터 1996년까지 엄청난 속도의 성장을 이룩하는 동안 사업을 확장할 수 있었던 중요한 성공 요인 중 하나는 전 세계에 걸쳐 필요한 인재들을 영입했던 것이다. 인사 담당 부사장인 줄리 사케트Julie Sackett는 직원 수가 6000명에서 1만 2000명으로, 2배가 늘어나도록 도와주었고 다음 단계의 성장을 위한 토대를 마련했다. 모트 토퍼와 케빈 롤린스, 톰 메러디스, 에릭 하슬렘, 존 메디카, 제프 클라크, 그리고 재능 있는 많은 경영진들과 수천 명의 열정적이고 헌신적인 직원들이 함께하고 있었기 때문에 100억 달러는 물론, 그 이상의 매출도 달성 가능하다고 느꼈다. 1996년 말에 우리는 정말이지 무엇이든 할 수 있을 것 같았다.

# 11
## 델의 가치 선언문

IPO 몇 개월 후인 1988년 11월, 나는 기업 문화를 정립하기 위한 시도로 새로운 회사를 위한 가치를 주제로 글을 썼다. 도트 프린터로 인쇄된 1쪽 분량의 글은 다양한 사람들로 구성된 200명의 직원들이 정독할 수 있도록 회사 내에 배포됐다. 직원들이 이 글을 꼼꼼하게 읽어보기를 원했다. 모든 단어들이 진심이었고 내가 쓴 모든 내용들은 나 스스로가 절실하다고 느낀 것이었다.

중요한 제목들은 다음과 같다.

1. 고품질의 상품과 탁월한 고객 서비스를 제공하라: 사업

2. 사람들을 존중하라: 사람

3. 직원들은 모든 단계에서 배우고 성장할 것이다: 과정

4. 우리가 하는 모든 일에서 최고가 되어라: 기준

전하고자 하는 의미를 설명하면 아래와 같다.

## 1. 고품질의 상품과 탁월한 고객 서비스를 제공하라

델 컴퓨터의 사명은 고품질의 컴퓨터를 고객들에게 직접 판매하고 높은 수준의 고객 서비스를 제공하는 것이다.

우리는 고객들에게 매우 헌신적으로 대응한다. 우리 성공의 핵심요인은 고객들과 일대일 관계 구축이다. 이것이 지속적으로 변하는 고객들의 요구에 빠르게 대응하는 기틀을 제공하기 때문이다.

회사는 우리와 사업적으로 이해관계가 있는 모든 당사자들의 정당한 요구를 만족시키려고 노력할 것이다. 모든 당사자들이란 고객, 직원, 협력업체, 특별한 이해관계가 있는 단체, 지역 사회, 그리고 주주를 말한다.

## 2. 사람들을 존중하라

회사는 팀원들 사이에 진취, 협력, 책임, 탁월함을 적극 권장하고 보상할 것이다. 우리는 고품질의 제품을 즉각적으로 대응하는 친절한 서비스와 함께 가치 있는 가격으로 제공할 것이다. 우리는 언제

나 모든 거래에 최고 수준의 법적 윤리적 기준을 준수할 것이다.

사람은 회사의 가장 가치 있는 자산이다. 우리는 우리 업계에서 최고의 인재들을 불러들이고, 그들에게 동기를 부여하고, 계속해서 회사를 위해 일할 수 있는 환경을 제공할 것이다. 직원들은 자신들의 업무에 영향을 미치는 결정에 참여하고 자신들의 노력의 결과로 얻어지는 보상을 받게 될 것이다. 회사는 언제나 탁월한 성과에 대해 보상할 것이다.

### 3. 언제나 학습하라

유연함, 변화, 그리고 대응성은 조직이 영원히 성공하기 위해 구현해야 할 핵심적인 특성이다.

우리는 언제나 배우는 자세를 유지해야 한다. 이런 자세는 경쟁이 치열한 환경에서 지속적으로 변화를 이해하고 예상하며 새로운 기회를 이용할 전략을 만들어낼 것이다. 우리는 언제나 배운 것을 적용하고 기업을 운영하는 기존의 여러 가설에 도전할 것이다.

관리자는 다른 사람들에게 자율권을 주고 그들이 생산성을 발휘하지 못하게 하는 장애물을 제거할 것이다.

### 4. 델은 모든 사업 분야에서 최고가 될 것이다

델은 우리가 하는 모든 일에 있어 최고가 될 것이다.

이 글을 쓸 때가 23살이었다. 여러 사람들이 마구잡이로 섞인 나의 작은 회사는 미국에 있는 수백 개의 컴퓨터 회사 중 하나였다. 성공적인 일도 있었지만 지금까지 보아온 것처럼 회사가 망할 뻔한 위기도 여러 차례 있었다. 현재 나는 50대 중반이고 15만 명이 넘는 직원들이 있는 세계적인 기업을 책임지고 있다. 30년 전에 쓴 이 모든 것들은 지금도 여전히 유효하다. 우리는 지금까지 걸어온 발걸음마다 이런 가치를 지켜왔다. 이런 가치들이 없었다면 현재의 델이 되지 못했을 것이다.

1980년대와 1990년대 델이 성장할 때 나는 빌 게이츠와 스티브 잡스를 잘 알게 되었다. 빌 게이츠는 사업 파트너이자 협력자였다. 그의 회사는 델 컴퓨터에 실리는 운영 체제를 만들었다. 스티브 잡스는 함께 사업을 하고 싶어 하는 창업자 동료로 알게 됐고 나중에는 친구가 되었다. 1985년부터 1997년까지 애플에서 쫓겨나 있었던 기간에 스티브 잡스는 넥스트NeXT를 창업했다. 넥스트는 고등교육과 대기업에 필요한 새로운 차세대 컴퓨터를 만들기 위해 노력했다. 하지만 델의 PC, 서버와는 다르게 넥스트의 워크스테이션은 가격이 너무 비싸서(디자인이 아름답기는 했다) 시장에서, 특히 대학에서 자리를 잡을 수가 없었다. 그래서 스티브 잡스는 1993년에 소프트웨어 개발로 돌아섰다. 90년대 중반에 웹사이트를 개발할 때 사용한 도구 가운데 하나가 넥스트가 개발한 웹오브젝트WebObject라고 불리는 소프트웨어였다.

스티브 잡스는 그해 우리 집에 몇 번이나 놀러왔고 델의 PC에 자신이 개발한 운영체제를 사용하도록 나를 설득시키려고 노력했다. 자신이 개발한 운영체제는 마이크로소프트 윈도우보다 훨씬 더 좋고, 썬마이크로시스템즈가 주도하는 유닉스Unix 워크스테이션 시장을 공략하는 데 사용할 수 있다고 말했다. 어느 정도 장점이 있었지만 그가 개발한 운영체제에 맞는 프로그램이 없었고 넥스트의 운영 체제에 관심이 있거나 이를 요구하는 고객들은 훨씬 더 적었다.

스티브 잡스는 매우 집요한 인물이었다. 1997년 초에 애플로 복귀하자마자 그는 나에게 또 다른 사업을 제안했다. 그와 그의 팀원들은 맥Mac 운영체제를 우리가 사용하는 인텔의 X86 컴퓨터에 사용하는 방법을 찾아냈다. 잡스는 나를 찾아와 "이봐, 우리 운영체제가 델 컴퓨터에서도 작동해"라고 말했다. 맥 운영체제의 사용허가권을 주고, 델이 맥 운영체제를 설치한 컴퓨터나 윈도우 운영체제를 설치한 컴퓨터를 판매할 수 있도록 하겠다고 했다. 흥미로운 생각이었다. 그러나 그의 사업 제안은 터무니없을 정도로 형편없었다.

나는 먼저 잡스에게 "좋아요. 그럼 맥 운영체제를 설치해 판매하는 컴퓨터에 사용료를 지불하겠습니다"라고 말했다. 하지만 그는 우리 컴퓨터에 자신의 운영체제를 설치해 판매하게 되면 맥 컴퓨터 시장이 잠식당할 것이라고 생각했다. 우리가 애플보다 규모가 훨씬 더 컸고(애플이 판매하는 컴퓨터보다 훨씬 더 많은 컴퓨터를 팔고 있었기 때문에) 비용 구조 또한 매우 효율적이었기 때문이다.

나의 답을 들은 잡스는 "좋아요, 델이 매년 수천만 대의 컴퓨터를 판매하고 있으니 모든 컴퓨터에 대해 사용료를 지불하세요. 그렇게 하면 델은 윈도우를 설치할 것인지 맥 운영체제를 설치할 것인지 고민할 필요가 없습니다. 모든 컴퓨터에 두 가지 운영체제를 설치하고 고객들이 어떤 운영체제를 사용할 것인지를 결정하도록 하는 거죠"라고 다시 제안을 했다.

간단히 말하면 그의 제안에는 다음과 같은 문제가 있었다. 그가 이야기하는 사용료는 수억 달러에 달한다. 그리고 그의 계산법은 합리적이지 않았다. 우리 고객 대부분은, 특히 대기업들은 맥 운영체제를 원하지 않았기 때문이다. 잡스의 제안이 "델이 맥 운영체제를 사용할 때마다 우리에게 사용료를 지불하는 것입니다"라는 것이었다면 흥미로웠을 것이다. 하지만 우리가 사용하지도 않은 운영체제에 대해 잡스에게 매번 사용료를 지불하는 것은 말이 안 되는 것이다. 시도는 좋았어요, 잡스!(이 제안의 또 다른 문제는 나쁜 조건에도 불구하고 이후에도 맥 운영체제에 대한 접근을 허가하지 않을 것이라는 점이었다. 우리는 애플에 많은 사용자들을 확보해주지만 사용자들에 대한 지속적인 사후 지원을 보장할 수 있는 방법은 없다는 의미였다.)

잡스와 나는 서로를 존중하고 어느 정도 거리를 두면서 우호적인 관계를 유지했다. 그의 생일은 2월 24일이었는데 내 생일보다 하루 늦었다. 우리는 수년 동안 하와이에서 자주 마주치곤 했다(잡스는 하와이 빅 아일랜드의 코나 빌리지 호텔을 좋아했다. 나는 그가 사망하기 몇 달 전, 쓰나미가 해변을 덮쳐 호텔이 무너질 때까지 그 호텔을 소유하고 있었다). 가끔은 오랫동안 함께 산책하면서 일과 인생에 대해 이야기했다. 그러나 어떤 이유에서인지 모르지만 사업적 관계로는 발전하지 못했다.

기술 관련 언론들은 우리 두 사람을 숙적으로 묘사하는 것을 즐겼다. 예를 들면 '스티브 잡스는 델이 어떻게 혁신이라고는 찾아볼 수 없는 베이지색 네모 상자를 만들었는지 지적했다'는 식이었다. 나는 언론을 통해 전해지는 스티브 잡스의 말을 그냥 무시했다. 우선 우리는 그런 베이지색 네모 상자를 잘 팔고 있었다. 그의 발언은 컴퓨터 업계에서는 상당히 흔한, 상대방의 기를 꺾기 위한 일종의 도발적인 발언이자 어느 정도 흥미를 제공하는 논평이었다. 썬마이크로시스템즈의 공동 창업자인 스콧 맥닐리Scott McNealy는 다른 기업들에 관한 재치 있는 입담으로 유명했다. 어떤 사람이 컴팩의 노트북을 어떻게 생각하느냐고 물었을 때 "글쎄요, 그들은 훌륭한 플라스틱 제품과 손잡이를 만들고 있죠"라고 말했다.

나는 1997년 10월에 플로리다주 올란도Orlando에서 열린 가트너 심포지엄과 IT 엑스포 97 행사에서 아무런 의도도 없이 흥미가 가득한 발언을 했다. 당시 델은 하늘 높은 줄 모르고 잘나가는 회사였고 애플은 자금 지원을 받는 기업이었다. 스티브 잡스는 이사회가 길 아멜리오Gil Amelio를 해고하면서 임시 CEO로 애플에 복귀했다. 스티브 잡스의 탁월한 아이디어들이(1998년에 아이맥iMac, 2001년에 아이팟iPod, 2007년에 아이폰iPhone 그리고 2010년에 아이패드iPad) 미래에 애플을 훌륭한 기업으로 만들었지만, 1997년 가을에 애플은 파산 직전에 있었고 파산을 면하기 위해 마이크로소프트로부터 돈을 빌려야만 했다. 내가 올란도 엑스포에서 2000여 명의 IT 회사 임원들 앞에서 질의응답을 하고 있을 때 사회자는 나에게 당신이 애플의 CEO라면 무엇을 할 것인지 물었다. 솔직히 나는 그 질문이 싫었다. 재미 삼아 약간의 논란을 불러일으키려는 상황이라는 것을 알았기 때문이다.

"글쎄요, 저는 애플의 CEO가 아닙니다. 잘 모르겠습니다. 다른 사람에게 물어보는 게 어떻겠습니까?"

하지만 사회자는 나의 답변에 만족하지 않았다. 그는 또다시 질문했고 나는 솔직하게 답했다.

"저는 다른 회사에 대해 조언하지 않습니다."

진행자는 내가 수줍어한다고 생각했거나 아니면 맘대로 밀어붙일 수밖에 없다고 생각했을지도 모른다. 그가 다시 물었다.

"그러지 마시고, 당신이라면 어떻게 하실 건가요?"

그때 순간적으로 짜증이 올라왔다.

"저라면 무엇을 할 거냐고요? 회사를 청산하고 주주들에게 돈을 나눠줄 겁니다."

나의 이 발언은 청중들로부터 큰 반향을 불러일으켰다. 많은 사람들이 크게 웃었고 몇몇 사람들은 크게 놀란 듯 헉, 하는 소리를 냈다. 진행자는 자신이 원하던 흥미를 유발시키는 발언을 얻어냈다. 그리고 이 발언은 크게 확대 해석됐다. 나의 인터뷰는 앞뒤의 맥락이 잘린 채 무선 서비스 웹사이트와 기술 웹사이트에서 널리 퍼져 나갔다.

"델은 애플이 문을 닫아야 한다고 말했다."

내 말은 이후 몇 주 또는 몇 달 동안 많은 사람들의 입을 즐겁게 해주었다. 그 발언은 계속해서 관심을 끌었고, 사람들은 지금도 그때 내가 한 발언을 이야기한다.

당시 나의 발언은 어리석었고 전문가답지 못했다. 나는 도발에 당했고 호사가들이 좋아하는 즐거움의 대상이 됐다. 애플의 숙적이 된 것이다. 하지만 나는 애플의 적수가 아니었고 전혀 비슷하지도 않았다. 사실 애플은 내 머릿속에 거의 존재하지도 않았다. 나는 임원들과 협력해 델을 경영하고 직접적인 경쟁 상대인 컴팩, IBM, HP를 상대하느라 할 일이 너무 많았다.

반면 스티브 잡스는 임시 CEO로 신분이 불안한 상태였다. 그가 공동으로 설립한 회사가 그를 완전히 받아주지 않았기 때문이다. 틀림없이 화가 났을 것이다. 잡스는 나에게 이메일을 보냈다. "CEO들은 품위가 있어야 합니다. 그게 당신의 견해가 아니라는 걸 알고 있습니다."

나는 잡스에게 전화를 걸어 내가 어떤 맥락에서 그런 말을 했는지 설명했고 당시 내가 어떤 생각을 했는지 솔직하게 말했다. 잡스는 괜찮다고 말했고 상황을 이해하는 것처럼 보였다.

이런 일이 벌어지고 2주 후에 그는 애플의 새로운 온라인 상점과 제조와 유통을 위한 주문제작시스템을 지원하기 위해 수백 명의 관리자들을 불러 모았다(어디선가 비슷한 이야기를 들었던 것 같지 않은가?). 그리고 잡스는 무대 위에 서서 나를 희생양 삼아 농담했다. 뒤편에 있는 큰 화면에 "애플의 문을 닫고 주주들에게 돈을 돌려주겠습니다"라는 맥락이 없는 문구와 함께 나의 사진을 띄웠다. 그는 생각했던 만큼의 반응을 끌어냈다. 나를 향한 커다란 야유였다. 스티브 잡스가 말했다.

"여러분들이 진정할 때까지 약간의 시간이 필요할 것 같네요. 저는 그의 발언을 이해할 수 있습니다. 마이클은 자신들이 처음 시작한 어떤 것을 우리가 가지고 와서 훨씬 더 잘해냈다는 사실에 약간 화가 났을지도 모릅니다! 우리는 전자상거래의 새로운 기준을 만들어가고 있습니다. 저는 이해할 수 있습니다. 마이클은 경쟁심이 있는 사람이거든요."

이제 미소를 짓고 있는 커다란 나의 사진이 그의 뒤편에 있는 화면에 등장했다.

"우리가 마이클 당신에게 하고 싶은 말은 바로 이것입니다. 우리는 새로운 상품, 새로운 매장, 그리고 새로운 주문제작방식을 통해 당신을 따라잡을 것입니다. 기다려 친구야."

이와 동시에 거대한 과녁이 나의 웃고 있는 얼굴 위로 겹쳐졌다. 청중들은 박수를 보냈다.

스티브 잡스가 사망하고 매우 성공한 애플이 델과 함께 평화적으로 공존하는 오늘날에는 상상하기 어려운 일이다. 하지만 아이폰이 나오기 10년 전에 애플은 성공 가능성이 낮은 약자였다. 애플은 우리가 그랬던 것처럼 여러 차례에 걸쳐 생존을 위해 싸우고 있었다. 당시 애플에 대한 발언들은 대부분 '곤경에 처한'이나 '거의 파산 직전'과 같은 수식 어구로 시작했다. 그래서 스티브 잡스는 싸울 준비가 돼 있었다. 애플과 델은 완전히 다른 회사였지만 그는 자신의 군대를 소집하기 위한 적이 필요했다.

스티브 잡스의 입장에서 보면 나도 상당히 비슷한 일을 한 것일지도 모른다(나는 16년 후에 똑같은 일을 하게 됐다. 앞장에서 이야기했듯 나는 한 설명회에서 직원들을 모아놓고 칼 아이칸의 얼굴에 동그라미를 치고 대각선으로 취소선을 그었다). 당신이 창업한 회사가 생존을 위해 싸울 때 당신은 무엇이든 필요한 일을 해야 한다. 하지만 승리한 후에 당신이 해야 하는 일은 위대한 회사와 좋은 회사의 차이점이 무엇인지를 이해하는 것이다.

우리는 지금까지 계속 승리했다. 1997년 10월 말에 아시아 금융위기로 온라인 주식 거래가 폭증하면서 나스닥의 컴퓨터 시스템에 심각한 과부하가 걸렸다. 그 결과 증권거래소는 우리에게 8대의 새로운 정교한 파워엣지 시스템을 주문했다. 우리는 나스닥의 기준에 맞춘 완벽하게 검증된 시스템을 증권거래소에 36시간 안에 공급했다. 나스닥의 쌍방향 서비스 책임자는 빠른 제품 공급뿐만 아니라 추가 비용을 요구하지 않았다는 사실에 놀라며 말했다.

"원래 델은 가격 때문에 거래했지만 지금은 가격이 중요한 것이 아니군요. 델의 고객 지원과 서비스가 우리의 관계를 이어주는 원동력입니다."

가격, 기술 지원, 서비스는 1990년대 후반에 서버, PC, 노트북, 주변기기의 판매를 지속적으로 증가시켰다. 델은 1998년에 매출이 120억 달러를 돌파했고 IBM과 애플을 넘어 세계에서 두 번째로 큰 PC 제조 기업이 되었다. 당시 우리보다 큰 컴퓨터 회사는 컴팩이 유일했는데 우리가 컴팩을 능가할 날도 멀지 않아 보였다. 총 매출은 1999년에 180억 달러로 상승했고 2000년에는 250억 달러가 되었다. 2000년에 텍사스 라운드 록과 유럽, 중동, 아프리카, 아시아, 일본, 그리고 남미 지역에서 근무하는 직원 수는 3만 6000명으로 늘었다. 우리 주식은 나스닥에서 가장 성과가 좋은 주식들 가운데 하나였고 주가는 계속 상승해 1995년, 1996년, 1997년, 1998년(두 차례), 그리고 1999년에 2대 1로 액면 분할을 했다. 우리는 그야말로 미친 듯이 성장하고 있었다.

수잔과 나는 이 시기에 함께 걸으면서 많은 이야기를 했다. 우리의 축복을 헤아리고, 받은 것들을 어떻게 함께 나눌 것인지도 계속해서 생각했다. 4명의 훌륭한 자녀들을 갖게 된 것이 얼마나 복된 것인지, 그리고 우리 자식들이 얼마나 축복을 받은 아이들인지를 깨닫게 되었다.

부모님은 나와 형제들에게 자선과 세상을 치유하는 것을 가르쳤고 스스로 모범을 보여주셨다. 덕분에 내가 받은 것을 사람들에게 다시 돌려주는 것이 나의 일 중 가장 중요한 것이라는 사실을 믿게 되었다. 자선 활동을 할 수 있는 능력이 커지면서 수잔과 나는 할 수 있는 많은 일들을 생각했고, 최종적으로는 도시 어린이들의 빈곤 문제에 집중하기로 결정했다. 이것이 1999년 12월에 출범한 마이클앤드수잔델재단의 토대가 되었다.

첫 번째 계획 가운데 하나는 미국 보건복지부가 최근에 만든 주

정부 어린이 건강보험 프로그램에서 영감을 받았다. 이 계획에 따르면 연방 정부는 소득이 의료보험을 지불할 정도는 안 되지만 저소득층 의료보장제도Medicaid의 대상이 될 정도로 가난한 가정의 어린이들의 보험금을 주 정부와 동일 금액으로 지원하도록 돼 있다. 문제는 이 프로그램에 등록하는 것이 매우 복잡하다는 점이다. 매우 긴 지원서를 작성하고 본인 부담금을 내야만 했다. 그래서 이런 가정들이 주 정부 어린이 건강보험 프로그램에 가입하고 본인 부담금을 낼 수 있도록 돕기 위해 델 재단은 '인슈어 어 키드Isure-A-Kid'라는 프로그램을 만들었다.

연방 정부 프로그램이 2년 후에 제자리를 잡은 덕에 인슈어 어 키드 프로그램은 더 이상 필요 없어졌다. 하지만 우리 재단은 중부 텍사스 지역의 교육을 개선하고 어린이 건강을 증진하기 위한 노력을 계속 기울였다. 그리고 머지않아 남아프리카와 인도로 진출하는 국제적인 노력을 확대하고 미국의 주요 도시 지역으로 프로그램의 지원 범위를 넓힐 계획이었다.

기술 분야에서 흐름을 잘 타서 혜택을 얻은 기업은 우리만이 아니었다. 20세기가 끝나가는데 사람들은 기술과 인터넷에 관련된 모든 것들을 충분히 누릴 수 없는 것처럼 보였다. 기술주들은 대체적으로 가격이 엄청나게 상승했다. 나는 모트, 케빈과 이 문제에 대해 이야기하면서 "시장이 우리가 아직 성공하지 못한 것들에 대해 미리 돈을 지불하는 것처럼 보인다. 그리고 우리는 미래에 그런 일들을 할 수도 있고, 그렇게 못할지도 모른다"라고 말하곤 했다.

이런 투자 광풍 속에서 우리는 다른 어떤 기업보다 조금 더 잘하는 것처럼 보였다. 공급 측면의 장점은 엄격한 품질관리, 적은 재고, 협력업체들과의 긴밀한 관계, 그리고 효율적인 현금흐름 관리였다. 수요 측면에서 우리는 1988년에 만든 가치 규정의 첫 번째 조항을 계속 고수했다. 즉, 고객들을 만족시키고 끊임없이 변화하는 고객들의 요구에 세심한 관심을 기울였다. 하지만 가치 규정 B항의 2번 규정은 무엇인가가 잘못된 것 같았다. '직원들은 자신들의 업무에 영향을 미치는 결정에 참여하고 노력의 결과에 따른 보상을 받게 될 것이다'라는 조항이었다.

거의 모든 성장 기업들처럼 우리도 주인의식 문화를 가지고 있었다. 우리는 회사의 모든 사람들이 회사의 주인이 되기를 바랐다. 이것은 훌륭한 성과를 스톡옵션으로 보상하는 것을 의미했다. 우리 주식은 1989년 마지막 거래일부터 1999년 마지막 거래일 사이에 9만 1863퍼센트 상승하면서 직원들 상당수가 점점 더 부자가 되었다. 재미있게도 사람들이 "아, 이건 3억 원짜리 오디오 시스템이야"라고 말하곤 했다. 오디오 시스템 가격이 3억 원이라는 게 아니라, 주식을 팔지 않았다면 3억 원을 벌었을 수도 있었다는 뜻이었다. 그만큼 주가가 계속해서 올랐다. 많은 사람들은 주식을 보유하고 있었고 부자가 됐다. 그리고 그들은 델리어네어Dellionaire(Dell과 Millionaire의 합성어로 델의 주식을 보유해 백만장자가 된 직원들을 가리킴_옮긴이)로 알려졌다. 특히 오스틴 지역에서 델은 가장 큰 기술 기업이었고 직원들의 커다란 씀씀이가 사람들의 이목을 끌었다. 이런 백만 장자들이 수천 명에 달했다.

주인의식 문화는 완전히 새로운 형태의 의미를 띠게 되었다. 밀물은 모든 배들을 물 위에 띄웠고 사람들은 배를 샀다. 그것도 아주 커다란 배를 샀다. 사람들은 커다란 집과 고급 자동차를 구매했다. 여기까지는 좋았다. 나는 우리 직원들이 열심히 일한 것에 대해 얼마나 많은 보상을 받고 있고, 또 스스로에게 보상해주고 있는지를 보고 매우 기뻤다.

그런데 주식 시장에 껴 있던 거품이 터졌다.

2000년이 밝아올 때 큰 걱정거리가 되었던 Y2K는 아무것도 아닌 것으로 나타났다(다른 모든 사람들과 마찬가지로 우리도 매우 광범위한 사전 조치들을 취했다). 과잉대응이었던 Y2K와는 달리 기술 분야 전체에 정말로 중요한 일들이 벌어졌다. 새해는 당시 사상 최대 규모의 기업 합병인 아메리카온라인 - 타임워너America Online-Time Warner 의 합병으로 시작됐다. 그러나 4월부터 기술 산업 전체가 위축되기 시작했다. 일본에서는 경기 침체가 발생했다. 미국 정부 대 마이크로소프트 독점 소송의 판결은 마이크로소프트에게 불리하게 진행됐다. 그 결과 마이크로소프트의 주가는 폭락했고 나스닥 시장에서 투매를 촉발했다. 11월에 인터넷 관련 주식들은 이전 고점 대비 75퍼센트나 하락했다. 이로 인해 1조 7500억 달러의 가치가 증발했다.

우리에게도 고통이 다가왔다. 2000년 1월 3일, 우리 주가는 50.40달러였다. 그러나 2000년 마지막 거래일엔 17.27달러로 하락했다. 수입은 5분기 연속으로 월스트리트의 기대치와 내부 추정 치를 밑돌았다. 2001년에는 사상 최초로 직원들을 해고해야만 했다. 2월에는 1700명을 해고했고 5월엔 4000명을 추가로 해고했다.

이것은 특별히 고통스러운 일이었다. 나는 직원들을 해고하는 일을 정말 싫어한다. 해고는 언제나 회사의 잘못이지 결코 해고당한 사람들의 잘못이 아니다. 우리는 전염병을 피하는 것처럼 해고를 하지 않으려고 노력했다. 해고를 피할 수 있는 여러 종류의 방법들이 있다. 신입 사원 채용을 중단할 수도 있고, 사람들에게 자발적으로 회사를 떠날 수 있다고 회유하면서 보상을 제공할 수도 있다. 상여금 지급을 중단하는 것도 방법이 될 수 있다. 하지만 2000년에 우리는 직원들을 해고하지 않고 버틸 수 있는 방법이 없었다.

다른 한편으로 보면 우리만 어려움을 겪고 있는 것은 아니었다. 기술 산업 전체가 침체되면 '우리가 이런 거대한 힘을 거스를 수 있을까? 아마 못할 거야'라고 생각하게 된다. 그리고 언제나 다음과 같은 질문으로 돌아간다. 우리가 통제할 수 있는 것은 무엇일까? 산업 전체와 비교해 우리는 어떻게 하고 있는 것일까? 전체적인 수요에 대한 예측은 어떠한가? 중장기적 관점에서 최선의 결과를 얻으려면 회사를 어떻게 관리하는 것이 좋을까?

수요가 크게 증가했다가 다시 하락했다. 그렇다면 우리는 이 문제에 맞서야 할 것이다.

2000년에 우울하고 어두운 일들만 일어난 것은 아니었다. 1990년대 중반에 소매점 판매를 포기한 이후 우리는 포춘 2000대 기업, 정부기관, 의료 기관, 대학교 등 대규모 고객들을 상대로 PC 판매에 총력을 기울였다. 델이라는 브랜드는 매우 사무적인 느낌을 가지고 있었다. 기업들을 상대로 제품을 판매할 때 이것은 장점이 된다. 하지만 PC 시장에서 가장 빠르게 성장하는 부분은 개인 소비자 판매였다. 그리고 기업과 소비자들에게 모두 PC를 판매하는 기업은 극히 소수였다(소니는 가장 눈에 띄는 예외적인 회사였다). 우리의 PC 사업은 잘 나가고 있었지만 언제나 성장을 추구하고 있었다. 그래서 우리의 광고 대행사인 로우월드와이드Lowe Worldwide가 델 브랜드를 소비자들, 특히 젊은 소비자들에게 친근하고 더 쉽게 접근 가능한 브랜드로 만들게 광고하자고 제안했을 때 그것이 시기적으로 매우 적절하다고 생각했다.

대행사 로우의 아이디어는 델의 PC 사양을 줄줄이 말하는 어른스러운 아이가 등장하는 TV 광고를 연속적으로 내보내는 것이었다. 델 브랜드에 인간적인 얼굴을 입힐 수 있는 광고였다. 이미 그 어린이의 이름(스티븐)과 성격도 정해두었다. 광고 속의 아이는 기술을 잘 알고 있지만 동시에 약간의 엉뚱한 매력을 가진 남자 아이였다. 로우는 12살에서 15살 정도의 어린이를 배우로 채용할 생각으로 오디션을 실시했다.

수많은 어린 배우들이 지원했지만 광고의 주인공으로 선택받은 사람은 테네시주 차타누가Chattanooga 출신의 벤 커티스Ben Curtis라는 이름의 19살 청년이었다. 벤은 헝클어진 금발의 머리카락과 날렵한

눈썹에 생기 있는 얼굴을 가진 매력적인 청년이었다. 벤이 출연한 첫 번째 광고는 스티븐이 자기 방에서 카메라를 향해 이야기하는 장면이다. 뒤에서는 아버지가 스티븐의 컴퓨터로 게임을 하면서 늑대처럼 괴성을 지르고 있었다. 벤은 "엄마, 저예요, 스티븐. 아빠 이야기 좀 해야겠어요. 아빠한테도 컴퓨터 한 대 사줄 때가 됐나 봐요. 지금 바로 아빠한테 인텔 펜티엄3 프로세서가 장착된 델 컴퓨터를 사줄 수 있어요. 내꺼랑 비슷한 컴퓨터를요. 단돈 829달러에 말이죠"라고 말했다.

이 TV 광고는 처음부터 굉장한 성공을 거두었다. 여기에 어떤 광고 천재가 벤 커티스의 멋진 남성 서퍼<sup>sufer</sup> 이미지를 강조하면서 "야, 너도 델이구나!"라는 광고 문구를 만들어 정말로 대박이 났다. 벤 커티스가 출연한 이 광고는(그리고 광고 문구도) 큰 인기를 끌었다. 휘발유에 성냥불을 붙인 것 같았다. 벤 커티스는 곧 유명인이 되었고 델의 PC 판매도 하늘을 찌를 듯 치솟았다. 2001년 첫 3분기 동안 산업 전반에 걸쳐 PC 매출은 31퍼센트가 줄었지만 시장점유율은 16.5퍼센트 증가했다. 2000년과 비교해 배 이상 늘어난 것이다.

한동안 모든 것이 정말로 좋았다. 하지만 인물에 의존하는 광고가 독자적인 생명력을 갖게 되면 그 광고는 제품이 아니라 광고 주인공에게 쏠리게 된다. 델은 새로운 광고를 시작했고 벤 커티스와 우리는 각자의 길을 가기로 했다. 그렇게 그 광고는 역사 속으로 사라졌다(하지만 아직도 많은 사람들이 "야, 너도 델이구나!"라는 광고 문구를 기억하고 있다).

2001년 7월에는 《치프이그제큐티브Chief Executive》 잡지가 나를 '올해의 CEO'로 선정하는 놀라운 선물을 받았다. 마이크로소프트의 빌 게이츠는 1994년에, 인텔의 앤디 그로브는 1997년에 이 상을 수상했다. 이런 영광은 정말로 기뻤다. 36살이라는 가장 어린 나이에 상을 받았고, 나보다 먼저 이 상을 수상한 사람들이 너무도 뛰어난 사람들이었다는 사실 때문만은 아니었다. 투표하는 사람들이 당신의 동료 CEO들이라는 것이 큰 의미가 있었다. 정말로 뛰어난 업적을 이룬 저명한 인사들의 클럽에 가입한 것 같았다.

이 일로 기업의 지도자는 일반적으로 자신의 몫보다 더 많은 영광과 더 많은 비난을 받는다는 것을 알게 됐다. 리더십에는 영광과 비난이 함께하기 마련이다. 하루아침에 성공한 유명 인사에서 실패한 사람으로 변할 수 있다. 성공은 명백한 '단체 스포츠'다. 나는 다행스럽게도 훌륭한 팀을 이끌게 됐다. 정말로 직원들을 대표해 상을 받은 것뿐이었다.

이 상을 받은 사실이 사람들이 델을 바라보는 시각에 영향을 미친다는 것도 개인적인 영광만큼이나 기쁜 일이었다. 델은 견실하고 혁신적인 회사였다. 즐거운 시기뿐만 아니라 어려운 시기도 함께 헤쳐 나갈 준비가 돼 있었다. 당시에 나는 이렇게 말했다.

"우리 회사가 해마다 배로 성장하고 주가가 연간 수백 퍼센트씩 상승했던 시절이라면 상을 받는 것이 아마 더 쉬웠을 것입니다. 하지만 기술 산업 전체가 도전을 받고 경제 전체가 어려운 시기에 이런 상을 받는 것은 경기가 좋을 때 받는 것보다 훨씬 더 큰 의미가 있습니다."

사실 델은 닷컴버블에 따른 충격을 다른 기업들보다 덜 받았다. 가볍고 빠른 비즈니스 모델을 가졌고 타 기업에 비해 전통적인 유통 채널로부터 독립적이었기 때문에 더 크고 느리게 움직이는 경쟁자들에게 불어닥친 고통을 피할 수 있었다. 매출은 2002년 회계연도에 2퍼센트 정도 하락했지만 시장점유율은 증가했다.

하지만 호황의 종말은 엄청난 성장이 쉽게 감춰주었던 기업 문화의 단점들을 여실히 보여주었다. 썰물이 빠져나갈 때 이전에는 보지 못했던 해변 주위에 널려 있는 것들을 보게 되는 것과 같다("썰물이 빠져나가면서 수위가 낮아질 때 당신은 누가 나체로 수영을 하고 있는지 알게 된다"라고 워런 버핏이 이야기한 것처럼 말이다).

고위 경영진들은 해고의 여파로 인력을 다시 뽑아야 한다는 사실을 깨달았다. 이전에 사람들을 해고할 때 우리는 직원들에게 일자리가 보장된 것이 아니라는 힘든 메시지를 전해야 했다. 이제 암묵적인 새로운 고용 계약이 생겼다. 즉, 우리가 일이 있는 한, 그리고 당신에게 우리가 필요로 하는 기술이 있는 한, 그러나 성과를 내는 동안에만 일자리가 유지될 것이다. 이 중 어느 것도 가지고 있지 않다면 해고될 수도 있다. 이처럼 단호한 새로운 조건 아래에서 어떻게 하면 직원들이 열의를 갖고 일하게 만들 수 있을까? 케빈 롤린스와 나는 이 문제에 관해 많은 생각을 했다.

케빈은 델과 공식적으로 일하기로 계약을 한 후 모트와 내가 있는 회장실에 합류했다. 하지만 7년에 걸쳐 성장이 최고점에 도달할 수 있도록 도와주었던 모트는 1999년에 은퇴했다. 이제 케빈과 내가 회사를 함께 이끌고 있었다. 리 워커와 나처럼, 그리고 모트와 나처럼, 케빈과 나는 서로 상호 보완적인 능력을 가지고 있었다. 케빈은 전략적으로 생각하는 반면, 나는 기술적인 면을 생각했다. 정말 하나의 팀이었다. 우리는 언제나 열어둘 수 있는 이동형 유리 칸막이로 분리돼 있는 바로 옆 사무실에서 일했다.

케빈은 탁월한 전략적 통찰력과 더불어 리더십에 매우 중요한 다른 어떤 것을 더해주었다. 그는 매우 신실한 모르몬교 교인이었다. 원칙을 존중했고 열심히 일했으며 헌신적이고 정직했다. 그는 닷컴버블의 붕괴가 보여준 우리 문화의 단점들에 매우 분개했다. 그래서 2001년 봄에 케빈과 나는 1988년에 내가 만든 것과 유사한 새로운 회사 규율의 필요성에 대해 이야기하기 시작했다. 나와 그를 포함한 모든 직원들이 지켜야 하는 가치와 믿음을 명확하게 설명한 문서화된 규정이 필요했다. 케빈과 나는 우리 회사에는 깊이 내재된 가치가 있다는 사실에 의견의 일치를 보았다. 하지만 그 당시의 환경에서 이런 가치들은 너무 깊게 땅속에 묻혀 있었다. 이런 가치들이 다시 빛을 볼 때가 되었다.

오랫동안 우리는 '텔 델Tell Dell'이라고 불리는 전사적인 여론 조사를 실시했다. 자발적으로 참여하는 익명의 조사였고 언제나 높은 참여율을 기록했다. 이 기간에 우리가 배운 많은 것들은 상당히 고통스러웠다.

우리가 배운 것 가운데 하나는 모든 단계의 관리자들이 상사의 승인을 받지 않고 실행 결정을 내릴 수 있도록 하는 수평 조직의 장단점이다. 수평 조직은 회사가 빠르고 효율적으로 움직일 수 있게 해주었지만 일부에게는 과도함으로 이어졌다. 훌륭한 성과를 냈지만 동료들과 협력하지 않는 관리자들이 너무 많았다. 급격한 성장과 시장점유율의 강조는 팀워크와 고객 만족보다 목표 수치의 달성을 더 중요하게 만드는 문화로 이어졌다. 팀원들의 정서나 감정에 대한 배려가 있든 없든 영업 간부들은 승진하고 보상을 받았다.

가장 최악인 것은 직원들의 약 50퍼센트가 동일한 임금을 받는다면 다른 회사에서 일하고 싶다고 응답했다는 사실이었다. 우리는 신나는 호황기를 경험했고 이제 어두운 면을 마주하고 있었다. 우리는 자신이 부자가 될 것이라고 생각하는 많은 사람들을 채용했다. 이들이 지금은 부자가 될 수 없을지도 모른다는 사실을 깨달았고 자신들이 델에서 하는 업무에 의구심을 품게 되었다. 케빈은 나중에 이렇게 말했다.

"우리가 직원들 사이에 주가의 문화, 재무적 성과의 문화, 그리고 '나에게 어떤 이익이 있을까?'라고 생각하는 문화를 만들었다는 사실을 깨달았습니다. 단지 돈을 더 벌거나 주가가 오른 주식을 가지고 있는 것보다 중요한 건 우리가 더 사랑하는 무엇인가가 이 조직에 있어야 한다는 것입니다."

선구자적인 심리학자인 에이브러햄 매슬로우Abraham Maslow는 인간의 욕구를 파라미드 모양의 계층으로 설명했다. 피라미드의 가장 아래층은 음식, 물, 안식처 등 물질적인 욕구를 충족시키는 것들이다. 바로 위에는 개인적 안전, 취업, 건강 등 안전하고자 하는 욕구가 자리 잡고 있다. 그 위쪽으로 애정과 소속감, 그 위로 존중에 대한 욕구가, 그리고 가장 위쪽에 자아실현 욕구가 있다.

회사 직원들도 이와 비슷할 것이다. 피라미드의 가장 아래쪽 사람들은 가족을 부양할 수 있는 소득이 필요하다. 급여는 모든 회사들이 제공한다. 좀 더 높은 피라미드에 있는 사람들은 그들의 팀원들이 업무에 관여하기를 바란다. 많은 기업들에서 찾아볼 수 있는 부족한 부분이다. 피라미드의 꼭대기, 기업이 정말로 원하는 것은 직원들이 회사의 목적을 이해하고 영감을 받아 열심히 일하는 것이다. 자신들이 하고 있는 일이 고객들에게 매우 중요하고 더 큰 목적을 이루기 위한 것이며 인간의 잠재력을 구현할 수 있게 하는 것이라고 느끼기를 바란다. '나는 실제로 정말 의미 있는 무엇인가를 하고 있고, 우리가 하는 일이 세상에 중요한 일이며, 매일 아침 잠자리에서 일어날 이유가 있어'라고 생각할 수 있기를 바란다. 이것은 '나는 딜버트 만화(엔지니어 딜버트가 일하는 작은 사무실에 관한 풍자적인 이야기를 다룬 만화_옮긴이)에 등장하는 주인공 같아. 아침마다 회사로 나가 출근부에 등록하고 돈을 벌고 집으로 퇴근해. 그리고 다음 날 다시 같은 일을 반복하고 있어'라는 느낌과는 반대다. 훌륭하고 의미 있는 무엇인가의 일부라고 느끼는 것은 훨씬 더 높은 형태의 만족감인 것이다. 우리가 2001년 늦여름에 이 모든 것에 관해 고민하는 동안 공포스런 9.11 테러가 발생했다.

당시 나는 일 때문에 미국 서부 지역에 있었다. 워싱턴 DC로 갈 예정이었지만 출장을 취소하고 오스틴으로 돌아갔다. 9월 10일 밤 늦게 집에 도착했고, 다음 날 아침 러닝머신 위에서 조깅을 하면서 뉴스를 보고 있었다. TV 화면 아래에 '월드트레이드센터에 비행기 충돌'이라는 자막이 흘러나왔다. 좋지 않은 소식이었다.

잠시 후 또 다른 비행기가 월드트레이드센터 두 번째 건물과 충돌했다. 정말 큰일이 벌어졌다고 생각했다. 조깅을 멈추고 뉴욕에서 일하고 있는 형 아담에게 전화를 걸었으나 전화를 받지 않았다. 불길한 징조였다. 아담은 어디에 있을까? 안전한 걸까?

몇 분이 지나자 미국이 아주 끔찍한 사건의 한가운데에 있다는 사실이 분명해졌다. HR 책임자인 폴 맥키넌Paul McKinnon에게 전화를 걸었다.

"혹시 지금 무슨 일이 벌어지고 있는지 알고 있어요? 우리 직원들은 모두 어디에 있죠? 모든 직원들의 소재를 파악해 봅시다. 무역센터와 충돌한 비행기에 탑승한 직원들이 있나요? 혹시 우리 직원들이 무역센터나 그 지역에 있었나요?"

인사팀은 이미 직원들의 소재를 파악하고 있었다. 다행스럽게도 그 비행기에 탑승한 직원들은 없었다. 쌍둥이 빌딩에서 서비스 요청을 받은 직원이 있었는데 그 직원이 어디에 있는지 소재를 파악하고 있었다. 그 직원과 연락할 수는 없었다. 일단 뉴욕과 워싱턴 지역에서 일하는 다른 모든 직원들의 소재는 파악됐다. 뉴욕의 한 직원을 제외한 모든 직원들은 안전했다. 우리는 그 직원과 연락을 취하기 위해 모든 방법을 동원했다. 문자 메시지와 이메일을 보내고 전화를 했지만 답이 없었다. 휴대전화를 연결하는 네트워크가 과부하에 걸려 있기도 했다. 제대로 작동하는 것이 아무것도 없었다.

나중에야 서비스 직원에게 무슨 일이 벌어졌는지 알게 됐다. 그는 시내 지하철을 타고 있었고 모든 부품을 가방에 넣고 무역센터 쌍둥이 빌딩으로 갈 준비를 하고 있었다. 열차에서 내려 지상으로 나가려고 계단을 올라가는 도중에 연기와 화재, 그리고 혼란 그 자체를 보았고, 반대 방향으로 빠르게 걷기 시작했다. 매우 현명한 행동이었다. 그는 빠르게 맨해튼의 미드 타운에 도착해 안전한 곳으로 피했다.

모든 비행기들이 운항을 중단했기 때문에 전국의 모든 직원들은 발이 묶였다. 집으로 돌아오기 위해 차를 렌트하고 요금을 두세 배 지불하거나 장거리 여행을 했다는 등 온갖 종류의 이야기들이 들렸다. 커다란 슬픔과 엄청난 공포가 물결처럼 미국 전체로 확산됐다.

월드트레이드센터와 주변 건물의 사무실에서 탈출에 성공한 우리 고객들 상당수와 국방부는 업무에 상당한 어려움을 겪고 있었다. 국방부, 아메리칸익스프레스American Express, 페인웨버, 그리고 다른 많은 기업들에서 근무하는 약 6만~7만 명의 사람들이 자신들의 업무 환경을 즉시 복구해야만 했다. 컴퓨터 없이 복구하는 건 불가능한 일이었는데, 그들의 사무실은 모두 파괴된 상태였다. 사람들은 집에서 근무해야 했다. 그런데 뭘 가지고 일을 한다는 말인가? 고객들은 우리에게 전화를 걸어 컴퓨터가 필요하다고 말했다. 1만 대, 1

만 2000대, 2만 대 등 엄청난 물량을 요청했고, 우리는 컴퓨터를 생산하는 즉시 가져가겠다고 했다.

나는 오스틴 북부에 있는 공장으로 달려가 지금 진행되고 있는 비극을 이야기하기 위해 회의를 소집했다. 이야기하는 동안 직원들의 얼굴에 드러난 고통을 볼 수 있었다. 그들의 깊은 슬픔은 내가 느끼는 감정과 비슷했다. 많은 사람들이 흐느끼고 있었다.

"저는 여러분들이 얼마나 슬퍼하는지 정말 잘 알고 있습니다. 우리 모두는 크게 슬퍼하고 있고 마땅히 슬퍼해야 할 것입니다. 하지만 미국이 다시 일어서는 일을 돕기 위해 우리 모두는 각자에게 주어진 막중한 역할이 있다는 사실을 잊지 맙시다. 사람들이 우리에게 의지하고 있습니다. 그들이 다시 일어나서 달릴 수 있도록 도와야 합니다. 우리는 뉴욕주식거래소가 복구될 수 있도록 도와야 합니다. 국방부도 도와야 합니다. 현장으로 가서 우리의 일을 완수합시다!"

운항하는 비행기는 없었다. 오스틴 공장에서 출발해 고객들에게 컴퓨터를 운반하는 방법을 찾아야만 했다. 그리고 마침내 그 방법을 찾았다. 48시간 안에 워싱턴 DC와 뉴욕 지역으로 수많은 컴퓨터를 운송하는 트럭들을 확보했다.

미국이 다시 일어나 가동하기 시작했다. 하지만 911 테러로 인한 우울함은 오랫동안 지속됐다. 많은 사람들에게, 특히 회사 입장에서는 성찰의 시간이었다. 우리는 델의 기업 문화를 검토하고 강화하는 일이 시급하다는 사실을 절실히 느꼈다. 기업 문화를 검토할 외부 회사를 고용해 조직으로서의 강점과 약점을 평가했다. 이런 기업 문화 재검토 작업에는 나와 케빈을 포함한 고위 경영진에 대한 여러 차례의 다면 평가도 포함됐다. 9월 말에 나와 케빈은 회사의 가치와 다양한 피드백을 얻기 위해 각 지역의 부사장들과 회의를 시작했다. 케빈과 나도 회의에서 자신의 다면 평가에 관해 이야기했다. 나는 내 이야기를 귀담아듣지 않거나 무능력한 사람들에게 참을성이 없다는 것을 알고 있었다. 또 좋은 성과를 칭찬하는 일에 인색했다. "제가 노력해야 할 것들이 좀 있네요. 아직 끝내지 못했습니다. 좀 더 잘하고 싶어요"라고 여러 번 말했다.

모든 사람들이 매출과 이익, 그리고 주가가 오를 때, 자신이 하고 있는 일의 더 큰 목적을 잃어버리기 쉽다는 사실을 깨달았다. 반대로 매출과 수익, 주가가 하락하는 회사는 기업 문화가 아무리 좋아도 훌륭한 회사가 되지 못할 것이다.

어떻게 하면 좋을 때나 어려울 때나 모두 지속되는, 내적인 균형 상태를 이루는 회사가 될 수 있을까? 단지 매출, 수익, 주가에만 기반을 두지 않는 기업 문화를 만들기 위해 어떻게 직원들의 참여를 유도하고 그들에게 영감을 줄 것인가(물론 매출, 수익, 주가를 동시에 높이면서 말이다!).

초창기 나홀로 회사였을 때, 나는 중요하다고 생각하는 가치들을 가지고 있었지만 다른 어떤 누구와도 의견을 주고받을 필요가 없었다. 하지만 점점 더 많은 사람들이 회사에 들어오면서 업무가 점점 더 복잡해졌다. 회사는 성장하면서 각각의 부서로 나뉘어졌다. 영업 사원들은 언제나 고객들과 만나기 때문에 우리의 가치를 이해했다. 기술 지원 부서의 직원들도 마찬가지였다. 하지만 제조와 공급망 분야의 직원들은 고객들의 목소리와 멀리 떨어져 있었다. 그래서 우리만의 특별한 방식으로 이 문제와 씨름했다. 고객들이 우리 생산 시설을 방문하게 만들고 싶었다.

그리고 회사 이야기를 하는 가장 좋은 방법은 고객들의 이야기와 목소리를 통하는 것이라는 사실을 배웠다. 우리 고객들은 무엇을 성취하려고 노력하고 있을까? 고객들이 직면한 도전은 어떤 것일까? 특별히 해결되지 않은 문제는 무엇일까? 이런 문제들을 이해하는 것이야말로 기업으로서 성공하기 위해 지속적으로 실행해야 하는 핵심 과제였다. 고객들이 하는 일이 왜 세상에 중요한 걸까? 고객들이 중요한 일을 하도록 우리는 어떻게 돕고 있는 것일까?

우리 모두는 충성스러운 고객을 개발하는 것이 우리의 새로운 가치 선언의 확고한 토대가 되어야 한다는 것에 동의했다. 우리는 곧바로 작업에 돌입했다.


터치필리touchy-feely(자유롭게 감정을 표현하면서 서로 솔직한 교감을 주고받는 것_옮긴이)는 냉철한 기업인들이 비판적 의미로 사용하기 좋아하는 단어다. 그들이 이 단어를 생각하며 떠올리는 것은 캠프파이어 주변에 모여 사랑과 평화의 노래를 부르는 어설픈 모습이다. 냉철한 기업인들은 다음과 같이 물어볼 수 있다. 이런 따뜻하고 애매한 감정들은 시간이 지나도 지속될 수 있을까? 이 모든 일들이 벌어지는 동안 회사의 대차대조표에는 어떤 일이 생길까?

케빈의 탁월함은 교감을 주고받는 감성적 방법의 실질적 중요성을 이해했다는 것이다. 그는 기업 정신이 없는 회사는 다양한 방식으로 갈등이 생기거나 분열될 수 있다는 사실을 알고 있었다. 동시에 현명하고 냉철한 사업 전략이 없는 기업은 곧 망할 확률이 높다고 했다. 그래서 회장실과 나머지 고위 경영진들, 부사장들이 새로운 가치 선언을 만들고 있을 때조차 케빈과 나는 닷컴 붕괴의 충격에서 벗어나 미래로 나아갈 수 있는 전략을 만들고 있었다.

우리는 지난 반세기에 걸쳐 거시 경제, 기업, 그리고 미국 경제의 호황과 불황이 주기적으로 반복됐다는 사실을 이해하는 것에서부터 출발했다. 우리는 이런 경기 순환 주기들 중 하나에 있다는 사실을 알았고 그곳에서 벗어날 것이라는 것도 알고 있었다. 진짜 문제는 어떻게 하면 델이 이전보다 훨씬 더 강력해진 모습으로 이런 순환 주기에서 벗어날 수 있는가였다.

우리의 아이디어는 회사의 규모를 세 배로 키우는 것이었다. 어떤 사람들은 '뭐라고요? PC 산업 전체가 한계에 도달했고 GDP는 역성장을 했어요. 전 세계에 거시 경제 문제들이 불거지고 있는데 회사를 세 배로 키울 계획이라니요?'라고 말할지도 모른다. 회사의 몇몇 사람들도 처음에는 정확하게 그렇게 말했다.

하지만 우리의 해결책은 단순했다. 가격을 낮추고 불경기 동안에 점유율을 급격하게 늘리는 것이다. 가격을 낮추면 IT에 대한 소비가 회복될 때 더 많은 지갑점유율(단기적으로는 부분적인 손해를 감수하더라도 고객의 지갑에서 지출되는 전체 소비 규모를 확대하여 고객이 장기간 자사의 고객이 될 수 있도록 하는 마케팅 전략_옮긴이)을 차지하게 되고, 그 결과 시장점유율도 훨씬 더 커질 것이다. 우리는 공급망에서의 비용 우위와 고객 관계의 증진 덕분에 이 모든 것을 자연스럽게 할 준비가 돼 있었다. 이 계획은 즉각적으로 실행에 옮겨졌다.

그러는 동안 새로운 가치 선언이 만들어지고 있었다. 11월과 12월에 지역별 토론회를 통해 문서의 초안이 만들어졌다. 2002년 1월에 각 지역의 임원들이 초안을 검토할 수 있도록 문서를 배포했다. 그리고 1월 말에 텍사스 오스틴에서 개최되는 글로벌 고위경영위원회 회의에서 가치 선언의 최종 수정안이 확정됐다. 우리의 가치 선언문은 '델의 정신Soul of Dell'이라고 불린다.

델의 정신은 회사 내부에서 사용하기 위해 만들어졌지만 세상 사람들이 선언문의 어떤 부분을 보아도 좋을 만큼 자부심이 있었다. 선언문은 다음과 같은 5개의 핵심 신조에 기초를 두고 있다.

## 1. 고객(Customers)

우리는 탁월한 경험과 훌륭한 가치를 제공하는 것이 충성스러운 고객을 만든다고 믿는다.

## 2. 델 팀(The Dell team)

우리는 모든 구성원이 배우고 개발하고 성장하는 기회와 팀워크에 우리의 지속적인 성공이 있다고 믿는다.


### 3. 직접적 관계(Direct relationship)

우리는 우리가 수행하는 모든 업무에 있어 고객을 직접 대한다는 원칙을 믿는다.


### 4. 세계적 기업의 시민정신(Global corporate citizenship)

우리는 책임감을 가지고 세계 시장에 참여하고 있다고 믿는다.


### 5. 승리(Winning)

우리는 우리가 하는 모든 일에서 승리하기 위한 열정을 가지고 있다.


회사의 새로운 강령은 1988년 내가 만든 가치 선언에서 자연스럽게 발전된 것이었다. 당시 우리는 미국과 세계 시장에 진출하는 신생 기업에 불과했다. 2002년에 세계 시장에서 델의 위상을 입증했지만 여전히 기본적 가치를 다시 확인하고 새로운 강령에 대해 이야기하고 싶었다.

지난 14년에 걸쳐 약간 미묘하지만 중요한 변화들이 일어났다. 1988년에 우리는 '고품질의 컴퓨터를 높은 수준의 고객 서비스와 함께 최종 소비자들에게 직접 제공하는 것을' 회사의 사명으로 정했었다. 그리고 2002년에 '최고의 품질과 가장 적합한 기술을 특징으로 하는 최고의 제품들과 다양한 서비스를 제공하는 것'으로 바꾸었다. '제품'이라는 단어는 '제품들'이라고 표현했고, '다양한 서비스'도 단순한 하나의 '서비스'와 완전히 다른 표현이었다. 서버를 포함해 소프트웨어와 다양한 서비스 시장에 본격적으로 진출하기 위해 기본적인 PC 회사에서 21세기의 변화를 준비하기 위한 기업으로 위상을 굳히고 있었다.

지속적인 가치와 탁월한 고객 경험을 제공함으로써 경쟁에서 앞서나가기 위한 2002년의 약속은 그동안 우리가 지향했던 모든 방향에 적용돼 왔다. 하지만 델 팀에 관한 원칙은 델리어네어 정신뿐만 아니라 해고 문제도 다루어야 했다.

새로운 강령은 성과주의에 대한 약속으로 시작했다. 팀워크를 강조하고, 모든 업무 단계에서 전 직원들의 리더십 역량을 키운 후에 금전적 보상(우리와 관련된 시장에서 성공한 기업과 견주어 경쟁력 있는 기본급과 보너스를 유지하는 것)을 하는 것에 대한 이야기를 했다.

1988년의 선언과 마찬가지로 새로운 행동 지침은 회사 안팎에서 윤리적 행동을 강조했다. 하지만 이전보다 조금 더 나아가 우리가 빠르게 성장했던 시절에 간과했던 것, 즉 '고객, 파트너, 공급업체, 그리고 서로 간에 개방적인 쌍방향 소통을 발전시키고 위계적이지 않고 권위주의적이지 않은 구조를 통해 조직을 체계화하고 소통하고 운영하는 것'을 강조했다.

1988년은 겨우 해외 영업을 시작하는 단계였다. 그리고 당시 회사의 윤리 강령은 다른 국가에서 사업을 하는 관행에는 영향을 미치지 못했다. 하지만 새로운 규정들은 세계 시민으로서 우리의 책임을 다루었다. '모든 국가들의 법, 가치, 그리고 문화를 이해하고 존중하며 개인적으로, 그리고 회사의 입장에서 고향이나 고국이라고 부르는 모든 지역사회에 적극적으로 공헌하는 것'을 언급했다.

나의 최초의 선언문에는 영감을 불러일으키지만 의미가 모호한 부분이 있었다. '회사는 우리가 하는 모든 일에 최고가 될 것이다!' 라며 끝맺는 부분이었다. 새로운 정강의 마지막 부분은 '승리'를 더 중요하게 강조했다.

**우리는 다음과 같은 일을 위해 헌신한다.**
**- 업무적 우월성의 문화를 만드는 일**
**- 탁월한 고객 경험을 제공하는 일**
**- 우리가 진출한 세계 시장에서 선도 기업이 되는 것**
**- 일하기 좋은 훌륭한 회사로 알려지는 것**

그리고 마지막으로 중요한 한 가지는 이것이다.

**- 시간이 지나면서 주주들에게 탁월한 수익을 제공하는 일**

마지막에서 두 번째 항목인 '일하기 좋은 훌륭한 회사로 만드는 것'은 "부자가 되지 못한다면 내가 왜 이 회사에 계속 다녀야 하는 것일까?"라는 질문을 던졌던 사람들에게 보내는 대답이었다. 델리어네어를 꿈꾸는 사람들에게 '델은 우리가 일하고 싶은 곳이다'라고 답한 것이다.

그리고 마지막, 주주들에게 뛰어난 수익을 돌려주는 것은 조금 더 복잡한 문제였다.

# 사상 최대 규모의 '프로젝트 에메랄드'

"왜 그만두고 떠나지 않았죠?"

2012년과 2013년에 힘든 싸움이 끝난 후에 몇몇 사람들이 나에게 던졌던 질문이다. 나는 회사를 다시 인수하려고 노력하는 과정에서 부딪치는 모든 골치 아픈 문제들을 계속 끌어안았다. 내가 떠나지 않은 이유는 무엇일까?

나는 지난 28년 동안 많은 돈을 벌었다. 하와이의 해변에서 석양 속을 거닐면서 조개껍데기를 수집할 수 있을 정도의 여유가 있었다. 아니면 또 다른 회사를 시작해서 새로운 역사를 만들 수도 있었다.

비공개 기업으로 전환한 이후에 한 기자가 위와 같은 질문을 했고, 나는 진심에서 나온 아주 단순한 답변을 했다. 나는 또 다른 회사를 원하지 않았다. 이 회사는 내 이름, '델'을 걸고 있는 유일한 회사였다.

"저는 죽은 후에도 관심을 가지고 델을 지켜볼 겁니다. 이런 종류의 일을 좋아합니다. 저에게는 재미있는 일이고요. 상장 기업으로서는 불가능한 방법으로 저의 운명을 통제할 수 있게 된 것에 대해 저는 전율을 느낄 정도로 짜릿함을 느낍니다."

그리고 '자신'과의 대화가 내가 투자자와 해야 하는 유일한 대화였다고 말했다.

델은 내 이름이 걸려 있는 회사였지만 나에게만 중요하고 큰 의미가 있는 회사가 아니었다. 우리는 11만 명으로 구성된 매우 훌륭한 팀이었다. 나는 비공개 기업으로 전환하는 게 델에게 더 유익한 것은 물론 고객들에게도 더 도움이 되는 기회를 줄 거라고 확신했다. 2013년 10월 30일, 외부 세계를 향하는 문을 닫고 우리의 옷소매를 걷어 올린 채 본격적으로 일을 시작했다. 이제, 비공개 기업으로 전환한 이후 처음 며칠 동안 회사에서 어떤 일이 있었는지 이야기할 것이다.

그해 가을 어느 날 아침에 제프 클라크는 나와 나머지 고위 경영진들을 찾아와 델의 미래 사업 구조를 설계하는 것에 관한 전략을 설명했다. 그는 우리가 앞으로 나아가는 데 어떤 역량이 필요한지 이야기했다. 온라인 경험의 향상, 디지털 전환의 강화, 풍부한 셀프 서비스 지원 등이 포함돼 있었다. 상당히 종합적인 계획이었고 이를 실행으로 옮기려면 수억 달러에 달하는 상당히 많은 자금이 필요할 것 같았다. 나는 그의 제안에 고맙다고 말했다.

"그 문제에 관심을 갖게 해줘서 고마워요, 제프. 이사회가 소집됐고 결정을 내렸어요. 계획을 그대로 추진하세요."

묶여 있던 족쇄가 정말로 갑자기 끊어졌다. 분기마다 돌아가던 시계가 꺼졌다. 이제 가장 효율적인 시점에 회사의 중요한 결정을 실행할 수 있었다. 델은 과거보다 더 빠르고 기민해졌다. 그해 가을에는 우리가 앞으로 할 모든 일들을 선언하는 전사적인 회의를 개최했다. 영업과 연구 개발에 투자하고, 영업 역량을 강화하고, 시장 점유율을 늘리고, 경쟁 기업과의 싸움에서 물러서지 않기로 했다.

이 모든 것들을 하겠다고 선언한 후에는 즉각적으로 실천하기 시작했다. 처음에 사람들은 약간 회의적이었다. 몇몇 사람들은 "사모펀드가 주주인데 어떻게 이런 일을 할까요?"라고 물었다. 실버레이크가 재정적 파트너이지만 우리를 감시하지 않을 것이라는 점을 명확하게 밝혔다. 그들은 우리가 모든 면에서 능력이 있다는 것을 알고 있었다.

하지만 그동안 해오던 과거의 방식은 쉽게 사라지지 않았다. 고위 경영진 회의를 열자 영업 부서의 직원들이 들어와 약간 주저하는 태도로 말했다.

"좋습니다. 중소기업 시장에서 가능성이 높습니다. 이 분야가 엄청나게 성장하고 있고 영업이익도 매력적입니다. 해서 700명의 영업 사원을 더 충원하고 싶습니다."

"글쎄요. 1500명으로 늘리는 건 어때요?"

몇몇 사람들은 당황한 표정을 지었다.

우리가 만날 때마다 나는 "중소기업에 대한 판매를 더 빠르게 추진하라고 하지 않을게요. 회의는 언제 할까요?"라고 말하곤 했다. 중소기업들에게 제품을 판매하는 것이 점점 더 중요해지고 있었다. 중소기업들은 경제의 중추였지만 제대로 된 서비스를 받지 못했고 매우 파편화돼 있었다. 보다 공격적으로 변하기 위해서는 새로운 영업 사원들을 채용하고 기존의 직원들이 회사를 떠나지 않도록 해야 했다. 이런 적극적인 태도는 중소기업들에게 제품을 판매하고 신뢰 받는 조언자의 지위를 확보하기 위한 것이었다. 그리고 이렇게 하는 게 하드웨어, 소프트웨어, 시스템, 스토리지, 보안, 서비스를 포함하고 있는 전체 제품 포트폴리오를 판매할 수 있는 기회를 가져다주었다. 그리고 델 금융서비스를 통해 이 모든 것에 대한 자금 지원을 제공하는 기회도 얻게 됐다.

과거였다면 '그렇게 많은 신입 사원들을 뽑으면 다음 분기에 주당 수익이 0.02달러 더 낮아질 것이고 그럼 월가의 추정치에 못 미치게 됩니다'라고 말했을 것이다. 하지만 지금은 '너무 많이 생각하지 마시고 그냥 투자를 하세요'라고 할 수 있었다.

나는 직원들이 상당히 빠른 시일 안에 우리가 할 것이라고 말한 것을 정확하게 실행하고 있는 것을 목격할 수 있었다. 그리고 이것은 직원들에게 놀라울 정도로 엄청난 활기를 불어넣어 주었다. 회사 전체가 흥에 휩싸였다. 변화에 대한 증거는 단지 말뿐이 아니었다. 우리는 베인앤드컴퍼니가 기업(델)과 고객(델의 직원들) 사이의 관계를 측정하기 위해 2003년에 개발한 순수추천고객지수Net Promoter Score를 이용하고 있었다. 비공개 기업으로 전환한 지 몇 개월이 지난 후에 직원들의 순수고객추천지수는 급격하게 상승한 뒤 그 상태를 유지했다.

우리를 향한 대중적 관심도 크게 변했다.《월스트리트저널》,《배런스》,《파이낸셜타임스》등 일간 경제 매체들은 우리가 비공개 기업으로 전환한 시점에 우리에 대한 흥미를 잃었다. '주식이 없으니 우리는 관심 없다'와 같은 태도로 보였다. 하지만 IT 산업을 다루는 언론과《와이어드Wired》,《포춘》,《포브스》같은 주간이나 월간 매체들은 그렇지 않았다. 지속적으로 우리의 이야기를 다루면서 극적인 사건을 찾아 조금 더 긍정적인 시각으로 보도했다. '그들은 길고 지루한 싸움에서 승리했다. 이제 회사를 되찾았고 이런 저런 계획을 가지고 있다. 과연 그들의 계획이 성공할 것인가?'와 같은 방식의 기사였다.

우리의 계획은 처음부터 계획대로 잘 진행되고 있었다. 매 분기 시장점유율을 늘려갔고 우리를 포함해 모든 사람들이 예상했던 것보다 훨씬 더 빠르게 채무를 갚아가고 있었다. 우리는 다시 성장하고 있었기 때문에 현금흐름도 매우 좋았다. 2013년 11월 포는 "새로운 델이 몇 가지 좋은 조짐을 보여주는 지표와 함께 출발하고 있다"라고 보도했다.

직접 판매를 이름으로 내걸었던 회사가 오늘날 14만 곳 이상의 소매점들을 확보했다. 연간 600억 달러의 매출 가운데 160억 달러가 소매점 판매에서 발생하고 있는데 지난 2008년에는 소매점 판매가 전혀 없었다. 델은 또 기술 훈련을 받은 영업 사원의 수를 지난 4년 동안 7000명으로 배 가까이 늘렸다. 델을 처음으로 경험한 기업 3곳 중 2곳이 PC를 구매하고 있고, 이들 기업 고객 가운데 90퍼센트가 델의 다른 제품과 서비스를 구매하고 있다. 비결은 영업 사원들이 다른 분야의 제품과 서비스까지 제공하는 교차 판매 전략이다. 델은 어느 단계까지 도달한 것일까? 제프 클라크 PC 사업 부문 사장은 "야구로 말하면 우리는 2회나 3회에 정도에 와 있습니다"라고 말했다.

우리는 '오래된 것은 다른 방식으로', '새로운 것은 매우 차별적인 방식으로' 일하고 있었다. PC 분야에서는 지난 수년 동안 내가 직관적으로 느꼈던 것에 대한 증거들이 드러나기 시작했다. 즉, PC의 사망을 예고했던 보고서들이 완전히 과장됐다는 것이다. 사람들은 PC와 스마트폰이 서로 대체하는 것이 아니라는 사실을 깨달아가고 있었다. PC와 스마트폰은 '그리고and'의 관계이지 '또는or'의 관계가 아니다. 사람들이 스마트폰을 직장으로 가져오는 것을 막을 수 없고 집이나 사무실에서 스마트폰으로 일을 하는 것도 막을 수 없다. 훨씬 적은 수이지만 일부는 태블릿을 좋아했다. 하지만 여러 가지 이유로 PC가 가장 일하기 쉬운 도구였다. 현재 우리는 조금 다른 사고방식을 가지고 여전히 많은 PC를 판매하고 있다.

다른 새로운 제품 분야로도 진출을 시도했다. 2010년에 '스트릭'이라는 안드로이드 패블릿을 출시했다. 하지만 검색과 안드로이드 플레이스토어에서 발생한 수익 대부분을 구글이 가져가는 것뿐만 아니라 나머지 수익도 디스플레이, 배터리, 메모리를 생산하는 부품 제조업체들에게 돌아가는 것이 문제였다. 2011년에는 화면을 밀면 키보드가 나오는 방식의 베뉴<sup>Venue</sup>라는 스마트폰을 만들었다. 베뉴의 디자인은 상당히 아름다웠지만 윈도우 모바일을 운영체제로 사용했다. 안타깝게도 구글과 애플의 앱과 서비스를 따라잡지 못했고 결국 시장에서 사라졌다. 운영체제를 안드로이드로 바꾸었지만 역시 돈을 벌지 못했다.

이제 델의 주력 제품에 대해 이야기해 보자. PC 판매는 전체 매출의 45퍼센트를 차지했지만 수익에서 차지하는 비중은 15~20퍼센트였다. PC는 언제나 이익이 적은 제품이었다. 하지만 낮은 가격에 제품을 직접 판매하고 최고 수준의 지원과 서비스를 제공하는 비즈니스 모델이 엄청난 매출로 이어졌기 때문에 델은 PC 시장에서 가장 영향력이 큰 기업이 되었다(PC의 사망을 예언한 많은 전문가들의 암울한 전망에도 불구하고 델은 비공개 기업으로 전환된 이후 이 글을 쓰는 시점까지 7년 연속으로, 그러니까 28분기 연속으로 시장점유율을 높였다).

하지만 나는 처음부터 PC를 넘어서는 더 큰 시장이 있다는 것을 알고 있었다. 1990년대 초부터 미래를 내다보려고 노력한 사람은 누구나 PC, 서버, 그리고 물리적 기계들이 지속적으로 필요할 것이고 동시에 기계 속에 살고 있는 유령인 소프트웨어가 기술을 지배할 것이라는 사실을 예상할 수 있었다. 사업적인 관점에서 보면 소프트웨어가 하드웨어를 지배하는 것이었다.

총 수익이 15~20퍼센트인 PC와 달리 훨씬 더 많은 소프트웨어가 들어가는 스토리지 어레이storage array의 수익은 60퍼센트가 될 수도 있었다. 순수하게 소프트웨어만 판매한다면 부품 비용이 없기 때문에 수익이 98퍼센트가 될 것이다. 소프트웨어는 단지 비트bit(0과 1로 이루어진 정보 전달 단위_옮긴이)일 뿐이다.

소프트웨어의 장점은 다음과 같다. 많은 가치를 창출하는 프로그램을 개발하는 데 100만 달러가 들어갈지도 모른다. 그런데 소프트웨어는 1명의 고객에게 팔수도 있고 100만 명의 고객에게 팔수도 있다. 또 10억 명의 고객에게 팔 수도 있지만 소프트웨어를 만드는 데 들어간 비용은 변하지 않는다. 따라서 소프트웨어가 많은 사용자들을 가지고 있다면 놀라울 정도의 수익을 얻을 수 있다.

2000년대 말에 우리는 PC를 더 비싼 소프트웨어와 서비스를 판매하기 위한 잠재적인 미끼상품으로 생각했다. 우리는 실제로 델 테크놀로지스를 PC를 넘어서는 기업으로 만들기 위해 많은 일을 했다. 이런 일에 대해 제대로 된 평가를 받지 못했다는 사실이 상장폐지를 하고 비공개 기업으로 돌아간 가장 큰 이유였다.

많은 일들이 다방면에서 동시 다발적으로 벌어지고 있었다. 이런 상황은 비공개 기업으로 전환하기 훨씬 이전에 시작됐다. 90년대 말에 인터넷의 등장은 인간이 상상했던 것보다 더 많은 데이터에 접근할 수 있도록 만들었다. 2000년대 초 기술 세계는 빛의 속도로 변하고 있었다. 우리는 1990년대 서버 사업에서 성공하기 시작했고 서버의 높은 수익이 수익 증대에 중요한 역할을 했다. 하지만 전 세계 데이터의 양이 기하급수적으로 증가하면서 물리적인 서버만으로는 아무리 성능이 뛰어나더라도 그 모든 것을 처리할 수 없다는 사실이 점점 더 분명하게 드러났다. 해결책은 이미 나와 있었다.

가상화virtualization는 마이크로프로세서 기반의 시스템보다 먼저 나온 개념이다. 1960년대 IBM은 메인프레임 컴퓨터에서 이미 이 기술을 사용했었다. 가상화의 개념은 주 컴퓨터를 모방한 소프트웨어를 주 컴퓨터 내부에 설치하는 것이다. 그래서 실제 메인프레임 내부에 수많은 가상의 메인프레임을 만들 수 있다. 바이러스 전파에 의한 컴퓨터 다운을 방지하기 위해 서로 분리된 가상 컴퓨터들은 구체적인 개별 업무를 수행한 후에 가동을 중단할 수 있다. 또는 작업 부하를 한 컴퓨터에서 다른 컴퓨터로 이동시킬 수 있다. 이 모든 것들이 수백만 분의 1초에 벌어지고 실제 주 컴퓨터는 수천 킬로미터 떨어진 곳에 있다. 마이크로프로세서가 더욱 강력해지면서 점점 더 많은 가상 컴퓨터들이 메인프레임 안에 만들어질 수 있게 됐다. 실리콘밸리의 많은 기술 기업들이 PC와 서버들을 가상화하는 방법을 찾기 시작했다.

팔로 알토Palo Alto에 있는 작은 기술 기업인 VM웨어VMware는 이 분야의 선구자였다. VM웨어의 혁신적 제품은 사용자가 1대의 PC에서 여러 개의 운영체제를 사용할 수 있도록 만드는 가상화 소프트웨어였다. 즉 사용자는 데스크톱에서 유닉스와 윈도우를 모두 사용할 수 있거나 두 개의 다른 버전의 윈도우를 사용하거나 맥 시스템에서 윈도우를 사용할 수 있다. 2001년 7월에 VM웨어는 X86 아키텍처를 가상화해 최초로 상업적으로 성공한 기업 가운데 하나가 되었다. 이것은 가상 서버를 개발하는 길을 열어주었다. 2002년 초에 델은 골드만삭스와 다른 여러 기업들과 함께 VM웨어에 2000만 달러를 투자했다.

미국 동부에서는 매사추세츠주의 EMC라는 회사가 네트워크로 연결된 데이터저장시스템 분야에서 세계를 선도하는 기업이 되었다. EMC의 제품은 시메트릭스Symmetrix라고 불리는 강력한 하드웨어-소프트웨어 데이터저장시스템이었다. 시메트릭스 시스템은 세계 100대 기업과 200대 기업들 사이에서 커다란 성공을 거뒀다. 2001년 10월에 델과 EMC는 전략적 제휴를 맺었다. EMC의 똑똑한 CEO, 조 투치Joe Tucci와 나의 오랜 우정이 기반이었다. 시장은 2005년까지 1000억 달러에 이를 것으로 전망되었다.

나는 1994년에 처음으로 조를 만났다. 당시 조는 왕라보라토리즈$^{Wang\ Laboratories}$의 CEO였고 EMC에 합류하기 5년 전이었다. 나는 기업의 지도자이자 전략가로서 그를 존경했다. 그와 함께 일하는 것이 매우 재미있었다.

EMC 입장에서 우리와의 제휴는 과거에 EMC가 판매했던 기업들을 넘어 많은 고객들에게 접근할 수 있는 새로운 강력한 유통 채널을 얻는 효과가 있었다. EMC 제품은 판매 이익이 높았기 때문에 델을 판매 채널로 추가하는 것은 EMC의 매출 증가에 크게 기여했다. 또 100대 또는 200대 대기업 이외에 다른 중소기업들에게 판매하는 유통 채널을 구축한 넷앱$^{NetApp}$ 같은 다른 스토리지 기업과의 경쟁에서도 이점을 갖게 되었다. 델과 EMC의 연합은 델이 넷앱이나 다른 스토리지 기업과는 제휴하지 않는다는 것을 의미했다. 마지막으로 델과 EMC의 협력은 EMC가 디스크 드라이브 같은 부품에 대한 비용을 낮추기 위해 델의 막강한 조달 능력을 이용할 수 있도록 도와주었고 그 결과 수익도 더욱 개선되었다.

우리 입장에서 EMC와의 협력은 급속하게 성장하는 델의 서버 사업에 EMC의 고성능 저장 장치를 추가하는 것이었다. EMC의 저장 시스템 내부에 우리의 서버를 사용하기로 합의했기 때문에 우리에게는 새로운 중요한 고객을 확보하는 효과가 있었다. EMC와의 전략적 제휴는 또 우리가 이런 기업 고객들의 데이터센터에 진출하도록 도와주었다. 그리고 우리와 EMC 모두 공동의 경쟁상대인 IBM, 컴팩, HP의 서버와 스토리지 사업에서 경쟁할 수 있는 위치에 서게 됐다.

2004년 1월에 EMC는 VM웨어를 인수했다(그들은 2007년에 기업을 공개했고 소유 지분을 81퍼센트로 축소했다). 과거 팔로 알토의 신생기업이었던 VM웨어는 이제 훨씬 더 중요한 기업이 되었다. 서버 가상화 분야에서 VM웨어의 발전은 당신이 2000년대 중반에 서버를 보유한 회사에서 일하면서 가상화를 이용하지 않는다면 일을 망치고 있다고 말할 정도로 대단했다. 이것은 기업지능지수<sup>corporate IQ</sup>(상황을 적시에 파악하고 신속하게 대응할 수 있는 기업의 능력_옮긴이) 검사와 같았다. 가상화는 매우 가치 있고 쉬웠다. 그래서 VM웨어의 가상화 기술은 들불처럼 급격하게 확산됐다.

EMC의 인수에 대한 언론 보도는 다음과 같았다.

"VM웨어는 고객들이 비용을 낮추고 이용 가능한 저장 공간과 컴퓨팅 자원을 하나로 구성하기 위해 여러 다른 종류의 IT 기반 시설에 가상화 기술을 적용함으로써 운영을 단순화할 수 있도록 도와주는 EMC의 전략에서 핵심 역할을 할 것이다."

조금 더 쉽게 설명을 하면 VM웨어의 가상화 역량은 PC와 서버에서 스토리지, 네트워킹, 그리고 보안으로 확대됐다. 여러 종류의 기술로 구성된 IT 기반 시설, 다시 말해 클라우드라고 부른다.

조 투치의 입장에서 VM웨어의 인수는 놀라울 정도로 현명한 투자였다. 델과의 협력 체계를 구축한 것도 마찬가지였다. 우리의 문제는 높은 이윤 구조와 일류 기업들 사이에 커다란 영향력을 가지고 있는 EMC가 수익의 대부분을 가져간다는 것이었다. 이것이 걱정거리였다. 그래서 2007년에 나의 첫 번째 대형 인수 대상인 이퀼

로직이라는 스토리지 기업에 대해 생각하기 시작했다.

표면적으로 이퀄로직은 좋은 인수 후보처럼 보였다. 이퀄로직은 매우 빠르게 성장하고 있었고 IPO를 준비하고 있었기 때문이다. 이퀄로직은 이미 투자 설명서를 만들었다. 그들은 중간 규모의 스토리지에 적합한 훌륭하고 멋진 제품을 가지고 있었다. 중간 규모 스토리지는 EMC가 강점을 가진 분야가 아니었다. 그래서 우리는 EMC와 관계를 망치지 않고 이퀄로직을 인수할 수 있다는 느낌을 받았다. 그리고 이퀄로직의 인수는 상당히 매력적인 이윤을 가져다 줄 수 있는 자체적인 지적재산권을 확보하게 해줄 것이다.

연구소를 방문했던 기억을 떠올려보면 연구팀은 당시 시장에 출시된 다양한 스토리지 플랫폼을 평가하고 시험하고 있었다. 엔지니어들은 자신들이 직접 모든 것을 설계하고 만들 수 있다고 생각하는 경향이 있다. 우리가 "중간 규모의 스토리지 플랫폼을 만들고 싶다"고 말하면 그들은 "좋습니다. 우리가 만들게요"라고 답했을 것이다. 하지만 실제로 스토리지 플랫폼을 만드는 것은 말하는 것보다 훨씬 더 어렵다.

그래서 우리 기술자들은 다른 기업들의 플랫폼을 살펴보았고 선택지는 세 가지로 좁혀졌다. 이 가운데 하나가 이퀄로직의 플랫폼이었다. 그날 7명의 기술자들과 이야기하면서 다음과 같은 질문을 던졌던 것으로 기억한다.

"당신이 10만 달러를 가지고 있습니다. 그 돈을 은행에 넣어두고 10년 동안 이자를 받거나 아니면 이퀄로직의 IPO에 투자하고

10년 동안 팔지 못한다고 가정해 보세요. 당신은 어떤 선택을 할 것입니까?"

7명 가운데 6명은 자신들이 직접 스토리지 플랫폼을 개발하지는 않았지만 이퀄로직에 10만 달러를 투자할 것이라고 말했다.

"좋아요, 그렇다면 우리는 이퀄로직을 인수할 것입니다."

그렇게 이퀄로직이 상장하기 전에 14억 달러를 주고 곧바로 인수했다. 누가 봐도 큰 금액이었고 특히 내가 CEO에서 물러난 몇 달 후인 당시에는 상당히 큰 부담이었다. 우리는 여전히 상장 기업이었고 주주들이 모든 움직임을 주의 깊게 지켜보고 있었다. 이렇게 커다란 관심을 받고 있는 상황에서 이퀄로직은 흥미로운 문제를 불러일으켰다.

우리는 훌륭한 제품을 가진, 매출이 1억 달러인 회사를 살 수 있다. 그리고 광범위한 고객 관계라는 강점을 통해 상대적으로 짧은 기간인 2년 안에 그 회사를 7억~9억, 아니면 10억 달러의 매출을 올리는 회사로 성장시킬 수 있다. 인수는 매우 빨리, 그리고 멋진 성과를 내도록 할 수 있다. 문제는 어떤 수준에 도달한 후에는 더 이상 성과를 내지 못하고 그 수준에 머무른다는 것이다. 해당 분야에서 6위나 7위 하는 기업을 인수해서 2위나 3위로 만들거나 심지어 1위로 만드는 것은 거의 불가능하다. 선도적인 기업들이 지속적으로 투자하고 고객들의 요구를 충족시킨다면 그런 기업의 자리를 빼앗는 것은 매우 어렵다. 불가능하지는 않지만 그런 일은 거의 일어나지 않는다.

그러는 동안 나는 IT 기반 시설 분야에서 가장 중요한 회사로 발전하고 있는 EMC와 VM웨어를 계속 생각하고 있었다. 조 투치에게 전화를 걸어 델과 EMC의 합병을 어떻게 생각하는지 물었다. 조는 기술 기업 역사상 가장 큰 합병이 될 수도 있는 매우 좋은 기회라고 생각했다. 그래서 2008년과 2009년에 조, 나, 고위 임원진과 이사회, 투자은행, 컨설턴트, 그리고 변호사들은 두 기업의 합병 문제를 검토했다. 우리는 각각 베인앤드컴퍼니와 맥킨지에게 세밀한 분석을 맡겼고 수백 장의 슬라이드를 만들었다. 이번에도 암호명을 가지고 있었다. EMC의 암호명은 '에메랄드'였고 델은 '다이아몬드'였다. 아무도 우리를 알아보지 못하도록 사람들이 많이 방문하지 않는 도시의 잘 알려지지 않은 호텔에서 회의를 했다. 심지어 양쪽 회사의 이사들의 합동 회의도 개최했다. 그런데 갑자기 세계 금융 위기가 발생했고 어느 누구도 합병에 대해 더 이상 이야기하지 않았다.

비공개 기업으로 전환한 지 얼마 지나지 않은 초창기에는 내가 예상했던 것보다 사업이 훨씬 더 잘 진행됐다. 사업은 내가 통제권을 행사할 수 있었다. 하지만 내 인생에서는 내가 통제할 수 없는 일들이 발생했다.

어머니는 암이 재발한 이후 5년 동안 용감하게 투병 생활을 하셨다. 수잔은 어머니를 '엄마 전사'라는 별명으로 불렀다. 하지만 2014년 1월에 어머니는 암과의 싸움에서 패배했다. 어머니는 휴스턴의 MD 앤더슨에서 퇴원해 집에서 호스피스 간호사의 돌봄을 받았다. 그리고 밸런타인데이 전날에 돌아가셨다.

그나마 좋은 일이라고 할 수 있는 것은 마지막 며칠 동안 우리 모두가 어머니와 함께 있었다는 것이었다. 모든 사람들이 마지막 작별을 고했고 어머니는 우리에게 앞으로 50년 동안 무엇을 해야 하는지 이야기했다. 어머니는 의지가 강했지만 죽음의 맞수가 되지는 못했다. 나는 어머니보다 더 훌륭한 조언자를 만난 적이 없었다는 걸 떠올리며 장례식에서 다음과 같이 말했다.

"어머니는 행복했고 긍정적이며 매우 현명하셨습니다. 언제나 미소를 잃지 않았고 대담했으며 용맹하셨습니다. 어머니는 우리에게 무엇을 하라고 말하지 않았지만, 덕분에 우리는 무엇을 해야 하는지를 알았습니다. 어머니는 우리 인생의 모든 시점에서 우리 형제들과 나에게 무엇이 필요한지를 알고 있었습니다. 또 우리에게 무엇이든 할 수 있다고 가르쳤습니다. 창의성, 호기심, 그리고 배우고 실험하고 열정을 추구하는 열망을 불러일으켰습니다. 모든 사람을 존중하라고 했지만, 우리가 함께 시간을 보낼 사람들을 현명하게 선택하라고 가르쳤습니다. 함께 나누고 사랑하고 서로를 돌보라고 가르쳤습니다. 어머니는 우리에게 필요한 모든 것보다 훨씬 더 많은 것을 주었습니다. 저는 정말 행운아였습니다."

'델은 결코 지지 않는다'라는 제목의 포브스 기사가 이맘때쯤 나왔다. 기사는 나의 전반적인 성공 스토리, 특히 델의 성공적인 상장 폐지 이야기를 다뤘다. 이런 성공 이야기는 읽기 좋다. 하지만 우리 모두는 인생에서 무엇인가를 잃는다. 특히 우리가 사랑하는 사람들을 잃을 때는 세상의 그 어떤 성공도 이를 대신 채워줄 수 없다.

다시 구획화compartmentalization(상충되는 것처럼 보이는 생각과 감정이 마음속에서 서로 분리되거나 격리된 상태로 유지되는 심리적 방어 기제라는 뜻이지만 여기서는 개인적 문제와 공적 임무를 구분해서 대응한다는 의미로 쓰임_옮긴이)에 대해 이야기해 보자. 나는 어머니의 사망 때문에 크게 상심했지만 동시에 비공개 기업으로서 델의 발전에서 나오는 즐거움도 느꼈다(어머니도 즐거워할 것이었기 때문에 나도 애써 즐거움을 감추지 않았다). 우리는 시장점유율을 계속 늘려갔고 부채를 갚아갔다. 현금도 계속 들어왔다.

일반적인 상장 기업보다 훨씬 더 많은 변동성이 생겼다. 우리는 계속해서 투자하고 있었는데 일부는 빠르게 성과를 냈고 어떤 것은 성과가 느리게 나타나거나 아예 성과가 없는 것도 있었다. 상장 기업이었다면 쉽게 할 수 없는 것들이었다. 주주들은 틀림없이 이런 변동성을 좋아하지 않았을 것이기 때문이다. 나는 비공개 기업으로의 전환을 통해 얻게 된 시간과 전체적으로 볼 수 있는 시각 덕분에 매출이 오르내리는 변동이 있어도 전반적 추세는 지속적으로 상승하고 있다는 사실을 즐겁게 받아들일 수 있었다.

상장폐지 이후 몇 달이 지나고 우리의 발전에 자신감을 느꼈을 때 에곤 더반과 나는 회사의 변화를 가속화기 위해 내부적인 투자 이외에 더 할 수 있는 것들에 대해 이야기하기 시작했다. 새로운 기업의 인수를 염두에 두고 있었는데 대부분이 소프트웨어 분야였다.

하지만 에곤과 나는 EMC, VM웨어가 가장 크고 대담하며 현명한 인수가 될 것이라는 데 의견의 일치를 봤다.

에곤은 몇몇 은행가들을 통해 대기업 두 곳 정도가 EMC 인수를 고려하고 있고 실제로 추진하고 있다는 이야기를 들었다. 더 구체적인 정보는 알지 못했다. 하지만 우리의 EMC 인수 가능성이 훨씬 더 흥미로울 것이라는 사실을 알고 있었다. EMC는 3개의 커다란 사업과 여러 개의 작은 사업으로 구성돼 있었다. 3개의 큰 사업이 우리와 잘 조화를 이룰 것으로 생각했다. EMC의 인포메이션 인프라스트럭처Information Infrastructure는 데이터 스토리지 분야에서 자타가 공인하는 선두주자였고 우리의 서버 사업과 완벽하게 융합될 것으로 보였다.

가상화의 개척자인 VM웨어는 물리적인 기계를 없애는 새로운 방법들을 계속해서 찾아내고 있었다. 그리고 EMC와 VM웨어에서 분사한 소프트웨어 개발 신생 기업인 피보탈Pivotal은 클라우드 소프트웨어를 개발하는 플랫폼을 만들었다(피보탈의 CEO, 폴 마리츠Paul Maritz는 VM웨어의 전 CEO였고 내가 종종 기술적 조언을 구했던 똑똑한 사람이다). 델과 EMC의 합병은 믿을 수 없을 정도로 강력한 기업을 탄생시킬 것이다. 하지만 가능하기는 한 일일까?

델과 EMC가 시스템, 스토리지, 그리고 보안 분야에서 계속 힘을 길러왔기 때문에 과거에 폐기된 합병에 대한 실망감이 지난 5년 동안 가슴속에 남아 있었다. 나는 상호 보완적인 두 개의 최고 기업들을 결합해 기술 업계의 새로운 드림팀을 만들 수 있는 절호의 기회를 놓쳤다고 생각했었다. 그해 여름에 에곤과 나는 이 문제를 다시 생각하기 시작했다.

두 기업의 인수 합병은 자연스러운 발전처럼 보였다. 델과 EMC의 제휴는 상당히 오래 지속됐을 뿐만 아니라 EMC와 VM웨어가 각각의 분야에서 확실한 최고 기업이라는 점에서 매우 드문 기회였다. 앞서 언급한 것처럼 기업의 점유율 순위를 극적으로 변화시키는 것은 매우 어렵다. 그래서 2위나 5위 기업을 인수하는 것은 훨씬 더 성공하기 어려운 방식이었다. 일반적으로 1위 기업은 매물로 나오지 않거나 가격이 과도하게 높다. 아니면 인수하기에 불가능한 훨씬 더 큰 기업의 한 사업 부분인 경우가 많다.

에곤과 나는 델, EMC, VM웨어를 합병하는 아이디어에 짜릿한 흥분을 느꼈다. 델과 두 회사의 합병은 전례가 없는 규모였고 합병 즉시 최고의 제품과 기술을 보유하는 IT 기반 시설 분야에서 가장 규모가 큰 세계 최고의 기업이 될 것이었다. 그리고 델과 EMC 고객들의 요구를 완벽하게 충족시켜줄 것이다. 합병은 과거에 없던 방식으로 고객들에게 도움을 주고 동시에 크게 성공할 수 있는 방법이었다.

고객들은 우리의 도움이 필요했고 도움 받기를 원했다. 디지털 정보 기술이 머리가 어지러울 정도로 빠르게 발전하는 바람에 고객들은 경쟁력을 키우기 위해 소프트웨어, 데이터, 인공지능, 머신 러닝, 신경망 네트워크 같은 새로운 기술을 활용하는 방법을 배울 여유가 없었다. 고객들은 시스템 통합 사업자가 되고 싶어 하지 않았다. 델, EMC, VM웨어, 그리고 피보탈 전체를 아우르는 놀라운 역량이라면 고객들이 통합적이고 자동화된 방식으로 새로운 기술을 활용할 수 있도록 도와주는 플랫폼을 만들 수 있겠다고 생각했다.

하지만 델이 이런 거대한 도약을 위한 준비가 돼 있을까? 중요한 기술 기업들이 실질적으로 대변화에 성공한 사례는 매우 드물다. 나는 기업들이 특별한 역량과 고객층을 구분해서 개발하기 때문에 변화가 어렵다고 생각한다. 호랑이의 줄무늬를 없앨 수 없는 것처럼 기업도 본질을 쉽게 바꿀 수 없다. 개로 태어났다면 고양이로 죽을 수 없는 것이다.

2014년에 나는 변화에 대해 많은 생각을 하고 있었다. 그동안은 안전하게 회사를 경영하는 방식을 택하느라 델을 업계 최고 위치로 끌어올리지 못했다. 상장폐지를 결정한 것은 현실에 안주하기 위해서가 아니었다. 폭발적인 데이터의 증가를 따라잡고 리더십을 유지하기 위해, 기술 기업은 전례를 깨트리고 세계적인 규모로 대담한 변화를 추진해야 했다. 델은 준비가 돼 있었고 나도 준비를 마쳤다.

그해 8월에 조 투치에게 전화를 걸어 델이 인수하는 형식으로 두 기업의 합병을 어떻게 생각하는지 물었다. 우리가 2008년과 2009년에 최초로 합병을 검토했을 때 델은 상장 기업이었다. 그러나 당시는 델이 상장 기업이 아니기 때문에 나는 조에게 합병 과정이 훨씬 더 쉬울 것이라고 말했다. 내가 델의 지배주주였고 실버레이크에는 매우 협조적인 협력자가 있었기 때문이다.

다른 한편으로 EMC의 시가총액이 590억 달러 정도였기 때문에 재정적으로, 그리고 문화적으로 인수가 매우 어려운 문제가 될 것이라는 사실도 알고 있었다. 텍사스주의 비상장 법인이 매사세츠주에서 가장 큰 상장 기업을 인수하는 문제는 성공을 장담할 수 없었다.

하지만 조에게는 동기가 확실했고 내 제안에 우호적이었다. 그는 60대 초반이었고 얼마 후에 은퇴를 하고 싶어 했다. 하지만 그는 EMC 내부에서 확실한 후계자를 찾지 못했기 때문에 은퇴를 여러 차례 연기했다. 델에 의한 합병은 내가 그의 후계자가 된다는 것을 의미했다. 또한 EMC에 필요한 기업 역량을 더해주는 것이었다. 조는 IT 산업이 빠르게 변하고 있고 서버 회사가 없는 단순한 스토리지 회사는 좋은 장기 전략이 아니라는 것을 알고 있었다.

조는 나를 좋아했고 내가 그를 좋아하고 신뢰하는 만큼 나를 믿었지만 EMC는 상장 기업이기 때문에 합병에 대한 결정은 이사회의 손에 달려 있었다. 일반적으로 CEO는 추천을 할 뿐이다. 하지만 우리가 비공개 기업으로 전환했던 사례처럼 이사회는 주주들을 위한 최고의 가치를 추구하고 독립 기업으로 남는 것을 포함해 모든 대안들을 검토해야 하는 실질적인 의무가 있었다. 회사의 일부를 매각할 것인가? 주식 환매를 할 것인가? 가능한 모든 매수자를 찾아보지만 독립 기업으로 남을 수도 있을 것인가? 이사회는 모든 선택을 고려해야만 한다.

비밀유지조항에 따라 조가 나에게 다른 인수 후보자들에 대해 이야기하는 것은 금지돼 있었다. 하지만 이런 금지 제한이 없는 투자 은행가들은(그리고 이들은 언제나 수익을 얻을 수 있는 거래를 성사시키는 데 열심이다) 나와 에곤에게 다른 인수 후보가 누구인지를 귀띔해 주었다. 인수에 관심이 있는 회사는 두 곳이었다. 이 두 업체 중 어느 한 곳이 우리를 이기면 우리가 큰 어려움에 빠질 것이라는 점은 이 모든 과정을 정말로 흥미롭게 만들었다.

실리콘밸리의 거대 네트워크 기업인 시스코시스템즈Cisco Systems 가 EMC 인수에 관심을 보였다(시스코의 시가총액은 2014년 4월 기준 1200억 달러였다). 하지만 시스코는 시작부터 해결해야 할 문제들을 가지고 있었다. 우선 시스코는 한창 구조조정을 하고 있었고 세계 모든 지사에서 수천 명의 직원들을 해고했다. 또 다른 문제는 시스코가 새롭게 사물 인터넷에 집중하겠다고 선언하고 그 계획을 추진하기 위해 여러 기업을 인수했지만, 실제로 커다란 기업을 인수한 경험은 없었다는 점이다. 기업 인수 측면에서 시스코는 언제나 매우 조심스러웠다(가장 최근에 시스코는 보안 하드웨어, 소프트웨어 기업인 소스파이어 Sourcefire를 27억 달러를 주고 인수했다. EMC의 인수는 소스파이어보다 20배에서 30배 정도 더 많은 비용이 들어갈 것으로 추정됐다). 더욱 복잡한 문제는 시스코의 CEO인 존 챔버스John Chambers가 곧 은퇴를 앞두고 있었고 이런 거대한 규모의 기업 인수에 확신을 가지고 있지 못했다는 점이다(존 챔버스는 왕라보라토리즈에서 존 투치를 위해 일했었다).

인수에 진짜 관심을 가지고 있는 사람은 HP의 CEO, 멕 휘트먼 Meg Whitman 이었다. 이베이eBay의 전 CEO였던 멕이 2011년에 HP로 옮겼을 때 그녀는 전설적이지만 큰 어려움을 겪고 있는 회사의 수장이 되었다. 1939년에 팔로 알토의 차고에서 빌 휴렛Bill Hewlett과 데이비드 팩커드David Packard에 의해 설립된 최초의 거대 미국 기술 기업은 칼리 피오리나Carly Fiorina CEO의 지도 아래 전성기에 오르면서 21세기를 시작했다. 2002년 컴팩을 인수하면서 HP는 PC 시장에서 우리와 치열한 경쟁을 하는 것처럼 보였다. 하지만 합병의 결과가 기대에 못 미치는 것으로 드러나자(HP는 일시적으로 2002년에 PC 매출 1위에 올랐지만 그다음 해에 선두 자리를 우리에게 돌려주었다) 칼리와 이사회 사이에 갈등이 불거졌다. 양측의 갈등은 2005년, 칼리의 사임으로 이어졌다. HP는 무질서하고 비효율적인 것처럼 보이는 이사회와 때때로 이런저런 추문 속에서 격동의 10년을 보냈다.

로버트 웨이먼Robert Wayman이 피오리나의 뒤를 이었고 마크 허드가 로버트의 후임자가 되었다. 그러나 마크는 HP의 비용 계정에서의 부정행위와 성추문으로 기업 윤리 강령을 위반한 혐의로 조사를 받았고 결국은 축출됐다(마크는 나중에 오라클의 사장이 되었고 이후에 공동 CEO가 됐으며 2019년에 사망했다). 이후에 케이시 레샤크Cathie Lesjak가 임시로 CEO가 되었다. 2010년에 이사회는 레오 아포테커Leo Apotheker를 HP의 네 번째 CEO로 선임했다. 당시 회사의 이사회는 불필요한 관심을 끌고 있었다. 신임 CEO인 레오 아포테커에 관한《뉴욕타임스》기사에서 제임스 B. 스튜어트James B. Stuart는 "레오의 채용에 관여한 여러 명의 전 현직 이사들과 그들의 측근들과 인터뷰를 통해 HP의 이사회는 많은 성공한 사람들로 구성돼 있지만 반감, 의심, 불신,

개인적 야심과 기능을 마비시키는 권력 투쟁으로 얼룩져 있었다는 사실이 드러났다"고 보도했다.

레오 아포테커의 짧은 임기는 예상대로 문제가 많았던 것으로 나타났다. HP가 2006년에 PC 시장 1위 자리를 다시 회복했지만 이윤이 낮은 PC 시장의 속성은 소프트웨어 분야에서 일해온 레오를 만족시키지 못했다. 그는 PC의 장점을 현금 창출과 소프트웨어와 서비스 판매를 위한 출발점으로 이해하지 못했다. 레오가 휴렛팩커드의 PC 사업부를 분사시키거나 매도하고 영국의 소프트웨어 기업인 오토노미Autonomy를 110억 달러에 인수하겠다는 계획을 발표하자(이 계획은 소프트웨어 사업에서 HP에게 큰 도움을 주겠지만 회사의 현금을 고갈시켰을 수도 있다) 이사회는 그를 해고하고 대신 멕 휘트먼을 고용했다.

멕은 이베이에 합류하기 전에 프록토앤드갬블Procto & Gamble, 베인 앤드컴퍼니, 그리고 하스브로Hasbro에서 고위 임원을 지냈고 프린스턴 대학과 하버드 경영대학원을 졸업한 유명 인사였다. 그녀는 자신이 CEO로 재임하는 10년 동안 이베이를 거대 기업으로 키워냈다. 그녀는 매우 똑똑하고 품위 있는 타고난 지도자였다. 하지만 그녀의 경력은 주로 소비재 분야였고 HP는 완전히 다른 기업이었다. 모험적인 IT 기업은 그녀에게 미지의 분야였다.

2011년 가을, 그녀가 취임한 이후 첫 번째 선언은 레오 아포테커의 계획을 모두 뒤집는 것이었다. 그녀는 HP가 PC 사업 부서를 계속 유지해야 한다고 말했다. 하지만 2014년 늦여름에 상황이 크게 변했다.

2014년 9월 8일, 나는 실리콘밸리로 날아가 협력사들의 CEO 들과 만났다. 실리콘밸리를 정기적으로 방문했는데 이번에는 하드 드라이브 제조사인 씨게이트Seagate 의 스티브 루조Steve Luczo 를 만났다 (씨게이트는 내가 PC 사업을 시작한 초기에 슈가트Shugart 로 알려졌었다). 데이터와 스토리지 네트워킹 기업인 브로케이드Brocade 의 로이드 카니Lloyd Carney, 그래픽 칩셋 제조사인 엔비디아NVIDIA 의 젠슨 황Jensen Huang, 그리고 반도체 기업인 브로드컴Broadcom 의 스콧 맥그리거Scott McGregor 를 만났다. 이 모든 기업들도 EMC와 VM웨어와 협력 관계를 맺고 있었다. 이번 출장에서는 아무것도 이야기하지 않고 내가 만난 기업들의 CEO들이 EMC를 어떤 기업으로 이해하고 있는지, 그리고 누가 진지한 경쟁자인지 알아보려고 노력했다.

그해 늦여름 어느 월요일에 CEO 한 사람을 더 만났다. VM웨어의 CEO, 팻 겔싱어Pat Gelsinger 와의 점심 약속은 의도적으로 그날 일정 중에서 가장 길게 잡았다. 알고 싶은 것이 많았기 때문이다. 나는 1986년부터 팻 겔싱어와 알고 지냈다. 산타클라라Santa Clara 에 있는 인텔 본사를 방문해서 인텔의 사장인 앤디 그로브를 만나게 해달라고 했던 게 우리의 첫 만남이었다. 월트 디즈니Walt Disney 를 만나게 해달라면서 디즈니랜드로 당당하게 걸어 들어간 것과 비슷한 꼴이었다. 앤디 그로브 박사는 기술 산업 분야에서 진정한 전설이었다. 그는 빈털터리로 영어도 거의 못하는 21살의 나이에 헝가리에서 미국으로 이민을 왔다. 그리고 인텔을 그저 그런 메모리 칩 제조사에서 세계 최고의 마이크로프로세서 제조사로 만들어놓았다. 그리고 당시 나는 가장 좋은 PC를 만들어 작은 신생 회사를 성공시키려고 노력하는 21살의 의지가 강한 평범한 청년에 불과했다. 최고의 PC를 만들기 위해서는 인텔의 286 프로세서가 필요했다. 하지만 충분한 물량의 인텔 프로세서를 구할 수가 없었다. 그래서 인텔의 로비에 앉아 있었고, 경비원이 나가라고 할 때 앤디 그로브 박사를 만날 때까지 떠나지 않겠다고 말했다. 앤디는 로비에서 소란을 피우는 젊은 청년 이야기를 들었던 것이 틀림없었다. 왜냐하면 결국 그를 만나서 PC's 리미티드를 훌륭한 회사로 만들기 위한 나의 요구를 전했기 때문이다. 앤디의 기술 보좌관 팻 겔싱어(나보다 2살이 많다)와 마찬가지로 앤디 그로브도 그날 이후 친구가 되었다.

앤디의 곁에서 함께 일하고 있는 팻은 최초의 80486 프로세서의 설계자였고 인텔에서 최초로 CTO가 되었다. 앤디 그로브 박사가 은퇴하고 2년이 지난 후에 팻은 인텔을 떠나 EMC의 사장이자 EMC 정보인프라 제품의 COO가 되었다. 2012년에 이사회는 그를 EMC에서 거의 반 독립적인 사업 부서인 VM웨어의 CEO로 임명했다. VM웨어와 델의 오랜 협력 관계와 그보다 훨씬 더 오래된 팻과 나의 우정이 새롭고 흥미로운 방식으로 하나가 되었다.

2014년 9월에 팻과 점심을 먹었다. 팻은 내가 머릿속으로 무슨 생각을 하고 있는지 몰랐다. 하지만 그와 나는 이야기할 것이 많았다. 2월에 VM웨어는 델을 자신들의 세계 1위 OEM 협력사로 선정했다. 8월에 열린 VM 월드 컨퍼런스에서 델과 VM웨어는 VxRail의 전신인 'VM웨어용 델 엔지니어드 솔루션'을 포함한 혁신적인 기업 솔루션 제품들을 발표했다. VxRail은 델과 VM웨어 모두에게 50억 달러 이상의 매출이라는 큰 성공을 가져올 하이퍼컨버지드 인프라스트럭처hyperconverged infrastructure, HCI 제품이었다.

이것은 단지 시작에 불과했다. 팻과 만남을 위해 준비한 간단한 서류는 '지난 1년 동안 델의 고위 경영진과 VM웨어는 공동 솔루션을 개발하고 우리의 기술과 영업 관계를 강화하는 데 주안점을 두고 지속적으로 의견을 교환해왔다'는 점을 언급했다.

우리의 오랜 협력 관계도 여러 도전에 직면하고 있었다. VM웨어의 관리 소프트웨어 제품군의 확장과 여러 소프트웨어를 묶어 판매하는 번들 제품이 델의 몇 가지 제품과 중복되거나 경쟁을 불러일으켰다. 문제가 되는 것은 사용자 경험 관리 툴인 포그라이트Foglight, 데스크톱 가상화 소프트웨어인 브이워크스페이스vWorkspace, 그리고 기업 모빌리티 관리Enterprise Mobility Management(조직 내에서 회사 및 직원 소유 모바일 장치의 사용을 보호하고 관리하기 위한 일련의 기술, 프로세스 및 정책_옮긴이) 제품이었다. VM웨어는 또 델과 같은 OEM(주문자 상표 부착 생산, 주문자의 의뢰에 따라 상표를 붙여 판매할 제품을 위탁 생산하는 기업_옮긴이) 협력사들을 건너뛰고 판매 확대를 위해 슈퍼마이크로Supermicro 같은 ODM(제조자 개발 생산, 주문자의 위탁을 받아 제품을 개발하고 생산하는 빙식_옮긴이)과 협력하기 시작했다.

하지만 팻과 나는 우리의 협력 관계가 이런 문제들보다 훨씬 더 많은 장점을 가지고 있다고 생각했다. 나는 EMC와 델과 VM웨어의 관계가 굳건하고, 앞으로도 그럴 것이라는 느낌을 받고 자리를 떴다. 이것은 조 투치와 에곤 더반을 제외하고 어느 누구에게도 말을 꺼내지 않았던 합병을 위한 중요한 근거였다.

나는 1년에도 수백 일 동안 출장을 다니곤 했다. 집에서 멀리 떨어진 곳들이다. 다행히 나는 일을 좋아하고 고객과 협력사, 공급 업체들을 만나는 것도 좋아한다. 그리고 전 세계 지사에 있는 직원들과의 만남도 좋아한다. 태생적으로 호기심이 많아서 새로운 장소를 방문하고 새로운 것들을 보는 것이 정말 재미있다. 여러 면에서 나는 아직도 1985년의 젊은 시절의 나와 비슷하다. 당시 나는 동아시아로 첫 출장을 갔고 매일 그리고 매 시간이 즐거웠다.

하지만 1985년에 나는 20살이었고 지금은 더 이상 20살이 아니다. 당시에는 건강을 그렇게 염려하지 않았다. 하지만 지금은 확실히 건강을 많이 생각한다. 많은 동료들과 친구들이 젊은 나이에 사망했다. 그래서 가족과 회사, 그리고 나 자신을 위해 가능한 한 건강하게 오래 살 수 있는 모든 일을 하고 싶다. 건강을 지키지 못하면 다른 모든 것을 잃는 것이다.

건강의 토대는 잠을 잘 자는 것이라고 생각한다. 당신이 한 달 동안 운동을 할 수 없었다면 행복하지 않을지도 모르지만 그냥 넘어갈 수 있다. 당신이 1주~2주 동안 먹지 못했다면 몸이 매우 힘들 테지만 수분을 공급할 수 있는 한 극복할 수 있다. 그러나 3일 동안 잠을 잘 수 없다면 건강 상태가 나빠질 것이다. 여러 시간대를 넘나들 때 잠을 잘 자는 것은 결코 쉽지 않다. 나는 시차가 발생하는 출장을 많이 다녔다.

지난 수년 동안 출장을 다니면서 가장 잠을 잘 자는 방법을 터득했다. 요령 가운데 하나는 다음과 같다. 시차가 많이 발생하는 지역으로 간다면 출장을 떠나기 2일이나 3일 전부터 점점 더 일찍 잠자리에 드는 것이다. 또 일단 도착하면 아침에 일어나자마자 운동을 한다. 어떤 환경에서도 낮이나 오후 늦게 잠을 자서는 안 된다. 그렇지 않으면 출장을 망치게 될 것이다. 가능한 빠르게 새로운 지역에 적응하는 것이 중요하다. 나는 이 방법을 아주 어렵게 배웠다.

2014년 9월 두 번째 주는 매우 특별했다. 실리콘밸리를 떠나 오스틴에서 이틀 동안 머물다가 12일에 카탈리스트<sup>Catalyst</sup> 이사회에 참석하기 위해 뉴욕으로 향하는 비행기를 탔다. 카탈리스트는 여성들에게 포용적인 직장 만들기를 촉진하는 비영리 단체였다. 다음 날 아침 나는 도하<sup>Doha</sup>, 리야드<sup>Riyad</sup>, 아부다비<sup>Abu Dhabi</sup>, 베를린<sup>Berlin</sup>, 그리고 브뤼셀<sup>Brussels</sup>에 있는 고객들을 만나기 위해 일주일 동안 출장을 갔다. 출장을 마친 후에 5000마일의 거리를 돌아 비행기를 타고 콜로라도의 애스펀으로 돌아왔다.

최종 목적지는 애스펀에서 열리는 위켄드<sup>Weekend</sup> 컨퍼런스 행사였다. 이 행사에는 언제나 정치, 세계 안보, 교육, 과학, 그리고 기술 분야의 놀라운 전문가들이 모인다. 그해의 연사에는 전 국방부 장관이자 전 CIA 국장인 로버트 게이츠<sup>Robert Gates</sup>, 전 재무장관인 행크 폴슨<sup>Hank Paulson</sup>, 요르단의 라니아 알 압둘라<sup>Rania al-Abdullah</sup> 왕비, 전 영국 수상 토니 블레어Tony Blair, 그리고 많은 유명 인사들이 포함돼 있었다. 나는 현장에서 강연을 듣고 배우기 위해 참석했다. 그리고 기대했던 것 이상으로 더 많은 것을 듣고 배웠다.

저녁 식사 전에 칵테일 파티에서 친숙한 얼굴을 보게 됐다. 엘리엇매니지먼트Elliott Management의 창업자이자 공동 CEO인 폴 싱어Paul Singer였다. 폴의 헤지펀드는 시장이나 주식에 대한 역발상 투자나, (종종) 시장이 하락하는 방향에 투자하는 방식으로 지난 40년 동안 매우 성공적이었다. 폴의 포트폴리오 관리자 제시 콘Jesse Cohn은 내가 생각하고 있는 EMC와 합병 아이디어의 장점을 나에게 설득시키려고 최근에 오스틴을 방문했었다.

폴 싱어는 칵테일 파티에서도 EMC와 합병하라며 나를 불편하게 몰아붙이고 있었다. 물론 나는 합병에 대해 아무것도 이야기할 수 없었다. 그래서 그가 말할 때 미소를 짓고 고개를 끄덕이는 게 전부였다. 폴은 절대로 소문이나 추측에 대해 이야기하지 않는다는 나의 메시지를 이해할 때까지 계속해서 자신의 생각을 말했다. 저녁 식사 시간을 알리는 종소리가 울릴 때 너무도 기뻤다.

그날은 9월 19일 금요일 밤이었다. 그리고 내가 오스틴으로 돌아온 다음 일요일 아침, 《월스트리트저널》 홈페이지에 보도된 기사의 헤드라인이 나의 눈길을 붙잡았다.

"EMC 합병 저울질, 다른 옵션들"
행동주의자의 압력과 최고경영자의 은퇴가 예상되는 가운데 거
대 데이터 스토리지 기업이 기로에 서 있다.

상당히 흥미롭다고 생각했다. 기사는 다음과 같이 시작됐다.

이 문제에 정통한 소식통에 따르면 최근에 종료되기는 했지만
EMC는 거의 1년 동안 HP와 합병 논의를 간헐적으로 이어왔다.
합병 논의가 다시 시작될 것인지는 불분명하다.
이 문제를 잘 알고 있는 관계자들은 EMC와 합병 논의를 한 또
다른 회사는 델이라고 말했다. 두 회사 사이의 논의가 어느 정도
수준에 와 있는지는 명확하지 않다. 두 회사의 상대적인 규모를
고려할 때 델이 EMC를 완전히 인수하기는 어려울 것이며 대신
EMC의 핵심 사업을 포함하고 있는 자산에 대한 인수를 추진할
것이라고 한 관계자는 말했다. (중략)
EMC와 HP가 논의한 거래는 두 회사의 시가총액을 합칠 경우
1300억 달러에 달하는 거대 합병이 될 뻔했다. 관계자는 두 회
사가 고려했던 합병은 모든 주식을 일대일로 거래하는 대등 합

병 방식이었을 것이라고 말했다.

이 문제를 잘 아는 사람들, 여기에 정통한 한 사람……. 나는 이들이 누구인지 알고 있었다. 원칙이 없는 투자 은행가들, 수익을 낼 거래를 성사시키기는 일에 열심인 은행가, 또는 엘리엇매니지먼트에 있는 누군가였다. 어떤 경우든 HP의 소문은 사실이었다. 내가 전화를 걸어 합병 이야기를 했을 때 조 투치가 HP를 언급할 수 없었던 것은 멕 휘트먼이 나보다 앞서 합병 문제를 꺼냈기 때문이다.

나중에 알게 된 것처럼 2013년 11월에 멕이 먼저 조에게 전화를 걸어 HP가 EMC를 인수할 가능성을 이야기했다. 그때는 우리의 상장폐지가 최종적으로 승인된 직후였다. 그녀는 우리가 인수를 추진하지 않을지 궁금해했을 것이다. 아마도 그녀는 비공개 기업으로 전환하는 문제 때문에 우리가 인수에 관심을 쏟을 겨를이 없었을 것이라고 생각했을지도 모른다.

HP와 EMC 사이의 합병 논의는 2014년 내내 순조롭게 진행됐다. 두 회사는 주식 맞교환 방식의 합병을 추진했다. EMC를 인수하기 위해 돈을 빌리지 않고, EMC의 주주들이 자신들의 주식을 휴렛팩커드 주식과 일대일로 교환하는 것이었다. 엄청난 자본과 부채가 필요하지 않는 방식이었다. 모든 절차가 마무리 되면 모든 주식이 합쳐지고 거대한 새 회사가 탄생하게 될 것이었다. 합병하여 탄생한 새로운 회사는 우리가 성공하려고 열심히 노력한 서비스, 소프트웨어, 스토리지, 서버, 보안이라는 5S분야에서 우리보다 뛰어난 기업이 될 수 있을 것이었다.

HP와 EMC는 악수를 하면서 합병에 합의했지만 마지막 순간에 협상이 결렬됐다. 듣기로는 막판에 HP가 "우리 회사가 당신들보다 장사를 더 잘하기 때문에 HP 주식이 EMC보다 5퍼센트 정도 더 프리미엄을 받아야 한다"고 말했다고 한다. EMC 이사회 입장에서는 신뢰를 어기는 행위였다. 그래서 양사의 합병은 무산됐다. 클라우드 인프라와 보안 분야를 지배하는 기업을 탄생시키면서 우리를 궁지로 내몰 수 있는 블록버스터급 합병은 갑자기 없던 일이 돼버렸다. 결과적으로 HP는 얼마 안 되는 돈 때문에 거래를 성사시키지 못했다. 멕 휘트먼을 존경하고 좋아하지만 그녀의 입장에서 합병의 실패는 엄청난 실수였다고 생각한다.

수상한 구석이 있는 어떤 투자 은행가가 모종의 일이 벌어지도록 만들기 위해《월스트리트저널》에 기사가 나가도록 만든 것인지 모르겠지만, 이와 상관없이 2014년 가을에 기술 산업 분야에서는 많은 일들이 벌어지고 있었다. 모든 것이 긍정적이지는 않았다.

HP는 곤경에 빠져 있었고(당시 한 평론가는 HP를 "가장 수익성이 높은 상품이 인쇄용 잉크라는 심각한 어려움에 빠진 기술 기업"이라고 불렀다) EMC는 엘리엇매니지먼트의 압박을 받고 있었다. 그리고 다른 상장된 IT 대기업들도 어려움을 겪고 있었다. 오라클의 수익은 래리 엘리슨Larry

Ellison이 물러날 것이라는 소문이 도는 가운데 하락했다(하지만 엘리슨은 물러나지 않았다). 마이크로소프트는 1만 8000명을 해고했고 소프트웨어 기업인 CA와 컴퓨웨어Compuware도 어려움을 겪고 있었다.

어떤 사람들은 이런 기업들이 미래가 아니라 과거를 대표하고 있다고 말했다. 이들에 따르면 미래의 물결은 웹을 기반으로 탄생한 아마존, 구글, 페이스북Facebook, 트위터, 야후Yahoo, 그리고 다른 유사한 기업들이었다. 하지만 비공개 기업의 보호막 아래에서 델은 기술 기업 역사상 가장 큰, 최대 600억 달러 이상의 합병이 될 프로젝트에 착수했다.

《월스트리트저널》의 기사가 나가고 3일 후, 나는 존 투치에게 전화를 걸어 우리가 처한 새로운 환경에 대해 이야기했다. 원래는 15분 정도 이야기할 예정이었지만 '우리 앞에 놓인 도전들에 어떻게 대응할 것인가'로 시작해 그보다 훨씬 더 오래 대화를 나눴다. 우선 우리는 일을 진행하면서 비밀이 가장 중요하다는 데 동의했다. 암호명이 다시 만들어졌다. 우리는 디날리Denali였고 EMC는 에메랄드Emerald였다. VM웨어는 버다이트Verdite로 정했다. 두 회사의 합병 계획은 '프로젝트 에메랄드'라고 불렀다.

2014년 여름부터 2015년 가을까지 모든 중요한 고객들, 협력사들과의 회의에서 나는 합병에 대한 어떠한 생각도 이야기하지 않았다. 하지만 나는 계속해서 질문을 던지고 있었다. EMC, VM웨어와의 합병은 타당한 것일까? 고객들과 협력사들은 어떻게 반응할까? 직원들은 어떻게 생각할까? 어떤 것이 좋은 효과를 내고 우리가 경험하게 될 도전은 무엇일까?

회의를 할 때마다 가능한 모든 측면에서 이런 의문에 대한 답을 찾으려고 깊게 생각했다. 동시에 합병과 관련된 어떤 낌새도 보이지 않으려고 최선을 다해 노력했다. 상장폐지와 마찬가지로 이번 잠재적 합병도 심사숙고가 필요한 결정이었다. 본격적인 추진을 결정하기 전에 오랫동안, 그리고 매우 신중하게 생각해야 할 문제였다.

# 13

# 비상한 해결책들

　　2014년 10월 7일에 맥 휘트먼은 3년 전에 자신이 HP의 CEO로 취임했을 때 결코 하지 않기로 했던 바로 그 일을 할 것이라고 발표했다. 바로 HP를 둘로 나누는 것이다. 그렇게 하면 HP는 여전히 수익을 내는 PC와 프린터 사업을 보유하게 될 것이다. 그리고 맥은 HP 엔터프라이즈를 이끌며 서버, 스토리지, 네트워킹, 소프트웨어, 서비스를 관할하게 될 것이라고 말했다. EMC와 합병하려던 바로 그 분야를 보완하고 확대하는 것이었다. 이런 움직임은 한때 위대했던 기업이 더 작아지는 것으로 보일 수밖에 없었다.

　　이제 시스코도 합병 경쟁에서 빠진 상태에서 합병 방안을 다시

한 번 더 찾아낼 수만 있다면 우리에게는 직접 합병하는 분명한 길이 있었다. 조 투치와 나는 늦가을에 전화로 여러 차례 이야기했고 1월에 만나기로 일정을 잡았다. 우리 두 사람 모두 스위스 다보스Davos에서 열리는 세계경제포럼에 참석할 예정이었다.

크리스마스 다음 날 하와이에서 에곤과 나는 해변의 길을 따라 오랫동안 함께 산책을 했다. 2년 전 처음으로 상장폐지 아이디어를 이야기하면서 걸었던 바로 그 산책로였다. 그동안에 많은 일들이 있었고 이야기할 것도 많았다. 하지만 우리의 관계는 지난 2년 동안 완전히 바뀌었다. 당시 에곤은 델을 비공개 기업으로 전환하는 아이디어에 대한 의견을 타진하고 싶었던 똑똑한 투자가였다. 하지만 지금은 좋은 친구가 되었고 신뢰 관계가 깊은 사업의 동반자였다.

산책을 시작한 처음 얼마 동안은 친구들과 이야기하는 사소한 문제들을 나누었다. 에곤의 세 명의 자녀와 나의 네 명의 자녀들이 어떻게 지내고 있는지, 크리스마스는 어떻게 보냈는지 이야기했다. 북한의 소행으로 추정되는 소니픽처스Sony Pictures 해킹이나, 논란이 많은《인터뷰The Interview》라는 영화를 극장에서 철수하는 문제에 대해서도 대화를 나눴다. 그리고 HP를 두 회사로 분할하는 문제가 어떤 기회를 가져다줄 것인지도 상당히 궁금해했다.

HP에 대한 대화는 자연스럽게 우리의 거대 합병에 관한 자세한 이야기로 옮겨갔다. 무엇이 잘될 수 있고 잘못될 수 있는지, 두 회사의 합병이 어떤 매출 기회를 창출할 수 있는지, 우리의 앞에 어떤 장애물들이 놓여 있는지에 관한 이야기가 이어졌다. 여전히 고려해야 할 장애물들이 많았다.

우리의 고객들과 협력사들은 인수에 어떻게 반응할까? 경쟁 기업들은 어떤 반응을 보일까? 가능성 있는 재무적 인수자나 전략적 인수자들(경쟁 기술기업들) 중 더 높은 가격을 제시할 다른 누군가가 있을까? 엘리엇이나 다른 행동주의자들의 간섭이 어떤 영향을 미칠 수 있을까? 그리고 이 거래 자금을 어떻게 마련할 수 있을까? 우리는 여전히 복잡하고 어려운 주제를 놓고 대화를 이어나갔다.

아름답게 부서지는 파도와 고요한 푸른 하늘은 '인생은 단순해. 인생을 즐겨!'라고 말하는 것처럼 보였다. 크리스마스 다음 날에 하와이 해변의 오솔길을 산책하는 것은 단순하게 보였을지 모르지만 에곤과 나는 우리의 앞날이 험난할 것이라는 사실을 알고 있었다.

조와 나는 다보스에서 취재하는 많은 기자들과 사진사들을 피해야 했다. 우리는 관심을 끌지 않고 이야기를 할 수 있는 비어 있는 회의실을 찾았다. 우리는 3월 초에 워싱턴 DC에서 열린 테크놀로지 CEO 협의회에 참석하며 다시 만났다. 조와 내가 의논한 주제들은 언제나 동일했다. 두 회사의 합병이 만들어낼 수 있는 매출과 비용의 시너지는 무엇일까? 새로운 회사에서 VM웨어의 역할은 무엇일까? 보스턴에 있는 EMC, 실리콘밸리에 있는 VM웨어, 그리고 오스틴에 있는 델의 문화적 차이는 어떤 역할을 할 것인가? 이처럼 거대한 거래 자금을 어떻게 차입할 것인가? 그리고 두 회사의 지도자들 가운데 어떤 사람들이 우리의 전략을 가장 잘 실천할 수 있을까?

합병에 관한 논의를 일대일 논의에서 더 확대할 때가 됐다는 사실을 알게 된 우리는 비밀 유지를 위해 4월 초에 오스틴의 우리 집에서 회의를 열기로 했다. 이 회의에는 조와 나 외에도 에곤, EMC의 이사이자 기술 자문기업인 액센추어Accenture의 전 CEO인 빌 그린Bill Green, 기업 전략을 담당하고 있는 EMC의 부사장인 해리 유Harry You가 참석할 예정이었다. 해리 유는 오라클의 전 CFO였다.

우리는 4월 3일 금요일에 모두 모였다. 5시간에 걸쳐 회의를 하는 동안 우리는 훨씬 더 진지해졌다. 먼저 매출과 비용의 시너지 효과에 관한 문제를 다루기 시작했다. 우리는 언제나 비용의 시너지보다 매출의 시너지가 더 클 것이라고 생각했다. 하지만 두 회사 사이의 매출 시너지는 예상보다 훨씬 더 컸다. 그렇지만 여전히 재정적인 문제가 남아 있었다. 우리가 조달할 수 있을 것으로 예상하는 모든 지분과 차입금을 합쳐도 EMC가 보유하고 있는 VM웨어의 지분 81퍼센트를 살 수 없었다. 실버레이크에서 매우 성공적인 경력을 가지고 있는 에곤은 어떻게 해서든 일을 성사시킬 것이라는 낙관적인 견해를 표명했다.

그날의 논의를 끝내자 조와 빌은 보스턴으로 돌아갔고 에곤과 해리는 캘리포니아로 갔다. 에곤이 말한 바에 따르면 자신과 해리가 재무 문제를 곰곰이 생각하던 와중에 해리가 갑자기 "우리가 시도할 수 있는 다른 방법이 있어요"라고 말했다고 한다.

1984년에 미래 기술 분야의 발판을 마련하려던 제너럴모터스는 로스 페로의 회사인 일렉트로닉데이터시스템즈Electronic Data Systems

를 인수하고 싶었다. 제너럴모터스의 다양한 컴퓨터 시스템을 표준
화하고 일렉트로닉데이터시스템즈의 의료 사업과 급여 자동화 사
업에 참여하고 싶었기 때문이다. 하지만 제너럴모터스가 비용의 일
부를 자사의 보통주로 지불하겠다고 제안하자 협상은 첫 번째 장애
물을 만나게 됐다. 자신들의 회사가 매우 기민하고, 성장 가능성이
높고, 첨단 기술의 트렌드를 주도한다고 생각하는 로스와 그의 팀
은 회사의 재정적인 운명을 성장이 느리고 구시대적인 자동차 기업
과 함께하고 싶어 하지 않았다. 특히 로스의 입장에서는 제너럴모
터스가 너무나 거대한 기업이어서 미래의 일렉트로닉데이터시스템
즈의 성공이 양사의 합병으로 빛을 발하지 못할 것이라고 우려했
다. 일렉트로닉데이터시스템즈 직원들이 추진하는 어떠한 혁신도
제너럴모터스 같은 거대한 구시대 기업의 주가를 변화시킬 수 없을
것이라고 생각한 것이다.

그래서 이 거래에 참여한 투자 은행가들은 기발한 해결책을 제
시했다. 바로 '트래킹 주식tracking stock'으로 알려진 제너럴모터스의
클래스 E 보통주였다. 클래스 E 보통주는 기존의 제너럴모터스의
보통주와 완전히 동일한 재정적 기반을 가지고 있었다. 하지만 제
너럴모터스가 자사의 수익이 아니라 일렉트로닉데이터시스템즈의
수익에 근거해 클래스 E 주식의 배당금을 지급하는 것만 달랐다. 이
것은 일렉트로닉데이터시스템즈의 직원들이 자신들의 사업 실적을
향상시키고 육성하도록 만드는 직접적인 동기가 되었고 합병이 가
능하도록 만들었다.

수익성은 높았지만 논쟁적인 10년 동안의 기업 합병을 경험했던 제너럴모터스는 1995년에 일렉트로닉데이터시스템즈와 결별하고 자동차 제조업체로 돌아가고 싶어 했다. 특히 제너럴모터스는 당시 가치가 100억 달러에 달하는 트래킹 주식을 엄청난 세금을 내지 않고 처분하고 싶어 했다. 당시 리먼브라더스Lehman Brothers의 젊은 투자 은행가였던 해리 유는 이 문제 대한 해법을 찾는 일을 도와주고 있었다(제너럴모터스는 최종적으로 트래킹 주식을 제너럴모터스 시급직원 퇴직연금에 주는 방법으로 문제를 해결했다). 이 과정에서 해리는 트래킹 주식으로 알려진 이상한 금융 상품에 대해 연구하게 됐다.

그로부터 20년 후, 해리 유와 에곤 더반은 에곤의 비행기를 타고 서부로 향하는 동안 델이 EMC와 합병하는 데 필요한 600억 달러를 마련할 방법을 찾고 있었다. 그러다가 남서부의 어느 상공에서 해리가 제너럴모터스와 일렉트로닉데이터시스템즈의 사례를 기억해 냈다.

해리는 우리가 VM웨어를 위해 새로운 종류의 주식을 발행하면 어떻게 될 것인지 이야기했다. 이 주식은 기업의 소유권을 대표하는 것이 아니라 기업의 성과를 따라가는 것이었다. 그렇게 하면 우리는 EMC 주식에 VM웨어의 트래킹 주식을 추가로 지급하는 방식으로 EMC 주주들에게 보답할 수 있었다. 에곤은 해리의 생각이 정말로 맘에 들었다. 그래서 에곤과 해리는 비행기 안에서 휴지 위에 VM웨어의 트래킹 주식이 델과 EMC 합병에서 어떻게 효과를 발휘할 수 있는지 그림을 그려 설명하기 시작했다. 6개월 동안 지속적으로 합병에 대해 논의해왔기 때문에 에곤은 비행기가 착륙하자마자 나에게 전화를 걸어 흥분된 목소리로 해리 유의 기막힌 발상을 이야기했다.

트래킹 주식에 관해서 조금은 알고 있었다. 로스 페로의 이야기를 매우 깊이 있게 연구했기 때문에 제너럴모터스의 클래스 E 주식을 기억하고 있었다. 그래서 클래스 E 주식이 무엇인지 더 공부했다. 나는 한 가지 주제를 완전히 이해했다고 생각할 때까지 깊이 파고드는 경향이 있다. 이것이 내가 공부하는 방식이다. 인터넷과 블룸버그 단말기에 접속해 트래킹 주식과 이를 활용한 기업들에 대한 모든 것을 읽어봤다. 인터넷에서 트래킹 주식의 장점과 단점을 다룬, 재무학 교수들이 쓴 모든 종류의 논문들도 찾아봤다. 그러자 우리가 추진하는 거대한 에베레스트 산 같았던 합병이 오를 수 있는 산이 될 수도 있다는 낙관적인 느낌을 받기 시작했다.

나는 여러 각도에서 EMC와 VM웨어를 이해하기 위해 가능한 모든 노력을 다하고 있었다. 약점은 없는지, 간과한 점은 없는지, 또 내가 몰랐던 것은 없는지를 찾아내려고 깊이 있게 조사했다. 그리고 최근에 EMC를 그만둔 고위 임원들의 명단을 만들었다. EMC에 대해 더 많은 것을 알아보려고 그들과 일대일로 만나는 방법을 찾았다. 이런 만남의 목적은 델에서 일할 기회를 주는 것이었고 실제로 한두 명을 고용했다. 제안할 일자리가 없을 때에도 이들을 만나는 것은 그렇게 이상한 일이 아니었다. 실제 취업 제안의 기회가 올 때를 대비하는 것이었기 때문이다. 나는 일상적으로 IT 업계에 있는 훌륭한 인재들의 정보를 수집한다.

이런 복잡한 전략을 이용하지 않는 단순한 방법은 어떨까? 몇몇 스토리지 신생 기업이나 가상화 신생 기업을 인수해 델과 통합하면 안 되는 걸까?

IT 업계에서 위와 같은 과정은 '진주 목걸이 전략'이라고 알려져 있다. 진주 목걸이 전략은 EMC와 VM웨어를 인수하는 것보다 비용이 훨씬 적게 들 것이다. 이 두 기업은 스토리지와 가상화 분야에서 놀라울 정도로 강력한 입지를 구축하고 있었지만 이들에 도전하는 기업들도 많았다. 수많은 신생 기업들이 이들을 무너트리기 위해 달려오고 있었다. 많은 벤처캐피털회사의 본사들이 밀집해 있는 실리콘밸리의 샌드힐로드<sup>Sand Hill Road</sup>는(기술 산업 분야에서 샌드힐로드는 금융 분야의 월스트리트만큼 유명하다) 스토리지 분야의 많은 신생 기업들에게 투자를 하고 있었다. EMC는 회사가 성장하면서 이런 기업들을 종종 인수하곤 했다. 인수를 통한 연구 개발에는 장점도 있었지만 한계도 분명했다. 우선 비용이 많이 들어간다는 것이다. 그래서 주주들은 자신들의 주식의 가치가 희석될 것이라고 생각할 수 있다.

IT 산업의 기반을 강화하기 위해서는 어떤 방식으로든 규모와 유기적 혁신 능력, 즉 연구개발 능력을 갖춘 선도적 기업이 등장해 여러 세대를 이어가는 선도적인 제품을 만들어야 할 것처럼 보였다(모든 징후들이 IT 산업 강화의 불가피성을 시사하고 있었다). 여기에는 내부적인 혁신을 위한 역할이 있고 소규모의 기업 인수를 위한 역할도 있었다. 하지만 샌드 힐 로드가 때때로 유니콘 기업(기업 가치 10억 달러,

약 1조 원 이상이며 설립한 지 10년 이하의 스타트업_옮긴이)이 될 수도 있는 새로운 스토리지 기업을 계속 지원하는 이유는 이런 기업들이 더 큰 기업(일반적으로 EMC)에 의해 인수되거나 IPO를 통해 상장될 확률이 높기 때문이다.

하지만 세상이 변하고 산업계가 변했으며 시간이 지나면서 샌드 힐 로드도 다른 가능성 있는 분야에 대한 자금 지원으로 관심사를 옮겨갔다. 고객들은 언제나 최후의 판사이자 배심원이다. VM웨어는 새로 등장한 기업과 새로운 기술로부터 위협을 받고 있었지만 팻 겔싱어와 직원들은 기업의 경쟁력을 유지하기 위한 혁신과 자신들만의 기업 인수를 잘 추진했다.

매우 신중한 의사 결정 과정의 일부로 나는 EMC와 VM웨어에 도전장을 내민 기업들을 만나 진주 목걸이 전략이 의미가 있는지 살펴봤다. 몇몇 신생 기업들은 흥미로운 아이디어들을 가지고 있었지만 대규모로 육성하는 것이 어렵다는 사실을 발견했다. 게다가 이들 가운데 어느 회사도 서로 잘 통합될 수 있다는 증거를 보여주지 못했다.

또 다른 문제도 있었다. 이 모든 회사들이 엄청난 손실을 내고 있었다는 점이다. 벤처캐피털회사는 당분간 자금을 지원을 하고 기꺼이 손실을 보상해 줄 것이지만, 동시에 이 회사들의 가치는 너무 높게 평가돼 있었다. 지금까지 우리의 인수 전략에 따르면 EMC나 VM웨어 같은 업계의 선도적 기업에 도전할 여러 개의 신생 기업을 인수할 가능성은 적었다. EMC와 VM웨어의 인수 가격은 상당히 비싸지만 현재의 현금흐름과 미래의 수익성을 감안할 경우 두 기업의 가치는 매우 저렴한 것처럼 보였다.

　　JP모건의 제임스 베인브리지 리<sup>James Bainbridge Lee</sup>는(모든 사람들에게는 지미<sup>Jimmy</sup>라고 알려져 있다) 상장폐지를 추진할 때 핵심이 되는 금융 자문가들 가운데 한 사람이었고 현재는 EMC 합병에 있어 자문위원과 주요 투자 은행가로 일하고 있다. 투자 은행 업계의 거물인 지미는 미국에서 차입 금융시장을 발전시키는 데 개척자 역할을 했고 거의 혼자 힘으로 현대적 신디케이티드 론(두 개 이상의 금융기관이 같은 조건으로 기업에 대규모 자금을 빌려주는 것_옮긴이) 시장을 만들어냈다. 뒤로 빗어 넘긴 머리와 붉은 뺨, 그리고 재치가 넘치는 지미는 비범하고 똑똑하면서 패기 넘치는 데다 함께하면 재미있는 인물이었다.

　　5월 28일 목요일에 지미, 에곤과 합병 자금 준비에 있어 우리가 직면하고 있는 문제들을 오랫동안 자세하게 전화로 이야기했다. 언제나 낙관적인 지미는 장애물보다는 가능성을 보았다. 그는 어떻게 모든 자금들을 끌어모을 수 있는지에 대한 자신의 견해를 설명했다. 일단 실버레이크와 나는 자본금으로 50억 달러나 60억 달러를 투입할 수 있었다(우리 가족의 투자를 담당하는 회사인 MSD캐피털을 포함한 금액이다). VM웨어의 트래킹 주식은 대략 180억 달러를 감당할 수 있었다. 지미는 또 싱가포르 정부의 투자를 담당하는 국부펀드인 테마섹<sup>Temasek</sup>을 또 다른 자금원으로 생각했다(테마섹은 우리의 상장폐지 과정에서 중요한 투자자 가운데 하나였다).

하지만 이 모든 것을 감안해도 여전히 500억 달러에 달하는 전례 없는 규모의 막대한 자금을 빌려야만 했다. 어떻게 하면 은행들이 부담스럽지 않은 금리로 우리에게 필요한 자금을 빌려주도록 만들 수 있을까? 어떻게 해야 합병이 그만한 가치가 있다고 EMC의 이사회를 설득시킬 수 있을까?

지미한테 은행들은 전혀 걱정거리가 아니었다. "저를 믿어보세요. 우리는 자금을 공동으로 조달할 수 있을 것입니다"라고 말했다. 그는 계속해서 지금 가장 중요한 것은 EMC의 이사회를 설득하는 것이라고 말했다. EMC의 사업과 델의 사업이 매우 상호보완적이라는 사실과 합병이 성장과 새로운 기회를 가져다주고, 오스틴과 보스턴이 서로 우호적으로 일할 수 있을 거라는 사실을 이사회가 알게 하는 것이 급선무였다.

지미는 "EMC의 이사회는 확신을 원하고 있습니다"라고 말했다. "EMC는 매사추세츠에서 가장 큰 상장 기업이고 델은 텍사스의 비공개 기업입니다. 상장 기업과 비공개 기업의 합병이 어떤 효과가 있을까요? EMC의 이사회는 많은 책임을 지고 있습니다. 물론 가장 중요한 것은 주주들을 위해 가능한 최고의 가격을 받아내는 것이죠. 하지만 이사회는 자신들의 명성도 생각하고 있습니다. 그들은 장기적으로 회사와 회사 직원들에게 이익이 되는 좋은 결과를 원합니다."

지미는 나에게 "이사회에 당신이 보스턴에 아파트를 얻을 것이라고 말하세요"라고 말했다. "당분간 보스턴에서 지내면서 합병을 성공시키기 위해 할 수 있는 모든 일을 할 것이라고 말하세요. 그들은 그런 것을 듣고 싶어 할 겁니다."

나는 좋은 아이디어라고 생각했고 그렇게 하겠다고 말했다. 전화를 마무리하면서 지미가 아들과 함께 서핑을 갈 거라고 이야기한 것이 기억이 났다. 그는 서핑 생각에 매우 즐거운 것 같았다. 이것 자체가 금융 분야에서 그의 뛰어난 능력만큼이나 나에게는 존경할 만한 일이었다.

나도 주말에 가족과 함께 긴 여정의 즐거운 행사에 참석할 예정이었다. 큰 딸 키라는 뉴욕 포킵시Poughkeepsie 의 바사르Vassar 대학에서 우등생으로 졸업할 예정이었고 쌍둥이인 재커리와 줄리엣도 오스틴의 세인트 앤드류 어퍼 스쿨St. Andrew's Upper School 을 졸업한다. 재커리와 줄리엣을 위한 이 모든 일정들은 우리 집에서 25명의 가족들과 가까운 친구들이 참석하는 금요일 저녁 식사와 함께 시작됐다. 키라의 졸업식이라 다음 날 아침 집에서 곧장 공항으로 가서 비행기를 타고 뉴욕 포킵시로 갔다. 토요일 밤은 키라의 졸업 기념 만찬이 있고 일요일에 졸업식이 열렸다. 주말에 3개의 졸업식이 한꺼번에 열렸다. 다행히 우리는 모두가 그리워하는 나의 어머니를 제외하고 할아버지, 할머니들과 함께 모든 졸업식에 참석할 수 있었다.

작고한 EMC의 공동 창업자인 리처드 이건Richard Egan 의 아들, 잭 이건Jack Egan 을 만났을 때도 마음속으로는 가족을 생각하고 있었다. 독립적인 사외 이사인 잭은 EMC 회사의 태생과 핵심적인 연결 고리였다. 그의 지지가 없다면 EMC를 인수할 수 없었다.

나는 잭에게 지지를 요청하기 위해 6월 8일에 보스턴으로 갔다. 항구가 내려다보이는 호텔의 스위트룸에서 이뤄진 비밀스러운 저녁 식사 자리에는 잭, 해리, 에곤, 그리고 나까지 4명만이 참석했다. 잭은 조 투치의 관리 감독이나 영향력을 배제한 상태에서 합병 문제를 검토하고 싶어 했다. 그래서 조는 참석하지 않았다. 해리는 EMC의 경영진을 대표해 절차들을 살펴보기 위해 참석했다. 식사를 마치고 대화를 시작하면서 에곤과 나는 잭에게 그의 아버지의 회사는 잘 경영될 것이라는 점을 확신시켜 주었다. 우리는 최선을 다했고 진심을 담아 이야기했다.

'델은 보스턴과 지역 사회에 어떤 기여를 할 것인가?'

잭의 첫 번째 질문은 우리가 가장 우려하는 문제에 관한 것이었다. EMC는 매사추세츠에서 가장 큰 상장 기업이고 보스턴과 경제적으로, 그리고 문화적으로 강력하게 연결돼 있다. 단지 이 때문만은 아니지만, 나 자신도 창업자이기 때문에 나는 기업의 창업, 실수, 그리고 모든 것에 대한 역사와 유산을 잘 보존하는 것을 중요하게 생각한다고 말했다. 또 EMC와 VM웨어를 창업한 사람들과 그들의 행적을 언제나 기억하고 존중하며 존경할 것이라고 말했다. EMC, VM웨어, 그리고 델 세 회사는 각각의 지역 사회에 기여하기 위해 헌신할 것이고 합병 이후에도 지역사회의 공헌 정책에는 당연히 보스턴도 포함될 것이라고 말했다. 그리고 앞서 이야기했던 것처럼 우선 보스턴에 아파트를 사고, 매스 파이크<sup>Mass Pike</sup>에서 30킬로미터 정도 떨어진 홉킨턴Hopkinton에 있는 EMC의 본사에서 일할 때 그 아파트에서 거주할 것이라고도 했다.

잭은 고개를 끄덕였고 합병될 회사의 전략과 계획을 물었다. 나는 EMC와 델은 꿈의 조합이 될 것이라고 말했다. 최고의 기술력, 최고의 상품, 그리고 최고의 인재와 놀라운 영업 인력을 갖춘 세계 최대의 비공개 기술 기업이 될 것이며, 합병은 EMC 주주들과 델의 고객, 파트너들에게 이익이 되는 훌륭한 거래가 될 거라고 했다.

델의 상장폐지 경험을 통해 잘 알고 있듯, 합병 이후의 비공개 기업 구조는 분기별 실적에 구애받지 않고 장기적 관점에서 영업과 혁신 분야에 자유롭게 투자하는 자유를 누리게 될 것이라고 말했다. 투자에 대한 자유는 단지 시작일 뿐이었다. 합병으로 만들어진 자본 구조는 투자 역량을 몇 배로 늘려줄 힘이 될 것이다. 전 세계 네트워크로 연결된 기기들이 1조 개에 가까워지면서 폭발적으로 증가하는 데이터는 더 많은 능력을 요구했다. 고객들은 스토리지와 보안이라는 수요가 매일 폭증하는 것을 알고 있고, 그래서 광범위한 해결책을 제시할 수 있는 하나의 기업에 의존할 수밖에 없었다.

물론 고객들은 언제나 신뢰할 수 있는 동반자를 찾고 있다. 기본적인 여건은 이미 갖추어져 있었다. EMC는 많은 대기업 고객들 사이에서 유명하고, 델은 수백 만에 달하는 중소기업들에게 잘 알려져 있다. 두 회사의 결합은 모든 고객들에게 훨씬 더 강력하고 신뢰할 수 있는 파트너가 될 것이다. 그리고 서버, 스토리지, 가상화, 클라우드 소프트웨어, PC 등 현재의 기술을 선도하는 파트너이자 미래의 기술을 이끌어가는 파트너가 될 것이다. 여기에는 디지털 전환, 소프트웨어 정의 데이터센터<sup>software defined data center, SDDC</sup>(모든 인프라 자원이 가상화되고 서비스 형태로 제공되는 데이터센터_옮긴이), 컨버지드 인프라스트럭처<sup>converged infrastructure</sup>(서버, 데이터 스토리지 디바이스, 네트워킹 기능, 가상화, 관리 소프트웨어, 애플리케이션 등의 다양한 인프라스트럭처 구성 요소들을 하나로 통합하는 정보기술시스템_옮긴이), 하이퍼컨버지드 인프라스트럭처 (컨버지드 인프라스트럭처와 마찬가지로 주요 IT 구성 요소를 통합하지만 관리 편이성, 향상된 성능, 유연한 확장성 등의 이점이 있음_옮긴이), 하이브리드 클라우드<sup>hybrid cloud</sup>(프라이빗 클라우드와 퍼블릭 클라우드를 결합해 데이터와 애플리케이션을 공유할 수 있도록 하는 컴퓨팅 환경_옮긴이), 모빌리티, 그리고 보안 분야가 포함돼 있다.

나는 두 회사가 모두 혁신 능력을 입증했다고 말했다. 그리고 합병을 하면 규모가 더 커지고 더 좋은 공급망을 갖추게 될 것이다. 가장 중요한 것은 더 많은 상업적 고객들을 확보하게 된다는 점이다. 이를 통해 EMC와 델은 세계의 다른 어떤 기술 기업보다 훨씬 더 넓은 시장 접근성을 갖게 될 것이다.

요약하면 델과 EMC가 합병하게 되면 IT 기반 기술 분야의 강자가 될 것이고, 데이터가 폭증하는 시대에 고객들에게 IT 기반 시설을 어떻게 혁신할 것인지에 대해 최고의 조언을 할 수 있는 유일무이한 위치를 차지하게 될 것이라고 말했다. 다른 어떤 기업도 우리를 따라올 수 없을 것이다.

그날 저녁 식사가 끝날 때쯤 잭은 고개를 끄덕였다. 우리의 계획을 지지한다는 의미라고 생각했다. 이제 해야 하는 일은 나머지 이사들을 설득하는 것이었다. 마지막으로 500억 달러의 자금도 마련해야 했다.

이제 거대한 자금 마련이라는 목표에 거의 도달했다. 기존 회사의 전체 자본에 더해(상장폐지에 들어간 자금의 두 배 또는 세 배의 자금) 거의 45억 달러에 달하는 새로운 자본을 부담할 준비가 돼 있었다(28억 달러는 나와 MSD 캐피털이 부담하고, 11억 달러는 실버레이크, 5억 달러는 테마섹이 부담하는 것으로 계산했다). 그러나 지미는 은행들은 전체 자본금이 충분하지 않다고 느낄 것이라고 했다. 인수를 완수하는 데 필요한 전체 차입금을 지원하기에는 부족하다는 것이다.

그래서 메자닌 부채<sup>mezzanine debt</sup>를 활용하는 방안을 검토하기 시작했다. 메자닌 부채는 부채와 자본의 중간 성격으로 상황이 나빠지면 채권자가 부채를 자본으로 전환할 수 있도록 하는 것이다. 이런 전환 특성 때문에 메자닌 부채는 자본으로 취급된다(단, 일반적인 부채보다 훨씬 더 금리가 높아 비용이 많이 든다). 최대 100억 달러의 메자닌 부채가 필요할 것이라고 생각했다.

우리는 싱가포르의 국부펀드인 테마섹이 최선의, 그리고 유일한 동업자라고 결론을 내렸다. 하지만 모든 계란을 한 바구니에 담는 것은 위험했다. 그해 여름 어느 시점이든, 테마섹이 100억 달러를 투자하지 않겠다고 하면 우리의 거래는 무산될 것이다.

그래서 그다음 몇 주에 걸쳐 테마섹과 잠정적인 조건들을 협상하는 동시에 자본 구조를 최적화기 위한 노력을 지속했다. 이를 위해 우리는 1)필요한 신규 자본의 규모를 줄이고, 2)새롭게 이용할 수 있는 차입 자본의 규모를 늘리고, 3) 차입 자본의 조달 비용을 최소화하고, 4) VM웨어에 대한 델의 직접 소유지분을 최대화하려고 노력했다.

잭과 저녁 식사를 한 지 9일 후인 6월 17일 수요일 오후, 블룸버그 단말기를 보다가 머리카락을 곤두서게 만드는 뉴스를 접했다. 지미가 사망했다는 소식이었다. 나중에서야 지미가 코네티컷에 있는 자신의 집에서 운동을 하다가 쓰러졌다는 사실을 알게 됐다. 그는 재빨리 병원으로 이송됐지만 살아나지 못했다. 62세의 나이로 너무 일찍 사망했다.

지미의 사망 소식은 지미를 사랑했던 우리 모두에게 너무 충격적이었다. 지미의 사망은 자신이 진두지휘하던 거대한 규모의 자금 조달 거래에 큰 차질을 가져왔다. 이런 순간에(나의 어머니가 돌아가셨을 때와 비슷했다) 개인적인 일과 공적인 일을 구별하는 구획화 능력은 한계를 시험하게 된다. 나의 생각은 지미의 가족과 친구들을 향한 슬픔, 인생의 덧없음, 그리고 긴박하게 진행하는 업무에 관한 여러 생각들로 복잡해졌다. 수만 명의 사람들이 이번 거래에 영향을 받을 것이다. 우리가 어떻게 올바르게 일을 처리할 수 있을까? 그리고 누가 지미의 자리를 대신할 수 있을까?

지미는 에너지가 넘치는 추진력 있는 사람이었다. 모두가 그런 사실을 알고 있었다. 그는 이번 합병에서 로켓의 엔진과 같은 역할을 했다. 지미의 부하 직원이나 그의 자리를 대신하는 어떤 누구도 지미가 될 수 없었다. 이 문제로 애를 태우며 고민하고 있었는데 전화가 울렸다. 지미의 상사이자 JP모건체이스의 CEO인 제이미 다이먼이었다. 나는 오랫동안 제이미를 알고 있었고 지도자로서 그를 매우 존경했다. 그는 자신이 지미를 대신해 합병을 성공적으로 완수할 수 있도록 이끌어가겠다고 말했다. 나는 그가 더욱 존경스러워졌다.

논의가 진전되면서 분석도 점점 더 깊어졌다. 각각의 회사가 프로젝트 에메랄드를 위해 매출과 비용의 시너지를 검토할 자문 회사를 선임했다. 델은 베인앤드컴퍼니를, 그리고 EMC는 맥킨지를 선정했다. 그리고 8월 말, 비밀 유지를 위해 뉴저지 북부의 외딴곳에 있는 하얏트 리젠시 호텔에서 회의를 열었다. EMC, 다수의 은행가, 변호사들이 참석해 자문위원들의 결과보고서를 검토하기로 했다.

전날에 조 투치, 빌 그린, 해리 유, 에곤 더반과 낡은 기차를 개조한 근처 식당에서 저녁을 함께했다. 다음 날 중요한 회의가 예정돼 있었지만 그날 밤 테이블의 분위기는 매우 우호적이고 즐거웠다. 아마도 이런 분위기 때문에 기막힌 아이디어가 나왔던 것일지도 모른다. 은행으로 걸어 들어가 대출 담당자 앞에 앉아서 "500억 달러를 빌리고 싶습니다"라고 말하는 건 어떻겠냐는 둥 이런 저런 이야기를 하면서 웃고 있었다. 당시 우리가 처한 상황과 매우 비슷했고 그런 이야기를 나누는 게 재미있었다. 그런데 에곤이 갑자기 잠깐 심각한 표정을 짓더니 검지를 들어 올렸다.

"그러면 은행은 '좋아요, 돈은 어떻게 갚으실 것인가요?'라고 물어볼 것이고 우리는 '상환할 방법이 두 가지 정도 있습니다'라고 말하는 거죠."

에곤이 말하자 우리 모두는 입을 다물고 조용히 그의 말에 귀를 기울였다.

"한 가지는 ISG라고 불리는 사업입니다. 이것은 약 30년 동안 지속해온 EMC의 스토리지 사업과 세계적인 선도 기업인 델의 서버 사업을 결합한 것입니다. 그리고 우리는 현금흐름을 만들어내는 PC 사업을 가지고 있습니다. 또 VM웨어라는 회사도 보유하고 있습니다. 트래킹 주식을 발행할 계획이지만 우리는 대차대조표 상에 VM웨어의 보통 주식의 81퍼센트를 가지고 있습니다. 우리가 보유하고 있는 VM웨어의 주식은 뉴욕증권거래소에서 거래되고 400억 달러의 가치가 있습니다. 합병 후에도 여전히 VM웨어 주식의 81퍼센트를 대차대조표 상에서 보유하게 될 것이기 때문에 그 회사에서 우리 지분은 VM웨어를 포함하지 않았을 때보다 훨씬 더 커질 것입니다. 그래서 우리는 실제로 당신에게 상환할 다양한 방법을 가지고 있습니다."

에곤이 미소를 지었다.

"그리고 이 아이디어의 가장 좋은 점은 우리가 테마섹으로부터 비싼 메자닌 부채를 빌리지 않아도 된다는 것이죠."

내가 잘못 기억하고 있는 것인지 모르겠지만 조, 빌, 해리, 그리고 내가 모두 즉흥적으로 박수를 쳤던 것 같다. 확실히 기억나는 것은 그때 우리 모두가 미소를 짓고 있었다는 사실이다.

자금 조달 방법을 논의하고 재무와 자본 구조에 대한 잠정적인 평가를 받기 위해 신용평가회사의 자문 서비스를 받기로 했다. 우리의 최종 재무구조에는 기존 EMC의 투자 등급 채권 가운데 일부에 대한 상환 연장도 포함돼 있었다. 하지만 가장 중요한 것은 에곤이 떠올린 VM웨어 대한 완벽한 주장을 관철시킴으로써 새로 조달해야 하는 채권의 상당 부분에 대해 투자 등급 채권 평가를 받도록 만드는 것이었다.

이것은 새로운 돌파구였다. 투자 등급의 채권 시장은 훨씬 더 자금이 풍부했다. 이 시장은 우리가 거래에 필요한 자금을 조달하기 위해 테마섹으로부터 비싼 우선주를 조달할 필요가 없을 정도로 컸다. 이용 가능한 채권의 규모를 늘리고 조달 비용을 낮출 수 있게 해주었다. 이제 한 가지 장애물만 극복하면 승리로 향하는 길을 볼 수 있었다.

9월 2일 수요일 아침에 에곤과 나는 내 인생에서 가장 중대한 회의에 참석하기 위해 스캐든압스Skadden Arps 법무법인의 타임스퀘어 사무실로 갔다. EMC 이사회가 나와 내 회사를 면밀히 살펴보고 우리가 그들의 회사를 살 만한 자격이 있는지를 결정하는 날이었다. 그리고 내가 이 모든 일들을 이끌 자격이 있는지도 결정할 것이다. 심적인 부담은 없었다. 제이미 다이먼이 우리의 친구라는 사실이

긴장감을 덜어주었다.

EMC의 이사들과 경영진, 은행가들, 변호사, 그리고 참석하지 못한 사람들을 위해 비디오 카메라와 스피커폰들이 회의실을 가득 메우고 있었다. 수십 명의 사람들이 내가 무슨 말을 하는지 듣기 위해 기다리고 있었다. 나는 이번 행사를 나의 취업 인터뷰라고 생각했다. 자신감이 있었지만 동시에 많은 것이 걸려 있다는 사실도 잘 알고 있었다.

이사회는 많은 질문을 했다. 그들은 우리의 계획을 알고 싶어 했고 모든 것이 어떻게 변할 것인지도 궁금해했다. 이사회는 우리가 VM웨어의 생태계를 독립적으로 유지할 것인지도 알고 싶어 했다. 그들은 EMC가 기업 문화의 핵심으로 생각하는 자선 활동과 지역사회에 대한 공헌을 지속할 것인지도 물었다. 최선을 다해 나의 생각을 말했다.

장기적인 관점에서 비공개 기업으로서 우리가 어떻게 회사를 더 효율적으로 운영할 수 있는지를 설명했다. 몇 달 전에 《월스트리트저널》에 기고했던 원고에 대한 이야기도 했다. 그 글에서 비공개 기업으로 돌아가는 것이 우리에게 얼마나 이득인지를 설명했었다.

나는 먼저 직원들의 열정을 불러일으켰다고 주장했다. 직원들은 이제 월스트리트의 분기 요구를 충족시키기 위해 노력했을 때는 불가능했던 방법으로 고객들을 위한 혁신에 집중할 수 있는 자유를 만끽했다.

사우스이스트매니지먼트가 우리에게 제기했던 소송을 떠올리면서 엘리엇매니지먼트가 EMC에 대해서도 비슷한 소송을 제기할 것이라고 언급했다. 그래서 나는 비공개 기업으로의 전환은 행동주의 투자자들의 압력에서 회사를 자유롭게 만들어준다는 사실도 상기시켰다.

더불어 직원들이 회사를 떠나지 않도록 하고 성장시키는 계획도 설명했다. 고위 임원들의 대다수를 회사에 그대로 머무르게 할 계획이라고 말했다. 합병은 주로 성장과 매출의 시너지를 위한 것이기 때문이다. 그리고 HP가 많은 사람들을 해고했다는 점도 이사회에 상기시켰다. EMC와 VM웨어, 그리고 피보탈의 많은 재능 있는 인재들은 델과 상호 보완적이라는 점을 강조해 설명했다.

나는 보스턴과 매사추세츠에 대한 나와 우리 회사의 기여를 확인시켜 주었다. 잭에게 이야기했던 것처럼 내가 보스턴에 아파트를 얻을 계획이라는 점도 알렸다. EMC가 지역 사회와 연결을 위해 시작했던 훌륭한 일들을 우리가 계속 유지할 것이라는 점도 약속했다. 예를 들면 주 정부와 협력해 유치원부터 고등학교까지 과학, 기술, 엔지니어링, 수학STEM 교육을 적극적으로 장려하고 도입할 것이라고 했다. 그리고 수백 만 달러를 지역 자선 단체에 기부하며 환경 보호와 재난 구조를 위해 수천 시간의 자원 봉사활동을 지원하겠다고 말했다. EMC의 강력한 기업 문화를 존중하고 보존하며 널리 알리겠다고 서약했다. 조와 직원들이 성취한 업적뿐만 아니라 이를 이룩한 방법에 깊은 존경심을 가지고 있으며 이를 바꾸는 것이 아니라 더욱 확대할 계획이라는 점을 설명했다.

약 한 시간 동안 회의가 진행되다 잠시 침묵이 흘렀다. 그리고 이사들 가운데 한 사람이 질문했다.

"이 합병으로 당신의 업무가 늘어날 것입니다. 당신은 이미 많은 일을 하고 있고요. 얼마나 이 일에 헌신할 수 있을지 의문입니다."

"이 회사에는 제 이름이 걸려 있습니다. 회사는 저의 삶 자체입니다."

잠시 미소를 지었다.

"자녀가 있는 분들은 이해할 겁니다. 저희 쌍둥이들은 이미 성인이고 대학을 졸업했습니다. 그래서 저는 한가한 시간이 많습니다."

이사들이 웃음을 터트렸다. 하지만 회의실은 다시 조용해졌고 또 다른 이사가 나를 진지한 눈빛으로 지켜보더니 물었다.

"합병에 필요한 돈은 있습니까? 엄청난 규모의 자금 말이에요."

내가 이야기를 하기도 전에 제이미가 말했다.

"네. 그들은 인수 자금을 가지고 있습니다."

이번에는 더 큰 웃음이 터졌다. 발언자인 제이미 다이먼의 위상과 신뢰가 이사들에게 충분히 전달되면서 또 다른 침묵이 이어졌다. 결코 잊을 수 없는 순간이었고 나는 항상 이 일에 대해 제이미 다이먼에게 고맙게 생각한다.


회의가 끝난 후에 나는 EMC와 VM웨어의 고위 임원들에게 전화를 걸어 새롭게 탄생하는 회사와 함께하겠다는 약속을 해달라고 요청했다. 모든 임원들이 그렇게 하겠다고 답했다.

합병 문제는 마무리 단계를 향했고 매우 현실적인 문제로 다가오기 시작했다. 나는 오스틴으로 돌아갔고 9월 5일 토요일에 아시아 지역의 몇몇 지사를 방문하기 위해 일주일 일정의 출장을 떠났다. 첫 번째 방문지는 벵갈루루였다. 나는 아버지와 함께 벵갈루루를 방문했다. 아버지는 가끔씩 출장에 동행하곤 했는데 이런 출장은 함께 좋은 시간을 보낼 기회가 됐다. 아버지는 관광을 할 수 있고 나를 따라다니면서 내가 일하는 모습을 보는 것을 좋아했다. 사람들이 누구냐고 물어보면 아버지는 자랑스럽게 "제가 델의 창업자를 만들어낸 원조元朝 창업자입니다"라고 말했다.

우리는 벵갈루루를 거쳐 상하이로 향했고 다시 도쿄를 방문했다. 아버지는 휴스턴으로 돌아갔고 나는 주말에 우리가 하이킹을 즐기는 유타주 남부의 고립된 황무지에 있는 작은 리조트에서 수잔을 만났다.

출장의 피로 때문인지 모르지만 역사상 최대의 기술 기업 합병이 한 달 정도 남은 시점에 나는 한밤중 잠에서 깨어났다. 심장이 두근거렸고 머릿속에는 내가 해야만 하는 일과 어떻게 모든 일을 마무리 지을 것인지에 대한 온갖 생각들이 가득했다. 사실 마음속 깊은 곳에서는 이 모든 것이 성공할 것이라고 확신할 수가 없었다. 해결해야 할 일들도 많았고 소수의 사람들만이 알고 있는 문제도 있었다. 그래서 나는 이 모든 문제들을 처리하기 위해 대규모 팀을 끌어들일 수도 없었다. 나는 공황 상태에 빠지는 사람이 아니지만(과거에 그런 경험을 한 적이 없었다) 이번이 아마도 내 나름대로 공황 상태를 경험했던 것일지도 모른다. 수많은 생각들을 접어두고 잠시 동안 별들을 쳐다보고 나서야 다시 잠을 잘 수 있었다.

2015년 10월 12일 월요일 아침에 중대한 발표를 했다. 델과 EMC는 '델 테크놀로지스Dell Technologies'라는 이름으로 하나의 기업이 되었다. 당시 가장 큰 기술 기업 합병의 배에 달하는 규모였다(2002년에 HP가 330억 달러를 주고 컴팩을 인수했다). 나는 15만 명의 직원을 거느린 기업을 이끄는 CEO가 되었다. 우리는 실제로 45억 달러의 자본금(추가로 델의 모든 지분을 더해)으로 670억 달러의 기업을 인수하는 데 성공했다. 채권 발행을 통한 자금 조달은 상상을 뛰어넘는 방식으로 성공했다. 이것은 나이아가라 폭포를 가로지르는 밧줄 위를 오토바이를 타고 달리는 것과 같았다.

즉각적으로 공격이 시작되었다. 경쟁 기업들은 "합병에 따른 문제를 해결하는 데 아마도 수년의 세월이 걸릴 것이다. 제대로 성공하지 못할 것이며 온갖 종류의 문제들이 발생할 것이다. 고객들은 델 제품 대신 우리 제품을 구매하게 될 것이다"라고 수근거렸다. 멕 휘트먼은 우리가 비공개 기업으로 전환하기 전에 그랬던 것처럼 우리를 공격하는 무리의 선봉장이 되었다. 그녀는 "HP 직원들에게"라는 제목의 이메일에서 우리의 합병은 "HP에게 좋은 일이자 기회를 잡을 수 있는 순간"이라고 말했다. HP에게는 기회이지만 델에게는 악재라는 주장이었다.

새로 합병한 기업의 대차대조표에 나타날 500억 달러의 채무에 대한 이자로 델은 1년에 25억 달러를 지급해야 할 것이다. 그들은 연구개발비와 다른 중요한 기업 활동을 위한 자금에서 이 돈을 조달해야 할 것이다. 이 때문에 그들은 고객들에게 더 좋은 서비스를 제공하지 못할 것이다.

멕은 우리가 자본을 어떻게 할당하는지 아무것도 모르는 것 같았다(사실 우리의 창의적이고 효율적인 자본 구조는 강력한 현금흐름을 창출했고 채무의 상환을 더 빠르게 만들었다). 그녀의 비판은 우리의 부채 부담이 과도한다는 주장뿐만이 아니었다. 두 기업의 통합 문제도 언급했다.

750억 달러의 매출과 약 20만 명의 직원을 거느린 EMC와 델의 통합은 그리 간단한 문제가 아니다. 이것은 방대한 작업이고 완전히 다른 두 기업의 문화가 하나로 합쳐지는 것이다. 지도자들도 바뀌고 완전히 새로운 전략이 개발되면서 직원들과 경영진에게 큰 혼란을 야기할 것이다.

멕은 이것이 전부가 아니라고 주장했다.

'두 회사의 상품과 서비스를 하나로 합치는 것'은 상당한 규모의 생산 합리화를 요구할 것이다. 이것은 그들의 사업에 파괴적 영향을 미치고 고객들에게 혼란을 일으킬 것이다. (중략) 고객들은 그들이 두 회사로부터 지금 구매하는 상품들이 18개월 후에도 지원받을 수 있을 것인지 알지 못할 것이다.

똥 묻은 개가 겨 묻은 개를 나무라는 것일까? 어떤 비평가가 쓴 글이 떠올랐다. "그런 혼란을 겪은 곳이라면 그 회사는 HP일 것이다." 멕이 취임하기 훨씬 이전에 이뤄진 HP와 컴팩의 거대한 합병은 과거에 중요한 기업을 해체하고 PC 시장에서 우리의 입지를 강화시켜준 것 외에는 별다른 성과가 없었다.

컴팩을 인수한 후에 HP는 오토노미라는 소프트웨어 회사를 인수했다. 우리도 잠깐 동안 인수를 고려했지만 110억 달러라는 터무니없는 가격 때문에 오토노미를 포기했었다. HP 이사회도 똑같이 생각했기 때문에 레오 아포테커가 오토노미를 인수할 계획을 세웠다는 이유로 그를 해임했다. 그런데 멕 휘트먼은 레오 아포테커의 자리를 이어받은 지 한 달이 지난 후, 이전에 합의한 가격으로 오토노미를 인수했다. 그리고 오토노미가 분식 회계를 해왔다는 사실이 드러나자(80억 달러의 결손 처분) 모든 것이 HP를 곤란하게 만드는 낭패로 변했다.

나는 멕을 좋아하고 진심으로 존경한다. 하지만 그녀가 하고 있는 일은 HP가 EMC 인수를 포기한 커다란 실수를 만회하려는 절실한 노력의 일환으로 거대한 불확실성을 심어놓는 것일 뿐이었다. 칼 아이칸처럼 독설적이지는 않지만 불확실성을 불러일으키는 것은 똑같았다. 이것은 때때로 CEO가 자신의 실수를 방어하기 위해 하는 일이다. 어쩌면 나 자신도 한두 번 이런 일을 했을지도 모른다. 그녀는 언론에 의도적으로 잘못된 정보를 흘리면서 자신의 지지자들을 모으려고 했다. 하지만 HP를 두 회사로 분할했을 때 그녀는 사실상 IT 인프라 사업에서 우리의 승리를 인정한 것이었다.

2015년 10월에 합병을 선언했지만 무려 11개월에 걸친 오랜 시간이 걸리는 승인 절차가 남아 있었다. 때문에 2016년 9월까지 실질적으로 합병 효력은 발생하지 않을 것이었다. 두 회사가 사업을 하고 있는 주요 국가들의 정부가 합병이 자국의 반독점법을 위반하지 않는다고 선언해야만 하기 때문이다.

2016년 8월까지 합병 승인을 받아야 하는 20개 이상의 개별 국가들이 모두 허가를 끝냈지만 중국만 예외였다. 중국은 규정된 180일 이내에 합병 승인을 하지 않았고 추가적인 분석을 위해 또다시 180일이라는 기간을 요구했다. 합병이 6개월 더 지연되면 우리 사업은 큰 타격을 받을 것이다. 그래서 당시 법무 자문위원이었던 리치 로스버그<sup>Rich Rothberg</sup>를 베이징에 파견해 매주 나에게 보고를 하면서 중국의 반독점 당국이 빠른 결정을 내릴 수 있도록 최선을 다해 필요한 모든 정보를 제공하라고 했다.

일주일 후 리치는 전화를 통해 중국 당국으로부터 언제 결정을 할 것인지에 대해 아무런 이야기를 듣지 못했다고 전했다. 2주 후에도 마찬가지였다. 3주 동안 똑같은 전화를 걸자 나는 그에게 '반독점 당국자에게 승인해줄 때까지 아무리 오랜 시간이 걸려도 중국을 떠나지 않겠다고 이야기하라'고 했다. 리치는 20초 정도 아무런 말도 하지 않았다. 틀림없이 앞으로 수개월 동안 베이징에 머물면서 추수감사절, 크리스마스, 그리고 새해를 델의 중국 지사 직원들과 함께 보내는 모습을 떠올렸을 것이다. 그는 중국 정부나 반독점 당국은 자신의 행동을 전혀 신경 쓰지 않거나 영향을 받지 않고 느긋하게 우리의 운명을 결정할 것이라고 답했다. 리치는 변화를 만들어내는 개인의 능력에 대한 믿음이 부족했다. 나는 리치의 믿음 부족과 상관없이 "승인이 나올 때까지 자신이 중국에 머물겠다는 결심을 직원들에게 밝히는 것은 경영진에게 큰 의미가 있고 이 문제가 우리 회사에 얼마나 중요한 것인지를 상징하는 것이라고 생각한다"고 말했다.

또다시 20초 정도 침묵이 흘렀다. 리치는 자신이 중국에서 하고 있는 업무(회사 회의실에서 주로 대기하는 것)를 오스틴에서도 똑같이 효과적으로 할 수 있다고 확신한다고 답했다. 이번에는 내가 아무런 말을 하지 않았다. 약 20초 후에(나는 이 시간 동안 리치가 내 '제안'의 타당성에 대해 생각했다고 확신한다) 리치는 자신이 베이징에 머무는 것이 의미가 있고, 우리가 적절한 시일 안에 결정을 받아내기 위해 무슨 일

이든 할 것이라는 강력한 신호를 중국 정부에 줄 것이라고 생각한
다고 말했다. 그런 결정 때문인지 확신할 수 없지만 리치와 회사 모
두에게 다행스럽게도 중국의 반독점 당국은 이런 일이 있은 지 10
일 만에 합병을 승인해 주었다. 그리고 리치는 추수감사절과 연말
휴가를 즐길 시간이 충분한 9월 초에 집으로 돌아왔다.

승인 과정을 거치는 동안 경쟁 기업들이 훼방을 놓고 있다는 것
은 알고 있었다. 그들이 법무부의 반독점부서로 찾아가 "델이 VM
웨어를 인수한 다음 경쟁 업체들에 대한 접근 권한을 빼앗으려고
합니다. 그러니까 당국이 조사를 해야 할 것입니다"라고 이야기할
것이란 걸 알고 있었다는 것이다. 그래서 우리가 해야 하는 첫 번째
임무 가운데 하나가 모든 경쟁업체들의 CEO에게 전화를 걸어(시스
코, IBM, 넷앱, 레노버 등 맥 휘트먼을 포함한 많은 다른 기업들의 CEO) VM웨어
의 독립성이 유지될 것이라고 확인시켜 주는 것이었다.

그리고 나는 정말로 내가 해야만 하는 일이 있었다. 조금 더 긍
정적으로 표현하자면 오랜 시간이 걸린 승인 절차는 델과 EMC를
융화시키는 매우 중요한 일을 시작하기까지 더 많은 시간을 벌게
해주었다. 사실 맥의 두 번째 논점(각각의 매우 뚜렷한 기업 문화를 가지고
있는 두 개의 거대한 기업을 통합하는 것이 어려운 일이라는 주장)은 완전히 틀
린 것도 아니다. 그러나 그녀는 이 문제를 가능한 가장 부정적인 관
점에서 생각한 반면, 나는 이것을 엄청난 기회로 보았다.

다른 무엇보다 합병은 브랜드를 구축할 수 있는 기회였다. 초
기에 나타난 가장 큰 문제 가운데 하나는 새롭게 탄생한 회사의 이

름을 무엇으로 정할 것인가였다. 쉽게 답하거나 직관적으로 대답할 수 있는 질문이 아니었다. 그래서 우리는 아무리 문제가 복잡하더라도 30일에서 40일 안에 결정을 내리는, 입증된 델의 문제 처리 방식을 적용했다. 이 과정은 두 단계로 구성돼 있다. 사실과 대안, 그리고 선택과 헌신이었다.

기업들은 종종 문제를 해결하는 데 4~5개월이 걸리거나 결정하지 못하는 크고 복잡한 문제들로 전전긍긍한다. 이럴 때 우리는 '여기서 진짜 사실들을 찾아보자. 의견이 아니라 사실을 찾는 것이다'라고 말한다. 동시에 '합당한 대안들은 어떤 것들이 있을까?'라고 물어본다. '당신이 절대로 하지 않을 것 같은 이상한 대안이 아니라 실질적으로 타당한 대안들은 무엇일까?' 하고 질문을 던진 뒤 찾아낸 대안들을 2주에서 3주에 걸쳐 살펴본다.

다음은 선택과 헌신의 단계다. '우리는 선택을 하고 그 선택에 집중할 것입니다'라고 말하는 것은 놀라운 일이 아니다. 선택은 개인의 특성이나 감정에 근거한 것이 아니다. 사실과 데이터 지향적인 객관적 과정을 기반으로 하고 있다. 우리는 사실을 추구하는 문화를 가지고 있고 이미 오래 전에 사실과 데이터가 우리의 친구라는 사실을 배웠다.

이번에 브랜드를 구축할 때도 첫 번째 질문은 '어떤 대안들이 있는가?'였다. 새로운 회사를 그냥 지금처럼 델이라고 부를 수도 있다. 아니면 EMC라고 부를 수도 있다. 또는 '델-EMC'라고 부를 수도 있다. '델-EMC-VM웨어'도 가능했다. '델 랩스Dell Labs' 또는 '델라보라토리스Dell Laboratories'라는 다른 선택지도 있었다.

이런 방안들 가운데 하나는 완전히 새로운 브랜드를 만드는 것이었다. 하지만 우리는 완전히 새로운 브랜드는 수억 달러의 비용이 들고 오랜 시간이 걸린다고 결론지었다. 반면 우리는 이미 세계에서 가장 잘 알려진 브랜드 로고 가운데 하나인 Dell을 가지고 있었다. EMC는 델만큼 업계에 널리 알려지지 않았다. 하지만 특별한 고객층에게는 매우 가치 있고 잘 알려진 브랜드였다. 커다란 로고를 붙인 건물을 가지고 있는 대기업들은 자신들의 데이터센터에 EMC의 시스템이 설치돼 있다는 사실을 알고 있었다. 그래서 IT 인프라 사업을 위해 '델EMCDellEMC'라는 브랜드를 만들었다. 그리고 모기업의 브랜드는 '델 테크놀로지스'로 정했다.

새로운 회사의 이름을 짓는 것보다 훨씬 더 중요한 것은 완전하게 통합되고 부드럽게 작동하는 팀을 만드는 일이었다. 이런 목적을 위해 2015년의 남은 기간과 2016년의 3분기까지 중요한 캠페인을 펼쳤고, 가능한 거의 모든 EMC의 경영진들이 단순히 합병에 편안함을 느끼는 정도가 아니라 정말로 합병을 좋아할 수 있도록할 수 있는 모든 것을 했다.

첫 번째 과제 가운데 하나는 인수의 형태로 나타나는 합병의 다양한 문제들을 제거하는 것이었다. 나는 언제나 이런 문제를 고객과 직원들의 관점에서 보는 것을 좋아한다. 당신이 고객이라면 인수에 관한 이야기를 듣고 싶어 하지 않을 것이다. 칼 아이칸은 기업을 '인수'한다. 이런 종류의 인수는 빠른 시간 안에 수익을 얻을 목적으로 전체 이사진과 경영진을 다 내쫓는다. 인수보다는 '결합'이나 '통합'이라는 말이 훨씬 더 듣기 좋다. 합병은 결합과 비슷하게 들리기 때문에 합병이라고 말하는 것은 괜찮다.

그럼에도 합병에는 여전히 매우 특이한 점이 있다. 당신이 한 회사의 직원일 경우라면 말이다. 입사할 때 당신은 그 회사에 들어가기 위해 긍정적인 판단을 내렸을 것이다. 그리고 회사도 당신을 좋게 생각하고 채용을 했다. 인수나 합병은 이와 다르다. 당신의 회사가 다른 회사와 합쳐지고 이제 당신은 새로운 회사를 위해 일해야 한다. 당신은 새로운 회사에서 일하기 위해 긍정적인 판단을 내리지 않았고, 회사도 당신을 채용하겠다는 결정을 내리지 않았다. 이것은 완전히 다른 관계다. 그리고 사람들이 이런 관계를 좋게 생각하도록 하는 것도 어려운 일이다.

양쪽 신발을 서로 바꿔 신었다면 어떤 느낌이 들까? 나는 이런 문제를 생각하고 있었다. 텍사스의 라운드 록에서 일을 하고 있는데 어떤 회사가 우리 회사를 인수한다. 그렇게 되면 우선 새로운 회사의 본사는 텍사스의 라운드 록이 아니라 다른 곳이 될 것이다. 내가 본사에 갈 수도 있고 아닐 수도 있다. 본사에는 내가 전혀 모르는 다른 사람들이 있을 것이다. 그리고 이곳과 확실히 다를 것이다.

이런 이유로 나는 2016년에 가능한 많은 EMC 직원들을 포용하고 격려하기 위해 평소와 달리 많은 노력을 했다. 당연히 그들이 회사를 떠나지 않도록 금전적인 보상을 주었다. 하지만 그것은 '나는 이 회사를 이끌어가는 사람들을 알고 그들을 신뢰하고 있어. 그들은 우리가 하는 일의 가치를 믿고 우리가 하는 일이 중요하다고 생각해'라고 느끼는 정서적 유대 관계만큼 강력하지는 않다.

그래서 나는 할 수 있는 모든 일들을 했다. 사람들과 저녁을 함께했고 그들을 집으로 초대했다. 나는 사람들과 관계를 구축하고 싶었고 그들의 견해와 통찰력을 알고 싶었다. 과거의 협력 관계를 통해 1986년부터 EMC에서 일한 빌 스캐넬Bill Scannell과 하워드 엘리어스Howard Elias 같은 EMC의 몇몇 경영진들을 알고 있었다. 그리고 지난 1년 동안 훨씬 더 많은 임원들을 알게 됐다. 놀라울 정도로 재능이 있는 훌륭한 임원들이었다. 나는 링크드인LinkedIn에 접속해 EMC, VM웨어, 피보탈에서 중요한 직책을 맡고 있는 모든 사람들과 연결했다. 아무도 '당신은 마이클 델로부터 링크드인 연결 요청을 받았습니다'라는 메시지를 예상하지 못했다. 내가 중요한 사람이란 걸 자랑하려는 것이 아니었다. 사람들은 CEO로부터 직접 이야기를 듣는 것에 흥미를 느낀다. 누군가가 답장을 한다면 나는 '우리 팀원이 된 것을 환영합니다! 당신에 대한 좋은 이야기를 들었습니다. 빨리 만나 함께 일할 수 있기를 바랍니다!'라고 말할 것이다.

나는 또 가능한 많은 EMC의 지사들을 방문했다. 그리고 언제나 방문에 앞서 '가능한 많은 고위 임원들과 일대일 면담을 하고 싶습니다'라는 말을 미리 전달했다. 나는 솔직하게 면담을 진행했다. 나의 방문에는 목적이 있었다. 나는 이들이 우리 회사를 위해 일하겠다고 확실한 결정을 내리지 않았다는 것을 알고 있었다. 아마도 간접적으로 들은 것을 제외하면 우리 회사에 대해 아는 것이 없을지도 모른다. 그래서 이번 출장은 그들 모두를 재고용하는 것과 비슷했다. 나는 협상테이블에서 조금 더 양보해 "당신이 정말 탁월하다고 들었습니다. 그래서 우리와 함께 일해주기를 바랍니다. 당신이 회사에서 중요한 역할을 맡고 있다고 확실히 말할 수 있습니다. 이번 합병의 중요한 이유 가운데 하나가 바로 당신이 하는 일 때문입니다"라고 말했다. 그리고 "새로운 제품이 정말로 좋습니다. 이 제품에 대해 더 많은 것을 알고 싶으니 저에게 계속 알려주세요. 언제든지 자유롭게 연락하고 제가 무엇을 도와줄 수 있는지 알려주세요"라고 했다. 우리 앞에 놓인 좋은 기회들에 대한 그들의 생각을 듣고 싶었다. 또 내가 만난 모든 사람들에게 "우리는 이일을 함께할 것입니다"라는 짧은 메모를 남겼다.

출장에는 또 다른 목표도 있었다. 처음부터 우리는 합병을 하면 어느 정도의 불필요한 업무가 생긴다는 것을 알고 있었다. 모든 사람들이 회사에 남을 수는 없었다. 어떤 경우에는 중복된 업무와 기능이 발생했기 때문에 힘든 결정을 내려야만 했다. 통합 계획의 중요한 부분은 아니었지만 해결해야 할 문제였다. 누가 남고 누가 떠날 것인지를 어떻게 결정할 것인가? 우리는 '전략', '체계', '사람' 순서로 그 기준을 세우고 고민했다.

어떤 전략을 세워야할까? 전략을 실행하는 최고의 조직 체계는 어떤 것일까? 그리고 그 전략을 실행하는 조직 체계에 가장 적합한 사람은 누구일까? 두 회사의 모든 사람들을 찾아보면서 훌륭한 인재들이 많다는 사실을 알게 됐다. 거의 모든 자리에 3명이나 4명,

어떤 경우에는 5명의 후보들이 있었다. 업무보다 그에 적합한 훌륭한 사람들의 수가 더 많아지는 현상은 불가피했다. 한편으로 이것은 전체 조직에 걸쳐 인재들의 자질을 높일 수 있는 좋은 기회였다. 하지만 여전히 힘든 순간이었다.

어떤 자리라고 말하지는 않겠지만 델과 EMC에는 가장 능력이 있고 호감이 가는 두 인물이 담당하는 최고의 직책이 각각 있었다. 델의 인물은 얼마 전에 그 자리에 임명된 사람이었지만 EMC의 인물은 그 자리에 오래 있었던 사람이었다. 두 사람 모두 앞으로도 일을 잘할 수 있는 인물들이었지만, 새로 부임한 델의 임원이 합병될 조직에서의 역할들을 더 잘 알고 있었다. 새로운 회사에 델이나 EMC의 낡은 인습에 영향을 받지 않는 참신한 생각과 견해를 제공할 수 있다는 것이 냉정한 판단이었다.

나는 EMC의 그 임원에게 새로운 회사를 위해 할 일이 없을 것이라고 말했다. 그에게 회사를 위해 일해준 것에 대한 고마움을 전하면서 합병이 끝날 때까지 계속해서 도와줄 것으로 알고 있겠다고 말했다. 퇴직금은 충분히 보상하겠다는 뜻도 전했다.

그는 "돌아가서 생각해 볼게요"라고 말했다. 그리고 다시 나를 찾아와서는 다른 사람이 델EMC에서 그 역할을 계속 수행하고, 자신은 델 테크놀로지스에서 일하는 방안을 제안했다. 말하자면 자신은 모회사에서 그 업무를 하는 담당하는 최고 임원이 되겠다는 것이었다.

"글쎄요. 그건 제가 생각하는 것과 좀 다릅니다."

우리 회사에서 그가 할 수 있는 일이 더 이상 없다는 것을 설득시키는 데 며칠이 걸렸다. 그는 정말 좋은 사람이었기에 해고 결정은 두 사람 모두에게, 특히 그에게 더 힘든 결정이었다. 그는 이런 결정에 실망했지만 퇴직 급여에는 만족해했다.

힘들고 어려웠던 합병 과정에서 벗어나 우리는 회사 전체에서 가장 훌륭한 사람들로 구성된 최고의 팀을 만들었다. 우리는 팀의 균형을 매우 깊이 생각했고 여전히 심사숙고하고 있다. 팀의 균형은 회사 전체의 집단적 강점을 반영하는 것이기 때문이다. 5년 후에 양쪽 사람들은 서로 잘 어울렸고 '나는 델 출신이야' 또는 '나는 EMC 출신이야'라고 말하는 사람은 거의 없었다. 그런 사람들이 있다면 "아니죠. 지금은 모두 하나의 회사입니다. 우리는 델 테크놀로지스입니다"라고 조용히 깨우쳐 준다.

나는 델을 비공개 기업으로 유지하는 것에 매우 만족했다(조금 더 정확하게 말하면 트래킹 주식 때문에 사적으로 통제 받는 공개 기업으로 남아 있었다). 합병은 효과가 있었고 합병의 효과도 지속됐다. 우리가 예상했던 것처럼 두 회사의 합병 효과는 각 회사의 총합보다 훨씬 더 컸다. 델의 서버 사업과 EMC의 스토리지 사업의 결합은 매우 성공적인 새로운 거대한 인프라 사업을 만들어냈다. 우리가 EMC와 합병했을 때 매출은 730억 달러에 가까웠다. 2017년부터 2018년까지 매출은 200억 달러 정도 증가했다. 우리를 포함해 어떤 누가 예상했던 것보다 훨씬 더 큰 규모였다. 2018년 1분기에 세계 서버 시장에서 우리의 매출은 50퍼센트 이상 증가했다. 오랫동안 서버 시장의 강자였던 HP로부터 1위 자리를 빼앗았다. 우리는 또 미국 시장의 PC 출하량에서도 1위를 되찾았다(PC가 죽을 거라던 다른 사람들의 말에 따르면 이것은 정말로 활기 넘치는 사양 산업인 것이다).

합병과 함께 따라온 VM웨어의 81퍼센트 지분은 그야말로 노다지였다. 이 지분은 2018년 중반까지 12개월 동안 81억 달러의 매출과 33억 달러의 잉여현금흐름을 만들어냈다. 7월 초에 110억 달러에 이르는 VM웨어의 특별 배당에서 90억 달러의 추가 배당을 받은 것은 말할 것도 없었다. VM웨어의 사업은 아주 성공적이었고, 성공의 상당 부분은 서버, 스토리지, PC 사업과 함께 완전한 솔루션을 제공하는 델 테크놀로지스와 관련이 있었다. 발행가격에서 115퍼센트 상승한 트래킹 주식은 이런 성공을 반영하는 것이었다.

2018년 중반에는 합병을 완료하기 위해 우리가 떠안았던 부채 가운데 상당 부분을 상환했다. 자본 구조를 단순화하고 VM웨어에 대한 경제적 투자를 늘리고 개인(주로 실버레이크와 나)과 공적인(트래킹 주식, 즉 클래스V 또는 델, VM웨어, 탈보트 주식을 소유한 사람들) 모든 주주들의 이해관계를 조정할 때가 되었다. 트래킹 주식을 없애고 모든 주주들을 합칠 때가 된 것이다. 어떻게 일을 진행해야 하는 것일까?

이사회는 모든 방안들을 검토하기 위해 2012년의 사례처럼 독립적인 특별위원회를 만들었다. 우리가 VM웨어의 모든 주식을 사야 하는 것일까? VM웨어는 이런 아이디어를 좋아하지 않았다. 그들은 독립적인 소프트웨어 기업으로서 자신들의 정체성에 자부심

을 느끼고 있었고 그런 독립성을 잃고 싶어 하지 않았다.°

---

° 이 글을 쓰는 시점(2021년)을 기준으로 델 테크놀로지스는 VM웨어의 81퍼센트 지분을 소유하고 있는 델 테크놀로지스 주주들에게 기업 분할을 선언했다. 이에 대한 역사적 기원은 2016년 9월로 거슬러 올라간다. 당시 EMC와 합병을 완수하고, VM웨어와 델 테크놀로지스는 VM웨어의 매출 증가 시너지 효과로 연간 목표치를 10억 달러로 선언했었다. 이는 VM웨어 매출의 15퍼센트가 넘는 수치였기 때문에 당시에는 매우 어려운 목표라고 생각했다. 하지만 우리는 이 목표를 훨씬 초과해 2020년 회계연도에 연간 34억 달러의 매출 증가 시너지 효과를 달성했다. VM웨어 매출의 31퍼센트를 넘었고 이는(34억 달러는) 매출 성장의 거의 대부분을 차지했다.

이것의 의미는 다음과 같다. 델 테크놀로지스의 모든 주식은 VM웨어에 대한 델 테크놀로지스의 81퍼센트 지분에 비례해서 수익을 얻는다. 분사 조건에 따르면 각각의 주주는 VM웨어 주식 수량에 비례해 VM웨어에 대한 소유 지분을 개별적으로 받을 것이다. 이 주주는 양쪽의 주식을 보유하거나 하나를 팔거나 둘 다 자유롭게 팔 수 있을 것이다.

델 테크놀로지의 경영진은 분사가 두 회사의 자본 구조를 단순화하고 전략적 유연성을 강화함으로써 델 테크놀로지와 VM웨어 주주 모두에게 이득이 될 것이라고 믿고 있다. 과거의 자본 구조는 복잡했다. VM웨어 주주는 델 테크놀로지스가 사실상 VM웨어의 대주주라고 생각했다. 이것은 시장에서 도움이 되지 않았다. 시장은 집중 투자를 선호한다. 분사는 델 테크놀로지스와 VM웨어가 지금까지 누렸던 전략적 관계와 상업적 제휴 관계를 유지하면서 집중 투자를 하는 회사로 만드는 효과를 갖게 될 것이다. 이번 조치는 VM웨어에게 주식을 기반으로 한 인수와 다른 결정을 내리는데 있어 더 많은 유연성을 부여하게 될 것이다.

거래가 마무리 될 때 VM웨어는 델 테크놀로지스를 포함한 모든 VM웨어 주주들에게 총 115억 달러에서 120억 달러에 달하는 특별 현금 배당을 하게 될 것이다. 델 테크놀로지스가 가지고 있는 80.6퍼센트의 VM웨어 지분에 따라 델 테크놀로지스는 대략 93억 달러에서 97억 달러 정도를 받게 될 것이고 이는 부채를 갚는 데 사용할 계획이다. 이를 통해 델 테크놀로지스는 투자 적격 등급을 받게 될 것이다.

이번 거래는 특정 조건에 따라 2021년 4분기에 끝날 것으로 예상된다. 이 조건은 미국 국세청으로부터 우리에게 우호적인 유권 해석을 받아내는 것과 이번 거래가 미국 연방 소득세의 목적에 따라 델 테크놀로지스의 주주들에게 일반적으로 세금이 면제될 것이라는 의견을 의미한다.

훨씬 더 강력해진 자본 구조와 함께 델 테크놀로지스는 인프라와 PC 지출의 회복, 서비스화의 성장을 주도하는 새로운 클라우드 운영 모형, 분산 컴퓨팅으로 전환, 그리고 고객들의 장기적 디지털 전환 계획 등을 더 잘 이용할 준비가 돼 있다. 강력한 합의가 효력을 발휘하면 델 테크놀로지스는 혁신을 추구하고 시장 진출에 대한 시너지를 유지하기 위해 VM웨어와 긴밀하게 협력하는 역량을 갖추게 될 것이다. 동시에 개방적 생태계를 통해 새로운 성장의 기회를 만들게 될 것이다. 세계가 코로나19에서 벗어나는 데 있어 기술이 중심적인 역할을 하는 가운데 델 테크놀로지스는 다음과 같은 일에 집중할 것이다.

- 성장하는 기술 인프라 시장과 네트워크 단말기 시장에서 주도적인 위치를 더욱 강화할 것이다.
- 하이브리드 클라우드, 엣지 컴퓨팅, 5G, 통신, 데이터 관리라는 새로운 성장 분야로 진출을 확대할 것이다.
- 아펙스APEX (스토리지부터 서버, PC까지 모든 IT 인프라 제품군을 서비스형 모델로 제공하는 솔루션) 프로젝트에 따른 클라우드 운영과 소비 모형으로 신속한 이동을 포함해 장소에 구애 받지 않고 일하는 경제 환경에서 현대적인 고객 경험을 제공할 것이다.

궁극적으로 최선의 방식은 현금과 모회사의 보통주를 주고 트래킹 주식을 인수하는 것처럼 보였다(골드만삭스의 투자 은행 부문의 수장인 그레그 렘카우Gregg Lemkau의 현명한 자문을 받은 것이었다). 트래킹 주식을 인수하는 것은 매우 단순한 방법이 될 수 있다. 하지만 델, VM웨어, 탈보트DVMT 주주들에게 정확한 보상을 하려면 특별위원회가 델 테크놀로지스에 대한 가치를 정해야만 했다. 그리고 최종적으로 트래킹 주식의 소유주들로부터 거래에 찬성하는 투표를 받아야만 하는 문제가 있었다.

경제 전문지들은 흥미를 가지고 앞으로 우리가 진행할 조치들을 시간 순서대로 상세하게 보도했다. 그리고 이런 언론의 보도는 상당한 관심을 가지고 있는 또 다른 이해당사자의 관심을 유발시켰다. 한때 예측 불허의 골칫덩어리로 생각했던 인물이었다.


2018년 7월 2일에 우리는(실버레이크와 델 테크놀로지스) 트래킹 주식을 인수하는 계획을 발표했다. 금융 매체들은 너무 복잡하다고 전했지만 우리에게는 매우 단순한 것처럼 보였다. 우리는 클래스 V 주식의 소유주들에게 그들의 선택에 따라 현금 또는 델 테크놀로지스의 클래스 C 보통주를 지급하는 방식으로 주식을 매수하겠다고 제안했다. 거래가 완료된 후에 클래스 C 보통주는 뉴욕증권거래소에서 거래될 것이다. 델이 다시 한번 상장 회사가 될 것이라는 의미였다.

이 계획에 따라 트래킹 주식을 보유한 사람들은 1주당 109달러의 현금이나 델의 클래스 C 주식 1.3665주를 받게 될 것이다. 트래킹 주식은 발표 전 마지막 거래에서 84.58달러에 장을 마쳤다. 현금을 선택한 사람들은 29퍼센트의 웃돈을 받게 되는 셈이었다. 이것은 트래킹 주식이 처음으로 발행됐던 당시 가격의 배가 넘는 수준이었다. 클래스 C 주식을 선택한 사람들의 인수 가치는 거래가 시작된 이후 주가에 달려 있을 것이다. 클래스 C 주식을 선택한 사람들은 도박을 하는 것일까? 그렇게 볼 수 있다. 하지만 승률이 높은 도박이고 이것은 전적으로 도박을 하고 싶은 개별 주주의 자유 재량권이다. 그리고 이것은 칼 아이칸이 분쟁을 일으키는 것을 막지 못했다.

델을 인수하기 위한 2013년 싸움에서의 패배는 칼 아이칸에게 약간의 실망감을 주었을 수도 있었다. 하지만 어떤 중요한 의미에서는 그를 완전히 단념시키지는 못했다. 그는 죽일 수 없는 좀비 같은 인물이었다. 그는 악명을 떨치는 일을 계속해서 하고 있었다. 피냄새를 맡은 기업들을 상대로 많은 지분을 사들였고, 기업에 유익한 것인지 불리한 것인지를 따지지 않고 기업들로부터 대가를 받아내려고 했다. 어떤 기업 인수전에서는 승리하고 다른 싸움에서는 패배하기도 했다. 칼은 기업 인수 게임이 가져다준 관심과 명성을 즐겼다. 대체적으로 칼이 이득을 보면서 승리했고 이를 통해 그는 더욱더 부유해졌다. 하지만 이런 승리가 가져다준 즐거움에도 불구하고 그는 그렇게 행복한 것 같지 않았다.

칼이 지난번의 패배를 만회하기 위해 우리에게 다시 대항하는 건 아닐까? 늘 이야기하는 것처럼 나는 다른 사람들의 동기를 추측하는 것을 별로 좋아하지 않는다. 단순히 생각하면 칼의 내면에 있는 도박꾼 본성이 발동해 또 다른 행동에 나설 기회를 찾았을 뿐이었다.

2018년의 첫 번째 움직임은 그의 오래된 전략이자 2013년의 대응을 똑같이 따라 한 것이었다. 칼은 그해 봄부터 조용하게 또다시 우리 주식을 대규모로 매수했다. 8월 중순에 지분이 공개됐을 때 DVMT에 대한 그의 지분은 1.2퍼센트였다. 그리고 10월에 그는 9.3퍼센트의 지분을 가진 트래킹 주식의 최대 주주가 되었다. 또다시 여러 방법으로 문제를 일으킬 의도였다. 전과 마찬가지로 우리가 돈이 없고 억눌린 주주들을 아주 낮은 가격으로 부당하게 대우하려 한다면서 그들의 목소리를 대변하는 척했다.

10월 15일에 증권거래위원회에 제출한 다채로운 규제 서류에 포함된 장황하고 성난 편지에서(칼은 편지 말고 다른 방법을 알지 못했다!) 칼은 실버레이크와 나를 델의 총체적 무능력에도 불구하고 EMC 합병을 조작했다고 비난했다.


수년 전 델과 실버레이크는 델 테크놀로지스가 장기적인 중대한 문제에 직면하고 있고 과도한 차입 경영을 하는 하드웨어 기업에 불과할 뿐, 애플이나 마이크로소프트와 같은 성공과 성장을 즐기지 못할 것이라는 사실을 깨달았을 것이다. 따라서 그들은 하드웨어와 소프트웨어를 겸비한 훨씬 더 좋은 기업인 EMC 를 인수하기 위해 엄청난 채무를 끌어왔고, 그 핵심은 VM웨어 에 대한 82%의 소유 지분이었다.

칼의 세계관 속에서 실버레이크와 나는 서로 공모해 트래킹 주식을 만들고 '수세기 전에 마키아벨리Machiavelli가 보르자가Borgia의 통치자들에게 사용하라고 충고한 전술을 연상시키는 공포 전술을 통해' 기업 가치를 파괴하려는 의도를 가지고 EMC 주주들을 상대로 사기를 친 것이었다. 그리고 이제 거의 헐값으로 다시 사들이려고 한다는 것이다. 칼의 관점에서 볼 때 델 테크놀로지스는 단지 자본 구조를 단순화시키고 우리의 성공에서 적절한 수익을 얻고 싶어 하는 것이 아니었다. 우리는 필사적으로 트래킹 주식을 다시 사들여 야만 하는 입장이었다.

델의 사업 구조에서 높은 차입 비율과 경기 순환성은 델의 현금 흐름이 경기의 하락에 의해 심각하게 영향 받을 가능성이 높다는 의미이다. 이 때문에 델은 보다 안정적인 VM웨어의 현금흐름을 통제하는 것이 매우 중요하다. (중략) 우리는 델이 지속적으로 부채를 갚기 위해 경영진이 생각하는 것보다 VM웨어의 현금흐름을 훨씬 더 절실하게 필요로 하고 있다고 믿는다.

현재 가격으로 트래킹 주식과 상장된 VM웨어 주식의 가격 차이는 대략 110억 달러였다(할인 금액 기준). 칼의 계산에 따르면 DVMT 주주들에 대한 우리의 제안은 110억 달러를 빼앗아가려는 시도와 다름없었다. 그는 서한에서 "주주들은 실수를 해서는 안 된다"라고 주장했다.

현재의 기회주의적인 거래가 성공한다면 110억 달러는 마이클 델과 그의 파트너인 실버레이크에게 엄청난 경제적 이득으로 돌아갈 것이다. 내 생각에는 마이클 델과 실버레이크가 마키아벨리의 충고를 따른 것이 분명하다.
'사랑 받는 것보단 존경 받는 것이 더 좋다. 하지만 존경 받는 것보다는 두려움의 대상이 되는 것이 훨씬 더 좋다.'

그는 또다시 마키아벨리를 들먹였다. 칼은 맺음말을 매우 생생하게 하는 것을 좋아한다. 이번에도 그는 나를 실망시키지 않았다. 그는 서한의 마지막에 다음과 같이 썼다.

나는 델과 실버레이크가 DVMT 주주들에게 돌아올 110억 달러를 가로채려고 한다고 확신한다. 이런 이유로 나는 이번 합병을 멈추기 위해 모든 수단을 동원할 것이다. 나는 전쟁보다 평화가 좋지만 정의를 위한 싸움을 즐길 준비가 돼 있다는 사실을 분명하게 밝힌다. 그리고 현재 상황에 비추어볼 때 빠른 시일 안에 평화가 다가올 것이라고 생각하지 않는다. 계속 지켜봐 주시기를 바란다!

물론 그의 주장은 새빨간 거짓말이다. 하지만 당연히 경제 매체들은 그의 주장을 좋아했다. 경제 매체들은 칼과 내가 복싱 장갑을 끼고 서로 마주보고 있는 그래픽 이미지를 보여주었다. 이것은 단순히 델과 칼의 싸움이 아니었다. P.쉔펠트에셋매니지먼트P. Schoenfeld Asset Management, 블랙록, 엘리엇의 폴 싱어Paul Singer, 캐니언파트너스Canyon Partners, 메이슨캐피털Mason Capital 등 트래킹 주식을 가지고 있는 다른 주요 주주들이 칼의 편에 서기 시작했다. 이것은 몇 달 동안 훌륭한 기사의 소재가 될 수 있었다. 그러나 나중에는 도처에 있는 구경꾼들, 논평가, 호사가들이 실망했던 것이 틀림없었다. 모든 것들이 점차적으로 흐지부지해졌다.

이 모든 것들은 한 달 동안만 지속됐다. 결과적으로 칼의 공격은 2013년 공격보다 힘이 빠진 판박이에 불과했다. 11월 1일에 칼은 거의 습관적으로 하는 것처럼 우리에게 소송을 제기했다. 그는 델이 트래킹 주식의 인수와 관련해 DVMT 주주들에게 재무적인 정보를 제공하는 것을 거부했다고 주장했다. 또 우리가 인수에 찬성하는 표를 얻지 못하면 IPO 절차를(자신들이 보유한 주식을 새로 상장되는 주식으로 강제 전환하는) 진행하겠다고 주주들을 협박했다고 주장했다.

우리가 정말로 트래킹 주식을 인수하는 대신 델 테크놀로지스의 IPO 문제를 고려하고 있었을까? 사실 그랬다. 그리고 우리는 IPO의 가능성을 여러 은행들과 논의했다. 하지만 이것은 어디까지나 비상 계획이었다. 제안 가격을 올리는 것이 훨씬 더 간단한 선택이었다. 우리는 11월 15일에 인수 제안 가격을 140억 달러, 또는 주당 120 달러로 올렸다. 또 클래스 C 주주들에게 한 명의 독립된 이사를 선출하는 권한을 주는 것을 포함해 다른 수정안에 합의했다.

이렇게 트래킹 주식을 보유한 주주들의 마음을 돌렸다. 엘리엇, 캐니언파트너스, 메이슨캐피털, 그리고 다른 주주들이(이들 모두 합치면 DVMT 주식 지분의 17퍼센트에 해당한다) 우리의 제안을 받아들이기로 결정하면서 칼은 낙동강 오리알이 됐다. 11월 15일에 그는 소송을 취하했다. 그리고 "우리의 반대 때문에 오늘 델은 DVMT 주주로부터 빼돌린 가치를 110억 달러에서 80억 달러로 줄이면서 거래 가격을 높였다"면서 우리가 주식 인수 가격을 올린 것을 자신의 공으로 돌렸다. 그런 다음 특유의 투덜거리는 성격대로 서명을 하고 싸움을 끝냈다.

훨씬 더 좋은 거래를 할 수도 있었지만 불행하게도 우리는 델이나 골드만삭스로부터 협상에 초대받지 못했다. 수정된 거래 제안에 따르면 17퍼센트의 지분을 가지고 있는 주주들이 입장을 바꿔 델을 지지하는 것처럼 보인다. 이런 변화와 델이 이미 확보한 지지 때문에 우리는 주주들을 대신하는 대리전에서 이길 수 없다고 판단하여 소송을 취하하고 대리전을 끝내기로 결정했다.

자칭 나의 숙적이라는 사람은 이렇게 슬그머니 사라졌다.

잘 가십시오. 칼 아이칸.
어쩌면 언젠가 또 저녁을 함께하게 될지도 모르겠지만!

델 테크놀로지스가 최고 기업이 될 수 있는 길이 열렸다. 기술 부문 CEO인 댄 세르피코Dan Serpico는 당시에 "이것으로 모든 두려움, 불확실성, 의문과 잡음이 사라지고 델과 협력사들이 중요한 일에 집중할 수 있게 될 것이다. 델은 고객들에게 훌륭한 해결책을 제공하고, 좋은 유통 수단을 개발하고, 좋은 성과 보상과 미래 기술에 대한 투자를 하는 데 집중할 것이다"라고 말했다.

아멘.

12월 11일에 라운드 록에서 열린 특별 주주총회에서 61퍼센트의 DVMT 주주들이 트래킹 주식과 델 테크놀로지스의 클래스 C 주식을 교환하는 데 찬성했다. 그리고 2018년 12월 28일에 델은 공식적으로 다시 상장 기업이 되었다. 하지만 과거와는 완전히 다른 기업이었다. 나는 언론에 "이번 투표 결과를 통해 우리는 델 테크놀로지스의 자본 구조를 단순화하고 투자자들과 이해관계를 조정했습니다. 우리의 전략적 위치가 강화되면서 혁신, 장기 비전, 그리고 주변부에서 핵심에 이르기까지 통합된 클라우드 솔루션을 지속적으로 제공할 수 있게 됐습니다. 델 테크놀로지스는 디지털 전환에 있어 고객들에게 가장 신뢰받는 파트너로 새롭게 탄생했습니다"라고 말했다.

칼 아이칸에 관한 마지막 사실들을 덧붙이자면 다음과 같다. 2013년 10월 29일, 우리가 비상장 기업으로 전환하는 날에 아이칸엔터프라이즈의 주식은 100.53달러였다. 2018년 12월 28일, 델이 다시 상장되는 날에 아이칸엔터프라이즈의 주가는 57.73달러였다. 비교 자료로 2013년 10월 29일 S&P500은 1771.95달러였고, 2018년 12월 28일에는 2485.94달러로 상승했다. 그 모든 허세에도 불구하고 칼 아이칸의 성과는 S&P500보다 현저하게 낮았다.

# 14
# 데이터 대폭발을 준비하는 기업

에곤 더반과 내가 처음으로 만났던 포춘 브레인스톰 컨퍼런스 이후 정확하게 5년이 지난 2017년 7월, 우리는 포춘의 CEO 앨런 머레이$^{Alan\ Murray}$와 인터뷰를 위해 애스펀 무대에 앉아 있었다. 2012년의 컨퍼런스에서 에곤과 나는 주식 시장이 많은 기술 기업들의 가치를 과소평가하고 있다고 주장했다. 무대 뒤에서 만난 우리는 생각이 서로 통해 델을 비공개 기업으로 전환하는 일을 함께했다. 그리고 EMC와의 합병 문제에도 협력했다. 이제는 델의 변화를 설명하기 위해 무대에 올랐다.

앨런은 델의 변화를 이해하지 못하는 것처럼 보였다. 일부러 선의의 비판자 역할을 하는 것인지, 아니면 정말로 혼란스러워하는 것인지 모를 정도였다.

"모두가 과거의 델이 어떤 회사였는지 알고 있습니다. 그렇죠? 우리가 카탈로그를 보고 컴퓨터를 주문하면 박스에 담아 배달됩니다. 그리고 사용하게 되죠. 그런데 새로운 델은 이해하기가 어렵습니다. 내 말은 델은 모든 분야에 조금씩 걸쳐 있다는 뜻입니다. 하드웨어도 만들고, 소프트웨어도 개발하고, 사물인터넷도 하고, 데이터 사업도 하고, 네트워크 분야에도 진출했습니다. 그렇다면 델만의 독특한 시장 포지션은 무엇인가요? 짧고 간략하게 설명해 주세요."

"우리는 델을 필수적인 IT 인프라 기업으로 생각합니다."

나는 우리 고객들이 4개의 서로 다른 변화에 직면해 있다고 말했다. 디지털 전환은 전 세계의 모든 기업들이 대응하고 있는 가장 큰 변화였다. 그리고 디지털 전환은 두 번째 변화와 직접 연결돼 있다. 다시 말해 지능적인 연결망의 폭발적 증가, 엄청난 규모의 모든 데이터, 사물인터넷, 기계지능, 그리고 인공지능 같은 변화들이 수많은 기업들에게 매우 중요한 문제라고 앨런에게 말했다.

"그리고 IT 혁신도 있습니다. 어떻게 자동화하고 현대화할 것인가? 그리고 클라우드 형태에 더 가까운 모델을 어떻게 구축할 것인가? 당연히 이것은 인력 구조의 변화를 필요로 합니다. 어떻게 모든 직원들이 올바른 도구를 가지고 일할 수 있도록 만들 것인가? 그리고 마지막으로 보안은 어떻게 할 것인가?"

앨런은 이해하는 것처럼 보였지만 여전히 어리둥절한 표정이었다. 나는 앨런에게 우리는 EMC와 VM웨어, 피보탈의 합병을 통해 델테크놀로지스라는 새로운 회사를 만들었다고 말했다. 그리고 델테크놀로지스는 IT 인프라 분야를 주도하는 기업이 되었다. 나는 우리가 IT산업이 발전하는 새로운 방법, 즉 소프트웨어 정의 데이터센터SDDC와 하이퍼컨버지드 인프라스트럭처HCI 분야에서 상당히 중요한 위치를 차지하고 있다고 말했다. 이를 통해 과거에 하드웨어가 정의했던 모든 IT 기능들이 가상화되고 있다. 우리는 전 세계에서 어느 누구보다 업무에 필수적인 데이터를 더 많이 저장하고 있고, 가장 많은 서버를 생산하고 있으며, 새로운 빅데이터 세상에서 고객의 요구를 충족시키기 위해 VM웨어, 피보탈과 협력하고 있다고 말했다.

앨런은 반박했다.

"그런데 '우리가 모두 다 할 것이다'라는 방식에 함정이 있다고 말하는 사람들이 많습니다. 또 집중하는 것에 대한 이점도 있죠. '우리는 다른 어떤 누구보다 이 한 가지에서 더 잘하는 유일한 기업이 될 것이다'라고 말하는 것 말이죠. 이런 접근 방식을 거부하는 이유가 무엇인가요?"

"글쎄요. 모든 사람들이 각자의 의견을 존중받아야 합니다. 제가 말할 수 있는 것은 우리는 첫 분기에 계획했던 것보다 10억 달러나 더 많은 매출을 기록했다는 것입니다. 우리가 어떤 고객을 찾아가 '당신은 10가지를 구매하고 있는데 6~7가지가 우리 제품입니다. 10가지 모두 우리 제품으로 사는 것이 어때요?'라고 이야기합니다. 그러면 그렇게 하겠다고 말하는 고객들의 비율이 놀라울 정도로 높

습니다. 경쟁자들 가운데 어느 누구도 우리가 보유하고 있는 특별
한 역량이나 폭넓은 경험을 가지고 있지 않거든요."

이 글을 쓰는 동안에도 모든 것을 우리에게 사겠다고 동의하는
고객들의 비중은 그 어느 때보다 높았다. 이것은 우리에게 정말 좋
은 일이다. 우리의 회계연도는 2021년 1월 31일에 끝나는데 세계
적으로 코로나19가 크게 유행하는 시기에도 사상 최대의 매출과
수익, 그리고 현금흐름을 기록했다. 당신이 계속 주가의 등락을 기
록하고 있다면 알 것이다. 비공개 기업으로의 전환을 선언한 후 지
난 8년 동안 우리의 지분 가치는 625퍼센트 늘었고 기업의 가치는
1000억 달러 이상으로 증가했다. 2013년에 사망 선고가 내려질 것
이라고 생각했던 기업에게는 나쁘지 않은 실적이다.

하지만 우리 회사의 성장과 성공만큼 나에게 흥미로운 것은 머
리가 혼란스러울 정도의 엄청난 기술의 발전 가능성이다. 나는 이것
을 '빅데이터 세계에서 캄브리아 시대의 대폭발'이라고 부른다. 5억
4000만 년 전 캄브리아 시대에 단세포 생물로 국한됐던 지구상의
생명체는 생물학적 다양성과 함께 갑자기 폭발적으로 증가했다. 하
지만 아무도 생명체가 폭발적으로 늘어난 정확한 이유를 모른다.

빅데이터 세계도 마찬가지다. 우리가 경쟁 기업보다 더 잘 대
처할 수 있는 분야는 1950년대 중반에 시작해 점점 더 빠른 속도
로 오늘날까지 계속되고 있는 기술 주도의 폭발적인 데이터 증가
다. 2003년에 버클리 대학의 한 보고서는 2002년 한 해 동안 5엑
사바이트exabyte의 데이터(50억 기가바이트gigabyte)가 생성된 것으로 추정

했다. 이는 2000년에 생산된 데이터보다 2배나 많은 것이다. 에곤과 내가 앨런 머레이에게 새로운 델의 기술적 깊이와 범위를 설명하려고 했던 2017년에 전 세계에서 생성된 데이터의 규모는(특정 연도에 생성돼 파일로 만들어지고 복제된 데이터의 양) 5000배가 늘어 26제타바이트 zetabyte(약 28조 기가바이트)로 증가했다. 2018년의 데이터 규모는 33제타바이트로 증가했고, 2020년에는 59제타바이트에 달했다. 2024년에는 149제타바이트로 늘어날 것으로 추정된다. 이는 헤아릴 수 없을 만큼 엄청난 규모의 데이터다. 데이터의 폭발적 증가는 무엇을 의미하는 것일까?

나는 그날 애스펀에서 앨런 머레이에게 사업적 관점에서 데이터의 폭발적 증가가 가지고 있는 의미를 설명했다. 매우 광범위하고 다양한 방식으로 고객들의 데이터 요구를 처리하는 데 우리가 얼마나 독보적인 위치를 차지하고 있는지 이야기했다. 머릿속으로는 이런 폭발적인 데이터의 증가가 어떻게 4차 산업혁명을 만들어냈고, 이것이 얼마나 흥미로운 것인지 계속 생각하고 있었다.

1차 산업혁명은 물과 수증기의 힘이 생산을 기계화했다. 2차 산업혁명은 전력을 통해 대량생산체제를 만들었다. 20세기 중반에 시작된 3차 산업혁명에서는 전자와 정보기술이 생산을 자동화했다. 그리고 우리가 현재 경험하고 있는 4차 산업혁명은 3차 산업혁명을 기반으로 물리적 경계, 디지털 경계, 그리고 생물학적 경계를 허무는 새로운 기술의 폭발적 증가와 함께 진행되고 있다.

또 4차 산업혁명은 기업의 세계와 기술의 세계를 하나로 통합하고 있다. 기업인들과 이야기할 때 4차 산업혁명을 설명하면 나는 기술 영역이 더 이상 IT 부서의 업무가 아니라고 말한다. 회사 전체가 기술이다. 이것은 모든 기업들에 해당된다. 자동차나 의료기기나, 아니면 다른 어떤 종류의 제품을 생산하고 새로운 고객들을 만나고 싶어도 기술은 모든 것에 있어서 발전의 지렛대가 된다. 20년, 30년 전과 완전히 다른 상황이다. 세계의 거의 모든 기업들이 4차 산업혁명이 무엇인지 알아내려고 노력하고 있다.

과거에는 컴퓨터 1대에 엄청난 비용이 들어갔다. 특별한 사람들만 들어가는 방에 들어가기 위해 특수한 옷을 입어야 했다. 그리고 이런 컴퓨터는 소음이 심했다. 그런데 이제는 컴퓨터 가격이 수억 달러에서 3000달러로 떨어졌고(나는 이런 환경에서 자랐다) 다시 300달러가 되었다. 오늘날 컴퓨터 가격은 푼돈에 불과하고 심지어 모든 것에 컴퓨터 칩이 들어 있다. 우리는 언제나 2~4개의 이동형 데이터센터를 가지고 돌아다닌다. 그리고 데이터센터의 수는 점점 증가할 것이다.

ARM 프로세서를 설계하는 암 홀딩스Arm Holdings라는 영국 회사가 있다. 암 홀딩스가 특허권을 가지고 있는 ARM 프로세서는 여러분이 생각할 수 있는 대부분의 도구나 간단한 기기 또는 스마트폰에 들어 있다. 오늘날 전 세계에는 ARM 기반의 반도체가 1800억 개 이상 존재한다. 계산해 보자. 세계 인구는 70억 명이고, 이 70억 명 가운데 40억~50억 명이 인터넷과 연결돼 있을 것이다. 한 사람이 수많은 프로세서를 사용하고 있다는 의미다. 이런 프로세서들은 성능이 점점 더 강력해지고 있고 더 많은 프로세서들이 언제나 네트워크에 연결돼 있을 것이다. 그리고 이제 5G, AI 시대가 다가오고 있다. 과거에 우리가 매우 발전했다고 생각했던 모든 기술은 앞으로 나타날 기술을 보여주는 전조일 뿐이다.

특히 사람들을 연결하는 것에서 사물들을 연결하는 사물인터넷으로 발전하는 5G 기술은 정말로 엄청나다. 5G는 단순히 휴대전화의 속도가 빨라지는 것만 아니라 세상의 모든 것들을 지능적으로 만들고 서로를 연결시키는 기술이다. 사용자와 기계 사이에 상호작용 기능을 하는 개인용 컴퓨터들은 미래에도 계속 중요해질 것이다. 하지만 상당 부분은 서로 의사소통이 가능한 기계들이 담당하게 될 것이다. 사물인터넷의 모든 것들(자율주행 자동차와 스마트 도로, 스마트 건물, 스마트 도시, 스마트 공장, 스마트 병원, 그리고 훨씬 더 많은 것들)이 상상할 수 없을 정도의 엄청난 데이터를 생산할 것이다.

모든 조직들은 이런 데이터를 경쟁력으로 전환시키고 조직이 수행하는 모든 것을 지속적으로 개선해야만 한다. 하지만 대규모의 데이터 분석은 인간이 할 수 없고 인공지능과 머신러닝machine learning을 통해서만 효율적으로 수행할 수 있다. 인공지능과 머신러닝에 의한 분석은 새로운 통찰력을 제공하고 상업, 의료, 교육, 금융, 심지어 정부 등 모든 분야를 급격하게 발전시킬 것이다.

인공지능과 빅데이터가 촉발시킨 정보 혁명의 다음 10년은 모든 산업과 우리 일상의 모든 면에 영향을 미칠 것이다. 인터넷이 엄청난 변화와 발전을 불러온 것과 마찬가지로 인공지능과 데이터 혁명은 훨씬 더 큰 변화를 가져올 것이고, 이런 변화들은 대부분의 사람들이 생각하는 것보다 훨씬 더 빨리 우리에게 다가올 것이다.

　인공지능은 반드시 인간다움과 가치를 반영하도록 하는 것이 중요하다. 기업에게 이것은 수익과 목적을 의미한다. 어떤 수단을 사용하든 무조건 수익만 내라는 것이 아니다. 이는 우리의 2030 목표에도 잘 반영되어 있는데 이는 나중에 더 자세히 이야기할 것이다.

　컴퓨팅 세계는 물리적 세계로 확장하고 있다. 물리적인 영역과 가상의 영역이 만나는 곳은 '엣지edge'라고 불린다. 지금도 엣지에서 많은 일들이 벌어지고 있고 앞으로 더 많은 일들이 벌어질 것이다.

　현재는 세계 인구의 60퍼센트가 디지털 환경에 접속돼 있다. 우리는 너무도 당연하게 생각하지만 놀라운 수치다. 하지만 2030년이 되면 인류의 90퍼센트가 서로 연결될 것이다. 5G는 새로운 스마트 세상을 구축하는 플랫폼, 즉 디지털 신경망이 될 것이다. 5G는 소프트웨어로 정의되고 이를 통해 엣지 클라우드edge cloud, 텔코 클라우드telco cloud, 프라이빗 클라우드private cloud, 그리고 퍼블릭 클라우드public cloud를 포함하는 멀티 클라우드 세계를 가능하게 만들 것이다.

　디지털의 미래는 함께 작동하는 클라우드의 집합이다. 그래서 우리는 상당한 규모의 자원을 델 테크놀로지스 클라우드Dell Technologies Cloud를 구축하는 데 투입하고 있다. 델 테크놀로지스는 앞서 언급한 모든 분야와 더 많은 분야에서 혁신을 이끌어가고 있고 연구개발에 40억 달러 이상을 투자하고 있다. 우리는 3만 2000건

이상의 특허를 획득했거나 등록 중이다.

나는 이 모든 것에 대한 즐거움으로 들떠 있다. 내가 기술을 좋아하기 때문이 아니라 기술이 세상을 더 살기 좋은 곳으로 변화시키는 방식을 좋아하기 때문이다. 기술은 좋은 면도 있고 나쁜 면도 있다. 하지만 내가 알고 있기로는 기술을 통해 좋은 일을 하고 싶은 사람들이 대부분이다.

물론 여러분들은 내 의견에 동의하지 않을 수도 있다. 사악한 컴퓨터들이 세상을 장악하거나 여행용 가방에 들어 있는 폭탄이 도시를 파괴하거나, 아니면 사람들에게 악당의 명령을 수행하도록 만드는 칩을 심는 영화를 너무 많이 보았을지도 모른다. 할리우드는 언제나 기술 혁신에 두려움을 갖도록 만드는 일들을 정말로 잘 해왔다. 하지만 모든 책임을 할리우드에 떠넘겨서는 안 된다. 이야기꾼들은 처음부터 사람들이 새로운 것들을 두려워하도록 만들었다. 아마도 불이 처음 발견된 직후에도 불이 만들어낼 수 있는 모든 끔찍한 일들에 대한 소문들이 돌았을 것이다. 그러나 사실 불은 처음부터 인간의 삶을 더 좋은 방향으로 바꾸어놓았다.

기술도 불과 같다. 우리를 따뜻하게 만들어주고 길을 밝혀줄 수 있다. 사실상 세상의 거의 모든 문제에 기술적인 해결책이 존재한다. 의료 분야를 보면 기술을 통해 약품과 치료법이 발명되는 사례들이 수도 없이 많다. 지난 수십 년 동안 출산하다 숨진 어머니들과 말라리아로 사망한 사람들이 크게 감소했다. 기술은 세계적으로 문맹률과 빈곤을 크게 감소시켰다. 1999년에 17억 명이 극빈층에 속했지만 현재는 7억 명으로 크게 줄었다. 지난 20년 동안 10억 명의 사람들이 극빈층에서 벗어났다. 개발도상국가들의 GDP가 증가하면서 깨끗한 식수와 기초 교육에 대한 접근권도 크게 증가했다. 의료 기술이 발전하고 문맹률이 낮아지면서 경제가 발전하고 있다.

그러나 발전에는 한 가지 성가신 문제가 있다. 경제는 발전하면서 점점 전문화된다. 그리고 경제의 전문화와 함께 소득의 불균형도 깊어진다. 선진 경제에서 기술이 발전하면서 똑똑한 사람들은 혁신의 방법을 찾아낸다. 인공지능 알고리즘이 나올 수도 있고, 물류 수송을 자동화하거나 네트워크 효과와 디지털 정보를 활용해 산업을 더 좋은 방향으로 발전시키거나 뇌와 기계가 정보를 주고받는 방법을 개발할지도 모른다. 하지만 모든 사람이 그런 일을 할 수 있는 것은 아니다. 당신이 정말로 이런 혁신에 뛰어나다면 제프 베조스Jeff Bezos, 빌 게이츠Bill Gates, 일론 머스크Elon Musk, 마크 저커버그Mark Zuckerberg, 세르게이 브린Sergey Brin과 래리 페이지Larry Page처럼 엄청난 돈을 벌 수 있을지도 모른다. 이 사람들은 모두 다른 사람들보다 무엇인가를 더 잘 하는 방법을 찾아냈고, 그 결과 대단한 성공을 이루었다(나도 마찬가지다). 이것이 전문화의 시대다. 그리고 미래에는 이런 현상이 더욱 두드러질 것이다. 경제가 더욱 발전하고 더 전문화될 것이기 때문이다. 나는 아직까지 전문화에 의한 부작용을 해소할 훌륭한 방법을 찾지 못했다. 하지만 우리가 모든 인류에게 도움이 될 해법을 발견하는 데 기술이 도움을 줄 것이라고 진심으로, 그리고 이성적으로 믿고 있다.

세계를 자주 여행하는 사람으로서 나는 모든 곳에서 놀라운 발전이 이루어지고 있다는 사실뿐만 아니라 아직도 많은 사람들이 빈곤과 절망 속에 있다는 것을 너무도 잘 알고 있다. 이 글을 쓰고 있는 시기에도 우리는 우리 세대가 직면한 가장 커다란 의료 위기의 한가운데에 있다. 코로나19 바이러스 대유행이 불평등을 악화시켰고 우리 사회의 계층 사이의 단층을 노출시켰다. 당신이 좋은 학교를 다니거나 좋은 건강보험에 가입하지 않았다면, 영양이 풍부한 음식을 먹을 수 없거나 신체적 안전을 위협받거나 경제 활동 참여나 숙제를 하는 데 필요한 디지털 기기와 초고속 인터넷이 없다면, 능력주의 사회에서 성공할 가능성은 거의 없다.

나는 공공정책의 전문가가 아니므로 전문가인 척하지 않을 것이다. 하지만 저울의 균형을 맞추기 위해서는 더 많은 것을 할 수 있고, 해야만 한다고 생각한다. 나는 단지 미국에 태어나고 훌륭한 수학 선생님과 원격 단말기를 갖춘 휴스턴의 공립학교를 다닌 것 차제가 얼마나 큰 복권에 당첨된 것인지 계속해서 깨닫고 있다. 생존에 필요한 것들을 얻기 위해 날마다 투쟁하는 전 세계의 수많은 지역 가운데 한 곳에서 태어날 수도 있었다. 다행스럽게도 나의 선조들이 라트비아와 폴란드에서 탈출했고 덕분에 나는 지금까지 성공적인 삶을 살았다. 하지만 처음부터 내가 운이 좋지 않았다면 이런 일 가운데 어떤 것도 일어나지 않았을 것이다. 그래서 나는 지속적으로 가능한 많은 도움을 세상에 주고 싶다.

처음부터 마이클앤드수잔델재단은 미국, 인도, 그리고 남아프리카의 도시 빈곤 지역에서 교육, 건강, 가족의 경제적 안정을 개선하는 방법으로 어린이들의 삶을 변화시키는 우리만의 변화에 헌신해 왔다. 우리의 목표는 사람들에게 기회를 주는 것이고, 그래서 그들이 자신의 미래를 개척할 수 있도록 도와주는 것이다. 어린이들은 우리의 미래다. 수잔과 나는 우리가 오늘 돕는 어린이들이 미래의 위대한 지도자들과 세계 시민이 될 것이라고 확신한다.

처음에는 델의 주식을 팔아 재단을 지원했다. 조금 더 최근에는 MSD캐피털에서 성공적으로 거둔 투자 수익을 기부했다(그레그 렘카우는 우리의 투자를 더욱 성공적으로 만들었다. 그는 골드만삭스 출신으로 2021년 초에 우리 가족 투자회사의 CEO가 되었다). 현재 우리 재단은 17억 달러 정도의 기금을 가지고 있는데 이를 투자해서 수익을 내고 있다. 주로 보조금 형태로 나가고 기술 지원 프로젝트와 임팩트 투자impact investing로 늘어난 재단의 전체 지출 금액은 19억 달러를 넘어서고 있다(임팩트 투자는 새로운 영리 기업이 가난한 사람들에게 상품과 서비스를 제공하는 것을 돕기 위한 종잣돈이다. 때때로 손해를 보기도 하고 어떤 경우에는 자본을 회수하기도 하고 어떤 때는 수익을 실현하기도 한다. 만약 수익이 나면 우리는 다른 자선 프로젝트에 수익금을 사용한다). 수년간 수잔과 나는 재단에 25억 달러를 기부했다. 내가 벌어들일 수 있는 부의 상당 부분을 살아 있는 동안 자선 목적으로 사용할 계획이다.

나는 또 수잔의 훌륭한 모범 사례를 본받아 자선 활동에 더 많은 시간을 쏟으려고 한다. 하지만 똑똑한 재닛 마운틴Janet Mountain이 재단의 팀원들을 잘 이끌어가면서 마이클앤드수잔델재단은 이미 장족의 발전을 이루었다.

도움을 주는 것은 수표를 써주는 것 이상을 의미하고 지역 사회 수준에서 빈곤의 문제를 이해하는 것을 뜻한다. 이것이 빈곤 문제를 근본적으로 해결하기 위해 지역 사무실을 두고 인원을 배치하는 이유다.

예를 들어 학점이 최상위는 아니지만 보통 수준 이상인 저소득층 고등학생들이 대학에 갈 수 없어서 학위를 받지 못하는 문제를 알게 됐다. 우리의 첫 번째 계획 가운데 하나는 미국에서 델 장학금 프로그램을 만들어 이런 학생들의 재정 문제와 심리적인 욕구를 충족시켜 주는 것이었다. 이들 가운데 상당수는 가족 중에서 대학에 진학한 첫 번째 사람이었다.

우리는 원대한 목표를 정하고 실천하는 힘을 믿는다. 처음에는 이런 학생들 중에서 소수만이 대학 진학에 성공했다. 단지 18퍼센트의 학생만이 대학을 졸업했지만 우리는 85퍼센트의 졸업 비율을 목표로 정했다. 목표는 미국 전체 대학생들의 평균 졸업 비율보다 4배나 높은 수치였다. 그런데 15년 동안 우리가 지원한 학생들의 평균 졸업 비율은 80퍼센트를 기록했다. 미국 전역에서 학위와 훌륭한 직업을 가진 수천 명의 델 장학생 프로그램 졸업생들을 배출했다.

아직도 개선할 점이 많다. 성과를 기뻐하지만 결코 만족해서는 안 된다. 우리는 남아프리카에서 '델 영 리더스Dell Young Leaders' 프로그램을 추진했다. 이 프로그램은 남아프리카 공화국 젊은이들의 구체적인 요구에 맞춰 졸업생들에게 첫 번째 직업에 성공적으로 안착할 수 있도록 전문화된 지원 방안을 포함시켰다.

지난 20년 동안 이런 프로그램을 통해서 배운 교훈들은 저소득층 대학생들을 지원하는 많은 다양한 비영리 단체에 대한 지원으로 확대됐다. 그 결과 현재 우리의 목표 가운데 하나는 매년 세계적으로 35만 명의 저소득층 대학생들이 학사 학위를 취득할 수 있도록 지원하는 것이다.

또다른 프로젝트는 인도의 도시 빈곤지역의 가정에서 발견한 문제에서 시작됐다. 가난한 사람들은 현금이 모자랄 때 어쩔 수 없이 대부업자로부터 높은 금리를 주고 돈을 빌릴 수밖에 없다. 하지만 인도에는 그들이 이용할 수 있는 책임 있는 금융 지원 서비스가 없었다. 의료비, 재해에 따른 실직 등 한 번의 커다란 재정적 타격이 가족을 절망적인 빈곤의 늪에 빠트릴 수 있다. 동시에 남아시아의 농촌 지역은 세계에서 가장 큰 소액 금융의 중심지였다. 우리는 소액 금융을 인도의 도시 지역에 도입하는 것을 도와주고 싶었다.

먼저 기업가들이 활용할 수 있도록 지원금을 조성하는 방식으로 시작했다. 하지만 현지에 있는 우리 재단 팀원들은 새로운 모델의 실행 가능성을 시험하기 위해 기업가들을 도심으로 불러들이는 데 필요한 것은 지원금이 아니라 종잣돈이라고 신속하게 결정했다. 그래서 인도의 대도시 지역에서 주식과 채권 상품에 대한 투자를 통해 소액 금융 기업가들을 지원하는 15년 동안의 여정을 시작했다. 결과적으로 수백만의 인도 가정들이 책임감 있는 소액 금융 지원

받을 수 있게 됐다. 재단의 여러 노력들은 소액 금융 모델의 실행 가능성을 입증하는 것을 도와주었을 뿐만 아니라 도시 지역의 소액 금융의 성장에 중요한 역할을 했다. 현재 인도에서 도시 지역의 소액 금융은 전체 소액 금융의 50퍼센트 이상을 차지하고 있다. 그리고 우리는 소액 금융을 개인과 중소기업가들을 위한 특별 신용 대출로 확대하는 기회를 발견했다. 현재 우리는 저소득 계층이 책임 있는 금융 서비스를 받을 수 있는 방법을 개발함으로써 세계적으로 매년 300만 저소득 가구들의 재정적인 안정성을 개선하는 목표를 향해 계속 달려가고 있다.

세 번째 사례로 우리는 많은 가정에 좋은 교육 기회를 제공하려는 목표에 따라 유치원생부터 고등학교 3학년 학생들까지 수천 개의 프로그램을 지원해 왔다. 하지만 우리 교육자들이 활용할 수 있는 도구들이 기업에서 이용하는 도구들을 따라가지 못한다는 사실이 금방 드러났다. 가장 두드러진 사례는 선생님들과 관리자들이 학생들의 데이터 속에서 허덕이는 바람에 정작 도움이 필요할 때 선생님들이 빠르게 참고할 수 있는 형태로 개별 학생의 모든 정보를 얻을 수 없었다는 점이다. 전체 교육 과정에 대한 우리의 첫 번째 대응책은 데이터의 상호 이용 가능성을 보장하는 것이었다. 즉 교육 현장에서 사용하는 도구들과 이를 활용하는 데 있어 연속적이고 안전하며 통제된 방식의 데이터 교환이다.

이런 문제로 지방자치단체의 교육구들과 함께 5년 동안 협력한 결과 2011년에 우리는 에드파이얼라이언스Ed-Fi Alliance와 데이터 표준을 도입해 유치원 어린이부터 고등학교 학생들의 학업 성취 향상을 지원했다. 에드파이얼라이언스는 미국에 있는 모든 교육구들이 데이터에 대한 상호 운용성을 확보하도록 도와주는 일에 헌신하는 비영리 자회사이다. 이 기술은 에드파이 데이터 표준을 바탕으로 구축된다. 에드파이 데이터 표준은 안전하고 통제된 방식으로 학교가 사용하는 있는 교육 데이터 프로그램들을 연결하는 오프소스 기반의 데이터 구조와 도구 세트다. 무료로 사용하는 이런 도구들은 교육자, 학생, 부모들에게 학생의 장점과 약점이 아닌 성장할 기회에 대한 포괄적이고 실시간적인 통찰력을 제공해 준다.

이 글을 쓰는 시점에 약 200만 명의 선생님과 3300만 명이 넘는 미국의 학생들이 에드파이 프로그램들을 사용하는 조직에 속해 있다. 이런 도구들은 교육구, 주, 그리고 대안 공립학교를 운영하는 단체들이 만성적인 결석, 특정 분야에서 학생들의 성적 격차, 그리고 지지부진한 부모와 학생의 교육 참여 문제를 해결하는 데 도움을 주고 있다. 여기에 더해 우리는 이런 경험을 활용해 남아프리카 정부가 교육구의 정보를 일목요연하게 보여주는 대시보드 프로그램을 개발하는 데 도움을 줄 수 있었다. 이 대시보드 프로그램은 현재 남아프리카 공화국의 거의 모든 학생들과 학교를 지원하고 있다. 이런 프로젝트들은 최고 수준의 도구와 기술, 그리고 자원을 투입해 해마다 전 세계의 50만 개의 학급을 지원하겠다는 우리 약속의 일부분일 뿐이다.

한편 우리는 전 세계에서 제대로 된 교육을 받지 못하는 어린이, 남성, 여성들에게 STEM 교육을 도입하는 방식으로 향후 수십 년 동안의 폭발적인 기술 발전 과정에 모든 사람들을 참여시키려는 노력을 계속하고 있다. 예를 들면 에티오피아의 교육부와 협력해 1000개 이상의 학교에 2만 4000대의 델 컴퓨터를 지원하고, 비영리협력단체인 카마라에듀케이션Camara Education은 어린이들에게 컴퓨터 사용법을 가르칠 선생님들과 학생 지도자들에게 정보통신기술 교육을 제공하고 있다. 학습 속도가 매우 빠른 학생들은 틀림없이 선생님들보다 더 빨리 발전할 것이다. 독자들이 상상하는 것처럼 STEM에 대한 지원은 나에게 정말 가슴 뿌듯한 일이다. 왜냐하면 예전에 텍사스 휴스턴의 메이어랜드 지역에 매우 비슷한 소년이 있었기 때문이다.

수잔과 나는 재단을 통한 것이든 회사를 통한 것이든 우리가 받은 것을 돌려주는 모든 기회에 큰 즐거움을 느끼고 있다. 어린들이 우리의 미래다. 이들은 선을 위해 모든 변화를 불러일으키고 소득 불평등의 고리를 끊을 새롭고 성공적인 방법을 보여줄 수 있다. 우리의 커다란 즐거움 가운데 하나는 이런 학생들과 가족들을 만나 이야기하는 것이다. 이들이 가진 힘은 다른 사람들에게 영향을 미치고 영감을 불러일으킨다. 우리가 직면한 문제들이 현실적이고 매우 거대하며 해결해야 할 것이 산더미처럼 많다는 사실에는 의심의 여지가 없다. 하지만 우리가 하는 일은 충분히 그만한 가치가 있다. 우리는 이제 막 시작하는 단계일 뿐이다.

나는 또 우리의 가치관이 회사에 반영되기를 원한다. 나에게는 이익을 내는 기업을 경영하는 일이 중요했다. 이익은 단지 개인적 성공을 의미하는 것이 아니다. 여기에는 나와 함께 일하는 많은 사람들의 성공이 포함돼 있다. 그들이 없었다면 지난 38년 동안 우리가 이룬 놀라운 성과들 가운데 어느 것도 성취할 수 없었을 것이다. 그리고 회사의 성공은 직원과 주주들을 위해 돈을 버는 것보다 훨씬 더 큰 의미가 있다. 나는 우리가 사회에 유익한 일을 함으로써 성공할 수 있다고 생각한다.

델은 언제나 세계를 위해 도움이 되는 일을 하려고 노력해 왔다. 그리고 내가 매우 희망적으로 생각하는 현재와 미래의 기술에서 선을 위한 강력한 힘이 되고 싶었다. 이것은 합리적인 가격에 최고의 품질을 가진 제품을 만드는 일에서 출발했다. 우리는 처음부터 기술의 대중화를 도왔고 더 많은 사람들의 손에 그 어느 때보다 더 많은 힘을 실어주었다. 이런 임무는 내가 설명한 다른 새로운 변화의 양상과 함께 지속되고 있다. 즉 우리가 만드는 모든 제품에서 최고가 되려고 끊임없이 노력하고 있다. 그 과정에서 놀랍고 흥미로운 새로운 기술들을 널리 전파함으로써 전 세계에 걸쳐 인류의 발전을 이끄는 일을 도울 것이다.

우리는 또한 제품을 생산하는 방식에서도 최고가 되려고 부단히 노력하고 있다. 처음부터 나는 우리가 이 모든 제품들을 생산하고 있지만 제품에는 수명이 있어 사람들이 나중에 더 이상 사용하지 않을 것이라고 생각했다. 수명이 다하면 어떻게 될까? 아마도 누군가의 지하실이나 차고에 방치되거나 기업의 창고에 쌓여 있을 것이다. 그리고 나중에는 어딘가에 버려진다. 우리 제품에는 모두 나의 이름이 새겨져 있다. 나는 이것이 맘에 들지 않았다. 그래서 처음부터 제품에 들어가는 모든 소재의 재활용 방법과 수거 프로그램을 생각했다. 어떻게 하면 우리가 생산하는 제품들이 환경에 미치는 영향을 최소화시킬 수 있을까?

이런 생각은 환경에 대한 의식을 불러일으키는 아름다운 도시인 오스틴에 있을 때부터 자연스럽게 생긴 것 같다. 15만 명이 아니라 150명의 직원들이 일했던 아주 오래 전, 나는 직원들에게 "더 깨끗하고, 더 친환경적이며, 에너지를 덜 소비하는 포장 방법을 찾아봅시다"라고 말했다.

직원들에게 석면에 대한 이야기도 했다. 오래 전에 제품에 석면을 사용한 기업들이 '이 물질은 정말로 좋지 않아요. 많은 사람들을 죽게 만들 겁니다. 석면을 많이 사용하는 방법을 찾아봅시다'라고 말하지는 않았을 것이다. 나는 기업들이 그러한 사실을 몰랐다고 생각한다. 그래서 우리는 처음부터 "우리가 위험할지도 모르는 무엇인가를 잘 모르는 건 아닐까?"라는 질문을 던졌다. 규정이나 규제 기관이 있어서가 아니라 단지 그것이 옳다고 생각했기 때문이다.

제품이 환경에 미치는 영향을 최소화하고 싶지만 동시에 더 많은 비용을 쓰고 싶지 않다고 이야기했을 때, 기술자들은 가장 멋진 도전 과제라고 생각했다고 한다. 우리는 그들이 문제를 해결하기 위해 최선을 다한다는 사실을 알게 됐다.

문제 해결을 위해 최선을 다하는 것이 우리가 하는 일이다.

2019년에 우리는 지속 발전 가능성을 향상시키고, 포용성을 높이며, 삶을 변화시키고, 윤리와 개인의 사생활 보호를 지지하는 것과 같은 4개의 범주로 구성된 2030년의 목표를 담은 40쪽 분량의 로드맵「프로그레스 메이드 리얼Progress Made Real」을 발간했다. 여기에는 "우리는 오늘날의 세계가 복잡하고 다층적이며 때때로 정복할 수 없는 것처럼 보이는 문제들에 직면해 있다는 사실을 알고 있다. 현상태는 2030년에 우리가 원하는 세상으로 우리를 이끌어가지 못할 것이다"라고 쓰여 있다.

「프로그레스 메이드 리얼」은 단지 겉만 그럴듯한 기업의 홍보용 소책자가 아니다. 이 책은 우리가 어떻게 도전에 대응했고 앞으로 어떻게 대처할 것인지에 대한 실질적인 기록이다. 그리고 새롭고 야심찬 도전 과제들을 설정하고 있다. 목표들은 상당히 원대했지만 예정대로 목표를 달성하거나 일정보다 앞당겨 목표를 완수하는 경우가 많았다.

지속 발전 가능성을 향상시키겠다는 우리의 원대한 목표는 다음과 같다. 2030년까지 고객들이 구매하는 모든 제품을 재사용하거나 재활용할 것이다. 델이 생산하는 모든 제품들이 분해될 수 있고 모든 부품이 재사용될 수 있도록 제조하는 방법을 생각하고 있다. 우리는 전자회로기판에서 얻어진 금으로 반지, 목걸이, 귀걸이를 만드는 보석 디자이너를 고용하고 있다. 2030년까지 포장재의 100%를 재활용이나 재생 가능한 재료로 만드는 것이 목표다. 우리 제품에 들어가는 부품이나 내용물의 절반 이상은 재활용이나 재사용이 가능한 소재로 만들어질 것이다.

이는 '순환 경제'라고 알려져 있고, 달성 가능한 목표다. 우리는 20억 파운드의 중고 전자제품을 회수하겠다는 2020년의 목표를 2년 앞당겨 2018년에 달성했다. 2019년 지구의 날에는 재활용 플라스틱을 포함해 1억 파운드의 지속 발전 가능한 소재를 제품에 사용하겠다는 2020년의 목표를 달성했다. 제품 생산에 사용되는 소재는 혁신의 중요한 요소 가운데 하나다. 플라스틱과 구형 컴퓨터에서 나온 소재들을 새로운 부품으로 재활용하고 바다로 떠내려가는 플라스틱 같은 폐기물을 경제 시스템에 자원으로 다시 투입하는 기회를 찾아내는 것은 중요한 혁신이다. 순환 경제로 변화를 촉진하는 것은 우리, 협력 업체, 고객, 그리고 세계에 도움이 된다.

하나의 팀으로서 다양한 방식으로 현실 세계를 더 많이 반영할수록 우리는 더욱 강해지고 앞으로도 더 강해질 것이다. 다양성에 관해서는 결코 늦었다는 것이 없다. 사실 델에서 다양성은 처음부터 타고난 것이었다. 나는 최근에 35년 동안 델에서 일하다가 은퇴한 한 여직원에게 아름다운 메모를 받았다. 그녀는 90년대 초에 자신이 인상 깊게 보았던 델 광고의 복사본을 보관하고 있었다. 그 광고의 두 번째 단락에는 '당신이 어디 출신인지는 중요하지 않고 당신의 외모도 중요하지 않다'는 문구가 들어 있다. 이것이 그녀의 관심을 끌었고 그녀가 델에 지원한 이유였다. 당시 많은 다른 기술 기업들은 이런 방식으로 회사를 경영하지 않았다고 생각한다. 우리는 누군가가 무엇을 요구하기 전에 많은 것들을 먼저 실천했다. 어떤 사람이 우리에게 옳은 일을 하라고 요구하는 표지판을 들고 본사 앞에서 항의 시위를 하게 만든 적이 결코 없었다.

우리는 지금도 똑같이 말하고 똑같이 행동하고 있다. 다양성, 포용성, 그리고 평등을 위해 그 어느 때보다 더욱 열심히 일하고 있다. 2030년을 향한 우리의 원대한 목표는 전 세계 직원의 50퍼센트, 그리고 전 세계 간부들의 40퍼센트를 여성으로 채우는 것이다. 또 2030년까지 미국 직원의 25퍼센트, 그리고 미국 간부들의 15퍼센트를 흑인과 히스패닉 소수 민족으로 구성할 계획이다. 고위 임원들을 포함해 모든 직원들은 무의식적인 편견, 인종주의, 괴롭힘, 소수 모임, 특권에 관해 매년 교육에 참여할 것이다. 우리의 사회와 교육 프로젝트를 통해 능력을 키운 사람들의 50퍼센트는 소녀, 여성 또는 소외 계층들이 될 것이다. 우리는 이런 목표들을 달성할 것이다. 남들 눈에 좋게 보이기 위해서가 아니다. 우리가 아직 만나지 못한 모든 훌륭한 사람들이 틀림없이 우리 회사에 참신한 시각과 아이디어들을 가져다줄 것이기 때문이다.

아직 훨씬 더 많은 것들이 남아 있다. 우리는 2010년 이후 연간 온실가스 배출을 38퍼센트 줄였다. 그리고 앞으로 10년에 걸쳐 2019년에 배출한 온실가스의 양을 절반으로 줄일 계획이다. 2030년까지 델의 모든 시설에서 사용하는 전기의 75퍼센트를 재생 에너지로 공급할 것이다. 그리고 2040년까지 100퍼센트를 재생 에너지로 공급할 계획이다.

델과 거래를 하는 조건의 하나로 우리는 윤리적 관행, 존중, 그리고 제품을 생산하는 수십만 명에 달하는 직원 개인의 존엄성을 지속적으로 강조할 것이다. 이것은 우리의 공급망 전체에 걸쳐 단지 안전하고 건전한 직장을 기대하는 것이 아니라 그렇게 되도록 요구하는 것을 의미한다. 우리가 창립 회원인 '책임감 있는 비즈니스 연합Responsible Business Alliance'의 행동 규범에 제시된 산업 기준을 충족시키고 발전시킨다는 것을 뜻한다.

우리는 기술이 세계의 가장 심각한 사회 문제들을 해결하는 데 도움이 되는 힘을 지니고 있다는 믿음을 지속적으로 알려나갈 것이다. 사회적 문제들을 해결하기 위해 공공 분야와 협력하는 새로운 방법들을 계속 찾아낼 것이다. 예를 들어 인도에서는 보건가족복지부와 우리의 파트너인 타타신탁Tata Trust과 협력해 디지털 라이프 케어를 개발했다. 델의 기술을 사용해 인도 전역에서 비전염성 질병에 대한 예방적 차원의 건강검진을 제공하고 있다.

2021년은 내가 지금껏 이 회사를 이끌어 왔던 경험에 비추어볼 때 완전히 다른 한 해였다. 코로나19 대유행 속에서 우리 모두는 대응 규칙이 없는 위기에 직면했다. 하지만 델은 언제나 낙관적인 문화를 견지해 왔다. 즉 우리가 하는 일의 중심에는 인간이 있고 기술이 인간의 잠재력을 극대화시킨다는 믿음이 있다.

코로나19가 덮쳤을 때 각각의 기업들이 보여준 결과는 달랐다. 디지털 역량이 강화된 기업들은 그렇지 않은 기업들보다 더 좋은 성과를 냈다. 지난 15년에 걸쳐 디지털 전환에 많은 투자를 해온 기업으로서 우리는 매우 특별한 복원력을 갖게 되었다. 델 테크놀로지스는 2021년 3월에 모든 직원들에게 가능하다면 재택근무를 하라고 말했다. 재택근무 제도는 놀라울 정도로 잘 작동했다. 수십만 명의 직원들에게 재택근무를 하도록 하는 데 일주일이 걸렸다. 놀라운 일이 아니었다. 우리는 도구, 절차는 물론 직원들이 자연스럽게 원격으로 근무할 수 있는 사업 구조를 갖추고 있었다. 그리고 이미 2009년부터 유연한 근무 문화를 가지고 있었다. 모든 것이 이전과 다름없이 유지됐다. 사실 우리의 생산성은 향상됐다. 다행스럽게도 코로나19 대유행이 우리의 모든 하드웨어와 디지털 제품의 수요를 증가시켰기 때문이다.

코로나19 대유행이 인류에게 큰 비극과 경제적 어려움을 가져왔지만 동시에 온실가스 감소와 같은 다른 긍정적인 효과도 있었다. 그리고 모든 것이 온라인으로 연결됐을 때 실제로 얼마나 많은 업무를 계속할 수 있는지도 밝혀졌다.

우리는 고객의 사업 기회, 즉 고객들이 해결하고 싶은 특정한 문제를 올바른 전문가와 어떻게 연결시킬 것인가에 대한 의문과 마주하게 된 경우가 많았다. 호주에 한 고객이 있다고 가정해 보자. 과거라면 회사 내부의 한 전문가를 찾아서 호주로 출장을 보낼 것이다. 여행 기간만 4일이 걸리고 많은 시간과 많은 돈이 들어간다. 반대로 줌$^{Zoom}$을 활용하는 것은 모든 측면에서 놀라울 정도로 효율적이다. 그리고 모든 고객들이 이런 방식으로 일하는 것에 매우 만족하고 있다는 사실을 발견했다. 나는 업무 방식에서 있어서 이런 대대적인 변화를 미래의 한 단면으로 볼 수 있다고 생각한다. 과거의 업무 방식으로 돌아갈 거라고 생각하지는 않는다.

하지만 여전히 여러 가지 문제들이 있다. 예를 들면 새로운 직원들을 어떻게 교육시킬 것인가 하는 문제다. 원격으로 진행함으로써 얻을 수 있는 효율성도 있지만 잃어버리는 것도 많다. 화상으로 일하는 세상에서, 사람들이 복도나 정수기 옆에서 우연히 서로 만났다가 생각해 내는 아이디어들을 어떻게 얻을 수 있겠는가? 이런 문제에 대한 답을 찾으려고 열심히 고민하고 있다.

우리가 찾은 한 가지 긍정적인 답은 온라인 회의를 통해 물리적인 회의보다 훨씬 더 많은 참여를 끌어낼 수 있다는 것이다. 우선 더 많은 사람들을 회의에 참여시킬 수 있다. 8명의 사람들과 함께 라운드 록에 와서 이틀 동안 회의를 하고 밥을 먹는 한 고객을 예로 들어보자. 이 고객이 온라인으로 회의를 하면 물리적인 실제 회의와 동일한 수준으로 8명 대신 30명이나 40명의 직원들을 회의에 참여시킬 수 있다. 우리도 회사 내부에서 이런 일을 목격하고 있다. 원격으로 근무를 해야 할 경우 사람들은 연결되고 싶은 욕구를 더 크게 느낀다.

코로나19 대유행의 한창인 시점에서 델 테크놀로지스는 수많은 서버들이 연결된 슈퍼컴퓨터 같은 상당한 기술적 자원을 바이러스를 연구하고 치료 방법과 치료제 개발을 앞당기는 데 투입했다. 내가 장담하건대 미래에 어떤 사람이 '어떻게 코로나19 대유행을 정복했습니까?'라고 물어본다면 나는 '기술이 코로나19 정복을 위한 해결책의 중요한 일부였다'고 대답할 것이다. 이런 모든 어려움에도 불구하고 훗날 이 시기를 되돌아보면 '디지털 전환 과정이 대규모로 가속화된 시기'로 기억할 것이다.

나는 사람들이 더 많은 호기심을 갖지 않는 이유를 모르겠다. 그리고 호기심이 더 중요한 지도자의 덕목으로 여겨지지 않는 이유를 이해할 수 없다. 예전에 한 기자가 나에게 어린 시절에 지루한 적이 있었는지를 물었다. 그런 적이 있었는지 잠시 생각해야만 했다. 나는 단 한 순간도 지루한 적이 없었다. 호기심이 너무 많았기 때문이다. 매일 아침 새로운 모든 것들을 배워야 한다는 설렘으로 눈을 뜨곤 했다.

지금도 그때와 똑같은 기분이다. 변화, 즉 진정한 의미의 혁신은 결승선이 없는 경주다. 세상에는 내가, 그리고 우리 모두가 배울 것이 너무 많다는 뜻이다. 얼마나 근사한 일인가?

나는 인생의 출발이 빨랐다. 사람
들이 나에게 여러 가지를 원하고 있다는 것을 자주 경험했다. 이런
이유 때문에 사적으로 마음을 터놓지 않는 방법을 일찍 배웠다. 대
부분의 일들을 사무적으로 처리하는 것이 훨씬 더 깔끔하고 명확하
다는 것도 알게 됐다. 이상하게도 이것이 나의 인생과 기업 경영에
관한 이 자서전을 쓰는 동기 가운데 하나가 되었다.

1998년에 출간한 나의 첫 번째 책인 『다이렉트 프롬 델Direct From
Dell』은 훌륭한 책이었다. 하지만 당시의 나는 깊은 감정과 성찰을 조
심스럽게 감추고 있었다. 1984년에 텍사스 대학교의 기숙사 방에
서 창업을 한 이후 내가 이끌어온 회사와 내 인생에 많은 변화가 생

겼다. 비공개 기업으로의 전환, EMC · VM웨어와의 합병, 그리고 두 번째 상장을 포함해 엄청난 기업의 변화를 경험했다. 많은 친구들과 동료들이 나에게 인간으로서의 성장과 내 이름을 건 회사의 발전에 대해 전체 이야기를 긴밀하게 엮은 책을 낼 때가 됐다고 알려주었다.

새로운 책에서는 회사를 키워가는 커다란 모험 속에서 수많은 성공과 실패를 경험하며 내가 생각하고 느낀 모든 것들에 가능한 솔직해지고 싶었다. 진정한 솔직함은 두려운 것이다. 약점을 드러내 보이는 것이기 때문이다. 나도 이런 사실을 알고 있었지만 1998년에는 준비가 되지 않았었다. 지난 세월 동안 내가 배운 것은 우리가 인간으로서 공통적으로 가지고 있는 약점을 이해하는 것은 훌륭한 장점이라는 것이다. 책에서 자세히 설명하는 것처럼 성공으로 직행하는 길은 없다는 사실도 알게 됐다. 밖에서 보면 그렇게 보일지도 모르지만 말이다. 나는 이 책을 통해 지난 세월 동안 배운 기업과 인생에 관한 수많은 교훈들과 함께 그 모든 것들을 독자들과 공유하고 싶었다.

2019년 초부터 약 2년 동안 짐 카플란Jim Kaplan은 부지런하고 헌신적으로 나와 협력해 왔다. 그는 크고 작은 다양한 만남에서 나에 대한 인터뷰와 논평들을 아름다운 이야기로 엮어주었다. 또 수십 명의 사람들과 면담도 했다. 면담을 한 사람들은 나름대로 델의 성공을 도왔고 이 책의 출판에 실질적으로 기여했다. 세부적인 것에 대한 그의 집요한 관심, 독자들에게 가능한 명확하게 설명하기 위해 이해해야 하는 복잡한 기술 문제와 금융 문제에 대한 끊임없는 탐구가 무엇보다 중요했다. 짐은 또 나에게 가능한 개방적이 되라고 꾸준히 요구했다. 나는 사적인 것과 공적인 것을 잘 구별하는 사람이다. 이런 능력은 내가 사업에서 성공하는 데 도움을 주었지만 가끔은 인생에서 나의 발전을 저해하기도 했다. 나는 자서전을 쓰는 과정에서 그 어느 때보다 깊게 기억을 파고들면서 오랫동안 생각하지 못했던 많은 것들을 알게 되었다.

하지만 자신에 대한 발견은 그 자체가 목적이 아니라 부산물이다. 궁극적으로 이 책은 우리와 이해관계를 맺고 있는 모든 사람들을 위한 것이다. 다양한 방식으로 인류의 발전을 가능하게 함으로써 우리에게 영감을 불어넣고, 우리와 미래의 도전을 함께하고, 우리가 더 많은 혁신을 할 수 있도록 동기를 부여해 준 우리의 고객들을 위한 것이다. 또 우리의 노력과 사업 영역을 넓혀준 협력사들을 위한 것이고, 자본을 잘 다루는 좋은 관리자가 되도록 우리를 믿어준 주주들을 위한 것이기도 하다. 그리고 우리 회사의 활동에 필수적인 지지와 협력을 보내주는 지역 사회를 위한 책이기도 하다.

이 책에는 지난 37년 동안 나의 개인적 이야기와 회사의 역사가 완전하게 녹아 있다. 이 책은 나의 이야기인 동시에 열정적이며 재능 있고 헌신적인 15만 명 이상의 전 현직 동료들에 관한 이야기이다. 그들과 함께 일할 수 있어 영광이었고 그들 덕분에 지금까지 올수 있었다. 나는 혼자 힘으로는 할 수 있는 것이 별로 없다. 하지만 어느 누구도 팀으로서의 우리를 막을 수 없다.

이 글을 통해 감사를 전할 동료들, 이사, 그리고 자문 위원들이 너무도 많다. 그리고 몇몇 전 현직 동료들은 회사의 발전과 성공 과정에서 중심적 역할을 했고 그들의 도움은 절대적이었다. 나는 특별히 케이 반다<sup>Kaye Banda</sup>, 폴 벨<sup>Paul Bell</sup>, 마크 베니오프<sup>Marc Beniof</sup>, 짐 브라이어<sup>Jim Breyer</sup>, 제러미 버튼<sup>Jeremy Burton</sup>, 돈 카티<sup>Don Carty</sup>, 재닛 클라크<sup>Janet Clark</sup>, 돈 콜리스<sup>Don Collis</sup>, 로라 코니글리아로<sup>Laura Conigliaro</sup>, 제이미 다이먼<sup>Jamie Dimon</sup>, 데이브 도먼<sup>Dave Dorman</sup>, 켄 두버스타인<sup>Ken Duberstein</sup>, 에곤 더반<sup>Egon Durban</sup>, 스티브 펠리스<sup>Steve Felice</sup>, 글렌 퍼만<sup>Glenn Furhman</sup>, 빌 게이츠<sup>Bill Gates</sup>, 브라이언 글래든<sup>Brian Gladden</sup>, 빌 그린<sup>Bill Green</sup>, 톰 그린<sup>Tom Green</sup>, 켈리 게스트<sup>Kelly Guest</sup>, 마리우스 하스<sup>Marius Haas</sup>, 에릭 하슬렘<sup>Eric Harslem</sup>, 글렌 헨리<sup>Glenn Henry</sup>, 폴 허쉬비엘<sup>Paul Herschbiel</sup>, 바비 인먼<sup>Bobby Inman</sup>, 조엘 코셔<sup>Joel Kocher</sup>, 샐리 크라프체크<sup>Sallie Krawcheck</sup>, 엘렌 쿨먼<sup>Ellen Kullman</sup>, 마이크 램버트<sup>Mike Lambert</sup>, 수잔 라슨<sup>Susan Larson</sup>, 톰 루스<sup>Tom Luce</sup>, 케이트 루드먼<sup>Kate Ludeman</sup>, 클라우스 루프트<sup>Klaus Luft</sup>, 매니 마세다<sup>Manny Maceda</sup>, 클로딘 멀론<sup>Claudine Malone</sup>, 알렉스 만들<sup>Alex Mandle</sup>, 조 마렝기<sup>Joe Marengi</sup>, 폴 마리츠<sup>Paul Maritz</sup>, 빌 맥더모트<sup>Bill McDermott</sup>, 폴 맥키넌<sup>Paul McKinnon</sup>, 톰 메러디스<sup>Tom Meredith</sup>, 모트 마이어슨<sup>Mort Meyserson</sup>, 샨타누 나라얀<sup>Shantanu Narayan</sup>, 샘 넌<sup>Sam Nunn</sup>, 로 파라<sup>Ro Para</sup>, 사이먼 패터슨<sup>Simon Patterson</sup>, 로스 페로 주니어<sup>Ross Perot Jr.</sup>, 카렌 퀸토스<sup>Karen Quintos</sup>, 로리 리드<sup>Rory Read</sup>, 케빈 롤린스<sup>Kevin Rollins</sup>, 스티브 로젠블룸<sup>Steve Rosenblum</sup>, 줄리 사케트<sup>Julie Sackett</sup>, 릭 살웬<sup>Rick Salwen</sup>, 존 스와인슨<sup>John Swainson</sup>, 매리 앨리스 테일러<sup>Mary Alice Taylor</sup>, 모트 토퍼<sup>Mort Topfer</sup>, 래리 투<sup>Larry Tu</sup>, 조 투치<sup>Joe</sup>

Tucci, 수레시 바스와니Suresh Vaswani, 린 보이보디치Lynn Voyvodich, 리 워커 Lee Walker, 척 휘튼Chuck Whitten, 그리고 해리 유Harry You에게 고마움을 전 한다.

우리 곁을 떠나 고인이 된 사람들에게도 가슴 아픈 고마움을 느 낀다. 제이 벨Jay Bell, 앤디 그로브Andy Grove, 앤드류 해리스Andrew Harris, 마이클 조던Michael Jordan, 조지 코즈메트스키George Kozmetsky, 지미 리 Jimmy Lee, 존 메디카John Medica, 그리고 마이클 마일스Michael Miles의 명복 을 빈다.

델 테크노로지스의 모든 현직 관리자들에게도 고마움을 전하 고 싶다. 제프 부드로Jeff Boudeau, 케빈 브라운Kevin Brown, 샘 버드Sam Burd, 존 바이른John Byrne, 마이클 콜린스Michael Collins, 마이크 코트Mike Cote, 스티브 크로우Steve Crowe, 롤라 대거Rola Dagher, 마이크 드마르조Mike DeMarzo, 앨리슨 듀Allison Dew, 스테파니 듀란트Stephanie Durante, 하워드 엘 리어스Howard Elias, 젠 펠치Jenn Felch, 샘 그로코트Sam Grocott, 존 헤인즈John Haynes, 아온구스 헤그레티Aongus Hegrety, 데니스 호프먼Dennis Hoffman, 데 이비드 케네디David Kennedy, 아드리안 맥도날드Adrian McDonarld, 이본 맥 길Yvone McGill, 마야 맥레이놀즈Maya McReynolds, 아미트 미드하Amit Midha, 스 티브 프라이스Steve Price, 브라이언 리브스Brian Reaves, 리치 로스버그Rich Rothberg, 제니퍼 사베드라Jennifer Saavedra, 빌 스캐넬Bill Scannell, 덕 슈미트 Duck Schmidt, 톰 스위트Tom Sweet, 게리 터넬Gerri Tunnell 등 많은 사람들에게 고마움을 느낀다.

VM웨어와 델, EMC의 통합 이후 초기 발전에 매우 중요한 역할을 한 팻 겔싱어에게(현재 당연히 인텔로 복귀한) 특별히 고맙다는 말을 전하고 싶다.

제프 클라크에게도 별도로 감사를 표한다. 1987년에 델에 합류한 제프는 거의 공동창업자에 가깝다. 탁월한 엔지니어이자 노련한 기업 전략가인 그는 그만의 독특한 능력을 가지고 있다. COO와 부회장으로서 델의 성공에 매우 중요한 역할을 했고 지금도 중요한 역할을 하고 있다. 제프는 훌륭한 팀원일 뿐만 아니라 좋은 친구다.

그레그 렘카우Gregg Lemkau, 마르크 리스커Marc Lisker, 존 펠란John Phelan, 롭 플라텍Rob Platek, 그리고 훌륭한 대체자산투자회사를 설립해 운영하고 있는 MSD 캐피털과 MSD 파트너들에게도 잊지 않고 고마움을 전하고 싶다.

나의 가족, 특히 어머니에게 가장 감사하고 싶다. 내가 의사가 되어야 한다는 어머니의 신념을 포기했을 때도 어머니는 나와 함께했고 긍정적이었으며 내가 무엇을 필요로 하는지를 언제나 알고 있었다. 나의 성공이 어머니 덕분이라는 아버지의 말씀은 적어도 절반은 사실이다. 부모님은 나와 우리 형제들에게 우리가 무엇이든 할 수 있다고 가르쳤다. 우리의 호기심과 배우고자 하는 갈망을 북돋아주었다. 또 옳고 그름의 차이를 가르쳐주었다. 그리고 무엇보다 모든 사람들을 존중하고 서로를 돌봐주라고 가르쳤다. 나는 훌륭한 부모를 만난 것을 행운으로 생각한다.

나는 언제나 훌륭한 남편과 아버지가 되고 싶었다. 처음 수잔을 만났을 때 나는 그녀에게 반했고 그녀와 결혼한 것은 내 인생에서 가장 훌륭한 결정이었다. 나는 날마다 더 많이 수잔을 사랑한다. 그녀는 나를 더 좋은 사람으로 만들었고 내가 하는 모든 일에 영감을 준다. 그녀는 나의 가장 좋은 친구이자 동반자였고 내가 하는 모든 일에 있어 협력자였다. 그녀는 이 책에서 이야기한 모든 순간에 나와 함께 있었고 원고를 수정하는 데도 중요한 역할을 했다. 우리는 자녀 모두를 자랑스럽게 생각한다. 키라, 알렉사, 재커리, 그리고 줄리엣은 자신들만의 성공적인 길을 따라가고 있다. 언제나 나를 지지해 주는 형제들인 스티븐과 아담에게도 감사를 전하고 싶다. 나는 이들을 정말로 사랑한다.

이 책에서 밝힌 것처럼 나는 미국에서 태어난 것을 매우 고맙게 생각한다. 좋은 교육을 받았고 운 좋게도 마이크로프로세서 시대의 초기에 많은 호기심을 가지고 미래에 어떤 일이 벌어질 것인지 생각했다.

마이클앤드수잔델재단의 놀라운 팀원들과 똑똑한 재닛 마운틴에게도 감사하다. 이들은 우리 가족의 자선 활동에 활기를 불어넣고 좋은 결과를 얻게 했다.

지난 세월 동안 우리의 경쟁자들에게도 큰 고마움을 표한다. 우리에게 공개적으로 의문을 제기했을 때 그들은 동기부여와 영감의 원천이 되었다. 경쟁자들의 성공을 보고 배웠고 실패에서 더 많은 것을 배웠다. 그리고 그들의 성공과 실패는 내가 무엇을 하지 말아야 하고 어떻게 하면 안 되는지를 가르쳐줬다.

저작권 대리인인 필라 퀸Pilar Queen, 훌륭한 편집자인 아드리안

재크하임Adrian Zackheim 과 트리시 데일리Trish Daily, 그리고 포트폴리오 Portfolio 의 모든 직원들에게 감사를 표한다.

그리고 마지막으로 독자들에게 감사드린다. 나의 이야기가 언젠가 다른 사람들에게도 영감을 주기를 바란다.

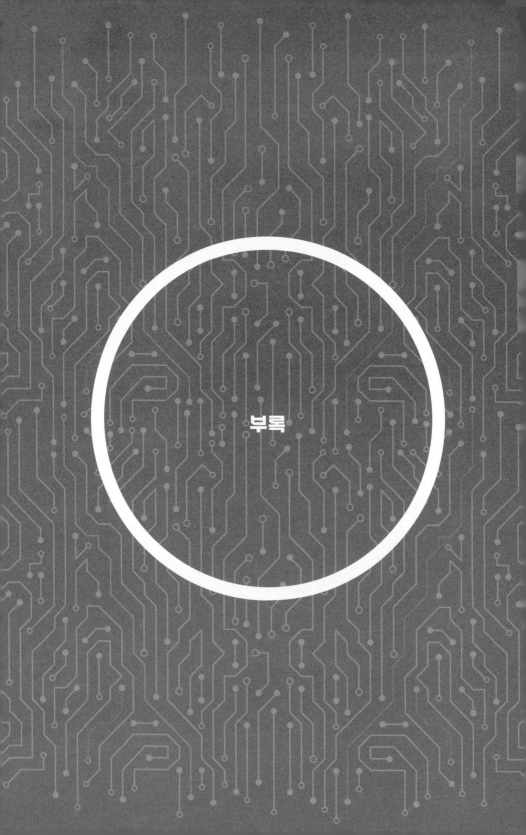
부록

# PLAY NICE

마이클 델의
신조

# BUT WIN

다음에 소개하는 것들은 나와 우리 회사가 성공에 이르도록 도움을 준
원칙, 특성, 이상과 교훈들이다. 특별한 순서는 없다.

## 1

호기심. 이미 호기심에 관해 이야기 했던가? 호기심은 정말 중요하다. 그래서 다시 이야기하려고 한다. 언제나 배워라. 남의 이야기를 잘 들어야 한다. 듣고 배우고 언제나 호기심을 가져라. 애매모호한 것에 대해서는 열린 마음을 가져라. 고객의 입장에서 회사를 설계하라.

## 2

사실과 데이터를 활용해 결정을 내려라. 객관적이고 겸손해야 한다. 사실과 데이터가 그렇게 할 필요가 있다고 알려주면 당신의 생각을 기꺼이 바꾸어야 한다. 비즈니스를 할 때 과학적인 방법은 효과가 있다.

## 3

헌신, 추진력, 투지, 결단력, 인내, 불굴의 의지와 같은 자질을 갖추어야 한다.

## 4

회의실에서 가장 똑똑한 사람이 되려고 해서는 안 된다. 당신에게 도전하고, 당신을 가르치고, 당신에게 영감을 주고, 당신이 최고가 될 수 있도록 밀어주는 사람들을 주변에 두어야 한다. 사람들의 다양한 재능을 알아보고 그 가치를 인정하라.

## 5

신뢰, 윤리 그리고 정직이 가장 중요하다. 이런 가치관이 없다면 장기적으로 성공할 수 없다. 장기적 관점에서 시장은 효율적이다. 내가 약속을 하고 지키지 못하거나 형편없는 상품과 서비스를 제공한다면 아무도 나에게서 제품을 다시 구매하고 싶어 하지 않을 것이다.

## 6

변화의 속도는 빨라지기만 한다. 미래에도 변화의 속도는 결코 느려지지 않을 것이다.

## 7

변해야 한다. 그러지 않으면 죽는다. 산 자와 죽은 자만 있을 뿐이다. 조직은 지속적으로 스스로를 변화시켜야 하고 기술을 포함해 미래에 자신들에게 영향을 미칠 모든 요인들을 이해하고 예측해야 한다.

## 8

아이디어는 유용한 것이다. 아이디어를 실행하는 것은 단순하지 않다. 훌륭한 아이디어를 생각해 내고 전략을 세우는 것은 반드시 필요하지만 성공을 위한 충분조건은 아니다. 당신은 아이디어와 전략을 실행에 옮겨야 한다. 실행에는 세밀한 운영 원칙과 이해가 필요하다.

---

## 9

팀이 이기는 것이지 선수가 이기는 것이 아니다. 언제나 선수보다 팀을 우선하라.

---

## 10

인생은 주먹을 맞고, 쓰러지고, 다시 일어나서 싸우는 것이다(3번을 참고하라).

---

## 11

좋은 위기를 낭비해서는 안 된다. 위기가 없다면 위기를 만들어라. (변화와 발전을 유발하는 방법의 하나로) 위기 상황에서 당신이 통제할 수 있는 것에 집중하라. 위기는 종종 새로운 기회를 만들어낸다. 문제 속에 빠져 있지 말고 기회를 찾아라.

---

## 12

결코 피해자가 되어서는 안 된다. 피해자라는 의식은 패자가 되는 사고방식이다. 자기결정력을 갖추려면 당신이 통제할 수 있고 추진할 수 있는 것에 집중하는 것이 필요하다.

---

## 13

오만함이 아니라 자신감, 자존심이 아니라 겸손이 중요하다.

476

## 14

모든 사람이 화를 낸다. 하지만 계속 화를 내면 안 된다. 화는 비생산적이다. 대신 다른 사람들을 돕고자 하는 열망을 가져라. 사랑, 가족, 국가, 연민, 그리고 숙련을 통해 동기를 부여하라.

## 15

성과에 기뻐하지만(델이 강조하는 것과 마찬가지로) 성과에 결코 만족해서는 안 된다. 지속적으로 개선하고 발전하라는 의미다. 일본에서는 이것을 '카이젠'이라고 부른다. 이것은 결승선이 없는 경주에 참여한다는 뜻이다. 성공을 축하하고 고마워하지만 언제나 다음의 커다란 목표나 기회를 내다봐야 한다.

## 16

성공은 끔찍한 선생님이다(3번과 10번을 참고). 난관과 실패는 그것에서 배우기만 한다면 시간이 지나면서 당신을 더욱 강하게 만든다.

## 17

위험과 실험을 기꺼이 감수하고 검증하라. 변화의 속도는 언제나 빨라지기 때문에 작은 실험들이 성공으로 가는 발판이 될 것이다.

## 18

겸손, 열린 마음, 공정성, 그리고 진정성을 믿어라(13번을 참고하라).

## 19

다른 사람들을 존중하고, 당신이 대우 받고 싶은 것처럼 그들을 대우하라.

## 20

낙관주의. 자기 자신 안에서 낙천적 기질을 키우는 방법을 찾는 것은 당신을 더욱 행복하게 만들 것이다.

## 21

당신 자신보다 더 중요한 어떤 것의 일부가 됨으로써 당신 인생에서 목적과 열정을 찾아라.

1968년 11월. 텍사스 휴스턴 그레이프 스트리트 5619번지. 내가 자란 집 앞에서.
자랑스럽게 손에 들고 있는 건 돌멩이인가?

1969년. 하누카에서
어머니와 함께.

1970년쯤. 행복하게 어떤 목록을
만들면서 잠시 쉬는 모습.

1974년 부모님
그리고 형제들과 함께.

1986년. 헤드웨이 1611번지 서클 건물. 가운데 앞줄 오른쪽에서 두 번째가 마이클 델.

첫 3개월의 실적을
보여주는 PC's 리미티드의
초기 재무제표.
학교에 복학하지 않아도
된다고 부모님들을
설득하기 위해 활용했다.

```
                    STATEMENT OF EARNINGS

                  DELL COMPUTER CORPORATION
                             dba
                         P.C.'S LTD.
                  THREE-MONTH PERIOD ENDED
                       JULY 31, 1984
                                          PERIOD
                                      AMOUNT        PERCENT
REVENUE
  SALES                          $   905,070.55      102%
  RETURNS AND ALLOWANCES             (16,249.34)      (2)
       TOTAL REVENUE             $   888,821.21      100%

COST OF SALES
  BEGINNING INVENTORY            $    66,201.98        7%
  PURCHASES:
     HARDWARE                        769,409.36       88
     SOFTWARE                         24,760.23        3
     PERIPHERALS                       1,663.80        1
  FREIGHT-IN                           4,321.26        1

       TOTAL AVAILABLE           $   866,356.63      100%
       ENDING INVENTORY          $  (175,902.80)     (20)
       TOTAL COST OF SALES       $   690,453.83       79%
       GROSS PROFIT              $   198,367.38       22%

OPERATING EXPENSES
  SALARIES:
     OFFICE                      $    16,130.40        2%
     OFFICERS                          5,500.00        1
     OTHER                               649.14        1
  COMMISSIONS                           150.00         -
  ADVERTISING AND PROMOTION           24,203.84        3
  AUTO AND TRUCK                         385.47        -
  BANK SERVICE CHARGE                     73.75        -
  CREDIT CARD CHARGES                    320.08        -
  CASH OVER AND SHORT                      (.64)       -
  CONTRACT LABOR                         819.20        1
  DUES AND SUBSCRIPTIONS                 165.00        -
  EQUIPMENT RENTAL                       473.28        1
  LEGAL AND ACCOUNTING                   450.00        1
  MISCELLANEOUS                          174.13        -
  MILEAGE REIMBURSEMENTS                 522.14        1
  DEPRECIATION                            96.50        -
  OFFICE SUPPLIES                      1,657.96        1
  OUTSIDE SERVICES                       650.00        1
  POSTAGE                                 34.96        -
  RENT                                 4,613.00        1
  SUPPLIES                               403.08        -
  PAYROLL TAXES                        3,942.61        1
  OTHER TAXES                            10.00         -
  TELEPHONE                           1,592.24        1
  TRAVEL                                 33.81         -
  UTILITIES                             554.68        1

       TOTAL OPERATING EXPENSES  $    63,604.63        7%
       EARNINGS FROM OPERATIONS  $   134,762.75       15%
```

북 라마(North Lamar)의 첫 번째 사무실로
이전하기 전에 만든 초창기 광고들 가운데 하나.
주소는 오스틴 텍사스 주립대학 캠퍼스에서
북쪽으로 몇 블록 떨어진 32번가의 아파트다.

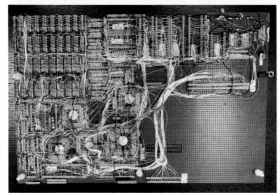

제이 벨이 손으로
작업해 만든 마더보드의
전면과 후면.
제이는 1000달러를
요구했지만 나는
2000달러를 지불했다.

제이 벨과 나.
제이는 말과 생각이 빨랐고
에너지가 넘쳤다.
초창기 회사에서
중요한 인물이었다.

1987년쯤의 젊은 CEO였던 나. 오스틴의 첫 번째 공장 가운데 한 곳에서 찍었다.

1989년 10월 28일. 행운아.

리 워커는 내 결혼식의 들러리였다. 왼쪽부터 오른쪽으로 수잔의 동생 랜디 리버먼, 스티븐 델, 리, 그리고 키가 2미터에 가까운 리의 옆에 서있는 근육질의 나, 아담 델, 수잔의 오빠 스티브 리버먼, 그리고 1987년에 영국 지사를 시작한 고(故) 앤드류 해리스.

키라의 아기 이름 짓기 파티에서 글렌 헨리와 페기 헨리 그리고 어머니.
뒤편에 흐릿하게 켈리 게스트가 보인다.

1987년쯤, 검비 인형의 바로 왼쪽에 있는 데이비드 런스포드를 포함한 초창기 우리의 엔지니어들. 내 왼편에는 케이 반다. 검은 주단 위에 그려진 엘비스의 초상화가 걸려 있다. 검비 인형의 뒤에 한 여성이 델의 금속 낙인을 위험하게 들고 있다. (이 사진을 찍는 동안 검비 캐릭터들은 다치지 않았다.)

1990년 만우절에
아보레툼 불바드 9505의 건물.
옥상에 25피트 높이의
고무 풍선 고릴라가 서 있다.
우리의 균열 엔지니어링 팀은
밤에 건물에 접근할 수 있었다.
옥상으로 통하는 문은 잠겨 있었지만
엔지니어들에게는 문제가 되지 않았다.
잠금장치를 뜯어내고 임무를 완수했다.
건물 관리팀은 화를 냈다.

케빈 롤린스와 함께.

2004년. 스티븐, 알렉스, 아담과 함께.

2006년. 하와이에서
저니 투 라라 랜드
(Journey 2 Lala Land)
경주를 마친 후에.
수잔은 아직도 여자 경기
기록을 보유하고 있다.

2007년. 스티브 잡스와 함께.

2016년. 알렉스와 나.

2019년. 키라, 재커리, 그리고 줄리엣.

2019년. 결혼 30주년을
기념하는 수잔과 나.

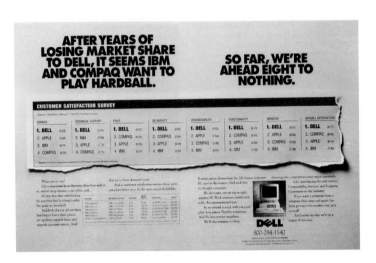

샤이엇/데이가 90년대 초에 만든 최고의 광고 중 하나.

우리는 컴팩과 정면승부하는 것을 좋아했다.

"야, 너도 델이구나!"

너무 이상한 광고.
우리는 이 광고를
절대 사용하지 않았다.

비공개 기업으로
전환하기 위한
주주투표 기사를 게재할 때
뉴욕타임스가 선택한
이상한 사진.

에곤과 나.

2015년 10월 12일.
합병을 발표한 날,
조 투치와 나.

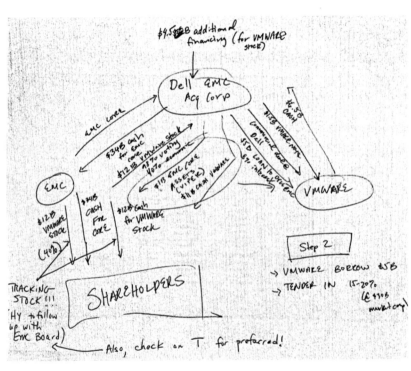

해리 유와 에곤 더반이 트래킹 주식에 대한 최초의 계획을 그린 역사적인 종이 냅킨.

팻 겔싱어가 멀티 클라우드의 미래에 대한
제프 클라크의 시연을 감탄하며 바라보고 있다.

2019년 10월. 우리가 여행할 수 있었던 시절에 도쿄 지사의 직원들과 함께.

# 플레이 나이스 벗 원
PLAY NICE BUT WIN

**초판 1쇄 인쇄** 2022년 9월 16일
**초판 1쇄 발행** 2022년 9월 26일

**지은이** 마이클 델(Michael Dell)
**옮긴이** 고영태
**펴낸이** 김동환, 김선준

**책임편집** 최구영
**편집팀장** 한보라 **편집팀** 최한솔, 최구영, 오시정
**책임마케팅** 이진규 **마케팅팀** 권두리, 신동빈
**책임홍보** 권희 **홍보팀** 조아란, 이은정, 김재이, 유채원, 유준상
**디자인** 김혜림

**펴낸곳** 페이지2북스 **출판등록** 2019년 4월 25일 제 2019-000129호
**주소** 서울시 영등포구 여의대로 108 파크원타워1. 28층
**전화** 02) 2668-5855 **팩스** 02) 330-5856
**이메일** page2books@naver.com
**종이** ㈜ 월드페이퍼 **인쇄·제본** 한영문화사

**ISBN** 979-11-90977-69-2 (03320)